"
영어 읽기는 「문장마디」를 나누고 「문장매듭」을 푸는 과정이고,
쓰기는 「문장마디」를 채우고 「문장매듭」을 묶는 과정이다.
"

GENESIS128

보이는 영어구문 잉글맵

고급편 매듭 · 꼬리표훈련

추천사

GenesisEdu에서
Genius를 보다

제네시스에듀(GenesisEdu)의 야심찬 역작, 『잉글맵』시리즈 출판을 진심으로 환영하고 축하합니다. 출간 전부터 영어교재 출판계에서 새로운 별이 될 것이라는 기대가 많았는데, 추천사를 쓰고자 책을 일독하며 그 기대가 결코 헛되지 않았음을 확인하였습니다.

기본편과 고급편으로 출간된 두 권의 『잉글맵』이 선보인 놀라운 내용은 관련 전공 학회에서조차 일찍이 보지 못했던 혁신으로 평가받아 마땅합니다. 전통적인 5문형(sentence patterns)에 따른 지루한 문장 분석에서 벗어나 문장의 주요 요소들을 일관성 있게 숫자화하고 다층화(leveling)함으로써 영어 구문을 시각적으로 쉽게 익히도록 하는 창의성에 박수를 보냅니다. 특히 기능주의적이고 담화적인 관점에서 문장을 스토리(story)의 기본 단위로 보며 「6하 원칙(누가, 무엇을, 어디서, 언제, 어떻게, 왜)」과 「인물, 사건, 배경」으로 나눈 점은 우리가 영어를 배우는 목표가 의사소통에 있음을 다시금 명확히 환기시켜준 탁견이라 생각합니다.

무엇보다 『잉글맵』을 돋보이게 하는 아이디어는 "문장마디"와 "매듭 꼬리표"를 도입한 것입니다. 전통적인 영어의 5문형을 4~5개의 "문장마디"로 단일화하고, 통사론(syntax)에서도 어렵게 다뤄지고 일선 교육 현장에서는 무리하게 5문형 중 하나로 처리하던 "보문구조(complement structures)"를 "매듭 꼬리표"라는 용어로 정리한 것은 영어 구조 분석을 단순화하는 데 있어 큰 공헌이라 여겨집니다. 특히 "매듭 꼬리표"는 기본문장을 확장시켜 문장을 복잡하게 하는 요소들을 "문장마디"라는 기본문형의 층위에 놓이게 함으로써 복잡해보였던 영어 문장이 실은 그다지 복잡하지 않음을 가시적으로 보여주는 효과가 있습니다.

요컨대 이 책의 제안에 따라 영어 문장을 분석하면 매우 효율적입니다. 저자가 안내하는 대로 독해 과정을 숙달한 후 다시 역순으로 작문 학습을 해나간다면 영어 학습의 효과가 더욱 높아질 것입니다. 이처럼 『잉글맵』시리즈로 독해와 작문, 두 마리 토끼를 다 잡을 수 있는 만큼 저자의 새로운 방식인 "문장마디, 매듭 꼬리표"를 우리 영어 교육 현장에 도입한다면 비용보다 이득이 훨씬 클 것이라고 확신합니다.

『잉글맵』시리즈는 오랜 영어 교육의 역사에도 불구하고 영어 구문 이해에 있어서는 여전히 불모지인 한국의 영어 학습 풍토를 교정할 '위대한 탄생'이라 해도 과언이 아닙니다. 이 책은 그간 영어 구문의 정글에서 헤매고 있던 수많은 학습자에게 영어 공부의 새로운 지평을 보여줄 새해맞이 영어 선물이 될 것입니다..

2019년 12월 곤옥골 서재에서
경상대학교 영어영문학과 명예교수 김 두 식

구문이 보이기 시작하는 놀라운 경험을 하게 됩니다!

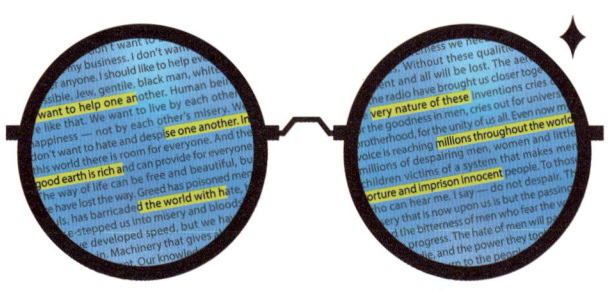

한국, 미국, 중국, 일본 4개국 특허 등록 완료

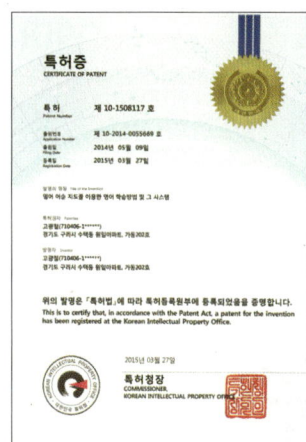
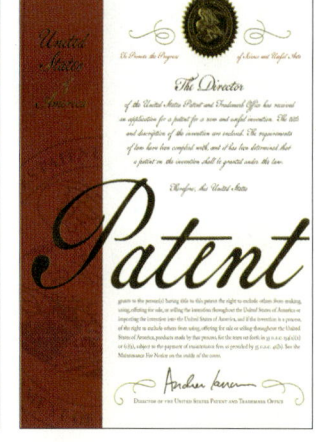

영어가 보인다!
실력이 쌓인다!

지인의 자녀 중에 수학을 비롯한 다른 과목들은 거의 1등급을 받는데 영어만 4~5등급을 받는 학생이 있었습니다. 이 학생에 의하면 단어를 아무리 외워도 문장이 해석되지 않고, 문장을 만드는 원리가 이해되지 않다 보니 아무리 공부를 해도 쌓이지 않는다는 것이었습니다. 분명 똑똑한 친구인데 과연 무슨 이유 때문에 영어의 체계가 잡히지 않는 걸까요?

그 답은 바로 '구문' 때문입니다. 영어는 단어 뜻과 별개로 구성요소들의 정해진 자리가 있고 그 자리마다 고유한 뜻을 갖는 언어입니다. 이러한 정해진 자리를 흔히 '구문'이라고 하는데 영어를 모국어가 아닌 외국어로 배울 때 비원어민 학습자에게 가장 필요한 능력 중의 하나가 바로 '구문' 능력입니다.

영어 교육 현장에서 선생님들이 읽기를 할 때 의미단위로 끊어읽는 방식을 선호하는 이유가 구문의 중요성을 보여주는 가장 단편적인 예라고 할 수 있습니다. 영어는 한국어와 달리 '~은 …이다', 또는 '~가 ~을 …한다'처럼 '조사와 어미'가 없는 대신에 구문이 이 역할을 담당합니다. 구문에 대한 이해가 부족하면 '~은, ~가'에 해당하는 주어나 '…이다, …한다'에 해당하는 '서술어', '~을, 를'에 해당하는 목적어 등을 찾을 수 없어 문장이 이해되지 않습니다. 즉, 주어부, 술부처럼 의미가 형성되는 어군 단위를 볼 수 없으면 영어 문장은 전혀 이해할 수 없는 언어가 되고 맙니다.

구문은 영어 읽기 능력과 직접적으로 관계되어 있습니다. 미숙한 학습자는 글을 한 단어씩 읽고 이해하는 데 반해, 유창한 학습자는 보다 큰 의미단위로 문장을 끊어 읽기 때문에 읽기 속도가 더 빠르고 내용 이해력도 높습니다(Nuttall, 2008). 또한 유창한 학습자는 절(clause)이나 구(phrase)의 상호관계도 예측하며 읽는 등, 음운 단위 뿐만 아니라 통사 구조의 위계 질서도 이용하여 읽기 때문에 더 효과적으로 글을 읽고 이해할 수 있습니다(Ashby, 2006).

이제, 분명하게 말씀 드릴 수 있습니다. 영어의 기초가 부족하거나, 뭔지 모르겠지만 영어 실력이 좀처럼 향상되지 않는 분이 계시다면 무작정 단어만 암기 하지 말고 '영어 구문'을 공부해 보십시오. 한 동안 영어에 손을 놓았다가 다시 공부를 하시는 분들도 '영어 구문'부터 점검해 보십시오. 보이는 영어구문「잉글맵」은 세계에서 몇 안되는 문장다이어그램(Sentence Diagram)이자, 0~5까지의 6개 숫자를 이용해 모든 문장의 어순과 구문을 표현하는 세계 최초의 영어 구문 학습 방법입니다.

영어 구문의 진정한 끝판왕, 잉글맵
1. 영어의 반복적인 어순 패턴이 이해된다.
2. 문장의 구성요소를 다양한 방법으로 끊어 읽을 수 있다
3. 영어 문장이 갖는 고유한 입체 구조가 보인다.
4. 문장이 길어지는 위치를 정확하게 찾고 이해할 수 있다.
5. 4개 유형, 43개의 매듭·꼬리표로 모든 핵심구문이 보인다.

잉글맵은 지금까지 학습했던 방법과는 차원이 다른 새로운 방법으로 영어의 어순과 문장구조를 설명하고 있습니다. 단어들의 순서인 어순을 진짜 '숫자'로 보여주고, 문장구조를 진짜 '입체 그림'으로 보여주는 진짜 '구문'을 경험해 보십시오.

저 자

Overview

보이는 영어구문 「잉글맵」 시리즈 구성

보이는 영어 구문 잉글맵 시리즈는 〈잉글맵 기본편(마디훈련)〉과 〈잉글맵 고급편(매듭·꼬리표 훈련)〉 총 2권으로 구성되어 있습니다.

〈잉글맵 기본편〉은 가장 기본적인 영어 문장의 구조와 원리를 학습하는 교재이며, 문장을 '문장마디'로 나누어 주어, 서술어, 보충어(목적어, 보어), 수식어를 찾는 방법을 구체적으로 설명해 줍니다. '문장마디'별로 '대표품사', '품사덩어리', '이야기구성', '6하 원칙', '힘의 이동 방식' 등 특허 받은 방법을 적용해 영어 문장의 어순 및 구조를 그 어디에서도 경험해보지 못한 쉬운 방식으로 이해하도록 도와줍니다.

〈잉글맵 고급편〉은 기본 문장에 절(clause)이나 구(phrase)가 더해진 긴 영어 문장을 학습하는 교재입니다. 〈잉글맵 고급편〉에서는 특허 받은 '문장매듭·꼬리표' 개념을 통해 '문장이 어디에서, 어떻게 길어지는지' 입체적이고 시각적으로 이해할 수 있도록 도와줍니다.

책의 구성 특성상 학습자는 〈잉글맵 기본편〉을 먼저 공부한 후 〈잉글맵 고급편〉을 공부하는 것이 바람직합니다. 두 권을 순차적으로 공부하고 나면 영어 문장 구조를 잘 파악해내는 안목을 가지게 될 것입니다.

잉글맵 기본편(마디훈련)   **잉글맵 고급편(매듭·꼬리표 훈련)**

> "
> **문장은
> 마디로 끊어야 보인다!**
> "

> "
> **문장은
> 매듭으로 묶어야 보인다!**
> "

자, 이제 혼란스럽고 두려운 '영어의 정글' 속에서 〈잉글맵〉을 펼쳐 보세요! 〈보이는 영어 구문 잉글맵〉 시리즈는 '영어 정복'이라는 목적지로 향하는 여러분에게 안전하고 정확한 '영어의 길'을 안내할 내비게이션이 될 것입니다.

Structures & Features

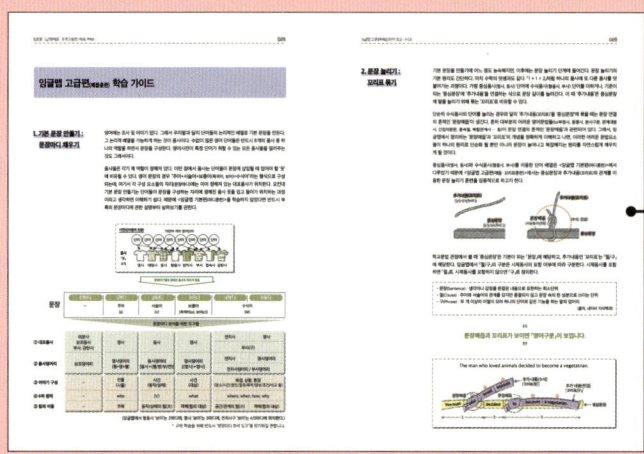

학습 가이드
문장매듭과 꼬리표를 통해 기본문장이 어떻게 길고 복잡해 지는지에 대한 이론적 배경을 상세히 설명합니다.

구문 설명-A
각 매듭에서 학습할 구문의 학습포인트에 대해 설명합니다.

대표예문 설명 (with 잉글맵)
대표예문을 통해 말이 늘어나는 원리를 학습하고, 구문의 상세한 해설과 해석 방식을 학습합니다.

Further Study
추가적으로 알아두면 좋은 문법/구문 내용입니다.

연습예문 설명 (with 잉글맵)
대표예문에서 학습한 내용을 다양한 예문을 통해 학습자가 직접 읽고 해석하는 훈련을 합니다.

구문 설명-B
구문-A와 같은 매듭의 유형이지만 세부적인 부분에서 차이가 있어 주의해야 하는 구문들을 설명합니다.

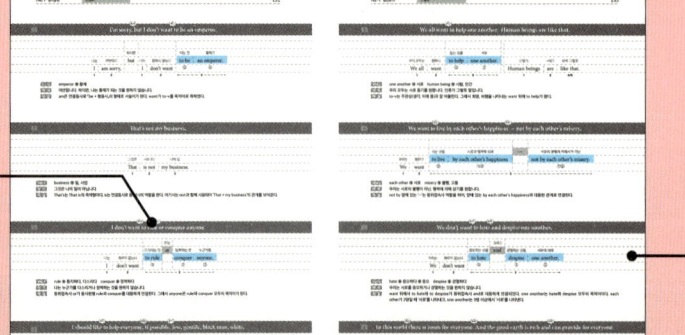

실전훈련-A
한 문장에 적용된 모든 매듭들의 위치와 번호를 한 눈에 볼 수 있습니다.

실전훈련-B
매듭의 역할에 따라 노랑, 파랑, 분홍색으로 구분하고 입체구조로 구문을 해설해 줍니다.

매듭훈련 연습지
본문의 예문에 직접 선을 그어 문장마디와 매듭·꼬리표를 구분하고 해석하는 연습을 합니다.

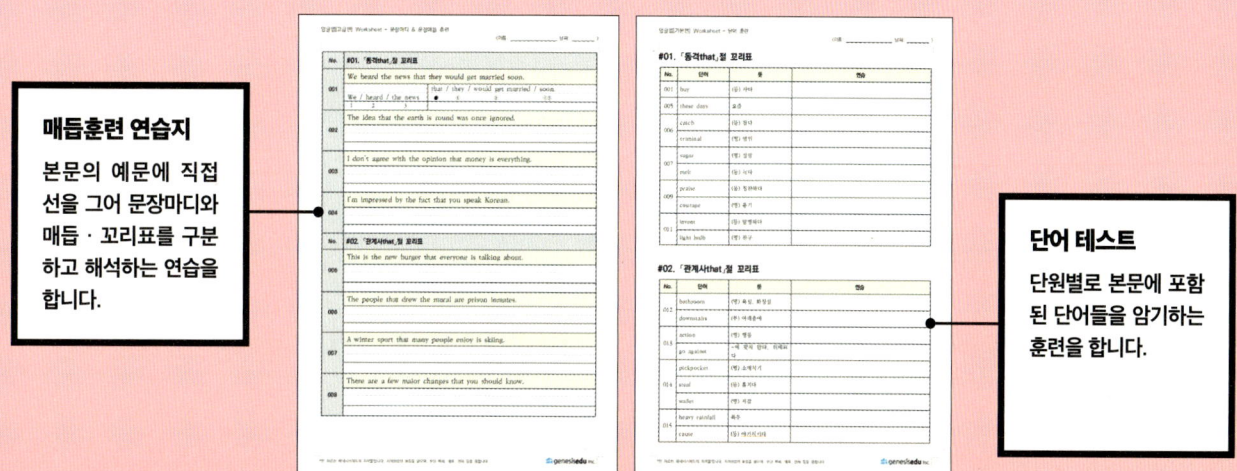

단어 테스트
단원별로 본문에 포함된 단어들을 암기하는 훈련을 합니다.

일러두기   to-V to부정사   v-ing 동명사/현재분사   p.p. 과거분사   V 동사   N 명사   A 형용사   AD 부사   S 주어   O 목적어
IO 간접목적어   DO 직접목적어   C 보어   CC 보충어   M 수식어

0/1/2/3/4/5	중심문장의 문장마디 번호
⓪①②③④⑤	추가내용의 문장마디 번호
l	문장마디 구분선
↪	순차적으로 해석하기
⭕	문장매듭 표시
	수식구조의 추가내용(꼬리표)
	안긴구조의 추가내용(꼬리표)

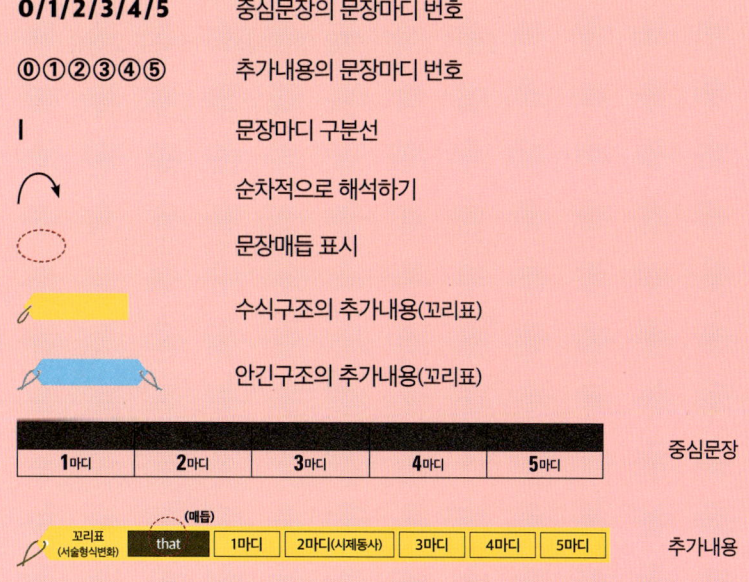

구문 훈련을 돕는 부가서비스   www.englemap.com에서 매듭훈련 연습지와 단어 테스트 자료는 다운로드 가능하며
그 밖에 관련 사항은 englemap114@gmail.com으로 문의해 주세요.

Content

INTRO 009

PART 1 형용사자리 매듭 · 꼬리표 훈련

01 「동격that」절 꼬리표 024
02 「관계사that」절 꼬리표 026
03 「관계사wh」절 꼬리표 030
04 「whose+명사」절 꼬리표 038
05 「전치사+wh」절 꼬리표 040
06 「수량대명사 of+wh」절 꼬리표 044
07 「wh복합관계」절 꼬리표 046
08 「유사관계대명사」절 꼬리표 052
09 「동격to-v」구 꼬리표 054
10 「형 to-v」구 꼬리표 056
11 「형 v-ing」구 꼬리표 060
12 「생략수식」구 꼬리표 064
13 「전치사」구 꼬리표 072

PART 2 명사자리 매듭 · 꼬리표 훈련

14 「명 that」절 꼬리표 076
15 「판단대상that」절 꼬리표 082
16 「whether/if」절 꼬리표 084
17 「의문사wh」절 꼬리표 088
18 「명 to-v」구 꼬리표 094
19 「uS+to-v」구 꼬리표 100
20 「의문사wh+to-v」구 꼬리표 108
21 「보충술어to-v」구 꼬리표 112
22 「명 v-ing」구 꼬리표 124
23 「uS+v-ing」구 꼬리표 134
24 「uS+원형」구 꼬리표 136
25 「uS+술어」구 꼬리표 140
26 「보충술어」구 꼬리표 150

PART 3 부사자리 매듭 · 꼬리표 훈련

27 「시간」절 꼬리표   158
28 「장소」절 꼬리표   164
29 「원인」절 꼬리표   166
30 「판단이유that」절 꼬리표   168
31 「결과」절 꼬리표   170
32 「목적」절 꼬리표   172
33 「양보/대조」절 꼬리표   174
34 「조건」절 꼬리표   178
35 「비교」절 꼬리표   180
36 「부to-v」구 꼬리표   184
37 「판단to-v」구 꼬리표   190
38 「부 v-ing」구 꼬리표   194
39 「생략분사」구 꼬리표   200
40 「uS+분사」구 꼬리표   206
41 「접속사+분사」구 꼬리표   210
42 등위접속매듭   214
43 특수구문   220

PART 4 영어구문지도 실전 훈련

연설문, The Final Speech of the Great Dictator, 1940   234

APPENDIX   249

How to Study

1 타자 연습이라 생각하고 구문을 연습하자!!!

"키보드 자판을 처음 배울 때를 생각해보라."
손가락마다 정해진 자리에 맞춰 타자 연습을 하는 게 불편하다고 하여 독수리 타법만 고수하면 어떻게 될까? 아무리 연습해도 일정 수준 이상 타자 실력이 늘지 않는다. 구문 학습도 마찬가지다. 0~5까지의 문장마디 및 문장매듭의 정해진 자리와 입체적 구조를 수월하게 파악할 때까지는 의식적인 노력이 있어야 한다. 물론 기존의 방법과는 새로운 방법이라 이 과정이 어색할 수 있다. 하지만 시간이 지나면 구문 인지능력이 생겨서 아무리 길고 복잡한 문장도 막힘 없이 분석하고 이해하게 될 것이다. 조금은 지루한 타자 연습을 거치고 나면 어느덧 별다른 의식적 노력 없이도 자유롭고 빠르게 자판을 두드리게 되는 것처럼 말이다.

2 「정해진 자리와 품사 규칙」 개념을 반드시 익히자!!!

"단어들은 품사별로 정해진 자리가 있다. 구문을 형성하는 대부분의 원리는 이 기준을 만족하기 위해 만들어진 것이라 해도 과언이 아니다."
to부정사, 동명사, 분사구문, 관계대명사, 접속사 등 어려운 구문에 등장하는 거의 모든 용어들은 '정해진 자리와 품사'를 설명하기 위한 수단에 불과하다. 0~5마디까지의 자리에 어떤 대표품사가 오는지를 익히고, 정해진 자리에 다른 품사가 들어갈 경우 어떤 현상이 일어나는지 이해하고 나면 비로소 구문을 보는 눈이 열리게 된다.

3 빠른 기간 내에 <잉글맵> 전체를 3번 이상 반복해서 연습하자!!!

"길고 복잡한 문장은 한 문장 안에 여러 개의 구문이 복합적으로 들어가 있다."
우리가 실제로 접하게 되는 영어 문장들은 여러 개의 구문이 복합적으로 얽혀 있는 것이 대부분이다. 그래서 특정 구문을 깊이 있게 이해하는 것도 필요하지만, 전체 구문을 여러 번 반복적으로 연습하여 구문을 전체적으로 볼 수 있는 균형 감각을 키우는 것이 더 중요하다. 그런 감각을 터득하기 위해서는 <잉글맵>을 단기간에 여러 번 반복해서 연습하는 것이 효과적이다.

4 목차와 책날개를 수시로 확인하자!!!

"전체 구문 중에서 지금 내가 어디를 학습하고 있는지 매일 점검하고, 비교하고, 물어보아야 한다."
내가 알고 있는 것과 모르는 것을 구분하는 것이 학습의 시작이다. 이를 위해 목차와 책날개를 습관적으로 펼쳐 보기를 권한다. 전체 구문 중에서 내가 학습하고 있는 구문은 어떤 단계인지 확인하고 그와 비슷한 구문은 어떤 것인지 비교하는 과정을 통해 현재 내가 학습하고 있는 구문을 더욱 선명하게 이해할 수 있기 때문이다.

5 영어구문지도를 직접 작성해보자!!!

"직접 영어구문을 그려 보면 내가 알고 있는 것과 모르는 것이 명확해진다."
영어구문지도를 직접 그려볼 것을 적극 권장한다. 예문에 대해 내가 직접 구문지도를 그려보면, 자기주도학습 능력이 커지는 것은 물론 내가 알고 있는 것과 모르는 것이 분명하게 드러난다. 그런 과정을 통해 틀린 부분을 집중적으로 학습하다 보면 어느새 영어 구문이 명확히 보이게 될 것이다.

6 의미 단위로 끊어 읽는 훈련을 습관화하자!!!

"영어를 외국어로 배울 때 문장을 의미 단위로 끊어 읽는 훈련은 가장 검증된 학습 방법 중 하나다."
<잉글맵>으로 구문을 익히다 보면 신기하게도 구문 생성 원리가 수학처럼 논리적인 짜임새가 있다는 사실을 발견하게 될 것이다. 1/2/3/4/5 각 마디별로 단어들의 어군이 형성되는 원리를 비롯해 형용사 자리, 명사 자리, 부사 자리를 중심으로 말이 어떻게 늘어나는지 눈으로 확인할 수 있다. 이 자리들이 바로 대부분 의미 단위로 끊어 읽는 기준이 된다. 다만 기존 문법 학습을 통해 구문을 숙어로 패턴화해서 외운 경우, 잉글맵의 끊어 읽기 방식과 정확히 맞아 떨어지지 않을 수 있다. 이런 경우에는 당황하지 말고 그 차이를 따져보는 학습의 기회로 삼기를 권한다.

INTRO
문장 늘리기

잉글맵 고급편(매듭 · 꼬리표훈련) 학습 가이드

잉글맵 고급편(매듭·꼬리표훈련) 학습 가이드

1. 기본 문장 만들기 : 문장마디 채우기

영어에는 조사 및 어미가 없다. 그래서 우리말과 달리 단어들의 논리적인 배열로 기본 문장을 만든다. 그 논리적 배열을 가능하게 하는 것이 품사이다. 수없이 많은 영어 단어들은 반드시 8개의 품사 중 하나의 역할을 하면서 문장을 구성한다. 영어사전이 특정 단어가 취할 수 있는 모든 품사들을 일러주는 것도 그래서이다.

품사들은 각기 제 역할이 정해져 있다. 이런 점에서 품사는 단어들이 문장에 삽입될 때 입어야 할 '옷'에 비유될 수 있다. 영어 문장의 경우 "주어+서술어+보충어(목적어, 보어)+수식어"라는 형식으로 구성되는데, 여기서 각 구성 요소들의 자리(문장마디)에는 이미 정해져 있는 대표품사가 위치한다. 요컨대 기본 문장 만들기는 단어들이 문장을 구성하는 자리에 정해진 품사 옷을 입고 들어가 위치하는 과정이라고 생각하면 이해하기 쉽다. 때문에 <잉글맵 기본편(마디훈련)>을 학습하지 않았다면 반드시 부록의 문장마디에 관한 설명부터 살펴보기를 권한다.

문장	0마디	1마디	2마디	3마디	4마디	5마디
	—	주어 (s)	서술어 (v)	보충어 [목적어(o), 보어(c)]	수식어 (M)	

문장마디 분석을 위한 도구들

① 대표품사	의문사 보조동사 부사, 감탄사	명사	동사	명사	전치사	명사
					부사(구)	
② 품사덩어리	보조덩어리	명사덩어리 (형+명+형)	동사덩어리 [동사+(형/명/부/전)]	명사덩어리 [(명사)+ 명사] (형+명+형)	전치사	명사덩어리 (형+명+형)
					전치사덩어리 / 부사덩어리	
③ 이야기 구성	-	인물 (사물)	사건 (동작/상태)	사건 (대상)	배경 (주변 상황: 장소/시간/원인/결과/목적 …)	
④ 6하 원칙	-	who	(V)	what	where, when, how, why	
⑤ 힘의 이동	-	주체	동작/상태의 힘(大)	객체(힘의 대상)	공간/관계의 힘(小)	객체(힘의 대상)

(잉글맵에서 형용사 '보어'는 2마디에, 명사 '보어'는 3마디에, 전치사구 '보어'는 4/5마디에 위치한다.)

* 구문 학습을 위해 반드시 "문장마디 분석 도구"를 암기하길 권합니다.

2. 문장 늘리기 : 꼬리표 묶기

기본 문장을 만들기에 어느 정도 능숙해지면, 이후에는 문장 늘리기 단계에 들어간다. 문장 늘리기의 기본 원리도 간단하다. 마치 수학의 덧셈과도 같다. 「1 + 1 = 2」처럼 하나의 품사에 또 다른 품사를 덧붙여가는 과정이다. 가령 중심품사(명사, 동사) 단어에 수식품사(형용사, 부사) 단어를 더하거나, 기준이 되는 '중심문장'에 '추가내용'을 연결하는 식으로 문장 길이를 늘려간다. 이 때 '추가내용'은 중심문장에 말을 늘리기 위해 묶는 '꼬리표'로 비유할 수 있다.

단순히 수식품사의 단어를 늘리는 경우와 달리 '추가내용(꼬리표)'을 '중심문장'에 묶을 때는 문장 연결의 흔적인 '문장매듭'이 생긴다. 흔히 대부분의 어려운 영어문법들(to부정사, 동명사, 분사구문, 관계대명사, 간접의문문, 종속절, 복합관계사 … 등)이 문장 연결의 흔적인 '문장매듭'과 관련되어 있다. 그래서, 잉글맵에서 정의하는 '문장매듭'과 '꼬리표'의 개념을 정확하게 이해하고 나면, 이러한 어려운 문법요소들이 하나의 원리로 단순화 될 뿐만 아니라 문장이 늘어나고 복잡해지는 원리를 자연스럽게 깨우치게 될 것이다.

중심품사(명사, 동사)와 수식품사(형용사, 부사)를 이용한 단어 배열은 <잉글맵 기본편(마디훈련)>에서 다루었기 때문에 <잉글맵 고급편(매듭·꼬리표훈련)>에서는 중심문장과 추가내용(꼬리표)의 관계를 이용한 문장 늘리기 훈련을 집중적으로 하고자 한다.

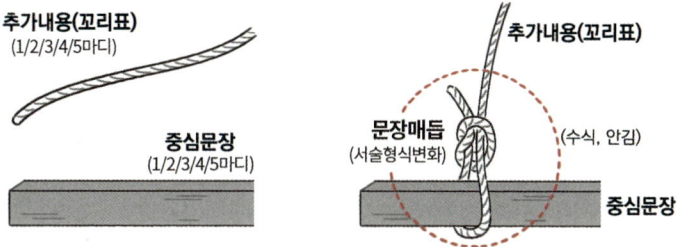

학교문법 관점에서 볼 때 '중심문장'은 기본이 되는 「문장」에 해당하고, 추가내용인 '꼬리표'는 「절/구」에 해당한다. 잉글맵에서 「절/구」의 구분은 시제동사의 포함 여부에 따라 구분한다. 시제동사를 포함하면 「절」로, 시제동사를 포함하지 않으면 「구」로 정의한다.

> - 문장(Sentence) : 생각이나 감정을 완결된 내용으로 표현하는 최소단위
> - 절(Clause) : 주어와 서술어의 관계를 갖지만 종결되지 않고 문장 속의 한 성분으로 쓰이는 단위
> - 구(Phrase) : 두 개 이상의 어절이 모여 하나의 단어와 같은 기능을 하는 말의 덩어리
>
> (출처, 네이버 지식백과)

> "
> **문장매듭과 꼬리표가 보이면 「영어구문」이 보입니다.**
> "

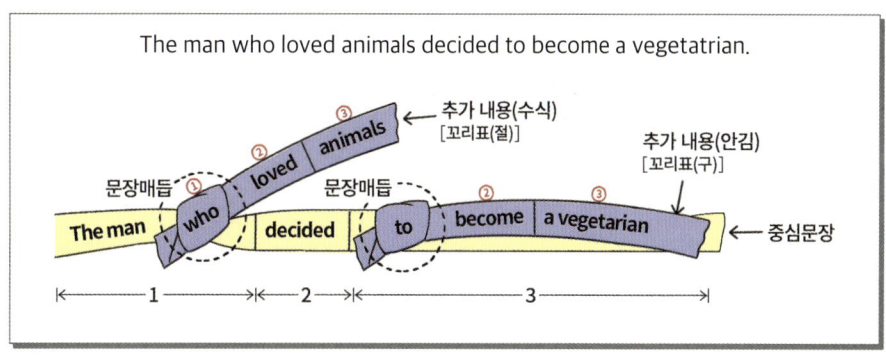

3. 문장 연결의 흔적 : 문장매듭

중심문장에 추가내용(꼬리표)이 연결될 때는 반드시 두 개가 연결되었다는 흔적이 남는다. 이러한 현상을 구문론에서는 '서술형식변화'라고 하며, 잉글맵에서는 '문장매듭'으로 정의한다. 영어는 서술형식변화(문장매듭)의 위치 및 방식이 한국어와 정반대의 구조를 갖고 있다. 한국어는 서술어가 문장의 끝에 오는 반면 영어는 서술어가 문장의 앞쪽에 위치한다. 이러한 어순의 차이가 서술형식변화(문장매듭)의 위치 및 방식을 다르게 만든다.

영어를 이해함에 있어 한국어를 병행하지 않고 영어 자체로 영어식 사고가 되도록 하는 것이 바람직하다. 하지만 영어가 갖는 문장구조의 정확한 이해를 위해 한국어와 특징을 비교하면서 '서술형식변화(문장매듭)'를 살펴 보도록 하겠다.

서술형식변화 : 한국어

긴 문장	동물들을 사랑한 그 남자는 채식주의자가 되기로 결정했다.
중심문장	그 남자는 '이것'을 결정했다.
추가내용 1	그는 동물들을 사랑했다.
추가내용 2	'그는 채식주의자가 될 것이다.'

위의 긴 문장은 '중심문장'에 '추가내용1'과 '추가내용2'가 더해진 결과이다. 중심문장에서 '그 남자'와 추가내용1의 '그'가 같은 사람이라면 두 개를 연결하여 "동물들을 사랑한 그 남자는"으로 만들 수 있다. 두 개의 요소를 연결하는 과정에서 추가내용1은 '그 남자'를 「수식하는 구조」가 되면서 서술형식에 변화를 겪게 된다.

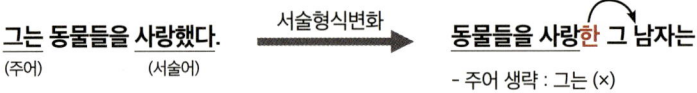

- 주어 생략 : 그는 (×)
- 서술어 변형 : 했다 ⇨ 한
- 수식 구조 : 그 남자를 수식

<한국어의 서술형식변화>
1. 추가내용의 끝부분에서 서술형식변화가 일어난다.
2. 서술어의 '어미'활용에 변화가 생긴다.

또한, 중심문장에서 '이것'에 해당하는 내용이 추가내용2의 '그는 채식주의자가 될 것이다'일 때, 두 개를 연결하여 "그 남자는 채식주의자가 되기로 결정했다."로 만들 수 있다. 이 때 추가내용2는 중심문장의 '이것'의 자리에 「안긴 구조」가 되면서 서술형식에 변화가 생긴다.

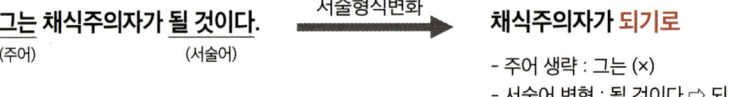

- 주어 생략 : 그는 (×)
- 서술어 변형 : 될 것이다 ⇨ 되기로
- 안긴 구조 : 이것을 대신해서 안김

한국어는 명사를 수식하는 수식어가 왼쪽에 위치하는 왼쪽 가지치기(좌분지) 언어여서 추가문장의 서술형식변화(문장매듭)가 끝부분에 생긴다. 이로 인해 내용적으로 핵(head)이 되는 단어가 끝에 오는 특성(head-final)이 생긴다. 아래 그림에서 ○가 있는 곳은 서술형식변화(문장매듭)에 따른 문장 연결의 흔적들이다.

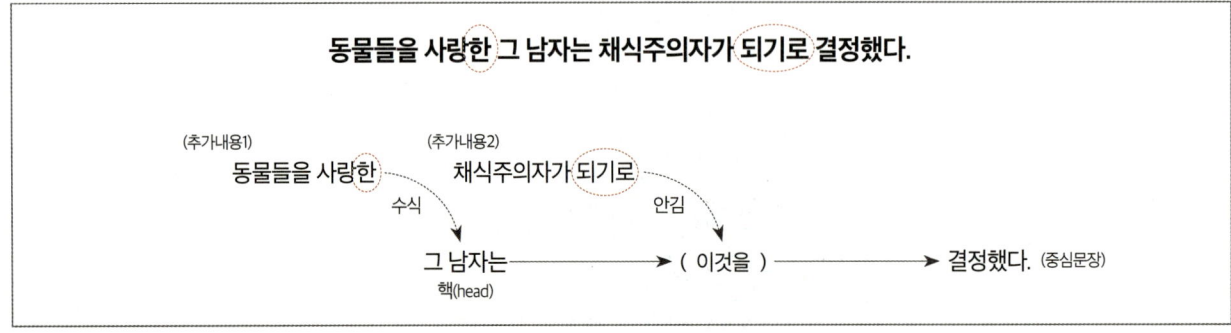

서술형식변화 : 영어

앞서 살펴본 한국어의 서술형식변화(문장매듭)에 사용된 예문을 영어로 표현하면 다음과 같다.

긴 문장	The man who loved animals decided that he would become a vegetarian.
	(= The man who loved animals decided to become a vegetarian.)
중심문장	The man decided it.
추가내용 1	He loved animals.
추가내용 2	He will become a vegetarian.

영어에서도 긴 문장은 '중심문장'에 '추가내용'이 더해진 결과다. 위의 중심문장에서 'The man'과 추가내용1의 'He'가 같은 사람이기 때문에 두 개를 연결하여 "The man who loved animals"로 만들 수 있다. 앞서 한국어에서 살펴본 서술형식변화가 영어에서도 일어난다. 다만, 한국어와 달리 추가내용1의 앞부분에서「수식 구조」로 서술형식변화가 생긴다.

- 주어 생략 : He (×)
- 접착제 추가 : who 추가
- 수식 구조 : 'the man'을 who절이 수식

중심문장인 "The man decided it"에서 'it'의 자리에 추가내용2를 넣어「안긴 구조」로 두 개를 연결할 수 있다. 긴 문장 "The man decided that he will become a vegetarian."에서 that절을 축약하면 "The man dedided to become a vegetarian."이 되며, 둘 다 추가내용의 앞 부분에서 서술형식변화가 일어난다.

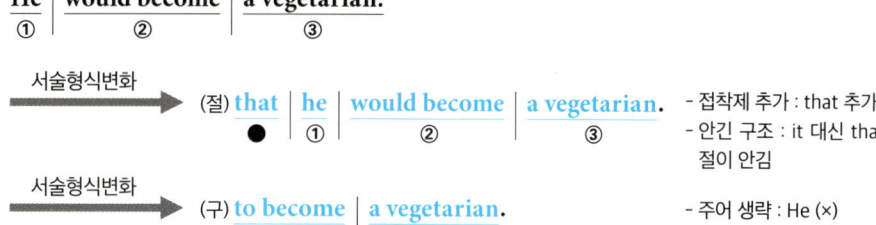

추가내용 2

He | would become | a vegetarian.
① | ② | ③

- 접착제 추가 : that 추가
- 안긴 구조 : it 대신 that 절이 안김

- 주어 생략 : He (×)
- 시제 생략 : will become ⇨ to become
- 안긴 구조 : it 대신 to부정사구가 안김

<영어의 서술형식변화>
1. 추가내용의 앞부분에서 서술형식변화가 일어난다.
2. '접속사, 관계사 등'을 추가하여 접착제로 사용하거나 동사변형(to, ing, p.p.)과 동사 생략(주로 be동사)의 방법을 사용한다.

영어는 명사를 꾸며주는 수식어의 위치가 한국어와 다르다. 영어의 수식어는 '단어'일 때는 왼쪽에, '절/구'일 때는 오른쪽에 위치하게 된다. 다시 말해, 왼쪽 가지치기(좌분지), 오른쪽 가지치기(우분지)가 모두 가능한 언어이다. 여기서 눈여겨볼 점은 구문의 핵심인 '절/구'의 경우 모두 오른쪽 가지치기의 특성을 가지며, 이로 인해 핵(head)이 되는 단어가 앞부분에 오는 특성(head-first)을 보인다는 것이다. 아래 그림에서 ○가 있는 곳이 영어의 서술형식변화(문장매듭)에 따른 문장 연결의 흔적들이다

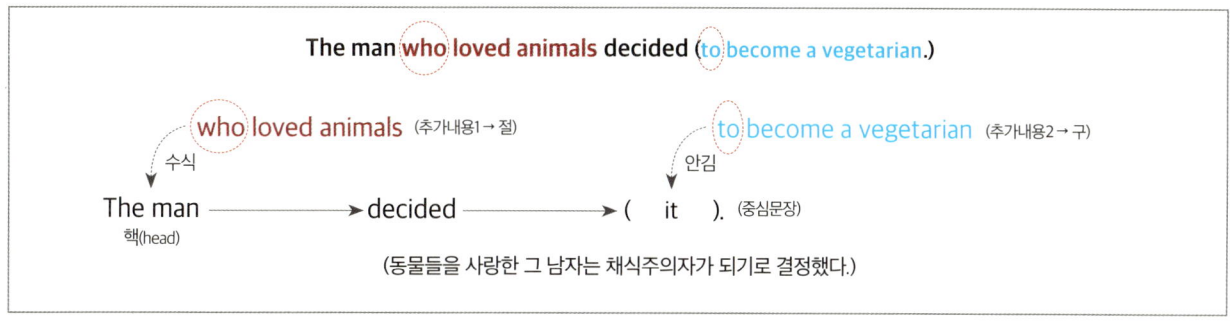

(동물들을 사랑한 그 남자는 채식주의자가 되기로 결정했다.)

4. 꼬리표(절/구) 만들기

문장 늘리기는 기본이 되는 중심문장에 추가내용인 "꼬리표"를 묶는 과정으로 앞서 비유하였다. 또한, 꼬리표가 연결될 때는 반드시 연결의 흔적인 "문장매듭"이 생긴다는 사실도 살펴 보았다. 이처럼 잉글맵에서는 "꼬리표와 문장매듭"의 개념으로 모든 핵심 구문들을 설명한다. 그렇다면 "꼬리표"는 어떤 종류와 유형이 있고, 꼬리표의 특성에 따라 어떤 "문장매듭"들이 적용되는지 살펴 보도록 하자.

꼬리표 구분

꼬리표는 문장의 연결 흔적인 "문장매듭"과 "내용"으로 구성되고, 「절/구」로 구분된다.
"절(Clause) 꼬리표"는 「접착제 + S + V(시제동사)」의 형태로 시제를 나타내는 동사를 포함하지만, "구(Phrase) 꼬리표"는 「to-v, v-ing, v생략」 등의 형태로 시제를 나타내는 동사 대신에 동사변형(to, ing)이 생기거나 동사가 생략되어 시제를 나타내지 못한다.

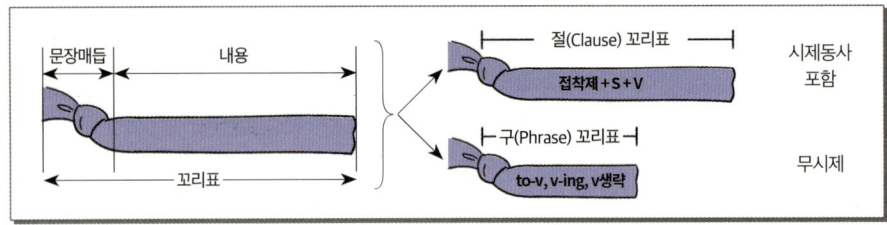

매듭의 위치

중심문장이 1/2/3/4/5마디로 구성 되듯이 추가내용인 꼬리표도 기본적으로 1/2/3/4/5마디로 구성되는 것이 원칙이다. 다만, 중심문장에 꼬리표를 묶는 과정에서 꼬리표의 '어느 곳'을 묶느냐에 따라 문장매듭의 모양이 결정된다.

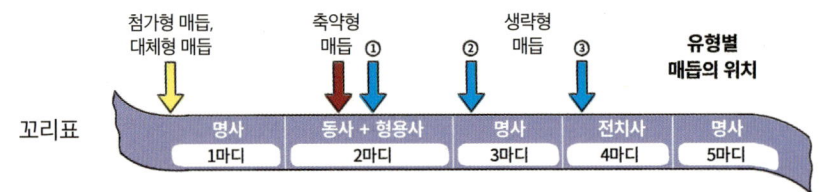

절(Clause) 꼬리표
→ 시제동사 포함

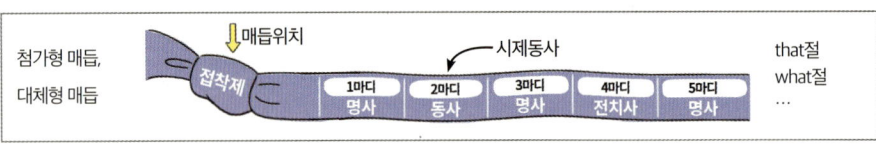

구(Phrase) 꼬리표
→ 동사변형, 무시제

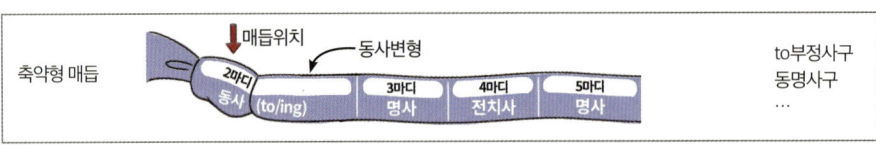

구(Phrase) 꼬리표
→ 동사생략, 무시제

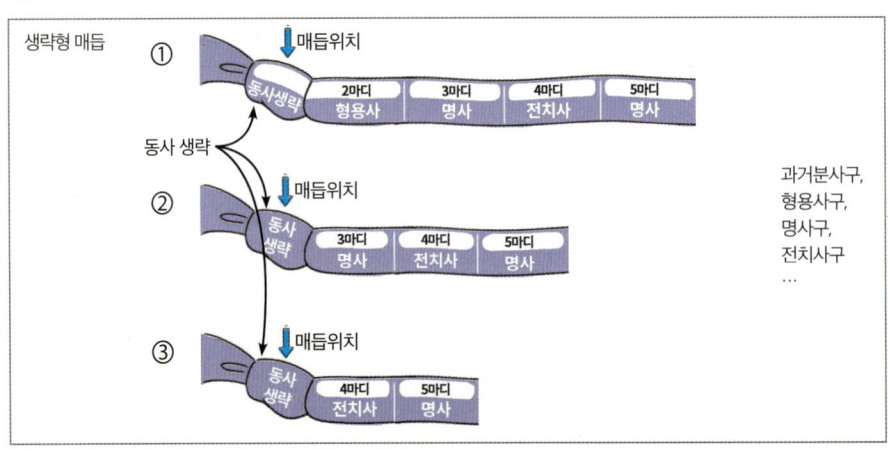

매듭의 방식

앞서 매듭의 위치를 설명하면서 "첨가형 매듭, 대체형 매듭, 축약형 매듭, 생략형 매듭"의 용어를 사용하였다. 이러한 명칭들은 「매듭의 방식」에 해당하는 용어들이다.

꼬리표 구분	매듭 방식	주요 내용
절(Clause) 꼬리표 (시제동사 포함)	① 첨가형 매듭	접속사
	② 대체형 매듭	관계사, 의문사
구(Phrase) 꼬리표 (무시제)	③ 축약형 매듭	to-v, v-ing
	④ 생략형 매듭	p.p., 형용사, 명사, 전치사

① 첨가형 매듭

첨가형 매듭은 꼬리표 앞에 접착제에 해당하는 '접속사'를 첨가하는 매듭을 말한다. 꼬리표(1/2/3/4/5마디)에 포함된 마디에는 전혀 변화가 없고 단순히 접속사가 문장 연결의 흔적으로 추가된 유형이다. 아래에서 that이 첨가형 매듭에 해당되며, 번호가 없는 단순기호(●)로 표시한다.

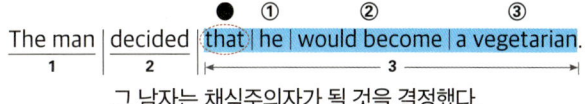

그 남자는 채식주의자가 될 것을 결정했다.

② 대체형 매듭

대체형 매듭도 꼬리표 앞에 접착제가 추가되는 것은 첨가형 매듭과 같다. 하지만 대체형 매듭은 접착제가 꼬리표(1/2/3/4/5마디)의 특정마디를 대신하기 때문에 '대체마디' 생략 현상이 일어난다. 이 때 생략되는 대체마디는 1/3/5마디의 명사자리 중 하나이거나, 부사구의 역할을 하는 4/5마디에 해당된다. 주로 'wh'를 포함하는 '관계사'와 간접의문문에 사용되는 '의문사'가 대체형 매듭에 해당된다. 아래에서 who는 대체형 매듭으로써 문장을 연결하는 접착제 역할과 함께 동사 'loved'의 1마디 주어를 대체하는 역할을 한다. 대체형 매듭(who) 위에 있는 ❶은 생략된 대체마디 번호를 나타낸다.

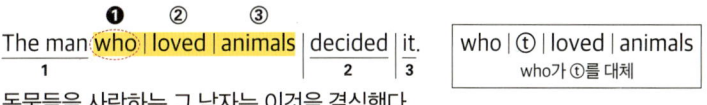

동물들을 사랑하는 그 남자는 이것을 결심했다.

③ 축약형 매듭

축약형 매듭은 꼬리표(1/2/3/4/5마디)가 축약('줄여서 간략하게 함')이 일어나는 과정에서 2마디 동사자리에서 매듭이 생기는 경우이다. "The man decided that he will become a vegetarian."에서 접속사 that과 주어 he가 생략되고 시제동사 will become이 무시제 동사인 to become으로 축약되었다. 축약형 매듭에서 V(동사)는 "to-v 또는 v-ing"로 변형되면서 시제를 포함하지 않는다. 축약형 매듭(to become) 위에 있는 ❷는 꼬리표에서 동사자리를 나타낸다.

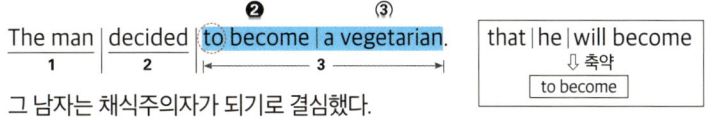

그 남자는 채식주의자가 되기로 결심했다.

④ 생략형 매듭

생략형 매듭은 꼬리표(1/2/3/4/5마디)의 2마디 동사 뒤에서 매듭이 생기면서 꼬리표에 동사가 보이지 않는 경우이다. 앞서 '매듭의 위치'에서 살펴 본 바와 같이 꼬리표가 "과거분사/형용사/명사/전치사"로 시작할 때 이것들을 생략형 매듭이라 한다. 아래에서 전치사구 from London은 앞에 which was가 생략되면서 만들어진 꼬리표이며 이 때 전치사 from은 생략형 매듭에 해당된다.

런던발 비행기가 정각에 도착했다.

꼬리표(절/구)의 유형

문장 늘리기 훈련에서 가장 중요한 핵심은 어떤 형태의 「절/구」이든지간에 이것들이 「꼬리표」라는 '본질'을 기억하는 것이다. 꼬리표는 문장매듭을 갖고 있고 반드시 연결의 흔적을 남긴다. 문장을 앞에서부터 순차적으로 읽어 가면서 문장마디에 연결되어 있는 꼬리표의 흔적들을 찾을 수 있고 그 특성에 따라 해석할 수 있다면 비로소 영어가 보이게 된다. 그러므로 꼬리표의 유형을 이해하고 그 특성을 훈련하는 것은 '영어구문 학습의 핵심'이라 감히 말할 수 있다.

* uS(understood Subject) : 의미상 주어

5. 꼬리표(절/구)의 위치

문장을 늘릴 때 꼬리표는 반드시 정해진 자리에만 묶을 수 있다. 꼬리표를 중심문장의 어느 곳에 묶느냐에 따라서 꼬리표가 "수식 구조"인지, "안긴 구조"인지가 결정된다. 뿐만 아니라 해석에 반드시 필요한 "꼬리표의 용법(형용사적 용법, 명사적 용법, 부사적 용법)"도 묶는 위치가 결정한다.

명사 뒤 묶기

① 형용사적 용법 꼬리표 : 꼬리표가 명사 「수식」구조, 노란색 계열
중심문장의 1/2/3/4/5마디 중에서 1/3/5마디의 대표품사는 "명사"이다. 형용사적 용법의 꼬리표는 1/3/5마디의 명사 뒤에서 명사를 수식하는 역할을 한다.

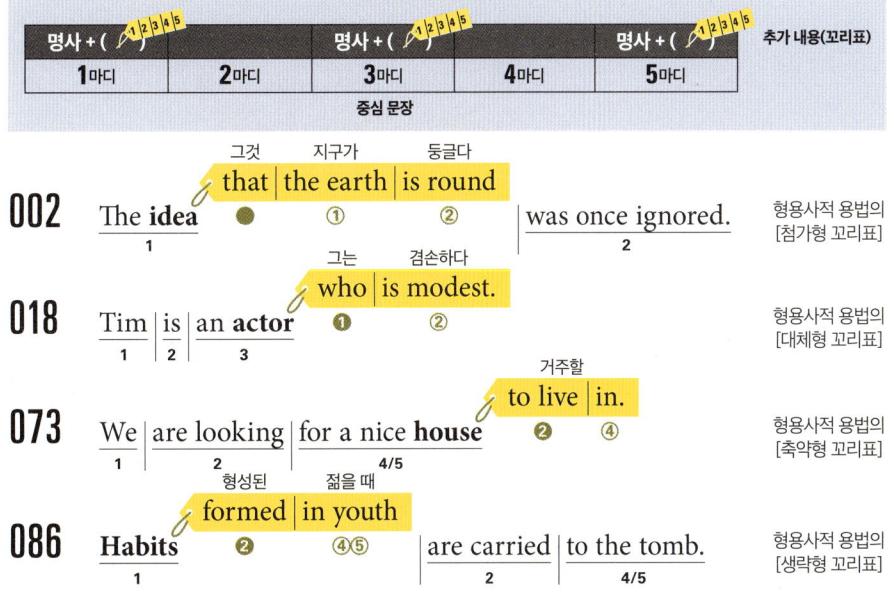

002 지구가 둥글다는 생각은 한 때 무시되었다.   018 Tim은 겸손한 배우이다.   073 우리는 거주할 좋은 집을 찾고 있다.   086 젊어서 형성된 습관은 무덤까지 간다.

명사자리 묶기

② 명사적 용법 꼬리표 : 꼬리표가 통째로 명사자리에 「안긴」구조, 파란색 계열
중심문장의 명사자리인 1/3/5마디에 명사를 대신하여 꼬리표가 통째로 안긴 구조이다. 명사적 용법의 꼬리표는 그 자체가 명사 역할을 한다.

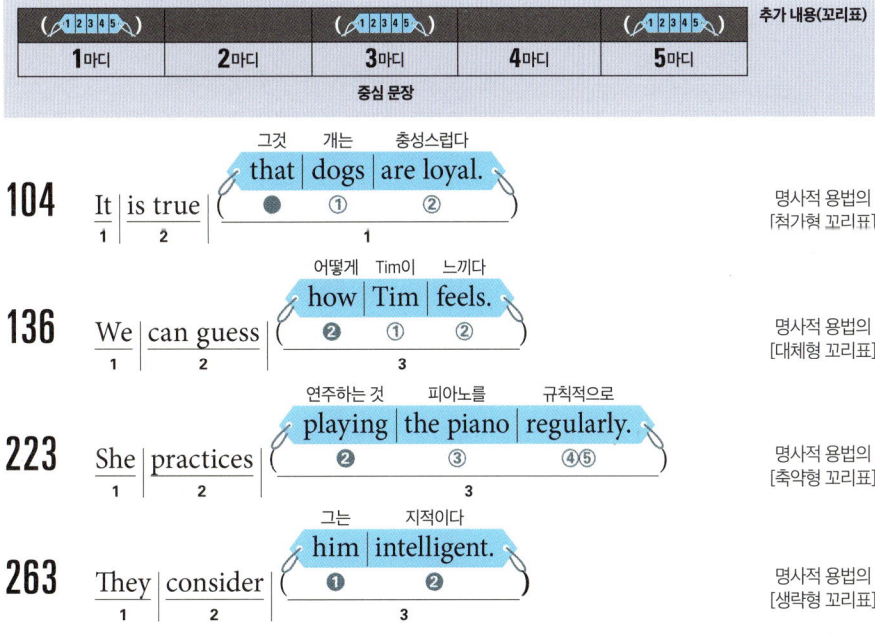

104 개가 충성스러운 것은 사실이다. 136 우리는 Tim이 기분이 어떤지 짐작할 수 있다. 223 그녀는 피아노 치는 것을 규칙적으로 연습한다. 263 그들은 그가 지적이라고 생각한다.

문장 앞/뒤 묶기

③ 부사적 용법 꼬리표 : 꼬리표가 문장 앞/뒤에서 「수식」구조, 분홍색 계열
부사적 용법의 꼬리표는 중심문장의 앞/뒤에서 문장을 수식하는 역할을 한다. 4/5마디가 부사적 역할로 사용될 때는 한 문장 안에서 동시에 여러 개 사용이 가능하다.

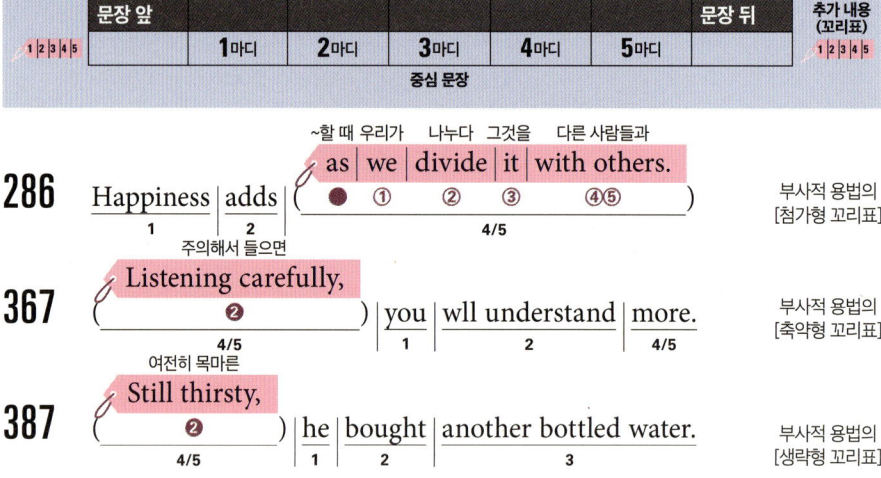

286 행복은 우리가 그것을 다른 사람들과 나눌 때 더해진다. 367 주의해서 들으면, 너는 더 많이 이해할 것이다. 387 여전히 목이 말라, 그는 생수를 하나 더 샀다.

6. 꼬리표(절/구)의 용법

「that절, wh절, to-v구, v-ing구」에 해당하는 꼬리표들은 세가지 용법(형용사적/명사적/부사적)으로 모두 사용될 수 있는 공통점이 있다. 다시말해, 이런 꼬리표들은 모양이 같다 하더라도 사용된 자리에 따라 해석이 달라질 수 있음을 의미한다. 잉글맵을 통해 문장마디의 숫자로 이러한 꼬리표가 사용된 위치를 파악하고, 뒤집어 해석하지 않고 앞에서부터 순차적으로 해석이 가능하도록 영어 구문을 훈련해야 한다.

구분	용법	문장마디와 꼬리표의 위치	주요 내용
that절	형용사적 용법 (#01.「동격that」절 꼬리표)	We heard the news that they would get married soon.	우리는 그들이 결혼할 것이라는 소식을 들었다.
	명사적 용법 (#14.「명 that」절 꼬리표)	We heard that they would get married soon.	우리는 그들이 곧 결혼할 것이라고 들었다.
	부사적 용법 (#30.「판단이유」절 꼬리표)	I am happy that they would get married soon.	나는 그들이 곧 결혼해서 행복하다.
wh절	형용사적 용법 (#03.「관계사wh」절 꼬리표)	He left on the day when he heard the news.	그는 그 소식을 듣고 그날 떠났다.
	명사적 용법 (#17.「의문사wh」절 꼬리표)	I don't know when dinosaurs became extinct.	나는 공룡이 언제 멸종되었는지 모른다.
	부사적 용법 (#27.「시간」절 꼬리표)	When you are not practicing, someone is getting better.	당신이 연습하지 않을 때, 누군가는 점점 나아지고 있다.
to-v구	형용사적 용법 (#09.「동격to-v」구 꼬리표)	The train is the best way to travel in Europe.	기차는 유럽을 여행하는 가장 좋은 방법이다.
	명사적 용법 (#18.「명 to-v」구 꼬리표)	I like to travel alone.	나는 혼자 여행하는 것을 좋아한다.
	부사적 용법 (#36.「부 to-v」구 꼬리표)	I am learning English to travel around the world.	나는 세계를 여행하기 위해 영어를 배우고 있다.
v-ing구	형용사적 용법 (#11.「형 v-ing」구 꼬리표)	This puppy walking with me is my new pet dog.	나와 함께 걷고 있는 이 강아지는 나의 새로운 애완견이다.
	명사적 용법 (#22.「명 v-ing」구 꼬리표)	Walking with my dog is fun.	개와 함께 걷는 것은 재미 있다.
	부사적 용법 (#38.「부 v-ing」구 꼬리표)	Walking at the park, I met my high school friend.	공원을 걷다가, 나는 고등학교 친구를 만났다.

7. 꼬리표(절/구)의 상호 전환

반드시 그런 것은 아니지만, 중심문장에 꼬리표(추가내용)을 연결할 때 「절 → 구」「구 → 절」의 상호 전환이 일어나는 경우를 생각해 볼 수 있다. 이 경우, 「that절, wh절」과 「to부정사구, 동명사구, 분사구, 동사가 생략된 구」는 전혀 별개의 것이 아니다. 단지 문장을 상세하게 늘린 것인지 간단하게 늘린 것인지의 차이일 뿐, 그 본질('꼬리표')은 서로 같다. 이 점을 이해하면 구문을 더욱 유연하게 바라볼 수 있다.

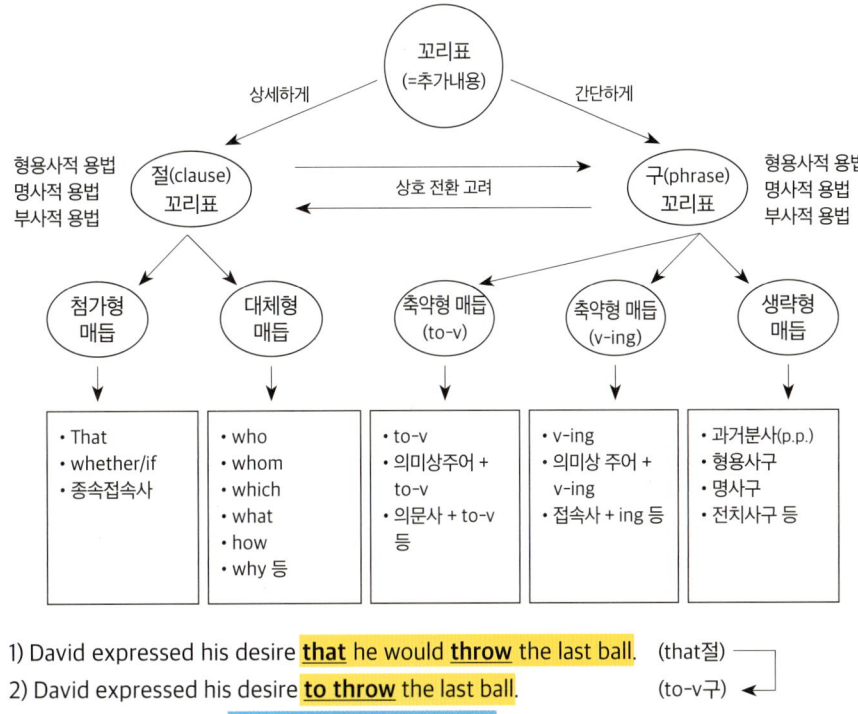

1) David expressed his desire **that** he would **throw** the last ball. (that절)
2) David expressed his desire **to throw** the last ball. (to-v구)
3) David remembered **that** he **threw** the last ball. (that절)
4) David remembered **throwing** the last ball. (v-ing구)

해석 1) David은 마지막 공을 던질 것이라는 그의 바램을 표현했다. 2) David은 마지막 공을 던지려는 그의 바램을 표현했다. 3) David은 마지막 공을 던졌다는 것을 기억했다. 4) David은 마지막 공을 던진 것을 기억했다.

한 문장안에 '시제동사(시제가 포함된 동사)'는 「한 개」이다.

꼬리표(절/구)를 상호 전환할 때에는 하나의 규칙이 적용된다. 즉, 한 문장에서 '시제동사(시제가 포함된 동사)'는 반드시 「한 개」여야 한다는 영어 규칙이다. 만일 시제동사가 「한 개」 더 추가되면 반드시 '접속사'도 「한 개」 늘어나야 한다.

가령 1)에서 시제동사는 'expressed'인데, 접속사 that이 추가됨으로써 시제동사 'will throw'가 올 수 있다. 2)의 경우에는 접속사 that이 없기 때문에 무시제동사 'to throw'를 사용했다. 3)에서도 접속사 that을 보면 시제동사가 2개(remembered, threw)임을 알 수 있다. 반면 4)에서는 접속사가 없기 때문에 시제동사는 'remembered'만 사용하고, 무시제동사 throwing을 사용하고 있다.

무시제동사 : 'to-v', 'v-ing'

1)의 꼬리표(that he will throw the last ball)에는 미래 시제(will throw)가 있기 때문에 2)에서 to throw로 변경되었다. 반면 3)의 꼬리표(that he threw the last ball)에는 동사가 과거형(threw)이기 때문에 4)에서 과거의 사실 관계를 나타내기 위한 throwing으로 변경되었다.

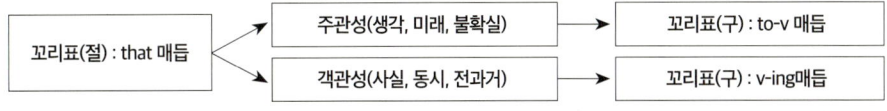

《 무시제동사 「to-v」》 : 주관성(생각, 미래, 불확실성)
① 생각 : "to"는 '실제 사건'과 반대되는 "생각속 사건(조동사 역할)"을 나타냄
② 미래 : "to"는 조동사 will를 대신하여 '미래 시제'를 나타냄
③ 불확실성 : "동사원형"은 '과거형, 현재형, 미래형' 중 그 어느 것도 아니므로 '불확실성'을 나타냄

TIP 「to-v」가 반드시 '미래'를 나타낸다는 것은 잘못된 개념이다. '과거, 현재'에서의 '생각, 불확실성'을 나타낼 때도 사용된다.
「to-v」는 주관성과 관련된 '생각, 미래, 불확실성' 중 어느 하나의 뉘앙스만 있어도 사용 가능하다.

《 무시제동사 「v-ing」》 : 객관성(사실, 동시성, 전과거)
① 사실 : 생각속 사건이 아닌 '과거 또는 현재의 실제 사건'을 나타냄
② 동시성 : 함께 사용된 시제동사의 시제와 같은 시제의 사건임을 나타냄
③ 전과거 : 함께 사용된 시제동사의 시제보다 하나 앞선 시제의 사건임을 나타냄

TIP 「v-ing」는 객관성과 관련된 '사실, 동시성, 전과거' 중 어느 하나의 뉘앙스만 있어도 사용 가능하다.

동사의 품사 전환

동사(v)가 굴절되어 to-v, v-ing, p.p. 형태로 변경되면 다른 품사(형용사, 명사, 부사)의 역할을 동시에 갖게 된다. 이처럼 굴절된 형태의 동사를 준동사 또는 비정형동사라 한다.

1) David expressed his desire **to throw** the last ball.
2) David remembered **throwing** the last ball.
3) The last ball **thrown** by him will be preserved forever.

해석 1) David은 마지막 공을 던지려는 그의 바램을 표현했다. 2) David은 마지막 공을 던진 것을 기억했다. 3) 그가 던진 마지막 공은 영원히 보존될 것이다.

구분	문법구조	중심 문장에서 품사역할	꼬리표에서 품사역할
예문 1)	to부정사(to throw)	형용사(명사 desire를 수식)	동사(목적어 the last ball를 취함)
예문 2)	동명사(throwing)	명사(동사 remember의 목적어)	동사(목적어 the last ball를 취함)
예문 3)	과거분사(thrown)	형용사(명사 ball를 수식)	동사(수동태 후에 be동사 생략)

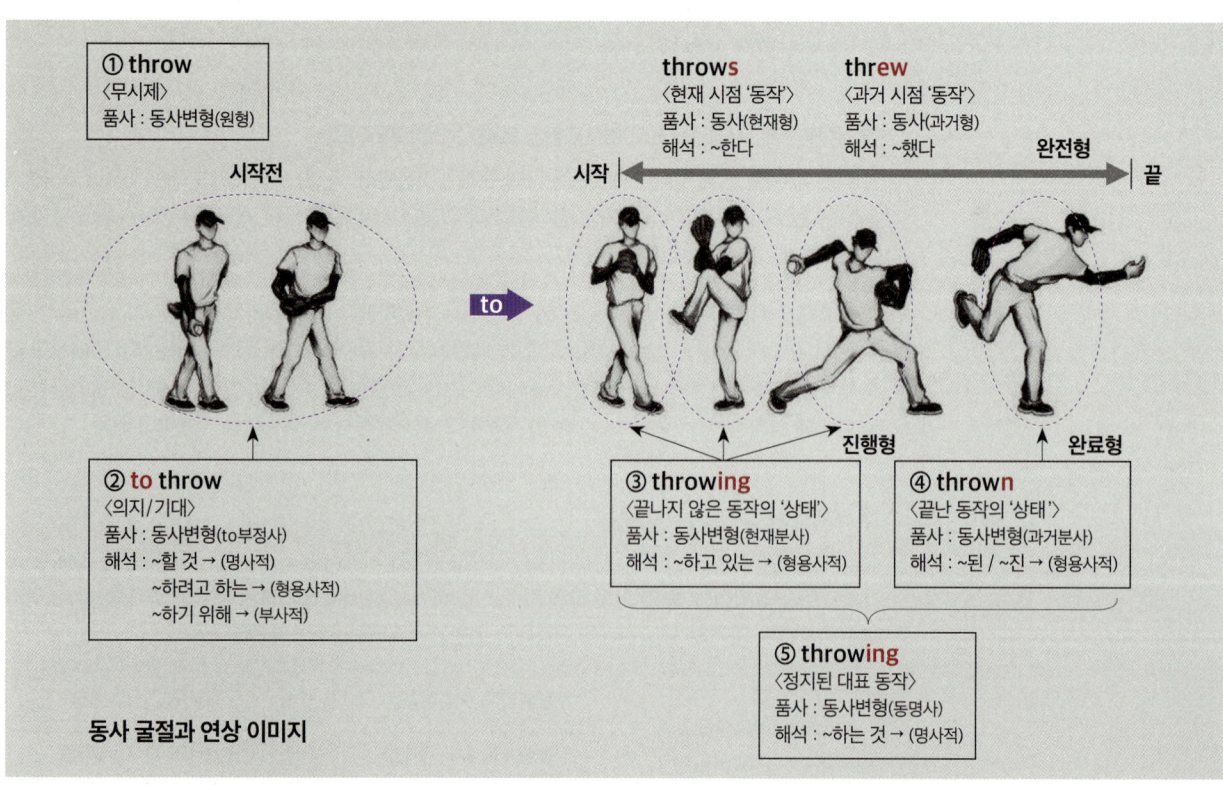

동사 굴절과 연상 이미지

Syntex Master Key

구분		꼬리표 유형	「매듭」+ 꼬리표	주요 특징
형용사적 용법	절	첨가형 01. that매듭 꼬리표(형)	#01 「동격that」절 꼬리표	마디 생략 없음, that절의 형용사적 수식
		대체형 02. wh매듭 꼬리표(형)	#02 「관계사that」절 꼬리표	대체 마디 생략, 관계대명사
			#03 「관계사wh」절 꼬리표	대체 마디 생략, 관계대명사, 관계부사
			#04 「whose+명사」절 꼬리표	대체 마디 생략, 소유격관계대명사
			#05 「전치사+wh」절 꼬리표	대체 마디 생략, 전치사+관계대명사
			#06 「수량대명사 of+wh」절 꼬리표	대체 마디 생략, 수량대명사 of + 관계대명사
			#07 「wh복합관계」절 꼬리표	대체 마디 생략, 복합관계대명사, 복합관계형용사
		첨가형	#08 「유사관계대명사」절 꼬리표	마디 생략, 앞에 명사를 꾸며주는 접속사
	구	축약형 03. to-v매듭 꼬리표(형)	#09 「동격to-v」구 꼬리표	「동격that」절 축약
			#10 「형 to-v」구 꼬리표	「관계사that/wh」절 축약, 형용사적 수식(to부정사)
		축약형 04. v-ing매듭 꼬리표(형)	#11 「형 v-ing」구 꼬리표	「관계사that/wh」절 축약, 형용사적 수식(현재분사)
		생략형 05. 생략매듭 꼬리표(형)	#12 「생략수식」구 꼬리표	「관계사+be동사」생략, 형용사적 수식(p.p/형/명)
			#13 「전치사」구 꼬리표	「관계사+be동사」생략
명사적 용법	절	첨가형 06. that매듭 꼬리표(명)	#14 「명 that」절 꼬리표	1마디 진주어that절, 3마디 that절, 5마디 불가
			#15 「판단대상that」절 꼬리표	「확신/지각형용사」+that절(판단의 대상), 3마디 위치
		첨가형 07. whether매듭 꼬리표(명)	#16 「whether/if」절 꼬리표	whether절(1/3/5마디 가능), if절(3마디 목적어 자리 위치, 보어절 불가능)
		대체형 08. wh매듭 꼬리표(명)	#17 「의문사wh」절 꼬리표	대체 마디 생략, 간접의문문, 감탄문
	구	축약형 09. to-v매듭 꼬리표(명)	#18 「명 to-v」구 꼬리표	1/3마디 가능, 5마디 불가, be+to-v, 가주어/진주어
			#19 「uS+to-v」구 꼬리표	의미상 주어(for/of/목적격) + to부정사, 1/3마디 가능, 5마디 불가
			#20 「의문사wh+to-v」구 꼬리표	의문사+to부정사, 의문의 뜻, 1/3/5마디 가능
			#21 「보충술어to-v」구 꼬리표	「수동태/자동사/형용사」+to-v(보충서술어), 3마디 위치, be+to-v
		축약형 10. v-ing매듭 꼬리표(명)	#22 「명 v-ing」구 꼬리표	동명사(ing), 1/3/5마디 가능
			#23 「uS+v-ing」구 꼬리표	의미상주어+동명사(ing), 1/3/5마디 가능
		생략형 11. 생략매듭 꼬리표(명)	#24 「uS+원형」구 꼬리표	to생략, 「목적어+목적보어(동사원형)」 3마디 위치
			#25 「uS+술어」구 꼬리표	to be생략, 「목적어+목적보어(ing/p.p/형/명/전)」 3마디 위치
			#26 「보충술어」구 꼬리표	to be생략, 「ing/p.p/형/명」(보충서술어), 3마디 위치
부사적 용법	절	첨가형 12. when매듭 꼬리표(부)	#27 「시간」절 꼬리표	when, while, as 등
		13. where매듭 꼬리표(부)	#28 「장소」절 꼬리표	where, wherever 등
		14. why매듭 꼬리표(부)	#29 「원인」절 꼬리표	because, since 등
			#30 「판단이유that」절 꼬리표	「감정/판단형용사」+that절(판단의 이유=because), 4/5마디 위치
		15. how매듭 꼬리표(부)	#31 「결과」절 꼬리표	so~that, so that 등
			#32 「목적」절 꼬리표	in order that 등
			#33 「양보/대조」절 꼬리표	though, whereas 등
			#34 「조건」절 꼬리표	if, unless 등
			#35 「비교」절 꼬리표	as ~ as, as if, 비교급 등
	구	축약형 16. to-v매듭 꼬리표(부)	#36 「부 to-v」구 꼬리표	「목적, 원인, 결과」절 이 축약
			#37 「판단to-v」구 꼬리표	「감정/판단형용사」+to-v(판단의 이유/결과), 4/5마디 위치
		축약형 17. v-ing매듭 꼬리표(부)	#38 「부 v-ing」구 꼬리표	분사구문(ing)
		생략형 18. 생략매듭 꼬리표(부)	#39 「생략분사」구 꼬리표	being생략 분사형(p.p./형/명)
		축약형/생략형 19. 분사매듭응용 꼬리표(부)	#40 「uS+분사」구 꼬리표	의미상주어 + 분사형(ing/p.p./형), 독립분사구문
			#41 「접속사+분사」구 꼬리표	접속사 + 분사형(ing/p.p./형/명/전)
		기타	#42 등위접속매듭	and, but, or, so, for
			#43 특수 구문	도치, 생략, 삽입, 강조

* 잉글맵에서는 시제동사를 포함하면 「절」 시제동사를 포함하지 않으면 「구」로 구분한다.

PART 1

형용사자리
매듭 · 꼬리표 훈련

01. 「동격that」절 꼬리표
02. 「관계사that」절 꼬리표
03. 「관계사wh」절 꼬리표
04. 「whose+명사」절 꼬리표
05. 「전치사+wh」절 꼬리표
06. 「수량대명사 of+wh」절 꼬리표
07. 「wh복합관계」절 꼬리표
08. 「유사관계대명사」절 꼬리표
09. 「동격to-v」구 꼬리표
10. 「형 to-v」구 꼬리표
11. 「형 v-ing」구 꼬리표
12. 「생략수식」구 꼬리표
13. 「전치사」구 꼬리표

형용사자리 꼬리표 : 꼬리표가 명사 「수식」 구조(노란색 계열)

명사+(✎12345)		명사+(✎12345)		명사+(✎12345)	추가 내용(꼬리표)
1마디	2마디	3마디	4마디	5마디	

중심 문장

구문 마스터키(Syntax Master Key): 형용사적 용법

구분			꼬리표 유형	「매듭」+ 꼬리표	주요 특징
형용사적 용법	절	첨가형	01. that매듭 꼬리표(형)	#01 「동격that」절 꼬리표	마디 생략 없음, that절의 형용사적 수식
		대체형	02. wh매듭 꼬리표(형)	#02 「관계사that」절 꼬리표	대체 마디 생략, 관계대명사
				#03 「관계사wh」절 꼬리표	대체 마디 생략, 관계대명사, 관계부사
				#04 「whose+명사」절 꼬리표	대체 마디 생략, 소유격관계대명사
				#05 「전치사+wh」절 꼬리표	대체 마디 생략, 전치사+관계대명사
				#06 「수량대명사 of+wh」절 꼬리표	대체 마디 생략, 수량대명사 of + 관계대명사
				#07 「wh복합관계」절 꼬리표	대체 마디 생략, 복합관계대명사, 복합관계형용사
		첨가형		#08 「유사관계대명사」절 꼬리표	마디 생략, 앞에 명사를 꾸며주는 접속사
	구	축약형	03. to-v매듭 꼬리표(형)	#09 「동격to-v」구 꼬리표	「동격that」절 축약
				#10 「형 to-v」구 꼬리표	「관계사that/wh」절 축약, 형용사적 수식(to부정사)
			04. v-ing매듭 꼬리표(형)	#11 「형 v-ing」구 꼬리표	「관계사that/wh」절 축약, 형용사적 수식(현재분사)
		생략형	05. 생략매듭 꼬리표(형)	#12 「생략수식」구 꼬리표	「관계사+be동사」생략, 형용사적 수식(p.p/형/명)
				#13 「전치사」구 꼬리표	「관계사+be동사」생략

문장마디별 꼬리표

	명사+(✎)		명사+(✎)		명사+(✎)
	1마디	2마디	3마디	4마디	5마디
절	01. 「동격that」절 꼬리표 02. 「관계사that」절 꼬리표 03. 「관계사wh」절 꼬리표 04. 「whose+명사」절 꼬리표 05. 「전치사+wh」절 꼬리표 06. 「수량대명사 of+wh」절 꼬리표 07. 「wh복합관계」절 꼬리표 08. 「유사관계대명사」절 꼬리표	-	01. 「동격that」절 꼬리표 02. 「관계사that」절 꼬리표 03. 「관계사wh」절 꼬리표 04. 「whose+명사」절 꼬리표 05. 「전치사+wh」절 꼬리표 06. 「수량대명사 of+wh」절 꼬리표 07. 「wh복합관계」절 꼬리표 08. 「유사관계대명사」절 꼬리표	-	01. 「동격that」절 꼬리표 02. 「관계사that」절 꼬리표 03. 「관계사wh」절 꼬리표 04. 「whose+명사」절 꼬리표 05. 「전치사+wh」절 꼬리표 06. 「수량대명사 of+wh」절 꼬리표 07. 「wh복합관계」절 꼬리표 08. 「유사관계대명사」절 꼬리표
구	09. 「동격to-v」구 꼬리표 10. 「형 to-v」구 꼬리표 11. 「형 v-ing」구 꼬리표 12. 「생략수식」구 꼬리표 13. 「전치사」구 꼬리표	-	09. 「동격to-v」구 꼬리표 10. 「형 to-v」구 꼬리표 11. 「형 v-ing」구 꼬리표 12. 「생략수식」구 꼬리표 13. 「전치사」구 꼬리표	-	09. 「동격to-v」구 꼬리표 10. 「형to-v」구 꼬리표 11. 「형v-ing」구 꼬리표 12. 「생략수식」구 꼬리표 13. 「전치사」구 꼬리표

01 「동격that」절 꼬리표

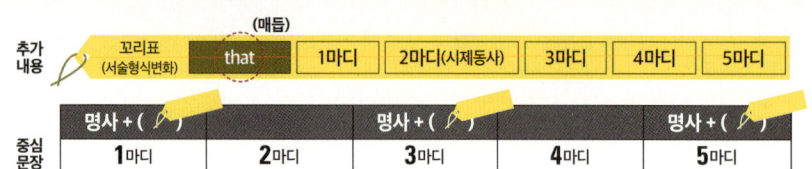

매듭유형
첨가형, 시제동사, 마디생략 없음.

매듭위치
중심문장의 1/3/5마디 명사 뒤.

- 「동격that」절 꼬리표는 중심문장의 명사 뒤에서 동격으로 명사를 보충 설명한다.
- 「동격that」절 꼬리표는 추상적 의미 명사(생각, 가능성, 정보 등) 뒤에서 주로 형용사적 용법으로 사용된다.
  - 추상적 의미 명사 : idea(발상), fact(사실), news(소식), notion(개념), feeling(느낌), possibility(가능성), likelihood(가능성), claim(주장), proposal(제안), information(정보) 등
- 「동격that」절 꼬리표는 생략되는 문장마디가 없다.

---

001 We heard the news that they would get married soon.

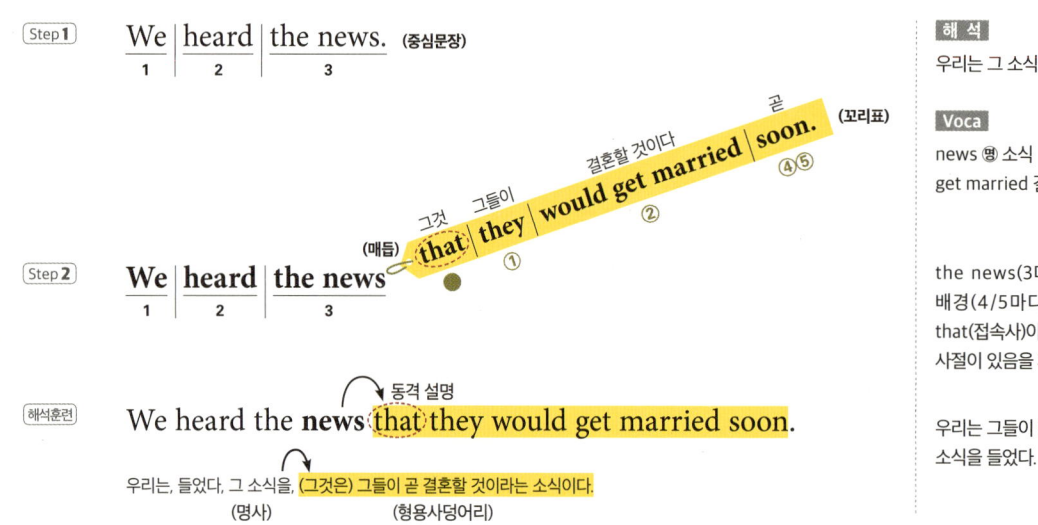

해 석
우리는 그 소식을 들었다.

Voca
news ⑲ 소식
get married 결혼하다

the news(3마디, 명사) 다음에 배경(4/5마디)이 나오지 않고 that(접속사)이 온 것을 보고 형용사절이 있음을 파악.

우리는 그들이 곧 결혼할 것이라는 소식을 들었다.

매듭 해설

- ex1)에서 the news(그 소식)가 무엇인지 구체적으로 설명하기 위해 「동격 that」절 꼬리표가 사용되었다.

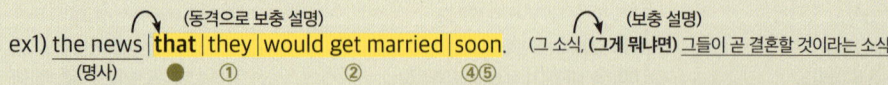

- 동격은 the news(그 소식) = they would get married soon(그들이 곧 결혼할 것이다)의 관계를 나타낸다. 그래서 ex2)와 ex3)는 문맥상 같은 의미가 된다.

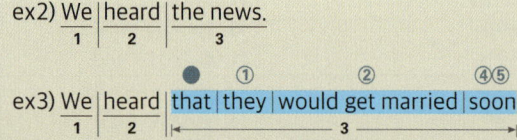

002 The idea that the earth is round was once ignored.

Step 1 The idea was once ignored.

Step 2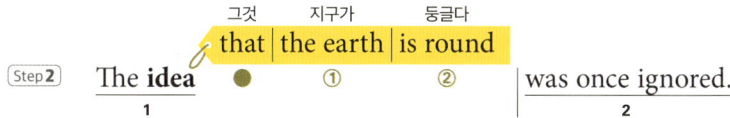

해석   **Step 1** 그 생각은 한때 무시되었다.   **Step 2** **지구가 둥글다는** 생각은 한때 무시되었다.
Voca earth 명 지구   round 형 둥근   once 부 한때   ignore 동 무시하다   be ignored 무시되다
해설 [첨가형 꼬리표, 형용사덩어리] The idea와 that절(that ~ round)은 동격 관계이다.

003 I don't agree with the opinion that money is everything.

Step 1 I don't agree with the opinion.

Step 2

해석   **Step 1** 나는 그 의견에 동의하지 않는다.   **Step 2** 나는 **돈이 전부라는** 의견에 동의하지 않는다.
Voca agree with ~에 동의하다   opinion 명 의견
해설 [첨가형 꼬리표, 형용사덩어리] the opinion과 that절(that ~ everything)은 동격 관계이다.

004 I'm impressed by the fact that you speak Korean.

Step 1 I'm impressed by the fact.

Step 2

해석   **Step 1** 나는 그 사실이 인상적이다.   **Step 2** **네가 한국말을 한다는** 사실이 인상적이다.
Voca impressed 형 인상적인, 감명을 받은   fact 명 사실
해설 [첨가형 꼬리표, 형용사덩어리] the fact와 that절(that ~ everything)은 동격 관계이다.

02 「관계사 that」절 꼬리표

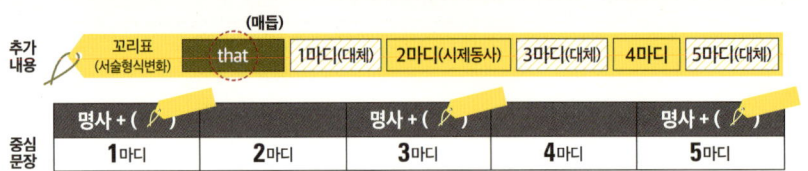

- 「관계사that」절 꼬리표가 중심 문장의 명사(선행사) 뒤에서 명사(선행사)를 보충 설명한다.
- "#01. 「동격that」절 꼬리표"는 문장마디 생략이 없고, "#02. 「관계사that」절 꼬리표"는 1/3/5마디 중 대체마디가 생략된다.
- 관계사 that이 1마디를 대신할 때는 that을 생략할 수 없다. (3마디, 5마디를 대신할 때는 that을 생략할 수 있다.)

005 This is the new burger that everyone is talking about.

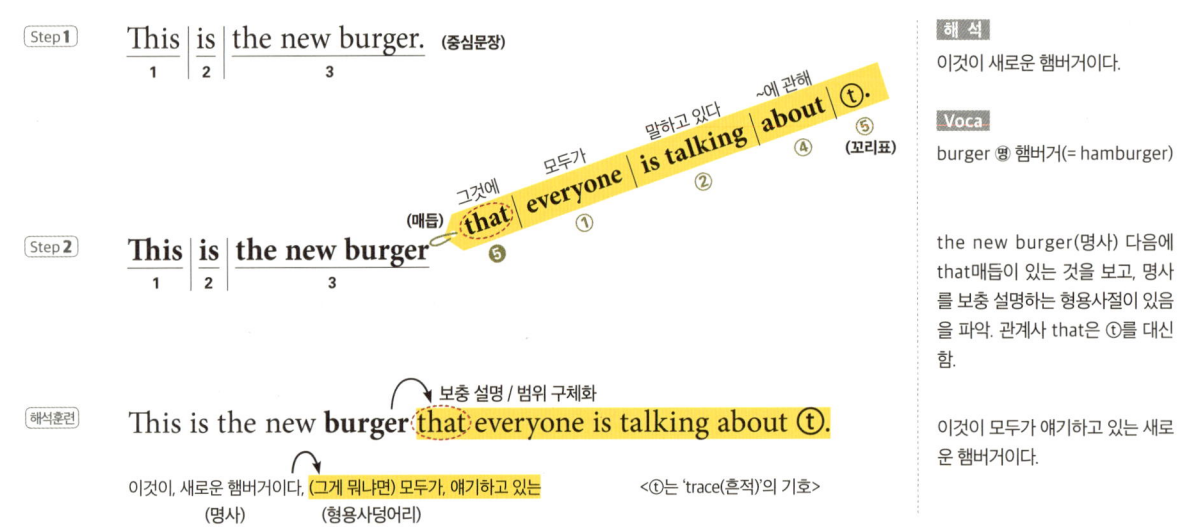

해석
이것이 새로운 햄버거이다.

Voca
burger 명 햄버거(= hamburger)

the new burger(명사) 다음에 that매듭이 있는 것을 보고, 명사를 보충 설명하는 형용사절이 있음을 파악. 관계사 that은 ⓣ를 대신함.

이것이 모두가 얘기하고 있는 새로운 햄버거이다.

⟨ⓣ는 'trace(흔적)'의 기호⟩

매듭 해설

- That매듭은 ex1)처럼 단순 접속사 역할을 하는 동격의 that과 ex2)처럼 접속사 역할과 대명사 역할을 하는 관계대명사 that으로 구분된다. ex2)의 ⓣ는 생략하여 ex3)처럼 사용한다.

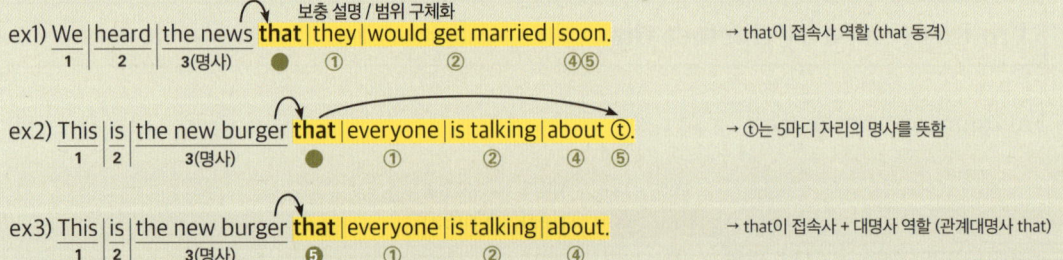

→ that이 접속사 역할 (that 동격)

→ ⓣ는 5마디 자리의 명사를 뜻함

→ that이 접속사 + 대명사 역할 (관계대명사 that)

PART 1 형용사자리 매듭 · 꼬리표훈련   02. 「관계사that」절 꼬리표   027

006   The people that drew the mural are prison inmates.

[Step 1] The people are prison inmates.

[Step 2]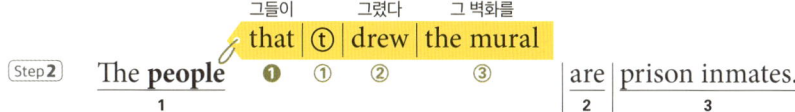

해석   [Step 1] 그 사람들은 교도소 수감자들이다.   [Step 2] 그 벽화를 그린 사람들은 교도소 수감자들이다.
Voca   draw 통 그리다 (drew - drawn)   mural 명 벽화   prison 명 교도소   inmate 명 수감자
해설   [대체형 꼬리표, 형용사덩어리] 관계대명사 that절(that ~ mural)은 명사 The people에 대한 보충 설명이다. The people은 사람이므로 that 대신 who를 써도 된다.

007   A winter sport that many people enjoy is skiing.

[Step 1] A winter sport is skiing.

[Step 2]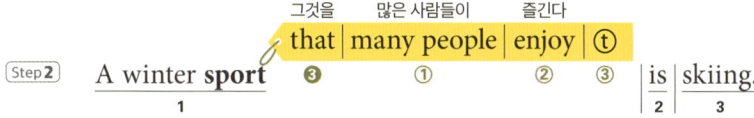

해석   [Step 1] 겨울 스포츠는 스키이다.   [Step 2] 많은 사람들이 즐기는 겨울 스포츠는 스키이다.
Voca   skiing 명 스키 (타기)
해설   [대체형 꼬리표, 형용사덩어리] 관계대명사 that절(that ~ enjoy)은 명사 A winter sport에 대한 보충 설명이다. A winter sport는 사물이므로 that대신 which를 써도 된다. 관계대명사 that은 목적어 ①를 대신하는 목적격이므로 생략하여 A winter sport many people enjoy is skiing.으로 쓸 수 있다.

008   There are a few major changes that you should know.

[Step 1] There are a few major changes.

[Step 2]

해석   [Step 1] 몇 개의 주요한 변화가 있다.   [Step 2] 당신이 알아야 할 몇 개의 주요한 변화가 있다.
Voca   There + be동사 + A: A가 있다 (도치구문)   a few 약간의   major 형 주요한   change 명 변화
해설   [대체형 꼬리표, 형용사덩어리] 관계대명사 that절(that ~ know)은 명사 changes에 대한 보충 설명이다. changes는 사물이므로 that대신 which를 써도 된다. 관계대명사 that은 ①를 대신하는 목적격이므로 생략해도 된다.

PART 1 형용사자리 매듭·꼬리표훈련   02. 「관계사that」절 꼬리표   028

009 Did you find your cellphone you lost yesterday?

Step 1 Did you find your cellphone?

Step 2 Did | you | find | your cellphone (that) | you | lost | (t) | yesterday?
       0   1   2   3   ❸   ①   ② ③ ④⑤
(네가 잃어버렸다 / 어제)

해석 [Step 1] 너는 너의 휴대폰을 찾았니? [Step 2] 너는 어제 잃어버린 너의 휴대폰을 찾았니?
Voca cellphone ⑲ 휴대폰
해설 [대체형 꼬리표, 형용사덩어리] you lost yesterday는 명사 cellphone에 대한 보충 설명이다. cellphone과 you 사이에 that[which]이 생략되었는데, ⓣ를 대신하는 목적격으로 쓰이는 관계대명사 that, which, who(m)는 생략할 수 있다.

010 You should achieve goals that are challenging.

Step 1 You should achieve goals.

Step 2 You | should achieve | goals   that | (t) | are challenging.
       1   2   3   ❶   ①   ②
(그것들은 / 힘들다)

해석 [Step 1] 너는 목표를 달성해야 한다. [Step 2] 너는 힘든 목표를 달성해야 한다.
Voca achieve ⑧ 달성하다, 성취하다   goal ⑲ 목표   challenging ⑲ 도전적인, 힘든
해설 [대체형 꼬리표, 형용사덩어리] 관계대명사 that절(that ~ challenging)은 명사 goals에 대한 보충 설명이다. goals는 사물이므로 that 대신 which를 써도 된다.

011 Man is the only animal that talks.

Step 1 Man is the only animal.

Step 2 Man | is | the only animal   that | (t) | talks.
      1   2   3   ❶ ① ②
(그것은 / 말한다)

해석 [Step 1] 인간은 유일한 동물이다. [Step 2] 인간은 말을 하는 유일한 동물이다.
Voca man ⑲ 인간, 남자
해설 [대체형 꼬리표, 형용사덩어리] 관계대명사 that절(that talks)은 명사 animal에 대한 보충 설명이다. 보충 설명하는 말에 the only, the same, the very, 「the+최상급」, 「the+서수」 등의 말이 있으면 주로 관계대명사 that을 써서 보충 설명한다.

012 It was me that paid the bill at the restaurant.

Step 1 It was me.

Step 2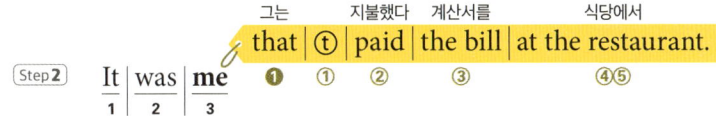

해석 **Step 1** 그것은 나였다. **Step 2** 식당에서 계산을 한 건 나였다.
Voca pay ⑧ 지불하다 (paid - paid)   bill ⑲ 계산서, 청구액
해설 [대체형 꼬리표, 형용사덩어리] 관계대명사 that절(that ~ restaurant)은 대명사 me에 대한 보충 설명이다. 이 문장은 「It ~ that…」 강조 구문으로 It과 that 사이에 강조하고 싶은 말을 넣어 강조하는 표현이다. 강조하는 말 me가 사람이므로 that 대신 who를 써도 된다.

013 The story is about a boy and his dog that can speak to each other.

Step 1 The story is about a boy and his dog.

Step 2

해석 **Step 1** 그 이야기는 소년과 그의 개에 관한 것이다. **Step 2** 그 이야기는 서로에게 말할 수 있는 소년과 그의 개에 관한 것이다.
Voca each other 서로
해설 [대체형 꼬리표, 형용사덩어리] 관계대명사 that절(that ~ each other)은 명사 a boy and his dog에 대한 보충 설명이다. 보충 설명하는 명사가 사람과 사물[동물]이 혼합된 경우 주로 관계대명사 that을 사용한다.

014 Many civilians died during the war that lasted about 3 years.

Step 1 Many civilians died during the war.

Step 2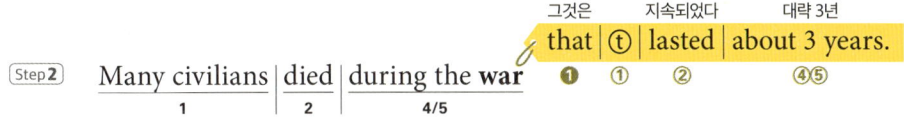

해석 **Step 1** 많은 민간인들이 그 전쟁 중에 죽었다. **Step 2** 많은 민간인들이 약 3년간 지속된 그 전쟁 중에 죽었다.
Voca civilian ⑲ 민간인   during ⑳ ~동안   last ⑧ 지속하다
해설 [대체형 꼬리표, 형용사덩어리] 관계대명사 that절(that ~ years)은 명사 the war에 대한 보충 설명이다. the war는 사물이므로 that 대신 which를 써도 된다. about은 숫자부사로 '대략'의 의미로 사용되었고, 3 years는 전치사가 생략된 형태로 시간적 배경을 나타낸다.

03-A 「관계사wh」절 꼬리표 (관계대명사)

- 「관계사wh」절 꼬리표는 중심문장의 명사(선행사) 뒤에서 명사(선행사)를 보충 설명한다.
- 관계대명사(wh-)는 (1) 중심문장의 명사(선행사)를 가리키고, (2) 꼬리표의 1/3/5마디 중 하나를 대신하며, (3) 문장을 연결하는 접속사 역할을 한다. 이 때, 1/3/5마디 중 관계대명사가 대신하는 문장마디는 반드시 생략한다.
- 「관계사wh」가 1마디를 대신할 때는 생략 불가, 3/5마디를 대신할 때는 생략 가능하다.

015 The man who runs this restaurant is very friendly.

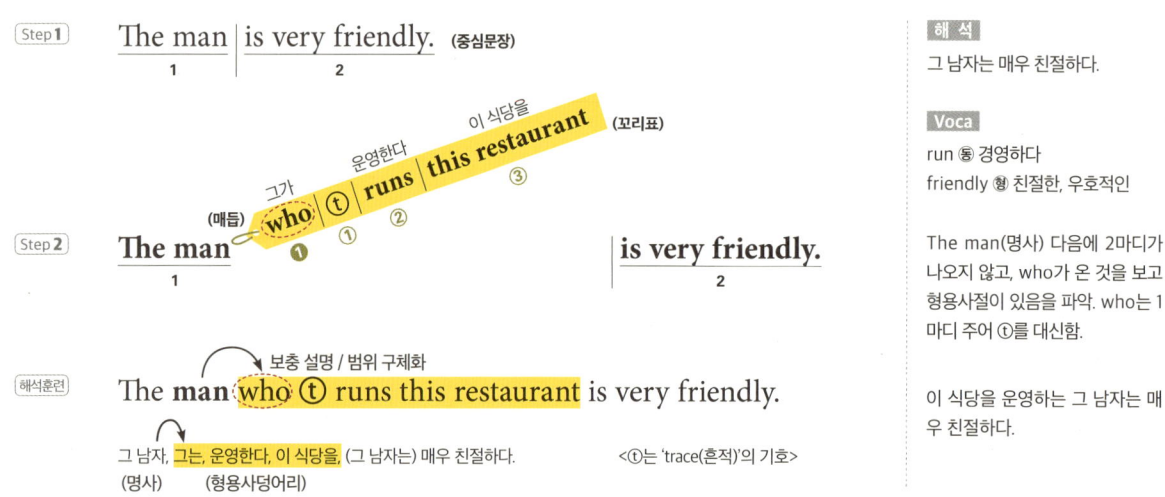

해석
그 남자는 매우 친절하다.

Voca
run ⓥ 경영하다
friendly ⓐ 친절한, 우호적인

The man(명사) 다음에 2마디가 나오지 않고, who가 온 것을 보고 형용사절이 있음을 파악. who는 1마디 주어 ⓣ를 대신함.

이 식당을 운영하는 그 남자는 매우 친절하다.

• 매듭 해설

- ex1)에서 관계대명사(who)는 3가지 역할을 알 수 있다.
  (1) 대명사 역할 : who는 앞에 있는 명사(선행사) the man을 가리키는 '지시대명사' 역할을 한다.
  (2) 대명사 역할 : who는 동사 runs의 주어자리에 있는 ⓣ를 대신하는 '인칭대명사' 역할을 한다. (ⓣ를 생략, ex2처럼 사용)
  (3) 접속사 역할 : who는 중심문장에 꼬리표를 연결하는 '접속사' 역할을 한다.

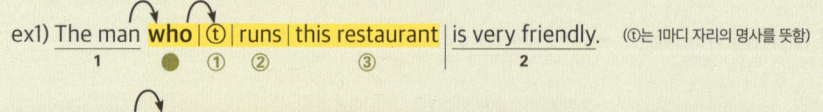

'관계대명사'라는 용어에서 '형용사절'의 의미를 생각하기가 쉽지 않다. 하지만 관계대명사절의 가장 중요한 역할은 앞에 있는 명사를 보충 설명해 주는 '형용사절'이라는 사실을 꼭 기억해야 한다.

<관계대명사>

명사 \ 격	주격	목적격	소유격
사람	who	who(m)	whose
사물/동물	which	which	whose of which
공통	that	that	-

016 All my friends who I invited came to my birthday party.

Step 1 All my friends came to my birthday party.

Step 2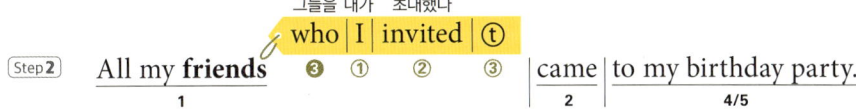

해 석 **Step 1** 모든 나의 친구들이 나의 생일 파티에 왔다. **Step 2** 내가 초대한 모든 나의 친구들이 나의 생일 파티에 왔다.
해 설 [대체형 꼬리표, 형용사덩어리] 관계대명사 who절(who ~ invited)은 명사 All my friends에 대한 보충 설명이다. All my friends가 사람이므로 who를 썼고, who가 목적어 ⓣ를 대신하는 목적격이므로 생략할 수 있다. 사람·사물·동물에 관계없이 쓸 수 있는 that을 사용해도 되며, 목적격 that도 생략할 수 있다.

017 You can't beat the person who never gives up. – Babe Ruth

Step 1 You can't beat the person.

Step 2

해 석 **Step 1** 당신은 그 사람을 이길 수 없다. **Step 2** 당신은 결코 포기하지 않는 사람을 이길 수 없다.
Voca beat 통 이기다 (beat - beaten)   give up 포기하다
해 설 [대체형 꼬리표, 형용사덩어리] 관계대명사 who절(who ~ up)은 명사 the person에 대한 보충 설명이다. the person이 사람이므로 who를 사용했고, 사람·사물·동물에 관계없이 쓸 수 있는 that을 사용해도 된다. who가 꼬리표에서 생략된 1마디 주어(ⓣ)를 대신한다.

018 Tim is an actor who is modest.

Step 1 Tim is an actor.

Step 2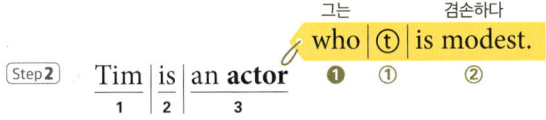

해 석 **Step 1** Tim은 배우이다. **Step 2** Tim은 겸손한 배우이다.
Voca actor 명 배우   modest 형 겸손한
해 설 [대체형 꼬리표, 형용사덩어리] 관계대명사 who절(who ~ modest)은 명사 an actor에 대한 보충 설명이다. an actor가 사람이므로 who를 사용했고, 사람·사물·동물에 관계없이 쓸 수 있는 that을 사용해도 된다. who가 꼬리표에서 생략된 1마디 주어(ⓣ)를 대신한다.

PART 1 형용사자리 매듭 · 꼬리표훈련   03-A. 「관계사wh」절 꼬리표

019 The palace was built for the queen whom many people respected.

Step 1 The palace was built for the queen.

Step 2 The palace | was built | for the queen | whom | many people | respected | (t).
　　　　　　　1　　　　2　　　　　4/5　　　　❸　　　①　　　　②　　　③
　　　(그녀를)　(많은 사람들이)　(존경했다)

해석　**Step 1** 그 궁전은 여왕을 위해 지어졌다.　**Step 2** 그 궁전은 **많은 사람들이 존경한 여왕**을 위해 지어졌다.
Voca　palace 명 궁전　be built 지어지다, 건설되다　respect 동 존경하다
해설　[대체형 꼬리표, 형용사덩어리] 관계대명사 whom절(whom ~ respected)은 명사 the queen에 대한 보충 설명이다. the queen이 사람이므로 whom을 사용했고, who나 사람·사물·동물에 관계없이 쓸 수 있는 that을 사용해도 된다. 관계대명사 whom은 목적어 (t)를 대신하는 목적격이므로 생략할 수 있다.

020 Education which you receive is a powerful weapon.

Step 1 Education is a powerful weapon.

Step 2 Education | which | you | receive | (t) | is | a powerful weapon.
　　　　　　　1　　　　❸　　①　　②　　③　　2　　　3
　　　　　　(그것을)(당신이)(받는다)

해석　**Step 1** 교육은 강력한 무기이다.　**Step 2** **당신이 받는 교육**은 강력한 무기이다.
Voca　education 명 교육　receive 동 받다　weapon 명 무기
해설　[대체형 꼬리표, 형용사덩어리] 관계대명사 which절(which ~ receive)은 명사 Education에 대한 보충 설명이다. Education이 사물이므로 which를 사용했고, which는 목적어 (t)를 대신하는 목적격이므로 생략할 수 있다. which 대신 사람·사물·동물에 관계없이 쓸 수 있는 that을 사용해도 된다.

021 The whale is a large mammal which lives in the ocean.

Step 1 The whale is a large mammal.

Step 2 The whale | is | a large mammal | which | (t) | lives | in the ocean.
　　　　　　　1　　　2　　　3　　　　　❶　　①　　②　　④⑤
　　　　　　　　　　　　　　　　　(그것은)(산다)(바다에)

해석　**Step 1** 고래는 커다란 포유동물이다.　**Step 2** 고래는 **바다에 사는** 커다란 **포유동물**이다.
Voca　whale 명 고래　mammal 명 포유동물　ocean 명 대양, 바다
해설　[대체형 꼬리표, 형용사덩어리] 관계대명사 which절(which ~ ocean)은 명사 a large mammal에 대한 보충 설명이다. a large mammal은 동물이므로 which를 사용했고, 사람·사물·동물에 관계없이 쓸 수 있는 that을 사용해도 된다. which는 꼬리표에서 생략된 1마디 주어((t))를 대신한다.

PART 1 형용사자리 매듭·꼬리표훈련   03-A. 「관계사wh」절 꼬리표   033

022 | Kindness is the language which the deaf can hear. – Mark Twain

Step 1   Kindness is the language.

Step 2   Kindness | is | the language │ which │ the deaf │ can hear │ ⓣ.
　　　　　　　 1　　　　2　　　3　　　　　　　❸　　　　①　　　　　②　　　③
　　　　　　　　　　　　　　　　　　　　　　 그것을　　청각 장애인들이　들을 수 있다

해석 (Step 1) 친절은 언어이다. (Step 2) 친절은 청각 장애인들도 들을 수 있는 언어이다.
Voca kindness 영 친절   language 영 언어   deaf 형 청각 장애가 있는   the deaf 청각 장애인들
해설 [대체형 꼬리표, 형용사덩어리] 관계대명사 which절(which ~ hear)은 명사 the language에 대한 보충 설명이다. the language가 사물이므로 which를 썼고, which는 목적어 ⓣ를 대신하는 목적격이므로 생략할 수 있다. 사람·사물·동물에 관계없이 쓸 수 있는 that을 사용해도 되고, 목적격 관계대명사 that도 생략할 수 있다.

023 | We'll stay in the hotel which Tim recommended.

Step 1   We'll stay in the hotel.

Step 2   We │ will stay │ in the hotel │ which │ Tim │ recommended │ ⓣ.
　　　　　　　1　　　　2　　　　　4/5　　　　　　❸　　　①　　　　②　　　　③
　　　　　　　　　　　　　　　　　　　　　　　　그것을　Tim이　　추천했다

해석 (Step 1) 우리는 호텔에 묵을 것이다. (Step 2) 우리는 Tim이 추천해준 호텔에서 묵을 것이다.
Voca stay 동 머물다, 묵다   recommend 동 추천하다
해설 [대체형 꼬리표, 형용사덩어리] 관계대명사 which절(which ~ recommended)은 명사 the hotel에 대한 보충 설명이다. the hotel이 사물이므로 which를 썼고, which는 목적어 ⓣ를 대신하는 목적격이므로 생략할 수 있다. which 대신 사람·사물·동물에 관계없이 쓸 수 있는 that을 써도 되고, 목적격 관계대명사 that도 생략할 수 있다.

024 | Tim likes Julie, who helps him all the time.

Step 1   Tim likes Julie.

Step 2   Tim │ likes │ Julie, │ who │ ⓣ │ helps │ him │ all the time.
　　　　　　　1　　　2　　　3　　　　❶　　①　　②　　③　　　④⑤
　　　　　　　　　　　　　　　　　　그녀는　　　돕는다　그를　　항상

해석 (Step 1) Tim은 Julie를 좋아한다. (Step 2) Tim은 Julie를 좋아하는데, 그녀는 항상 그를 도와준다.
Voca all the time 항상, 언제나
해설 [대체형 꼬리표, 형용사덩어리] 관계대명사 who절(who ~ time)은 명사 Julie에 대한 보충 설명이다. 관계대명사 who나 which절 앞에 쉼표가 오고 앞의 명사(구) 또는 앞 문장에 대한 보충 설명이 이루어지는 구문을 계속적 용법이라 한다. 계속적 용법의 who나 which는 생략할 수 없고, that은 계속적 용법이 없다. who는 꼬리표에서 생략된 1마디 주어(ⓣ)를 대신한다.

025 I wore heels for the first time, which caused pain in my ankle.

Step 1 I wore heels for the first time.

Step 2 I | wore | heels | for the first time, | which | ⓣ | caused | pain | in my ankle.
　　　　1　　2　　3　　　4/5　　　　　　　　　①　　②　　③　　④⑤

그것은 / 야기했다 / 통증을 / 나의 발목에

해 석 **Step 1** 나는 처음으로 하이힐을 신었다. **Step 2** 나는 처음으로 하이힐을 신었는데, 발목이 아팠다.
Voca heel 뗑 하이힐　for the first time 처음으로　cause 통 야기하다　pain 뗑 통증, 고통　ankle 뗑 발목
해 설 [대체형 꼬리표, 형용사덩어리] 관계대명사 which절(which ~ ankle)은 앞 문장 전체(I ~ first time)에 대한 보충 설명이므로 계속적 용법의 관계대명사 which를 사용했다. that은 계속적 용법이 없다. which는 꼬리표에서 생략된 1마디 주어(ⓣ)를 대신한다.

▶ Further Study 〈「wh」의 숨은 의미〉

• 알파벳 「W」는 '물결'의 형상과 '두리번'거리는 의미를 가지고 있고 「h」는 '영역'의 형상과 '크게 잡다'의 의미를 가지고 있다. 그래서 watch의 '보다'는 그냥 보는 것이 아니라 '관심을 가지고 두리번거리면서 본다'는 의미이고, have의 '가지다'는 '크게 잡아 영향권 안에 두다'의 의미이다.

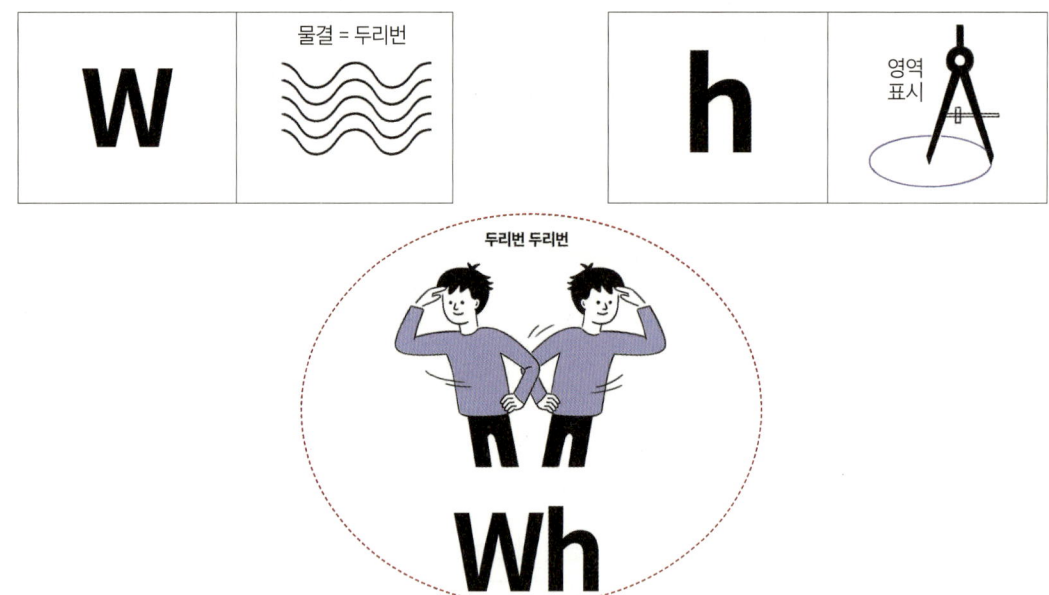

• 「wh」 기능어인 who(누구), what(무엇), where(어디), when(언제), how(어떻게), why(왜) 등은 '두리번거리면서 크게 주변을 살펴야' 하는 뜻을 가지고 있다.
• 「wh」 기능어는 관계사, 의문사로 주로 사용된다. 이들은 문장의 앞뒤를 잘 살펴야만 정확하게 그 의미를 알 수 있다.
• ex1)에서 who는 앞에 있는 friends를 가리키고 invited의 3마디 목적어 ⓣ를 대신하며, ex2)에서 who는 앞에 있는 those를 가리키고 have의 주어자리에 있는 ⓣ를 대신한다.

ex1) All my friends | who | I | invited | ⓣ | came | to my birthday party.　　who의 앞뒤를 두리번, 두리번
　　　　　1　　　　❸　①　②　③　　2　　　4/5

ex2) All those | are happy | who | ⓣ | have | no greed.　　who의 앞뒤를 두리번, 두리번
　　　　1　　　　2　　　●　①　②　③

해석 : ex1) 내가 초대한 모든 친구들이 내 생일파티에 왔다. ex2) 욕심이 없는 모든 사람은 행복하다.

03-B 「관계사wh」절 꼬리표 (관계부사)

- 「관계사wh」절 꼬리표는 중심문장의 명사(선행사) 뒤에서 명사(선행사)를 보충 설명한다.
- 관계부사는 (1) 중심문장의 명사(선행사)를 가리키고, (2) 꼬리표의 4/5마디를 대신하며, (3) 문장을 연결하는 접속사 역할을 한다. 이 때, 관계부사가 대신하는 4/5마디는 반드시 생략한다.
- 선행사가 일반적인 시간, 장소를 나타낼 때는 「관계사wh」를 생략하기도 한다.

026 Autumn when leaves turn beautiful colors is my favorite season.

해석
가을은 내가 가장 좋아하는 계절이다.

Voca
turn 동 (~한 상태로) 변하다

Autumn(명사) 다음에 2마디에 해당되는 동사가 나오지 않고, when이 온 것을 보고 형용사절이 있음을 파악. when이 ⓣ를 대신함.

잎이 아름다운 색으로 변하는 가을은 내가 가장 좋아하는 계절이다.

매듭 해설

- ex1)에서 관계부사(when)는 3가지 역할을 한다.
  (1) 대명사 역할 : when은 앞에 있는 명사(선행사) Autumn을 가리키는 '지시대명사' 역할을 한다.
  (2) 부사(구) 역할 : when은 동사 turn의 수식어 자리에 있는 ⓣ를 대신하는 '부사(구)' 역할을 한다. (ⓣ를 생략, ex2처럼 사용)
  (3) 접속사 역할 : when은 중심 문장에 꼬리표를 연결하는 '접속사' 역할을 한다.

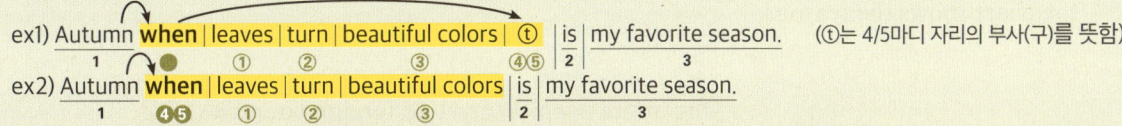

- 앞에 있는 명사 종류(장소, 시간, 이유)에 따라 관계부사를 적절하게 사용해야 하며, 경우에 따라서는 모든 관계부사 대신 that을 사용하기도 한다.

<관계부사>

구분	명사	관계부사	
장소	place, cafe, city 등	where	
시간	time, day, year 등	when	that
이유	reason	why	

(※ how는 '명사+how'로 사용되지 않고, 주로 how 혼자 사용됨)

027 The library is a place where people can gain knowledge.

Step 1 The library is a place.

Step 2 The library | is | a place　where | people | can gain | knowledge | (t).
　　　　　　1　　　2　　3　　　　❹❺　　　①　　　②　　　　③　　　　❹❺

해 석 [Step 1] 도서관은 장소이다.　[Step 2] 도서관은 사람들이 지식을 얻을 수 있는 장소이다.
Voca gain ⑧ 얻다, 늘리다　knowledge ⑲ 지식
해 설 [대체형 꼬리표, 형용사덩어리] 관계부사 where절(where ~ knowledge)은 명사 a place에 대한 보충 설명이다. a place가 장소를 의미하므로 관계부사 where를 썼다. where은 부사로서 꼬리표의 4/5마디 역할(ⓣ)을 하므로 「전치사 + 관계대명사」인 in which로 쓸 수 있다(#05 매듭 꼬리표 참조). 보충 설명하는 명사가 place같은 일반적 의미의 명사이면 명사(place)와 where 둘 중 하나를 생략할 수도 있다. 또한, where 대신 that을 쓸 수도 있다.

028 There exist some cases where this rule does not apply.

Step 1 There exist some cases.

Step 2 There exist | some cases　where | this rule | does not apply | (t).
　　　　　　　2　　　　　　1　　　　❹❺　　　①　　　　②　　　　　❹❺

해 석 [Step 1] 몇 가지 경우가 있다.　[Step 2] 이 법칙이 적용되지 않는 몇 가지 경우가 있다.
Voca exist ⑧ 존재하다　case ⑲ 경우　rule ⑲ 법칙　apply ⑧ 적용되다
해 설 [대체형 꼬리표, 형용사덩어리] 관계부사 where절(where ~ apply)은 명사 cases에 대한 보충 설명이다. case, point, example, situation, circumstance 등의 명사는 추상적 의미의 장소를 뜻하므로 where를 사용해 보충 설명한다. where은 부사로서 꼬리표의 4/5마디 역할(ⓣ)을 하므로 「전치사+관계대명사」인 in which로 쓸 수 있다(#05 매듭 꼬리표 참조). There exist는 There be처럼 도치구문이다.

029 The chart shows the reasons why more people travel to foreign countries.

Step 1 The chart shows the reasons.

Step 2 The chart | shows | the reasons　why | more people | travel | to foreign countries | (t).
　　　　　　1　　　　2　　　　3　　　　　❹❺　　　①　　　　②　　　　❹❺　　　　　❹❺

해 석 [Step 1] 이 도표는 이유를 보여준다.　[Step 2] 이 도표는 더 많은 사람들이 외국으로 여행가는 이유를 보여준다.
Voca chart ⑲ 도표, 차트　foreign ⑲ 외국의
해 설 [대체형 꼬리표, 형용사덩어리] 관계부사 why절(why ~ countries)은 명사 the reasons에 대한 보충 설명이다. the reasons가 이유를 나타내므로 why를 썼고, why는 꼬리표의 4, 5마디 역할(ⓣ)을 하므로 「전치사 + 관계대명사」인 for which로 쓸 수 있다(#05 매듭 꼬리표 참조). 보충 설명하는 명사가 reason같은 일반적 의미의 명사이면 명사(the reasons)와 why 둘 중 하나를 생략할 수도 있다. 또한, why 대신 that을 쓸 수도 있다.

030 I anticipate April every year, when professional baseball leagues start.

Step 1 I anticipate April every year.

Step 2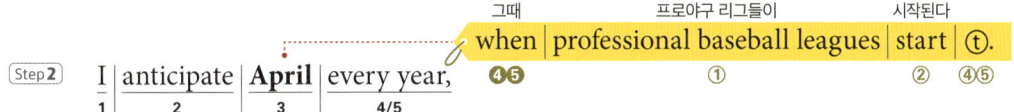
I | anticipate | April | every year,
1 | 2 | 3 | 4/5

해석 Step1 나는 매년 4월을 고대한다. Step2 나는 매년 4월을 고대하는데, 그때 프로야구 리그들이 시작된다.
Voca anticipate ⑧ 기대하다, 예상하다 professional ⑱ 직업의, 전문적인
해설 [대체형 꼬리표, 형용사덩어리] 관계부사 when절(when ~ start)은 명사 April에 대한 보충 설명이다. April이 시간을 의미하므로 관계부사 when을 썼다. when은 꼬리표의 4/5마디 역할(ⓣ)을 하므로 「전치사 + 관계대명사」인 in which로 쓸 수 있다(#05 매듭 꼬리표 참조). 관계부사 when, where절 앞에 쉼표가 나와 명사를 보충 설명하는 구문을 계속적 용법이라고 하는데 why는 계속적 용법으로 쓰지 않는다.

04 「whose + 명사」절 꼬리표

추가 내용	꼬리표 (서술형식변화)	(매듭) wh + 명사	1마디(대체)	2마디(시제동사)	3마디(대체)	4마디	5마디(대체)	**매듭유형** 대체형, 시제동사.
중심 문장	명사 + ( ) **1**마디		**2**마디	명사 + ( ) **3**마디	**4**마디	명사 + ( ) **5**마디		**매듭위치** 중심문장의 1/3/5마디 명사 뒤.

- 중심문장의 명사(선행사) 뒤에서「whose+명사」절 꼬리표가 명사(선행사)를 보충 설명한다.
-「whose+명사」절 꼬리표에서 whose는 (1) 중심 문장의 명사(선행사)를 대신하고, (2) 문장을 연결하는 접속사 역할을 한다.
-「whose+명사」는 (3) 꼬리표의 1/3/5마디 중 하나를 대신하며, 대신하는 문장마디는 반드시 생략한다.

031 A cat whose eyes take in lots of light can see well at night.

Step 1
A cat | can see well | at night. (중심문장)
  1   2   4/5

Step 2
(매듭)
A cat whose eyes ⓣ take in lots of light | can see well | at night.
 1   2   4/5

해석훈련
      ↷ 보충 설명 / 범위 구체화
A cat whose eyes ⓣ take in lots of light can see well at night.
↷
고양이, 그것의 눈은, 많은 빛을 받아들이는데, (고양이는) 잘 볼 수 있다, 밤에도   <ⓣ는 'trace(흔적)'의 기호>
(명사)   (형용사덩어리)

해석
고양이는 밤에도 잘 볼 수 있다.

Voca
take in ~을 받아들이다, 흡수하다

A cat(명사) 다음에 can(조동사)이 나오지 않고, whose eyes가 온 것을 보고 형용사절이 있음을 파악. whose eyes는 ⓣ를 대신함.

눈이 많은 빛을 받아들이는 고양이는 밤에도 잘 볼 수 있다.

◀ 매듭 해설

- ex1)에서 whose는 3가지의 역할을 한다. (소유격 관계대명사를 관계형용사로 부르기도 한다)
  (1) 대명사 역할 : whose는 앞에 있는 명사(선행사) A cat을 가리키는 '지시대명사(소유격)' 역할을 한다.
  (2) 형용사 역할 : whose는 eyes를 꾸며주는 '형용사' 역할을 하고, whose eyes는 ⓣ를 대신하는 주어 역할을 한다.
  (3) 접속사 역할 : whose는 중심문장과 추가문장을 연결하는 접속사 역할을 한다.

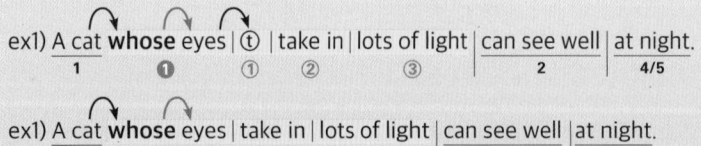

ex1) A cat whose eyes ⓣ | take in | lots of light | can see well | at night.
       1   ①   ①   ②   ③   2   4/5

ex1) A cat whose eyes | take in | lots of light | can see well | at night.
       1   ①   ②   ③   2   4/5

032 My children are gifts whose worth cannot be measured by money.

Step 1 My children are gifts.

Step 2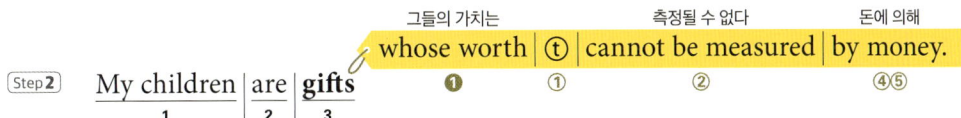

해석 **Step 1** 나의 아이들은 선물이다. **Step 2** 나의 아이들은 **가치가 돈으로 측정될 수 없는** 선물이다.
Voca gift 명 선물 worth 명 가치 measure 동 측정하다 be measured 측정되다
해설 [대체형 꼬리표, 형용사덩어리] 보충 설명을 받는 명사 gifts가 꼬리표의 worth를 소유하므로 소유격 관계대명사 whose를 썼다. whose는 문장을 연결하는 역할을 하고, whose worth는 꼬리표 1마디의 주어(ⓣ) 역할을 한다.

033 The play is about Shakespeare, whose works many people love.

Step 1 The play is about Shakespeare.

Step 2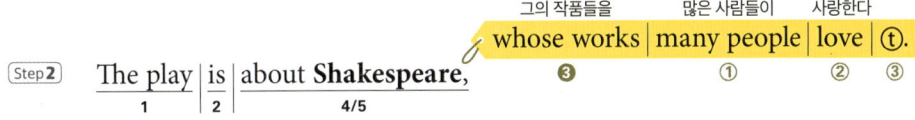

해석 **Step 1** 그 연극은 셰익스피어에 관한 것이다. **Step 2** 그 연극은 **셰익스피어**에 관한 것인데, **많은 사람들이 그의 작품들을 사랑한다**.
Voca play 명 연극 work 명 작품 동 일하다
해설 [대체형 꼬리표, 형용사덩어리] 보충 설명을 받는 명사 Shakespeare가 꼬리표의 works를 소유하므로 소유격 관계대명사 whose를 썼다. whose는 문장을 연결하는 역할을 하고, whose works는 꼬리표 3마디의 목적어(ⓣ) 역할을 한다.

034 South Korea, whose people elect their leaders, is a democratic nation.

Step 1 South Korea is a democratic nation.

Step 2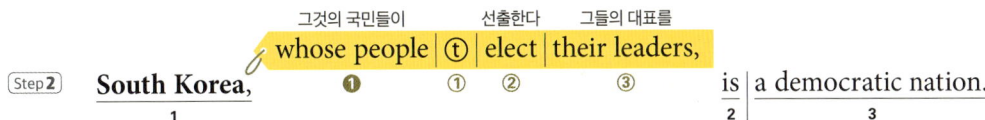

해석 **Step 1** 한국은 민주주의 국가이다. **Step 2** **국민들이 그들의 대표를 선출하는** 한국은 민주주의 국가이다.
Voca elect 동 선출하다 leader 명 대표, 지도자 democratic 형 민주주의의
해설 [대체형 꼬리표, 형용사덩어리] 보충 설명을 받는 명사 South Korea가 꼬리표의 people을 소유하므로 소유격 관계대명사 whose를 썼다. whose는 문장 연결 역할을 하고 whose people은 꼬리표 1마디의 주어(ⓣ) 역할을 한다.

05 「전치사 + wh」절 꼬리표

추가 내용	꼬리표 (서술형식변화)	전치사 + wh	1마디	2마디(시제동사)	3마디	4/5마디(대체)
중심 문장	명사 + ( ) **1마디**		명사 + ( ) **2마디**		명사 + ( ) **3마디**	명사 + ( ) **4마디** 명사 + ( ) **5마디**

매듭유형
대체형, 시제동사, 4/5마디 생략.

매듭위치
중심문장의 1/3/5마디 명사 뒤.

- 중심문장의 명사(선행사) 뒤에서 「전치사+wh」절 꼬리표가 명사(선행사)를 보충 설명한다.
- 「전치사 + wh」절 꼬리표에서 wh은 (1) 중심문장의 명사(선행사)를 대신하고, (2) 문장을 연결하는 접속사 역할을 한다.
- 「전치사 + wh」는 (3) 꼬리표의 4/5마디를 대신하므로 4/5마디는 반드시 생략한다.
- 「전치사 + wh」가 4/5마디를 대신하기 때문에 "#03-B. 「관계사 wh」절(관계부사)"로 대신 사용할 수 있다.

035 Tim, with whom I share a dorm room, is messy.

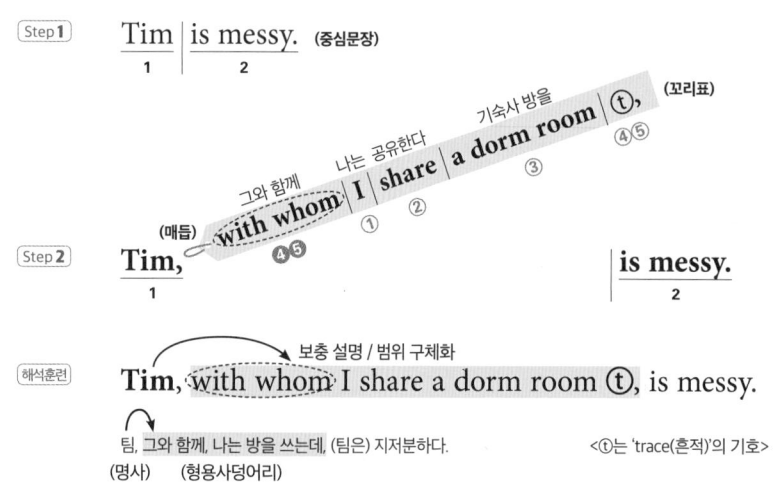

해석
팀은 지저분하다.

Voca
share 동 공유하다, 함께 쓰다
dorm 명 기숙사

Tim(명사) 다음에 is(동사)가 나오지 않고, with whom이 온 것을 보고 형용사절이 있음을 파악. whom은 Tim을 가리킴.

나와 기숙사 방을 함께 쓰는 Tim은 지저분하다.

⟨ⓣ는 'trace(흔적)'의 기호⟩

매듭 해설

- ex1)에서 whom은 with의 목적어(5마디) 역할을 한다. 이 때 ex2)처럼 with를 관계대명사 whom 앞으로 이동할 수 있다.

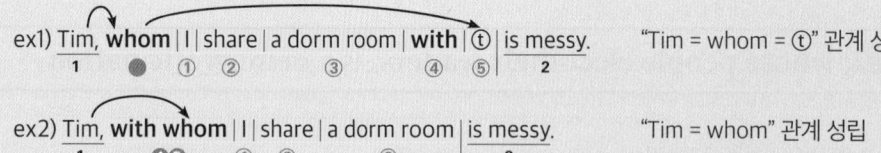

ex1) "Tim = whom = ⓣ" 관계 성립

ex2) "Tim = whom" 관계 성립

- 장소, 시간, 이유를 나타내는 명사 뒤에서 「전치사 + 관계대명사」를 관계부사(where, when, why)로 바꿔 쓸 수 있다.
  - He lives close to the city **which** I was born **in**. (O) (관계대명사)
  - He lives close to the city I was born in. (O) (관계대명사 뒤에 S + V가 올 경우 관계대명사 생략 가능)
  - He lives close to the city **in which** I was born. (O) (전치사 + 관계대명사)
  - He lives close to the city **where** I was born. (O) (관계부사)
  (그는 내가 태어난 도시에서 가까운 곳에 산다.)

036 Julie had no one to whom she could turn.

Step 1 Julie had no one.

Step 2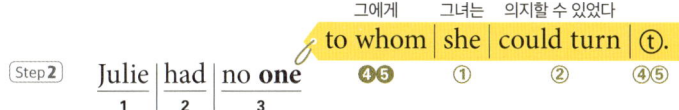

해석 **Step 1** Julie는 아무도 없었다. **Step 2** Julie는 의지할 수 있는 사람이 아무도 없었다.
Voca turn to ~에 의지하다
해설 [대체형 꼬리표, 형용사덩어리] 보충 설명을 받는 대명사 one이 꼬리표에서 전치사 to의 목적어 역할(one = whom)을 한다. 꼬리표에서 전치사 to를 원래 자리로 보내 whom she could turn to로 쓸 수도 있다.

037 The world in which we live is changing fast.

Step 1 The world is changing fast.

Step 2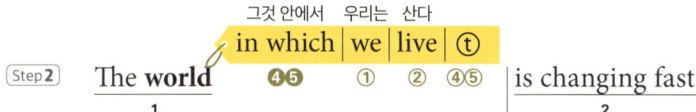

해석 **Step 1** 세상은 빠르게 변하고 있다. **Step 2** 우리가 살고 있는 세상은 빠르게 변하고 있다.
해설 [대체형 꼬리표, 형용사덩어리] 보충 설명을 받는 명사 The world가 꼬리표에서 전치사 in의 목적어(world = which)로 쓰였다. 꼬리표에서 전치사 in을 원래 자리로 보내 which we live in으로 쓸 수 있다.

038 Language is the means through which we understand one another.

Step 1 Language is the means.

Step 2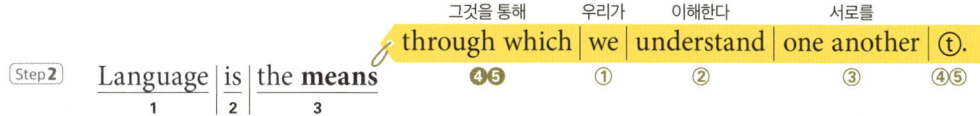

해석 **Step 1** 언어는 수단이다. **Step 2** 언어는 우리가 서로를 이해하는 수단이다.
Voca means 명 수단   one another 서로
해설 [대체형 꼬리표, 형용사덩어리] 보충 설명을 받는 명사 the means가 꼬리표에서 전치사 through의 목적어(means = which)로 쓰였다. 꼬리표에서 전치사 through를 원래 자리로 보내 which we understand one another through로 쓸 수 있다.

039 They released the mouse with which they had experimented.

Step 1 They released the mouse.

Step 2
그것과 함께 / 그들은 / 실험했다
with which | they | had experimented | ⓣ.
They | released | the mouse

해석 **Step 1** 그들은 쥐를 풀어주었다. **Step 2** 그들은 실험했던 쥐를 풀어주었다.
Voca release ⑧ 풀어주다, 방출하다   experiment ⑧ 실험하다
해설 [대체형 꼬리표, 형용사덩어리] 보충 설명을 받는 명사 the mouse가 꼬리표에서 전치사 with의 목적어(mouse = which)로 쓰였다. 꼬리표에서 전치사 with를 원래 자리로 보내 which they had experimented with로 쓸 수 있다. 「had experimented」는 과거완료시제로 쥐를 놓아준 과거의 시점보다 이전의 일이므로 과거완료시제(had+p.p.)를 사용했다.

040 The most wasted days are those during which we don't laugh. — e. e. cummings

Step 1 The most wasted days are those.

Step 2
그것들 동안에 / 우리는 / 웃지 않는다
during which | we | don't laugh | ⓣ.
The most wasted days | are | those

해석 **Step 1** 가장 헛된 날은 그런 날이다. **Step 2** 가장 헛된 날은 우리가 웃지 않는 그런 날이다.
Voca wasted ⑱ 헛된   those ㉑ (앞서 쓴 복수 명사의 반복을 피하기 위해) 그(것)들   during ㉟ ~동안에
해설 [대체형 꼬리표, 형용사덩어리] 보충 설명을 받는 대명사 those가 꼬리표에서 전치사 during의 목적어(those = which)로 쓰였다. 꼬리표에서 전치사 during을 원래 자리로 보내 which we don't laugh during으로 쓸 수 있다.

041 I gave advice to him, to which he paid no attention.

Step 1 I gave advice to him.

Step 2
그것에 / 그는 / 개의치 않았다
to which | he | paid | no attention | ⓣ.
I | gave | advice | to him,

해석 **Step 1** 나는 그에게 조언했다. **Step 2** 나는 그에게 조언했는데, 그는 개의치 않았다.
Voca give advice 조언하다   pay attention to ~에 주목하다, 유의하다
해설 [대체형 꼬리표, 형용사덩어리] 보충 설명을 받는 명사 advice가 꼬리표에서 전치사 to의 목적어(advice = which)로 쓰였다. 전치사 to를 원래 자리로 보내 which he paid no attention to로 쓸 수 있다.

042 The event was put off until May, by which time it will be warmer.

Step 1 The event was put off until May.

Step 2

해석 **Step 1** 그 행사는 5월로 연기되었다. **Step 2** 그 행사는 **5월**로 연기되었고, 그때쯤에는 더 따뜻해질 것이다.
Voca put off 연기하다   be put off 연기되다   by 쩐 ~까지, ~즈음에
해설 [대체형 꼬리표, 형용사덩어리] 보충 설명을 받는 명사 May가 꼬리표에서 전치사 by의 목적어(May = which)로 쓰였다. by which time에서 which는 관계대명사이면서 time을 꾸며주는 형용사 역할을 함께 한다.

Further Study 〈「전치사 + 관계대명사」의 주의해야 할 용법〉

- 「전치사+관계대명사」 용법에서 다음의 경우는 바른 문장이 아니므로 주의가 필요하다.
  - He lives near to the city **I was born in which**. (×)   [관계대명사는 항상 관계절 앞에 놓여야 한다.]
  - He lives near to the city **I was born where**. (×)   [관계부사는 항상 관계절 앞에 놓여야 한다.]
  - He lives near to the city **I was born in it**. (×)   [관계대명사가 생략되었다면 5마디를 비워놓아야 한다. (it을 사용하면 안됨)]
  - He lives near to the city **in I was born**. (×)   [전치사 뒤의 관계대명사는 생략할 수 없다.]

Further Study 〈「전치사 + 관계대명사」의 순차적 해석 요령〉

- ex1)에서 순차적 해석할 때에 4/5마디에 있는 「전치사+관계대명사」를 "They released the mouse"에 대한 부가적인 상황(4/5마디)으로 이해하면 안 된다.
- the mouse와 which가 관계 있지만, with which는 "they had experimented"의 부가적인 상황(4/5마디)으로 해석해야 한다.
- 「전치사 + 관계대명사」는 내용적으로 B구간에 있는 S + V의 부가적인 상황(4/5마디)으로 이해하면 해석이 명확해진다.

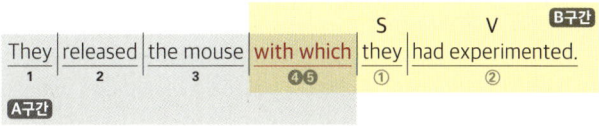

- 「전치사 + 관계대명사」는 전치사의 의미를 살려서 해석한다.
  - to whom: 〈그에게〉, with whom: 〈그와 함께〉, in which: 〈그것 안에서〉, to which: 〈그것에게〉, for which: 〈그것을 위해〉 등

06 「수량대명사 of + wh」절 꼬리표

추가내용	꼬리표 (서술형식변화)	(매듭) 수량 + wh	1마디(대체)	2마디(시제동사)	3마디(대체)	4마디	5마디(대체)	매듭유형
								대체형, 시제동사, 1/3/5마디 생략 가능.
중심문장		명사+( ) **1마디**	2마디	명사+( ) **3마디**	4마디	명사+( ) **5마디**		매듭위치
								중심문장의 1/3/5마디 명사 뒤.

- 중심문장의 명사(선행사) 뒤에서 「수량대명사 of + wh」절 꼬리표가 명사(선행사)를 보충 설명한다.
- 「수량 대명사 of + wh」절 꼬리표에서 wh는 (1) 중심문장의 명사(선행사)를 대신하고, (2) 문장을 연결하는 접속사 역할을 한다.
- 「수량 대명사 of + wh」는 (3) 꼬리표의 1/3/5마디 중 하나를 대신하며, 대신하는 문장마디는 반드시 생략한다.
- 이처럼 「수량 대명사+관계대명사」의 해석은 <~들 중 …>로 해석한다.

  ♠ one of which: 그것들 중 하나   ♠ each of which: 그것들 각각   ♠ several of which: 그것들 중 몇몇
  ♠ both of which: 그것 둘 다   ♠ some of which: 그것들 중 일부   ♠ many of which: 그것들 중 많은 것들
  ♠ the rest of which: 그것들 나머지   ♠ all of which: 그것 모두

043 Tim's two brothers, both of whom live in Seoul, are webtoon artists.

Step 1
Tim's two brothers | are | webtoon artists. (중심문장)
         1   2   3

Step 2
Tim's two brothers, both of whom ⓣ live in Seoul, | are | webtoon artists.
         1   그들 둘 다   산다   서울에   2   3
                    (매듭)   ①   ②   ④⑤ (꼬리표)

해석훈련
Tim's two **brothers**, both of whom ⓣ live in Seoul, are webtoon artists.
                      ↑ 보충 설명/범위 구체화
Tim의 두 **형제들**, 그들 둘 다 서울에 사는데, 웹툰 작가들이다.
     (명사)   (형용사덩어리)

<ⓣ는 'trace(흔적)'의 기호>

해석
Tim의 두 형제들은 웹툰 작가들이다.

Voca
webtoon artist 웹툰 작가

brothers(명사) 다음에 2마디가 나오지 않고, both of whom이 온 것을 보고 형용사절이 있음을 파악. whom은 brothers를 가리키고 both of whom은 ⓣ를 대신함.

Tim의 두 형제들은 모두 서울에 사는데, 웹툰 작가들이다.

◀ 매듭 해설

- many of whom, some of which처럼 어떤 것의 전체 중 부분을 수량으로 나타낼 때 「수량 대명사 + of + 목적격 관계대명사」로 표현한다. (수량 대명사: some, all, several, any, each, both, the rest 등)
- ex1)과 ex2)는 whom과 them을 제외하고 모두 같지만, ex2)는 문법적으로 틀린 문장이다. whom은 앞에 오는 brothers를 대신하는 대명사의 역할과 문장을 연결하는 접속사 역할을 동시에 하지만, them은 대명사 역할만 하고 접속사 역할은 없기 때문이다. 그래서 문장을 연결하는 수량 대명사 뒤에는 반드시 목적격 관계대명사(whom(사람), which(사물))를 사용해야 한다.

  ex1) Tim's two brothers, **both of whom** live in Seoul, are webtoon artists. (○)   (whom : 대명사 역할, 접속사 역할)
  ex2) Tim's two brothers, **both of them** live in Seoul, are webtoon artists. (×)   (them : 대명사 역할)

PART 1 형용사자리 매듭·꼬리표훈련 06. 「수량대명사 of + wh」절 꼬리표

044 | We had a welcoming party for foreign students, half of whom are from China.

Step 1 We had a welcoming party for foreign students.

Step 2 We | had | a welcoming party | for foreign **students** 〉 half of whom | (t) | are | from China.
　　　　 1　 2　　　 3　　　　　　 4/5　　　　　　　 ❶　　　 ①　 ②　　 ④⑤

그들 중 절반은 　 ~이다 　 중국으로부터

해석　**Step 1** 우리는 외국인 학생들을 위해 환영 파티를 열었다.
　　　Step 2 우리는 외국인 **학생들**을 위해 환영 파티를 열었는데, 그들 중 절반은 중국 출신이다.
Voca　foreign 형 외국의
해설　[대체형 꼬리표, 형용사덩어리] 명사 students와 꼬리표를 연결하는 역할을 관계대명사 whom이 한다(students = whom). half of whom은 꼬리표의 1마디 주어((t)) 역할을 한다. whom 대신 them을 사용할 수 없는데, 이는 them에 문장을 연결하는 기능이 없기 때문이다.

045 | The poet wrote seven poems, some of which I really like.

Step 1 The poet wrote seven poems.

Step 2 The poet | wrote | seven **poems** 〉 some of which | I | really like | (t).
　　　　　 1　　　 2　　　　3　　　　　　　 ❸　　　　 ①　　②　　　③

그것들 중 몇몇은 　 내가 　 정말 좋아한다

해석　**Step 1** 그 시인은 7편의 시를 썼다.　**Step 2** 그 시인은 7편의 **시**를 썼는데, 그 중 몇몇은 내가 정말로 좋아한다.
Voca　poet 명 시인　poem 명 시
해설　[대체형 꼬리표, 형용사덩어리] 명사 poems와 꼬리표를 연결하는 역할을 관계대명사 which가 한다(poems = which). some of which는 꼬리표의 3마디 목적어((t)) 역할을 한다. which 대신 them을 사용할 수 없는데, 이는 them에 문장을 연결하는 기능이 없기 때문이다.

046 | The island nation consists of 60 islands, only a few of which are habitable.

Step 1 The island nation consists of 60 islands.

Step 2 The island nation | consists | of 60 **islands** 〉 only a few of which | (t) | are habitable.
　　　　　 1　　　　　　　　2　　　　　4/5　　　　　　　　 ❶　　　　　 ①　　②

그것들 중 몇 개만 　 거주 가능하다

해석　**Step 1** 그 섬나라는 60개의 섬으로 이루어져 있다.　**Step 2** 그 섬나라는 60개의 **섬**으로 이루어져 있는데, 그 중 몇 개 섬만 거주 가능하다.
Voca　island nation 섬나라　consist of ~로 구성되다　habitable 형 거주 가능한
해설　[대체형 꼬리표, 형용사덩어리] 명사 islands와 꼬리표를 연결하는 역할을 관계대명사 which가 한다(islands = which). a few of which는 꼬리표의 1마디 주어((t)) 역할을 한다. which 대신 them을 사용할 수 없는데, 이는 them에 문장을 연결하는 기능이 없기 때문이다.

07-A 「wh복합관계」절 꼬리표 (wh-ever 복합관계대명사)

- wh복합관계매듭은 "wh기능어 + ever" 형태 단어들로 한 단어에 「명사(선행사) + 관계사」의 의미가 포함되어 있다.
  - whoever(=anyone who), whomever(=anyone whom), whichever(=anything which), whatever(=anything that), wherever(= at any place where), whenever(=at any time when)
- 「wh복합관계」절 꼬리표에서 'wh매듭'이 '명사'처럼 사용되고 '나머지 부분'이 wh매듭을 '수식'하는 구조이다.
- wh복합관계사는 대명사와 매듭의 역할을 동시에 한다.

047 Whatever has a beginning also has an end.

Step 1 Anything | also has | an end. (중심문장)

Step 2 Whatever ① ② has a beginning ③ | also has | an end.

해석훈련 Whatever ⓣ has a beginning also has an end.
모든 것, 시작이 있는, (그것은) 또한 끝이 있다.
(주어) (형용사덩어리) (서술어)
<ⓣ는 'trace(흔적)'의 기호>

해석
어떤 것도 끝이 있다.

Voca
beginning 명 시작
end 명 끝

whatever(복합관계대명사)가 제일 먼저 나온 것을 보고 명사적으로 1마디 주어로 사용되었음을 파악

whatever는 노란색 꼬리표 안에 있는 has의 주어인 ⓣ의 역할과 also has의 주어 역할을 동시에 함. ❶은 꼬리표의 ⓣ가 있는 마디를 대신함을 나타냄.

시작이 있는 모든 것은 또한 끝이 있다.

매듭 해설

- ex1)에서 선행사 Anything과 관계대명사 that이 압축되면, ex2)에서 처럼 복합관계대명사 Whatever로 바뀐다. ex1)은 "#02. 「관계사that」절 꼬리표"가 사용되었고, ex2)는 "#07. 「wh복합관계」절 꼬리표"가 사용되었다.

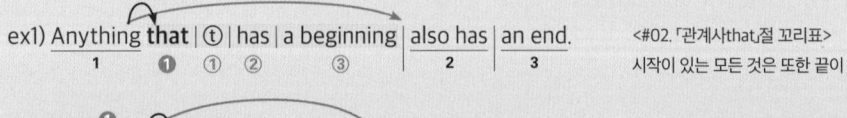
<#02. 「관계사that」절 꼬리표>
시작이 있는 모든 것은 또한 끝이 있다

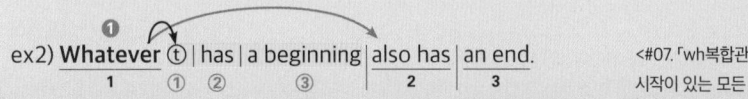
<#07. 「wh복합관계」절 꼬리표>
시작이 있는 모든 것은 또한 끝이 있다

048 | Whoever you bring will be welcome.

Step 1 Anyone will be welcome.

Step 2 Whoever │ you │ bring │ ⓣ │ will be welcome.
(네가 / 데려오다)

해석 **Step 1** 누구든 환영받을 것이다. **Step 2** 네가 데려오는 모든 사람은 환영받을 것이다.
Voca bring ⑧ 데려오다, 가져오다   welcome ⑨ 환영받는 ⑧ 환영하다
해설 [대체형 꼬리표, 복합덩어리] whoever가 대명사로, you bring이 형용사절로 볼 수도 있다. 이 경우 whoever는 anyone who로 바꿔 쓸 수 있다. whoever는 꼬리표에서 3마디 목적어(ⓣ)를 대신한다.

049 | You can do whatever is legal.

Step 1 You can do anything.

Step 2 You │ can do │ whatever │ ⓣ │ is legal.
(합법이다)

해석 **Step 1** 너는 무엇이든 할 수 있다. **Step 2** 너는 합법적인 모든 것을 할 수 있다.
Voca legal ⑨ 합법적인
해설 [대체형 꼬리표, 복합덩어리] whatever가 대명사로, ⓣ is legal이 형용사절로 볼 수도 있다. 이 경우 whatever는 anything that으로 바꿔 쓸 수 있다. whatever는 꼬리표에서 1마디 주어(ⓣ)를 대신한다.

050 | You may take whichever you want.

Step 1 You may take anything.

Step 2 You │ may take │ whichever │ you │ want │ ⓣ.
(네가 / 원하다)

해석 **Step 1** 너는 어떤 것이든 가져도 된다. **Step 2** 너는 네가 원하는 어느 것이든지 가져도 된다.
Voca take ⑧ 가지다, 데려가다
해설 [대체형 꼬리표, 복합덩어리] whichever가 대명사로, you want가 형용사절로 볼 수도 있다. 이 경우 whichever는 anything that으로 바꿔 쓸 수 있다. whichever는 꼬리표에서 3마디 목적어(ⓣ)를 대신한다.

07-B 「wh복합관계」절 꼬리표 (wh- 복합관계대명사)

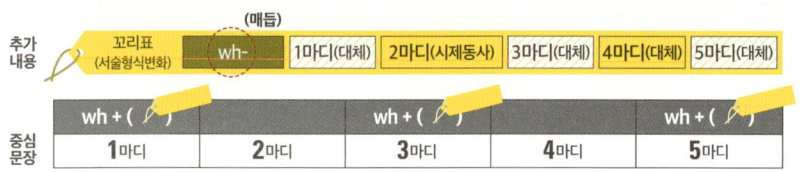

구분	명사적 뜻	의문의 뜻	구분	명사적 뜻	의문의 뜻
what + S + V	~하는 것	무엇이(을) ~하는지	how + S + V	~하는 방법	어떻게(얼마나) ~하는지
where + S + V	~하는 곳	어디에서 ~하는지	why + S + V	~하는 이유	왜 ~하는지
when + S + V	~하는 때	언제 ~하는지			

- 「#07-A」의 'wh-ever'계열들은 거의 대부분 복합관계대명사로 사용되는 반면 「#07-B」의 "wh-기능어"(what, where, when, how, why)은 「복합관계대명사」로 사용될 때와 「의문사」로 사용되는 경우가 동시에 존재한다.
- "wh-기능어"이 복합관계대명사로 사용되면 「명사(선행사)+관계사」가 압축된 것이며, 명사적 뜻으로 해석된다.
  - what(=the thing which), where(=the place where), when(=the time when), how(=the way how), why(=the reason why)
- wh절 꼬리표는 명사자리에서 「명사적 뜻」,「의문의 뜻」 중 하나의 의미로 사용되며, 문맥에 맞게 잘 살펴야 한다.
  <wh절의 복합관계대명사(명사적 뜻) 용법과 의문사(의문의 뜻) 용법>

'의문사의 뜻'일 때는 "#17.「의문사wh」절 꼬리표"에 해당된다.

051 I'll take back what I said.

Step 1 I | will take back | the thing. (중심문장)
 1   2   3

Step 2 I | will take back | what | I said | (t). (꼬리표)
 1   2   3   ①   ②   ③
내가 말했다 ❸(매듭)

해석훈련 I'll take back what I said (t).
내가, 취소할게, 어떤 것을, 내가 말한
(주어) (서술어) (목적어) (형용사 덩어리)

<(t)는 'trace(흔적)'의 기호>

해석
어떤 것을 취소할게.

Voca
take back 취소하다

what(복합관계대명사)는 선행사 the thing과 관계사 that이 압축되어 만들어졌으므로 명사 역할과 관계사 역할을 동시에 함

what은 노란색 꼬리표 안에 있는 said의 목적어인 ①의 역할과 take back의 목적어 역할을 동시에 함. ❸은 꼬리표의 ①가 있는 마디를 대신함을 나타냄.

내가 말한 것을 취소할게.

• 매듭 해설

- ex1)에서 선행사 the thing과 관계대명사 that이 압축되면, ex2)에서 처럼 복합관계대명사 what로 바뀐다. ex1)은 "#02.「관계사that」절 꼬리표"가 사용된 것이고, ex2)는 "#07.「wh복합관계」절 꼬리표"가 사용되었다.

ex1) I | will take back | the thing | that | I | said | (t).   <#02.「관계사that」절 꼬리표>
  1   2   3   ❸   ①   ②   ③
내가 말한 것을 취소할게.

ex2) I | will take back | what | I | said | (t).   <#07.「wh복합관계」절 꼬리표>
  1   2   3   ①   ②   ③
                      ❸
내가 말한 것을 취소할게.

052 What can't be cured must be endured. – Salman Rushdie

Step 1 The thing must be endured.

Step 2 What | ⓣ can't be cured | must be endured.
(치료될 수 없다)

해석 **Step 1** 어떤 것은 견뎌내야 한다. **Step 2** 치료될 수 없는 것은 견뎌내야 한다.
Voca cure ⑧ 치료하다 be cured 치료되다 endure ⑧ 참다, 견디다 be endured 견뎌내다
해설 [대체형 꼬리표, 복합덩어리] what을 대명사로 보고 ⓣ can't be cured를 형용사절로 취급한다. 이때 what(= the thing which)은 복합관계대명사로 사용되었다. what은 꼬리표에서 1마디 주어(ⓣ)를 대신한다.

053 Tim will give us what we asked for.

Step 1 Tim will give us the thing.

Step 2 Tim | will give | us what | we | asked | for | ⓣ.
(우리가 요청했다)

해석 **Step 1** Tim은 우리에게 어떤 것을 줄 것이다. **Step 2** Tim은 우리에게 우리가 요청한 것을 줄 것이다.
Voca ask for ~을 요청하다
해설 [대체형 꼬리표, 복합덩어리] give의 직접목적어 자리에 what(= the thing which)이 복합관계대명사로 사용되었다. what은 대명사로, we asked for는 형용사절로 취급한다. what은 꼬리표에서 5마디의 전치사 목적어(ⓣ)를 대신한다.

▶ **Further Study** 〈wh절의 복합관계대명사와 의문사 용법〉

- ex1)에서 선행사인 The place와 관계사 where가 합쳐져서, ex2)처럼 복합관계대명사 where만 남는 경우가 있다.
- ex3)에서는 where절은 가주어 it에 대한 진주어로써 명사자리에 사용된 간접의문문이다.

ex1) The place where | you | go | is not | Seoul.
→ where는 관계부사이며 wh절은 형용사 덩어리로 해석
"네가 가는 그 곳은 서울이 아니다."

ex2) Where you | go | is not | Seoul.
→ where는 복합관계대명사이며 뒤에 오는 you go는 형용사 덩어리로 해석
"네가 가는 곳은 서울이 아니다."

ex3) It | doesn't matter | where | you | meet.
→ where는 의문사이며 명사자리에서 간접의문문으로 해석
"어디서 만나느냐는 중요하지 않다."

07-c 「wh복합관계」절 꼬리표 (wh-ever 복합관계형용사)

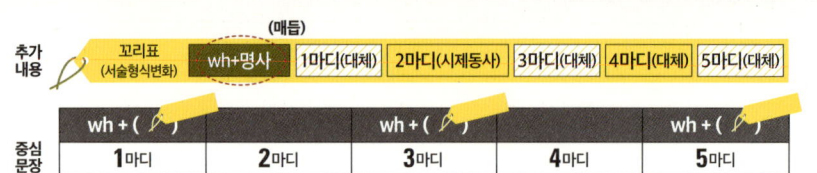

- "wh기능어+ever" 형태 중에서 뒤에 명사를 꾸며 주는 형용사처럼 사용되는 것들이 있다.
  - whosever + 명사, whoever + 명사, whichever + 명사, whatever + 명사

054 Whatever mistakes you make will teach you a lesson.

Step 1
Whatever mistakes | will teach | you a lesson. (중심문장)
　　1　　　　　　　　2　　　　　3

Step 2
　　　　　　　　　❸　(매듭) 당신이 만들다
　　　　　　　　　　　you | make | ⓣ (꼬리표)
　　　　　　　　　　　 ①　　②　　③
Whatever mistakes | will teach | you a lesson.
　　　1　　　　　　　　2　　(3)　　3

해석훈련
Whatever mistakes you make ⓣ will teach you a lesson.

어떤 실수든, 당신이 한, 가르쳐 줄 것이다, 너에게, 교훈을
(주어)　(형용사 덩어리)　(서술어)

＜ⓣ는 'trace(흔적)'의 기호＞

해석
어떤 실수든 너에게 교훈을 가르쳐 줄 것이다.

Voca
lesson 몡 교훈

whatever(복합관계형용사)는 명사 mistake를 수식하는 형용사 역할을 함

whatever mistakes은 노란색 꼬리표 안에 있는 make의 목적어인 ⓣ의 역할과 will teach의 주어 역할을 동시에 함. ❸은 꼬리표의 ⓣ가 있는 마디를 대신함을 나타냄.

당신이 한 어떤 실수든 너에게 교훈을 줄 것이다.

매듭 해설

- ex1), ex2), ex3)의 문법이 무엇인지 몰라도 wh복합매듭이 놓인 자리만으로 해석할 수 있어야 한다.

　　　　　❸　　①　　②　　③
ex1) whichever major | you | choose | ⓣ, | enjoy | it.　(wh복합매듭이 부사자리에 사용 : 복합관계형용사 whichever가 명사 major를 수식)
　　　└───── 4/5 ─────┘　　2　　3

　　　　　　❸　①　　②　　③
ex2) Pick | whichever | you | want | ⓣ.　(wh복합매듭이 명사자리에 사용 : 복합관계대명사)
　　　2　└── 3 ──┘

　　　●　①　②
ex3) Whichever | you | choose, | I | won't mind.　(wh복합매듭이 부사자리에 사용 : 복합관계부사)　(※#33.「양보/대조」절 꼬리표」 참조)
　　└── 4/5 ──┘　1　　2

(해석) ex1) 어느 전공을 선택하든, 그것을 즐겨라. ex2) 당신이 원하는 것을 골라라. ex3) 당신이 어느 쪽을 택하더라도, 나는 신경쓰지 않을 것이다.

PART 1 형용사자리 매듭·꼬리표훈련　　07-C. 「wh복합관계」절 꼬리표

055 | Soldiers should follow whatever orders they get.

Step 1 Soldiers should follow anything.

Step 2 Soldiers | should follow | whatever orders | they | get | (t).
　　　　　1　　　　2　　　　　　3　　　　①　　②　　③

(그들이 받다)

해석　**Step 1** 군인은 어떤 것이든 따라야 한다.　**Step 2** 군인은 그들이 받는 모든 명령을 따라야 한다.
Voca　follow 통 따르다　order 명 명령
해설　[대체형 꼬리표, 복합덩어리] whatever orders가 명사로, they get이 형용사절로 볼 수도 있다. 이 경우 whatever orders는 any orders that 으로 바꿔 쓸 수 있다. whatever orders는 꼬리표에서 3마디 목적어(①)를 대신한다.

056 | Whichever road you drive on will lead you to the popular lake.

Step 1 Anything will lead you to the popular lake.

Step 2 Whichever road | you | drive | on | (t) | will lead | you | to the popular lake.
　　　　　　1　　　　①　　②　　④　　⑤　　　2　　　3　　　　4/5

(네가 운전하다 ~에)

해석　**Step 1** 어떤 것이든 당신을 그 인기있는 호수에 이르게 할 것이다.　**Step 2** 당신이 운전하는 어떤 길이든 당신은 그 인기있는 호수로 가게 될 것이다.
Voca　lead A to B: A를 B로 이끌다
해설　[대체형 꼬리표, 복합덩어리] Whichever road가 명사로, you drive on이 형용사절로 볼 수도 있다. 이 경우 Whichever road는 Any road that 으로 바꿔 쓸 수 있다. Whichever road는 꼬리표에서 5마디 전치사 on의 목적어(①)를 대신한다.

057 | She gave me whatever help I needed.

Step 1 She gave me anything.

Step 2 She | gave | me whatever | help | I | needed | (t).
　　　　　1　　2　　(3)　　　　　3　　①　　②　　　③

(내가 필요했다)

해석　**Step 1** 그녀는 나에게 어떤 것이든 주었다.　**Step 2** 그녀는 나에게 내가 필요한 모든 도움을 주었다.
해설　[대체형 꼬리표, 복합덩어리] whatever help가 명사로, I needed가 형용사절로 볼 수도 있다. 이 경우 whatever help는 any help that으로 바꿔 쓸 수 있다. whatever help는 꼬리표에서 3마디 목적어(①)를 대신한다.

08 「유사관계대명사」절 꼬리표

- "유사"관계대명사는 관계대명사와 비교하여 "공통점"과 "차이점"을 모두 갖고 있어서 생긴 이름이다.
- 유사관계대명사는 명사를 꾸며주는 점에서는 관계대명사와 같고, 대명사 역할이 없는 것은 차이점이다.

구분	유사관계대명사	관계대명사
공통점	앞에 명사를 꾸며줌	앞에 명사를 꾸며줌
차이점	접속사 역할만(대명사 역할 없음)	접속사 역할, 선행사를 대신하는 대명사 역할(1/3/5마디의 명사를 대신함)

058 I made the same mistake as you did last time.

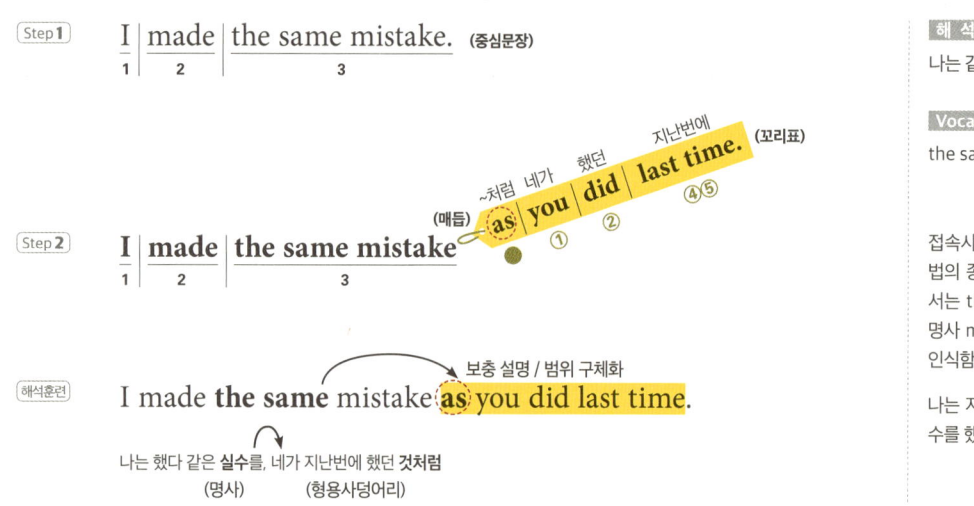

해석
나는 같은 실수를 했다.

Voca
the same A as B: B와 같은 A

접속사 as가 이끄는 꼬리표를 방법의 종속절로 볼 수 있지만, 여기서는 the same과 짝을 이루면서 명사 mistake를 꾸며주는 것으로 인식함.

나는 지난 번에 했던 것과 같은 실수를 했다.

매듭 해설

- 비교 개념의 특정 어구(as, the same, such, 비교급)가 명사와 함께 사용될 때 as, than 등이 유사관계대명사로 사용되며, 반복되는 명사 ⓣ는 생략한다.

구분	유사관계대명사 (앞에 명사 있음)	비교급 (앞에 명사 없음)
as ~ as	They eat **as** much food **as** | pigs | do. (명사) ① ② (그들은 돼지만큼 많은 음식을 먹는다.)	She walked **as** fast **as** | she | could. (부사) ① ② (그녀는 가능한 빨리 걸었다.)
the same ~ as	Tim ate **the same** amount **as** | I | did. (명사) ① ② (Tim은 나와 같은 양을 먹었다.)	
such ~ as	**Such** actions **as** | he | committed conflict with his words. (명사) ① ② (그가 저지른 그런 행동은 그의 말과 상충된다.)	
비교급 ~ than	Don't spend **more** money **than** | you | make. (명사) ① ② (네가 버는 것보다 더 많은 돈을 쓰지 마라.)	China is **larger than** | Japan | is. (형용사) ① ② (중국은 일본보다 크다.)

059 Begin with such English books as you can understand easily.

Step 1 Begin with such English books.

Step 2

해석 Step 1 그런 영어책으로 시작해라.   Step 2 네가 쉽게 이해할 수 있는 그런 영어책으로 시작해라.
Voca A such as B: B와 같은 A
해설 [첨가형 꼬리표, 형용사덩어리] 원급 비교를 나타내는 접속사 as 앞에 명사가 올 때 유사관계대명사라 한다. 관계대명사와 달리 접속사 as는 앞에 있는 명사를 가리키는 지시대명사 역할이 없다.

060 The company will employ as many people as they did last year.

Step 1 The company will employ as many people.

Step 2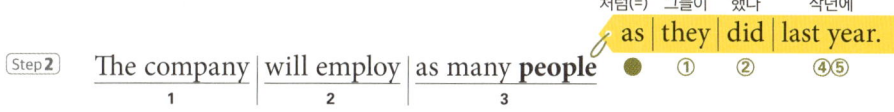

해석 Step 1 그 회사는 많은 사람들을 고용할 것이다.   Step 2 그 회사는 작년만큼 많은 사람들을 고용할 것이다.
Voca employ 동 고용하다
해설 [첨가형 꼬리표, 형용사덩어리] 접속사 as에 등호(=)의 의미가 있기 때문에 명사 뒤에 사용되면 자연스럽게 명사를 보충 설명하는 구조가 된다.

061 He gave a better performance than was expected.

Step 1 He gave a better performance.

Step 2

해석 Step 1 그는 더 나은 공연을 했다.   Step 2 그는 기대보다 더 나은 공연을 했다.
Voca performance 명 공연   expect 동 예상하다, 기대하다   be expected 예상되다
해설 [첨가형 꼬리표, 형용사덩어리] 비교급을 나타내는 접속사 than 앞에 명사가 올 때 유사관계대명사라 한다. 접속사 than에는 앞에 있는 명사를 가리키는 지시대명사 역할은 없다. than 뒤에는 반복되는 명사 performance라 생략 가능하다.

09 「동격 to-v」구 꼬리표

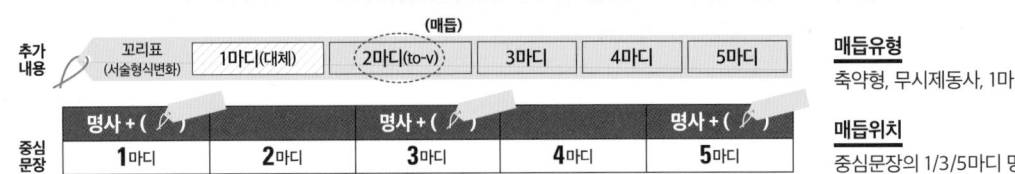

- "#01.「동격that」절 꼬리표"는 시제동사가 있고, "#09.「동격to-v」구 꼬리표"는 시제동사가 없을 뿐 둘다 명사를 보충 설명하는 형용사용법의 꼬리표라는 점은 같다.
- 「절 꼬리표」를 축약하여 「구 꼬리표」로 변환이 가능하며 둘 다 비슷한 의미로 사용된다. (하지만 모든 경우에서 기계적으로 「절 꼬리표」와 「구 꼬리표」로 상호 변환하는 것은 바람직하지 않음)

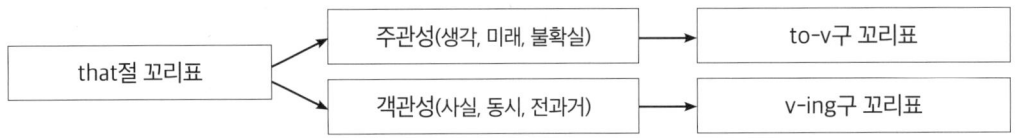

062 Tim has a desire to be a good father.

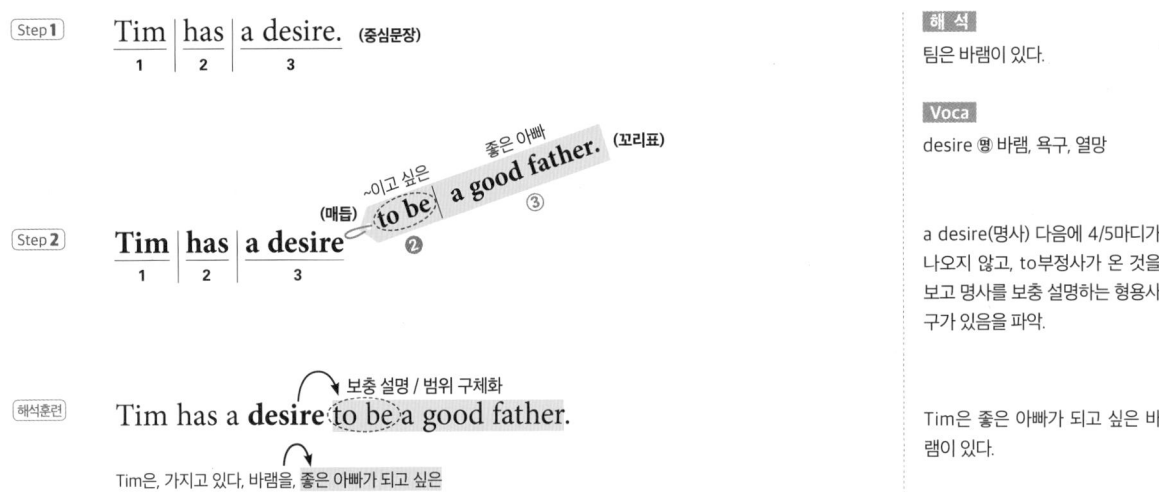

해석
팀은 바램이 있다.

Voca
desire 명 바램, 욕구, 열망

a desire(명사) 다음에 4/5마디가 나오지 않고, to부정사가 온 것을 보고 명사를 보충 설명하는 형용사구가 있음을 파악.

Tim은 좋은 아빠가 되고 싶은 바램이 있다.

매듭 해설

- ex1)은 명사 a desire(바램)를 「절 꼬리표」로 상세하게 늘리고, ex2)는 「구 꼬리표」로 간단하게 보충 설명한 경우이다. ex1)을 ex2)로 축약할 때 ex1)에 포함된 should be(되어야 한다)의 주관적 생각 때문에 "to-v"로 전환된다.

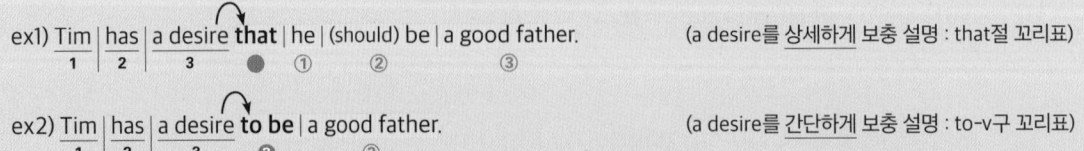

063 Don't miss this great chance to learn about American history.

Step 1 Don't miss this great chance.

Step 2

해석 Step 1 이 좋은 기회를 놓치지 마세요. Step 2 미국의 역사에 관해 배울 수 있는 이 좋은 기회를 놓치지 마세요.
Voca miss 통 놓치다 chance 명 기회
해설 [축약형 꼬리표, 형용사덩어리] 명사 chance에 꼬리표가 연결될 때 일반적 주어는 생략되고 축약형 꼬리표 「to-v」가 사용되었다. to-v는 주관성(생각, 미래 등)과 잘 어울리는 서술형식변화로서 추상적 의미를 나타내는 chance를 동격관계로 보충 설명한다.

064 The couple has made a decision to adopt a child.

Step 1 The couple has made a decision.

Step 2

해석 Step 1 그 부부는 결정했다. Step 2 그 부부는 아이를 입양하기로 결정했다.
Voca couple 명 부부, 남녀 decision 명 결정 make a decision 결정하다 adopt 통 입양하다
해설 [축약형 꼬리표, 형용사덩어리] 명사 decision에 꼬리표가 연결될 때 일반적 주어는 생략되고 축약형 꼬리표 「to-v」가 사용되었다. to-v는 주관성(생각, 미래 등)과 잘 어울리는 서술형식변화로서 추상적 의미를 나타내는 decision을 동격관계로 보충 설명한다.

065 The boy band finished their show with a promise to return.

Step 1 The boy band finished their show with a promise.

Step 2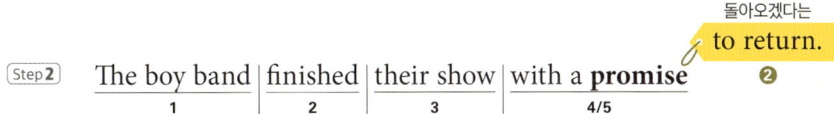

해석 Step 1 그 보이 밴드는 약속과 함께 그들의 공연을 마쳤다. Step 2 그 보이 밴드는 돌아오겠다는 약속과 함께 그들의 공연을 마쳤다.
Voca promise 명 약속 통 약속하다
해설 [축약형 꼬리표, 형용사덩어리] 명사 promise에 꼬리표가 연결될 때 일반적 주어는 생략되고 축약형 꼬리표 「to-v」가 사용되었다. to-v는 주관성(생각, 미래 등)과 잘 어울리는 서술형식변화로서 추상적 의미를 나타내는 promise를 동격관계로 보충 설명한다.

10 「형 to-v」구 꼬리표

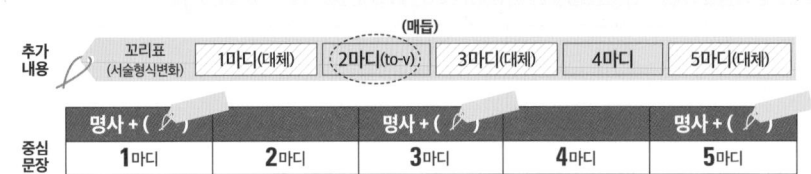

- 「형 to-v」구 꼬리표는 중심문장의 명사를 뒤에서 보충 설명한다.
- 「형 to-v」구 꼬리표가 보충 설명하는 명사는 꼬리표의 주어(1마디), 목적어(3마디), 전치사의 목적어(5마디) 중 하나의 역할을 한다.
- 반면, "#09. 「동격to-v」구 꼬리표"는 앞에 있는 명사가 1/3/5마디 중 하나의 역할이 아니라, 꼬리표 전체가 명사와 동격 관계다.

066 I need someone to help me.

Step 1 I | need | someone. (중심문장)

Step 2 someone(명사) 다음에 4/5마디가 나오지 않고, to부정사가 온 것을 보고 형용사구가 있음을 파악.

someone이 꼬리표의 1마디 주어(ⓣ)를 대신하기 때문에 중복을 피하기 위해 꼬리표에서 1마디를 생략함.

해석
나는 누군가가 필요하다.

나는 나를 도와 줄 누군가가 필요하다.

해석훈련 I need someone ⓣ to help me.
나는, 필요하다, 누군가가, 나를 도와줄
(명사) (형용사덩어리)   <ⓣ는 'trace(흔적)'의 기호>

◆ 매듭 해설

- ex1)에서 someone이 꼬리표의 1마디 주어(ⓣ) 역할을 하듯이, ex2)에서 someone도 to help의 의미상 주어(ⓣ) 역할을 한다. 반면, ex3, ex4)에서 his desire는 꼬리표의 1/3/5마디와 아무런 관계가 없고 꼬리표 전체가 his desire와 동격 관계다. 이 차이로 "#09. 「동격to-v」구 꼬리표"와 "#10. 「형 to-v」구 꼬리표"를 구분한다.

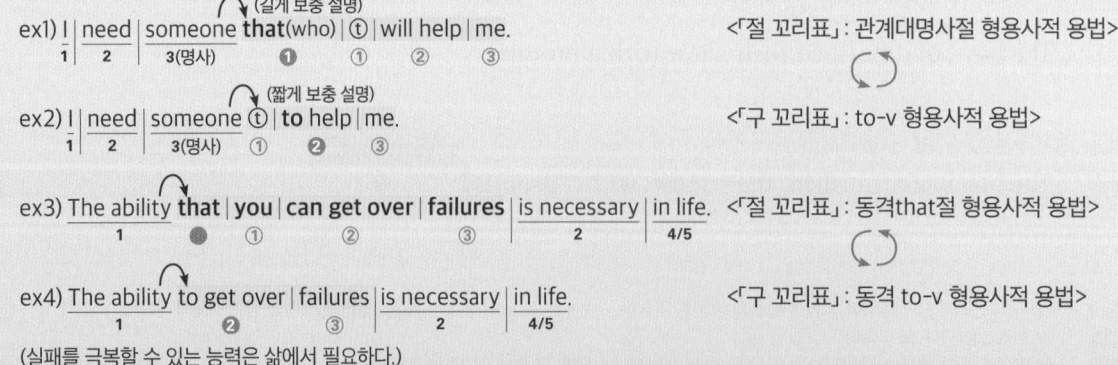

(실패를 극복할 수 있는 능력은 삶에서 필요하다.)

067 Here are 10 free things to do in Washington, D.C.

Step 1 Here are 10 free things in Washington D.C.

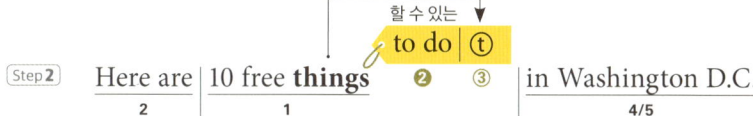

Step 2 Here are | 10 free **things** | ❷ ③ | in Washington D.C.
              2   1   4/5

해석 **Step 1** 다음은 워싱턴 DC에 있는 10가지의 무료입니다. **Step 2** 다음은 워싱턴 DC에서 무료로 **할 수 있는** 10가지의 **일**입니다.
Voca here ⓤ 여기, 이것
해설 [축약형 꼬리표, 형용사덩어리] things를 형용사적으로 보충 설명하는 꼬리표가 축약형 꼬리표인 「to-v」로 서술형식 변화를 일으켰다. to do를 주관성(생각, 미래 등)의 의미를 담아서 '~할 수 있는'으로 해석한다. 10 free things는 의미상 to do의 목적어(ⓣ) 역할을 한다.

068 There are various rules to observe in the world.

Step 1 There are various rules in the world.

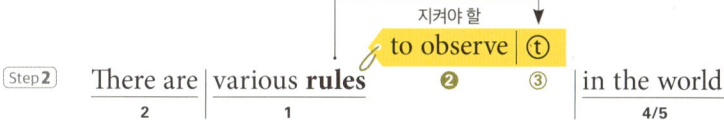

Step 2 There are | various **rules** | ❷ ③ | in the world.
              2   1   4/5

해석 **Step 1** 세상에는 다양한 규칙들이 있다. **Step 2** 세상에는 **지켜야 할** 다양한 **규칙들**이 있다.
Voca there + be동사: ~가 있다 (도치구문)   various ⓐ 다양한, 많은   observe ⓥ 준수하다; 관찰하다
해설 [축약형 꼬리표, 형용사덩어리] rules를 형용사적으로 보충 설명하는 꼬리표가 축약형 꼬리표인 「to-v」로 서술형식 변화를 일으켰다. to observe를 주관성(생각, 미래 등)의 의미를 담아서 '지켜야 할'로 해석한다. rules는 의미상 to observe의 목적어(ⓣ) 역할을 한다.

069 Would you like something to drink?

Step 1 Would you like something?

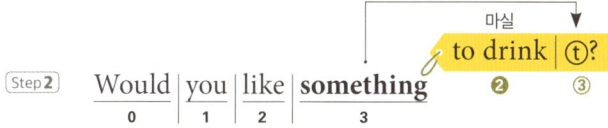

Step 2 Would | you | like | **something** | ❷ ③ ?
            0   1   2   3

해석 **Step 1** 뭐 좀 드시겠어요? **Step 2** **마실** 것 좀 드시겠어요?
해설 [축약형 꼬리표, 형용사덩어리] something을 형용사적으로 보충 설명하는 꼬리표가 축약형 꼬리표인 「to-v」로 서술형식 변화를 일으켰다. to drink를 주관성(생각, 미래 등)의 의미를 담아서 '마실'로 해석한다. something은 의미상 to drink의 목적어(ⓣ) 역할을 한다.

070 I bought some flower seeds to give you.

Step 1 I bought some flower seeds.

Step 2 I | bought | some flower seeds ← to give | you (t).
　　　　　1　　2　　　　3　　　　　　　❷　(③) ③
　　　　　　　　　　　　　　　　　　　　줄　너에게

해석 Step 1 나는 꽃씨를 좀 샀다. Step 2 나는 너에게 줄 꽃씨를 좀 샀다.
Voca seed 명 씨앗
해설 [축약형 꼬리표, 형용사덩어리] flower seeds를 형용사적으로 보충 설명하는 꼬리표가 축약형 꼬리표인 「to-v」로 서술형식 변화를 일으켰다. to give를 주관성(생각, 미래 등)의 의미를 담아서 '줄'로 해석한다. flower seeds는 의미상 to give의 직접목적어 역할(ⓣ)을 한다.

071 I don't have enough money to buy a new computer.

Step 1 I don't have enough money.

Step 2 I | don't have | enough money ← (t) to buy | a new computer.
　　　　　1　　2　　　　3　　　　　　　①　❷　　　③
　　　　　　　　　　　　　　　　　　　　　살　새 컴퓨터를

해석 Step 1 나는 충분한 돈이 없다. Step 2 나는 새 컴퓨터를 살 충분한 돈이 없다.
Voca enough 형 충분한
해설 [축약형 꼬리표, 형용사덩어리] money를 형용사적으로 보충 설명하는 꼬리표가 축약형 꼬리표인 「to-v」로 서술형식 변화를 일으켰다. to buy를 주관성(생각, 미래 등)의 의미를 담아서 '살'로 해석한다. money는 의미상 to buy의 주어(ⓣ) 역할을 한다.

072 She is writing a paper to hand in tomorrow.

Step 1 She is writing a paper.

Step 2 She | is writing | a paper ← to hand in | (t) | tomorrow.
　　　　　1　　2　　　　3　　　　　❷　　③　④⑤
　　　　　　　　　　　　　　　　　제출할　　　내일

해석 Step 1 그녀는 리포트를 쓰고 있다. Step 2 그녀는 내일 제출할 리포트를 쓰고 있다.
Voca paper 명 과제물, 리포트　　hand in 제출하다
해설 [축약형 꼬리표, 형용사덩어리] a paper를 형용사적으로 보충 설명하는 꼬리표가 축약형 꼬리표인 「to-v」로 서술형식 변화를 일으켰다. to hand in을 주관성(생각, 미래 등)의 의미를 담아서 '제출할'로 해석한다. a paper는 의미상 구동사 hand in의 목적어(ⓣ) 역할을 한다. She is writing a paper that[which] she should hand in.과 같은 의미이다.

073 We are looking for a nice house to live in.

Step 1 We are looking for a nice house.

Step 2 We | are looking | for a nice **house** | to live | in | ⓣ.
　　　　1　　　　2　　　　　4/5　　　　　❷　　④　⑤

（거주할　안에）

해 석 [Step 1] 우리는 좋은 집을 찾고 있다. [Step 2] 우리는 거주할 좋은 집을 찾고 있다.
Voca look for ~을 찾다
해 설 [축약형 꼬리표, 형용사덩어리] house를 형용사적으로 보충 설명하는 꼬리표가 축약형 꼬리표인 「to-v」로 서술형식 변화를 일으켰다. to live in을 주관성(생각, 미래 등)의 의미를 담아서 '거주할'로 해석한다. house는 의미상 전치사 in의 목적어(ⓣ) 역할을 한다. We are looking for a nice house that[which] we will live in과 같은 의미이다.

074 Thailand is a good place to visit during the winter.

Step 1 Thailand is a good place.

Step 2 Thailand | is | a good **place** | to visit | ⓣ | during the winter.
　　　　　1　　　2　　　　3　　　　　❷　　③　　　　④⑤

（방문하기에　　겨울 동안）

해 석 [Step 1] 태국은 좋은 곳이다. [Step 2] 태국은 겨울에 방문하기에 좋은 곳이다.
Voca Thailand 똉 태국, 타이　during 전 ~동안
해 설 [축약형 꼬리표, 형용사덩어리] place를 형용사적으로 보충 설명하는 꼬리표가 축약형 꼬리표인 「to-v」로 서술형식 변화를 일으켰다. to visit을 주관성(생각, 미래 등)의 의미를 담아서 '방문하기에'로 해석한다. place는 의미상 to visit의 목적어(ⓣ) 역할을 한다.

11 「형 v-ing」구 꼬리표 (현재분사)

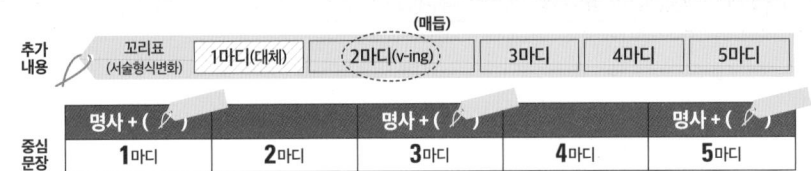

- 중심문장의 명사를 보충 설명하는 「형 v-ing」구 꼬리표'는 주로 객관성(사실, 동시성, 전과거)에 초점을 두고 있다.
- 꼬리표의 보충 설명을 받는 '명사'는 '의미상 주어', 'v-ing'는 '서술어'의 관계가 성립한다.

075 The man sitting next to me snored loudly.

Step 1 The man | snored | loudly. (중심문장)

Step 2 (매듭) The man | sitting next to me (꼬리표) | snored | loudly.

해석훈련 The man sitting next to me snored loudly.
그 남자, (그는) 앉아 있는데, 내 옆에, (그 남자가) 큰소리로 코를 골았다.
(명사)   (형용사덩어리)

해석
그 남자는 크게 코를 골았다.

Voca
next to ~ 옆에
snore 동 코를 골다

The man(명사) 다음에 snored(동사)가 나오지 않고, sitting(현재분사)이 온 것을 보고 형용사구가 있음을 파악.

내 옆에 앉아 있는 그 남자가 큰소리로 코를 골았다.

매듭 해설

- ex1)의 「절 꼬리표」를 ex2)의 「구 꼬리표」로 전환할 때 "객관성(사실, 동시성, 전과거)"을 전달하기 위해 "v-ing매듭"을 사용하였다. 이 때 the man은 sitting의 의미상 주어 역할을 한다.

  ex1) The man who | sat | next to me | snored | loudly. (sat(앉아있다)은 실제 일어난 사실이며, snored(코를 골았다)와 동시에 일어난 사건임)

  ex2) The man sitting | next to me | snored | loudly.
  (남자가, 앉아 있는데 내 옆에, (그 남자가) 코를 골았다 큰소리로)

- ex3)에서 "need(필요하다)"에 대한 "주관성(생각, 미래, 불확실성)"을 나타내기 위해 "to help"를 사용하였다. ex3)를 ex4)처럼 긴 꼬리표(절)로 전환해 보면 분명하게 그 용법이 구별된다.

  ex3) I | need | someone to help | me. (나는, 필요하다, 누군가가, 도와 줄 나를)

  ex4) I | need | someone that(who) | ⓣ | will help | me. (will help(도와 줄 것이다)는 미래 사건에 대한 생각을 나타냄)

PART 1 형용사자리 매듭·꼬리표훈련   11. 「형 v-ing」구 꼬리표   061

076   The little girl walking with her dog looks so lovely.

[Step 1] The little girl looks so lovely.

                          걷고 있는   그녀의 강아지와 함께
                          walking | with her dog
[Step 2] The little **girl**   ❷   ④⑤ | looks so lovely.
              1   2

해석   [Step 1] 그 어린 소녀는 매우 사랑스러워 보인다.   [Step 2] 강아지와 함께 걷고 있는 그 어린 소녀는 매우 사랑스러워 보인다.
Voca   look+형용사: ~해 보이다   look lovely 사랑스러워 보이다
해설   [축약형 꼬리표, 형용사덩어리] girl을 형용사적으로 보충 설명하는 꼬리표가 축약형 꼬리표인 v-ing로 서술형식 변화를 일으켰다. walking을 v-ing가 갖는 객관성(사실, 동시성, 전과거 등)의 의미를 담아서 '걷고 있는'으로 해석한다. The little girl은 의미상 walking의 주어 역할을 한다.

077   The new restaurant specializing in seafood opened yesterday.

[Step 1] The new restaurant opened yesterday.

                               전문으로 하는   해산물을
                               specializing | in seafood
[Step 2] The new **restaurant**   ❷   ④⑤ | opened | yesterday.
               1   2   4/5

해석   [Step 1] 새로운 레스토랑이 어제 문을 열었다.   [Step 2] 해산물을 전문으로 하는 새로운 레스토랑이 어제 문을 열었다.
Voca   specialize in ~을 전문으로 하다   seafood 명 해산물
해설   [축약형 꼬리표, 형용사덩어리] restaurant을 형용사적으로 보충 설명하는 꼬리표가 축약형 꼬리표인 v-ing로 서술형식 변화를 일으켰다. specializing을 v-ing가 갖는 객관성(사실, 동시성, 전과거 등)의 의미를 담아서 '전문으로 하는'으로 해석한다. The new restaurant은 의미상 specializing의 주어 역할을 한다.

078   There used to be many people learning French in the past.

[Step 1] There used to be many people in the past.

                                배우는   프랑스어를
                                learning | French
[Step 2] There used to be | many **people**   ❷   ③ | in the past.
              2   1   4/5

해석   [Step 1] 과거에는 많은 사람들이 있었다.   [Step 2] 과거에는 프랑스어를 배우는 많은 사람들이 있었다. (지금은 그렇지 않다)
Voca   used to ~하곤 했다   French 명 프랑스어, 프랑스인
해설   [축약형 꼬리표, 형용사덩어리] people을 형용사적으로 보충 설명하는 꼬리표가 축약형 꼬리표인 v-ing로 서술형식 변화를 일으켰다. learning을 v-ing가 갖는 객관성(사실, 동시성, 전과거 등)의 의미를 담아서 '배우는'으로 해석한다. many people은 의미상 learning의 주어 역할을 한다. 「There+be동사+A」는 'A가 있다'의 뜻으로, 도치구문이다. used to가 조동사처럼 사용되었다.

PART 1 형용사자리 매듭·꼬리표훈련 11.「형 v-ing」구 꼬리표

079　The town is famous for its castle overlooking the coast.

Step 1　The town is famous for its castle.

Step 2　The town │ is famous │ for its castle │ overlooking │ the coast.
　　　　　　1　　　　2　　　　　4/5　　　　내려다보는 ❷　해안을 ③

해석　**Step 1** 그 마을은 성으로 유명하다.　**Step 2** 그 마을은 해안을 내려다보는 성으로 유명하다.
Voca　be famous for ~로 유명하다 castle 몡 성, 저택 overlook 통 내려다보다 coast 몡 해안
해설　**[축약형 꼬리표, 형용사덩어리]** castle을 형용사적으로 보충 설명하는 꼬리표가 축약형 꼬리표인 v-ing로 서술형식 변화를 일으켰다. overlooking을 v-ing가 갖는 객관성(사실, 동시성, 전과거 등)의 의미를 담아서 '내려다보는'으로 해석한다. castle은 의미상 overlooking의 주어 역할을 한다.

080　This museum has many paintings showing nature's beauty.

Step 1　This museum has many paintings.

Step 2　This museum │ has │ many paintings │ showing │ nature's beauty.
　　　　　　1　　　　　2　　　　3　　　　보여주는 ❷　자연의 아름다움을 ③

해석　**Step 1** 이 박물관은 많은 그림을 소장하고 있다.　**Step 2** 이 박물관은 자연의 아름다움을 보여주는 많은 그림을 소장하고 있다.
Voca　painting 몡 그림
해설　**[축약형 꼬리표, 형용사덩어리]** paintings를 형용사적으로 보충 설명하는 꼬리표가 축약형 꼬리표인 v-ing로 서술형식 변화를 일으켰다. showing을 v-ing가 갖는 객관성(사실, 동시성, 전과거 등)의 의미를 담아서 '보여주는'으로 해석한다. paintings는 의미상 showing의 주어 역할을 한다.

081　The country passed a law requiring bicycle helmet use.

Step 1　The country passed a law.

Step 2　The country │ passed │ a law │ requiring │ bicycle helmet use.
　　　　　　1　　　　　2　　　3　　　요구하는 ❷　자전거 헬멧 사용을 ③

해석　**Step 1** 그 나라는 법안을 통과시켰다.　**Step 2** 그 나라는 자전거 헬멧 사용을 요구하는 법안을 통과시켰다.
Voca　pass a law 법을 통과시키다 require 통 요구하다
해설　**[축약형 꼬리표, 형용사덩어리]** a law를 형용사적으로 보충 설명하는 꼬리표가 축약형 꼬리표인 v-ing로 서술형식 변화를 일으켰다. requiring을 v-ing가 갖는 객관성(사실, 동시성, 전과거 등)의 의미를 담아서 '요구하는'으로 해석한다. a law는 의미상 requiring의 주어 역할을 한다.

082 I often go to the bookstore selling used books.

Step 1 I often go to the bookstore.

Step 2 I | often go | to the bookstore selling | used books.
　　　　　 1　　2　　　　4/5　　　　　❷　　　　③
　　　　　　　　　　　　　　　　　　판매하는　　중고책을

해석　**Step 1** 나는 종종 서점에 간다.　**Step 2** 나는 종종 중고책을 파는 서점에 간다.
Voca　used 형 중고의, 사용된
해설　[축약형 꼬리표, 형용사덩어리] bookstores를 형용사적으로 보충 설명하는 꼬리표가 축약형 꼬리표인 v-ing로 서술형식 변화를 일으켰다. selling을 v-ing가 갖는 객관성(사실, 동시성, 전과거 등)의 의미를 담아서 '판매하는'으로 해석한다. bookstore는 의미상 selling의 주어 역할을 한다.

083 The woman smiling at me is my mother.

Step 1 The woman is my mother.

Step 2 The woman　　smiling | at me　　| is | my mother.
　　　　　　 1　　　　　　❷　　　④⑤　　 2　　3
　　　　　　　　　　　　미소짓는　나에게

해석　**Step 1** 그 여자는 나의 어머니이다.　**Step 2** 나에게 미소짓고 있는 여자는 나의 어머니이다.
Voca　smile at ~에 미소짓다
해설　[축약형 꼬리표, 형용사덩어리] The woman을 형용사적으로 보충 설명하는 꼬리표가 축약형 꼬리표인 v-ing로 서술형식 변화를 일으켰다. smiling을 v-ing가 갖는 객관성(사실, 동시성, 전과거 등)의 의미를 담아서 '미소짓고 있는'으로 해석한다. The woman은 의미상 smiling의 주어 역할을 한다.

12-A 「생략수식」구 꼬리표 (과거분사)

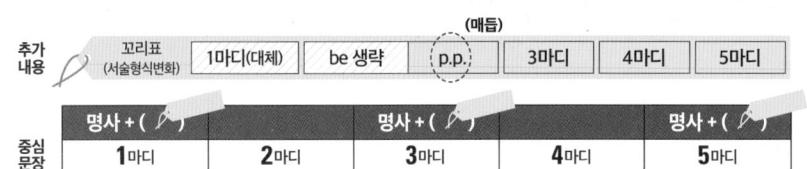

- 중심문장의 명사를 보충 설명하는 「p.p.(과거분사)」구 꼬리표」에서 p.p.(과거분사)는 주로 '완료된 동작의 상태'를 나타낸다.
- p.p.(과거분사) 앞에 「관계대명사 + be동사」가 생략된 것으로 추측이 가능하다.
- 보충 설명을 받는 명사와 p.p.(과거분사)는 수동태의 관계로 볼 수 있다.

084 We participated in a survey conducted by local media.

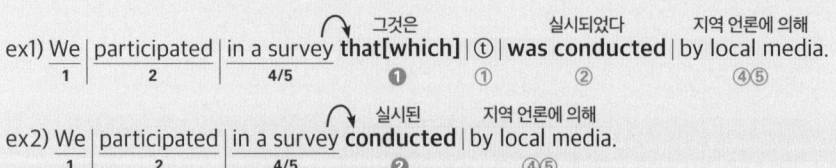

해석
우리는 설문 조사에 참여했다.

Voca
participate in ~에 참여하다
survey (설문) 조사
conduct 통 실시하다, 시행하다
media 명 (신문·텔레비전 등의) 매체, 언론

survey(명사) 다음에 4/5마디가 나오지 않고, conducted(p.p.)가 온 것을 보고 형용사구가 있음을 파악.

우리는 지역 언론에 의해 실시된 설문조사에 참여했다.

매듭 해설

- ex2)에서 conducted는 과거형(동사)과 과거분사형(형용사)의 모양이 같아서 문장구조 파악에 혼동을 준다. 이런 경우에는 ex1)의 「절 꼬리표」가 ex2)의 「구 꼬리표」로 전환된 과정을 보면 분명해진다. 꼬리표에 '수동태'가 축약되는 과정에서 「which was」가 생략되고 conducted(과거분사)만 남은 경우이다.

  ex1) We | participated | in a survey that[which] | ⓣ | was conducted | by local media.
        1   2   4/5   ❶   ①   ②   ④⑤

  ex2) We | participated | in a survey conducted | by local media.
        1   2   4/5   ❷   ④⑤

- ex2)의 꼬리표에 포함된 수동태를 능동태로 바꾸면 ex3)처럼 된다. ex3)에서는 survey가 conducted의 목적어 관계임이 분명하게 보인다.

  ex3) We | participated | in a survey that[which] | local media | conducted | ⓣ.
        1   2   4/5   ❸   ①   ②   ③

PART 1 형용사자리 매듭·꼬리표훈련   12-A.「생략수식」구 꼬리표   065

085 | Love is the emotion experienced by all the people.

Step 1 Love is the emotion.

Step 2 Love | is | the emotion ❍ experienced | by all the people.
           1   2   3   ❷   ④⑤
                                    경험하게 되는   모든 사람들에 의해

해석 **Step 1** 사랑은 감정이다. **Step 2** 사랑은 모든 사람들이 경험하게 되는 감정이다.
Voca emotion ⑲ 감정   be experienced 경험되다
해설 [생략형 꼬리표, 형용사덩어리] 중심문장의 is 본동사가 앞에 나왔기 때문에 experienced가 동사가 아님을 금방 알 수 있다. emotion은 꼬리표에 의해 보충 설명된다. emotion과 experienced는 수동의 관계이며「which is」가 생략된 생략형 매듭이다.

086 | Habits formed in youth are carried to the tomb.

Step 1 Habits are carried to the tomb.

Step 2 Habits ❍ formed | in youth | are carried | to the tomb.
           1   ❷   ④⑤   2   4/5
                    형성된   젊을 때

해석 **Step 1** 습관은 무덤까지 간다. **Step 2** 젊어서 형성된 습관은 무덤까지 간다.
Voca habit ⑲ 습관   be formed 형성되다   youth ⑲ 젊음, 청춘   be carried 전달되다   tomb ⑲ 무덤
해설 [생략형 꼬리표, 형용사덩어리] 1마디 Habits 다음에 formed가 2마디 동사인지 구분해야 한다. 버릇(Habits)은 형성되는 것이므로 완료·수동의 의미를 갖는 p.p.(formed)가 사용되었다. 꼬리표의 서술형식 변화는 수동태를 나타내는「which are」가 formed 앞에서 생략된 생략형 매듭이다.

087 | The CEO promised a pay raise in an email sent to the employees.

Step 1 The CEO promised a pay raise in an email.

Step 2 The CEO | promised | a pay raise | in an email ❍ sent | to the employees.
              1   2   3   4/5   ❷   ④⑤
                                                            보내진   직원들에게

해석 **Step 1** 그 최고 경영자는 이메일에서 임금 인상을 약속했다. **Step 2** 그 최고 경영자는 직원들에게 보낸 이메일에서 임금 인상을 약속했다.
Voca CEO 최고 경영자   promise ⑧ 약속하다   pay ⑲ 급여   raise ⑲ 인상   send ⑧ 보내다(sent - sent)   be sent 보내지다   employee ⑲ 직원
해설 [생략형 꼬리표, 형용사덩어리] 중심문장 2마디에 promised가 동사로 이미 나왔기 때문에 sent가 동사가 아님을 알 수 있다. 이메일(email)은 보내지는 것이므로 수동의 의미를 갖는 p.p.(sent)가 사용되었다. 꼬리표는「which was」가 생략된 서술형식 변화이다.

12-B 「생략수식」구 꼬리표 (형용사)

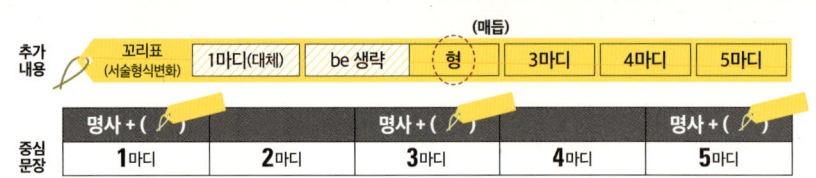

매듭유형
생략형, 「관계사+be」 생략, 1마디 생략.

매듭위치
중심문장의 1/3/5마디 명사 뒤.

- 꼬리표에 포함된 "관계대명사+be동사+형용사"가 축약되는 과정에서 「관계대명사+be동사」가 생략되면서 생긴 꼬리표이다.
- 「생략수식」구 꼬리표는 보충 설명하는 명사의 "속성, 성질"을 나타내며, 명사와 "의미상 서술어"의 관계를 유지한다.
- 명사 뒤에서 「접두사 a-」로 시작하는 서술적용법 형용사 한 단어만 올 수 있다.

서술적용법 형용사 : afloat(떠 있는), afraid(두려운), alive(살아 있는), alike(서로 같은), amiss(잘못된), aware(인식하고 있는), ashamed(부끄러운), asleep(잠든), alone(혼자인), awake(깨어 있는) 등

088 All the people present were deeply moved by her speech.

Step 1 All the people | were deeply moved | by her speech. (중심문장)

Step 2 All the people ❷ present | were deeply moved | by her speech.

해석훈련 All the **people** present were deeply moved by her speech.
모든 사람들이, 참석했는데, (그들은) 깊은 감명을 받았다.

해석
모든 사람들이 그녀의 연설에 깊은 감동을 받았다.

Voca
be moved 감동받다
deeply (부) 깊이, 크게
speech (명) 연설

All the people (명사) 다음에 were(동사)가 나오지 않고, present(형용사)가 온 것을 보고 형용사구가 있음을 파악.
참석한 모든 사람들은 그녀의 연설에 깊은 감동을 받았다.

◆ 매듭 해설

- ex1)에서 who were를 생략하여 축약하면 ex2)처럼 서술형용사 구조가 된다.

ex1) All the people who ⓣ were present | were deeply moved | by her speech. (「who were」를 생략하면, 짧은 매듭구로 전환)

ex2) All the people present | were deeply moved | by her speech. (모든 사람들이, 참석했는데, (그들은) 감동받았다, ~)

089 There were still people alive on the ship.

Step 1 There were still people on the ship.

Step 2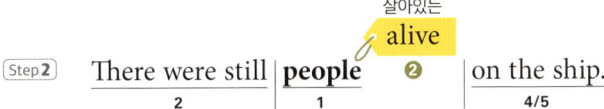

해석 Step1 배 위에 여전히 사람들이 있었다. Step2 배 위에 여전히 산 사람들이 있었다.
Voca alive 형 살아 있는
해설 [생략형 꼬리표, 형용사] alive같은 서술적 용법의 형용사는 명사 뒤에서 수식한다. people은 alive의 의미상 주어 역할을 하며 alive 앞에 「who were」가 생략된 서술형식 변화를 보인다.

090 Nothing great has been accomplished without passion. – G. W. F. Hegel

Step 1 Nothing has been accomplished without passion.

Step 2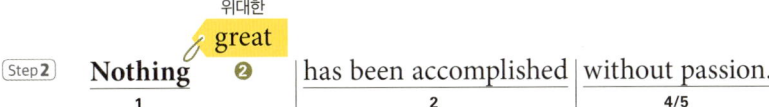

해석 Step1 열정 없이 이루어진 것은 없다. Step2 열정 없이 이루어진 위대한 것은 없다.
Voca accomplish 동 달성하다, 성취하다   be accomplished 달성되다, 성취되다   without 전 ~없이   passion 명 열정
해설 [생략형 꼬리표, 형용사] -thing, -body, -one 등으로 끝나는 부정대명사는 형용사가 뒤에서 수식한다. Nothing은 great의 의미상 주어 역할을 하며 great 앞에 「which is」가 생략된 서술형식 변화를 보인다.

091 Julie always tries something new.

Step 1 Julie always tries something.

Step 2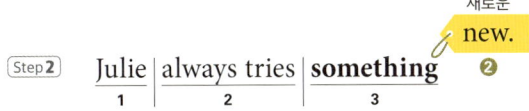

해석 Step1 Julie는 항상 무언가를 시도한다. Step2 Julie는 항상 새로운 무언가를 시도한다.
Voca try 동 시도하다
해설 [생략형 꼬리표, 형용사] -thing, -body, -one 등으로 끝나는 부정대명사는 형용사가 뒤에서 수식한다. something은 new의 의미상 주어 역할을 하며 new 앞에 「which is」가 생략된 서술형식 변화를 보인다.

092 | He invented a robot useful for difficult jobs.

Step 1 He invented a robot.

Step 2 He | invented | a robot useful | for difficult jobs.
　　　　　1　　2　　　3　　❷　　　④⑤

유용한 / 어려운 작업을 위한

해석 Step 1 그는 로봇을 발명했다. Step 2 그는 힘든 일을 하는데 유용한 로봇을 발명했다.
Voca invent ⑧ 발명하다   useful ⑨ 유용한, 도움이 되는
해설 [생략형 꼬리표, 형용사덩어리] 형용사가 「전치사+명사(구)」를 동반하여 길어질 때 뒤에서 수식한다. a robot은 useful의 의미상 주어 역할을 하며 useful 앞에 「which was」가 생략된 서술형식 변화를 보인다.

093 | The new skyscraper is about five hundred meters high.

Step 1 The new skyscraper is about five hundred meters.

Step 2 The new skyscraper | is | about five hundred meters high.
　　　　　　1　　　　　　　　　2　　　　　4/5　　　　　　❷

높은

해석 Step 1 새 고층 건물은 대략 500미터이다. Step 2 새 고층 건물은 대략 500미터의 높이이다.
Voca skyscraper ⑨ 고층 건물
해설 [생략형 꼬리표, 형용사] 단위나 나이를 나타내는 명사 뒤에서 수치를 표현할 때 형용사는 주로 뒤에서 수식한다. five hundred meters는 high의 의미상 주어 역할을 하며 high 앞에 「which is」가 생략된 서술형식 변화를 보인다.

094 | Avoid foods high in calories.

Step 1 Avoid foods.

Step 2 Avoid | foods high | in calories.
　　　　　　2　　　3　　❷　　　④⑤

높은 / 칼로리가

해석 Step 1 음식을 피해라 Step 2 칼로리가 높은 음식을 피해라.
Voca avoid ⑧ 피하다   calory ⑨ 칼로리, 열량
해설 [생략형 꼬리표, 형용사덩어리] 형용사가 「전치사 + 명사(구)」를 동반하여 길어질 때 뒤에서 수식한다. foods는 high의 의미상 주어 역할을 하며 high 앞에 「which are」가 생략된 서술형식 변화를 보인다.

095 | The UN headquarters is located in New York, diverse with many cultures.

Step 1 The UN headquarters is located in New York.

Step 2 The UN headquarters | is located | in New York, diverse | with many cultures.
　　　　　　　　　1　　　　　　　2　　　　　4/5　　❷　　　④⑤

다양한　많은 문화로

해석　**Step 1** UN 본부는 뉴욕에 위치해 있다.　**Step 2** UN 본부는 다양한 문화가 공존하는 뉴욕에 있다.
Voca　headquarters ⑲ 본사　locate ⑧ 위치를 찾다, 설치하다　be located 위치해 있다　diverse ⑲ 다양한
해설　**[생략형 꼬리표, 형용사덩어리]** 형용사가 「전치사 + 명사(구)」를 동반하여 길어질 때 뒤에서 수식한다. New York은 diverse의 의미상 주어 역할을 하며 diverse 앞에 「which is」가 생략된 서술형식 변화를 보인다.

12-c 「생략수식」구 꼬리표 (명사 동격)

- 꼬리표에 포함된 "관계대명사+be+명사"가 축약되는 과정에서 「관계대명사+be동사」가 생략되면서 생긴 꼬리표이다.
- 「생략수식」구 꼬리표」는 보충 설명하는 명사와 "동격"을 나타낸다.

096 Mr. Smith, a former firefighter, is a brave man.

Step 1 Mr. Smith | is | a brave man. (중심문장)

Step 2 Mr. Smith, *a former firefighter*, is a brave man.
(매듭) (꼬리표) 전직 소방관

해석훈련 Mr. Smith, a former firefighter, is a brave man. (존재를 보충 설명)
Smith씨는, 전직 소방관인데, (그는) 용감한 사람이다.
(명사) (동격구조 명사)

해석
Smith씨는 용감한 사람이다.

Voca
former 형 이전의
firefighter 명 소방관

Mr. Smith(명사) 다음에 is(동사)가 나오지 않고, a former firefighter(명사)가 온 것을 보고 동격구조를 파악.

전직 소방관인 Smith씨는 용감한 사람이다.

매듭 해설

- ex1)에서 동격구조를 나타내는 'who is'를 생략하여 축약하면 ex2)처럼 명사 동격의 구조가 된다.

ex1) Mr. Smith, (who ⓣ is) **a former firefighter** | is | a brave man.
ex2) Mr. Smith, **a former firefighter** | is | a brave man.

Further Study 〈복합명사〉

- 명사 뒤에 명사가 올 경우 모두 동격구조는 아니다. ex3)에서 transportation industry는 복합명사로써 여러 단어가 하나의 의미를 나타낸다. 동격구조는 이런 것과 구분하기 위해 ex2)처럼 쉼표(,)를 주로 사용한다.

ex3) The **transportation industry** | will change | the future. (운송 산업은, 변화시킬 것이다, 미래를)

097 English, the world's language, is learned in most countries.

Step 1 English is learned in most countries.

Step 2
세계의 언어
English, *the world's language,* | is learned | in most countries.
1 ❸ 2 4/5

해석 [Step1] 영어는 대부분의 나라에서 배운다. [Step2] **세계의 언어인 영어**는 대부분의 나라에서 배운다.
Voca be learned 교육되다
해설 **[생략형 꼬리표, 형용사덩어리]** the world's language는 English와 동격 관계로 형용사처럼 꾸며 준다. 「which is」가 the world's language 앞에 생략된 서술형식 변화를 보인다.

098 We don't know much about Mars, the fourth planet in the solar system.

Step 1 We don't know much about Mars.

Step 2
네 번째 행성   태양계에서
We | don't know much | about Mars, *the fourth planet* | in the solar system.
1   2   4/5   ❸   ④⑤

해석 [Step1] 우리는 화성에 대해 많이 모른다. [Step2] 우리는 **태양계에서 네 번째 행성인 화성**에 대해 많이 모른다.
Voca Mars 명 화성 planet 명 행성 solar system 태양계
해설 **[생략형 꼬리표, 형용사덩어리]** the fourth planet in the solar system은 Mars와 동격 관계로 형용사처럼 꾸며 준다. 「which is」가 the fourth planet 앞에 생략된 서술형식 변화를 보인다.

13 「전치사」구 꼬리표 (전치사구의 형용사적 용법)

- 꼬리표에 포함된 "관계대명사+be+전치사"가 축약되는 과정에서 「관계대명사+be동사」가 생략되면서 생긴 꼬리표이다.
- "전치사」구 꼬리표"는 보충 설명하는 명사를 "장소, 시간, 방법, 이유" 등으로 꾸며주는 역할을 한다.

099　The flight (from) London arrived on time.

Step 1
The flight | arrived | on time. (중심문장)
　1　　　　　2　　　4/5

Step 2
　　　　　　　런던으로부터
　　　　(매듭)　from London (꼬리표)
The flight ❹❺　　　　arrived | on time.
　1　　　　　　　　　　　2　　　4/5

해석훈련
　　　　　　↷ 장소, 시간, 방법, 이유를 보충 설명
The **flight** from London arrived on time.
　　　　↷
그 비행기, 런던에서 출발한, (그 비행기가) 정각에 도착했다.
(명사)　　(형용사덩어리)

해 석
그 비행기가 정시에 도착했다.

Voca
flight 명 항공편[항공기], 비행
on time 정시에, 제때에

the flight(명사) 다음에 arrived(동사)가 나오지 않고, from(전치사)이 온 것을 보고 형용사구가 있음을 파악.

런던발 비행기가 정각에 도착했다.

◆ 매듭 해설

- ex1)에서 동격구조를 나타내는 "that was"를 생략하여 축약하면 ex2)처럼 "전치사」구 꼬리표"가 서술형 보어 구조가 된다. 특히, 전치사는 「A+전치사+B」의 관계로 설명이 가능한데 "The flight from London"이 이런 구조와 잘 어울린다.

100 Old memories of my childhood are fading.

Step 1 Old memories are fading.

Step 2 Old **memories** ─ of my childhood (나의 어린 시절에 관한) ❹❺ │ are fading.
1 ─ 2

해석 [Step1] 옛 기억들이 사라지고 있다. [Step2] **나의 어린 시절에 관한** 옛 **기억들**이 사라지고 있다.
Voca memory 뗑 추억, 기억   fade 통 사라지다, 흐려지다
해설 [생략형 꼬리표, 형용사덩어리] of my childhood 앞에 「which are」가 생략된 서술형식 변화를 보인다.

101 They visited the art museum on Prince Street.

Step 1 They visited the art museum.

Step 2 They │ visited │ the **art museum** ─ on Prince Street. (Prince 스트리트에 있는) ❹❺
1   2   3

해석 [Step1] 그들은 미술관을 방문했다. [Step2] 그들은 **Prince 스트리트에 있는** 미술관을 방문했다.
Voca art museum 미술관
해설 [생략형 꼬리표, 형용사덩어리] on Prince Street 앞에 「which was」가 생략된 서술형식 변화를 보인다.

102 The reporter raised a question of whether K-pop's popularity will continue.

Step 1 The reporter raised a question.

Step 2 The reporter │ raised │ a **question** ─ of (~에 관한) │ whether │ K-pop's popularity │ will continue.
1   2   3   ④   ①   ⑤   ②

해석 [Step1] 그 기자는 의문을 제기했다. [Step2] 그 기자는 **케이팝의 인기가 계속될지에 대한** 의문을 제기했다.
Voca reporter 뗑 기자   raise a question 의문[질문]을 제기하다   popularity 뗑 인기
해설 [생략형 꼬리표, 형용사덩어리] of는 동격을 이끄는 전치사로 of 앞뒤의 a question과 whether절(whether ~ continue)은 동격의 관계이다.

PART 2

명사자리
매듭 · 꼬리표 훈련

14. 「명 that」절 꼬리표
15. 「판단대상that」절 꼬리표
16. 「whether/if」절 꼬리표
17. 「의문사wh」절 꼬리표
18. 「명 to-v」구 꼬리표
19. 「uS+to-v」구 꼬리표
20. 「의문사wh+to-v」구 꼬리표

21. 「보충술어to-v」구 꼬리표
22. 「명 v-ing」구 꼬리표
23. 「uS+v-ing」구 꼬리표
24. 「uS+원형」구 꼬리표
25. 「uS+술어」구 꼬리표
26. 「보충술어」구 꼬리표

명사자리 매듭의 위치 : 1/3/5마디의 명사자리에 안긴 구조(파란색 계열)

1마디	2마디	3마디	4마디	5마디	추가 내용(꼬리표)

중심 문장

구문 마스터키(Syntax Master Key): 명사적 용법

구분			꼬리표 유형	「매듭」+ 꼬리표		주요 특징
명사적 용법	절	첨가형	06. that매듭 꼬리표(명)	#14	「명 that」절 꼬리표	1마디 진주어that절, 3마디 that절, 5마디 불가
				#15	「판단대상that」절 꼬리표	「확신/지각형용사」+that절(판단의 대상), 3마디 위치
			07. whether매듭 꼬리표(명)	#16	「whether/if」절 꼬리표	whether절(1/3/5마디 가능), if절(3마디 목적어 자리 위치, 보어절 불가)
		대체형	08. wh매듭 꼬리표(명)	#17	「의문사wh」절 꼬리표	대체 마디 생략, 간접의문문, 감탄문
	구	축약형	09. to-v매듭 꼬리표(명)	#18	「명 to-v」구 꼬리표	1/3마디 가능, 5마디 불가, be+to-v, 가주어/진주어
				#19	「uS+to-v」구 꼬리표	의미상 주어(for/of/목적격) + to부정사, 1/3마디 가능, 5마디 불가
				#20	「의문사wh+to-v」구 꼬리표	의문사+to부정사, 의문의 뜻, 1/3/5마디 가능
				#21	「보충술어to-v」구 꼬리표	「수동태/자동사/형용사」+to-v(보충술어), 3마디 위치, be+to-v
			10. v-ing매듭 꼬리표(명)	#22	「명 v-ing」구 꼬리표	동명사(ing), 1/3/5마디 가능
				#23	「uS+v-ing」구 꼬리표	의미상주어+동명사(ing), 1/3/5마디 가능
		생략형	11. 생략매듭 꼬리표(명)	#24	「uS+원형」구 꼬리표	to생략, 「목적어+목적보어(동사원형)」, 3마디 위치
				#25	「uS+술어」구 꼬리표	to be생략, 「목적어+목적보어(ing/p.p./형/명/전)」, 3마디 위치
				#26	「보충술어」구 꼬리표	to be생략, 「ing/p.p./형/명」(보충술어), 3마디 위치

문장마디별 꼬리표

	1마디	동사 2마디	3마디	전치사 4마디	5마디
절	14. 「명that」절 꼬리표 (16. 「if」절 꼬리표 불가) 17. 「의문사wh」절 꼬리표	동사 동사+형용사	14. 「명that」절 꼬리표 16. 「whether/if」절 꼬리표 17. 「의문사wh」절 꼬리표	-	(14. 「명that」절 꼬리표 불가) (16. 「if」절 꼬리표 불가) 16. 「의문사wh」절 꼬리표
		동사+형용사	14. 「판단대상that」절 꼬리표 (오직 3마디)		
구	18. 「명to-v」구 꼬리표 19. 「uS+to-v」구 꼬리표 20. 「의문사wh+to-V」구 꼬리표 22. 「명v-ing」구 꼬리표 23. 「uS+v-ing」구 꼬리표	동사	18. 「명to-v」구 꼬리표 19. 「uS+to-v」구 꼬리표 20. 「의문사wh+to-V」구 꼬리표 22. 「명v-ing」구 꼬리표 23. 「uS+v-ing」구 꼬리표	-	(18. 「명to-v」구 꼬리표 불가) (19. 「uS+to-v」구 꼬리표 불가) 20. 「의문사wh+to-V」구 꼬리표 22. 「명v-ing」구 꼬리표 23. 「uS+v-ing」구 꼬리표
		be+형용사 be+수동태 자동사	21. 「보충술어to-v」구 꼬리표 26. 「보충술어」구 꼬리표 (오직 3마디)		
		지각동사 사역동사 상태동사 생각동사	24. 「uS+원형」구 꼬리표 25. 「uS+술어」구 꼬리표 26. 「보충술어」구 꼬리표 (오직 3마디)	-	

14 「명 that」절 꼬리표

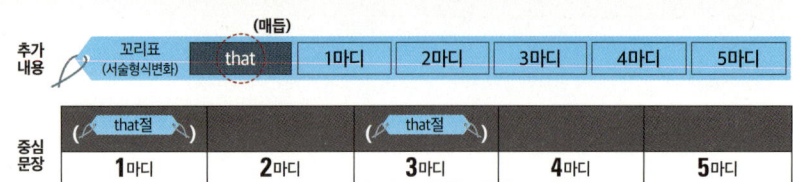

매듭유형
첨가형, 시제동사, 마디생략 없음.

매듭위치
중심문장의 1/3마디만 가능, 5마디 불가.

- 명사자리 안긴 that절 꼬리표(#14.「명 that절」꼬리표)와 명사 수식 that절 꼬리표(#01.「동격that절」꼬리표, #02.「관계사that」절 꼬리표)를 구분한다.
- 2마디에「be + 감정/판단 형용사」가 올 때 가주어(it), 진주어(that절 꼬리표)가 자주 등장한다.
- 다음과 같은 타동사 뒤에서 "that절 꼬리표"가 3마디 목적어로 많이 사용된다.
  - announce(발표하다), anticipate(예상하다), advise(충고하다), believe(믿다), demand(요구하다), explain(설명하다), feel(느끼다), hope(바라다), imagine(상상하다), insist(주장하다), know(알다), mention(말하다), promise(약속하다), propose(제안하다), recommend(권유하다), realize(깨닫다), regret(후회하다), report(보고하다), require(요구하다), say(말하다), suggest(제안하다), think(생각하다) 등

103 | Architects think that buildings should be beautiful.

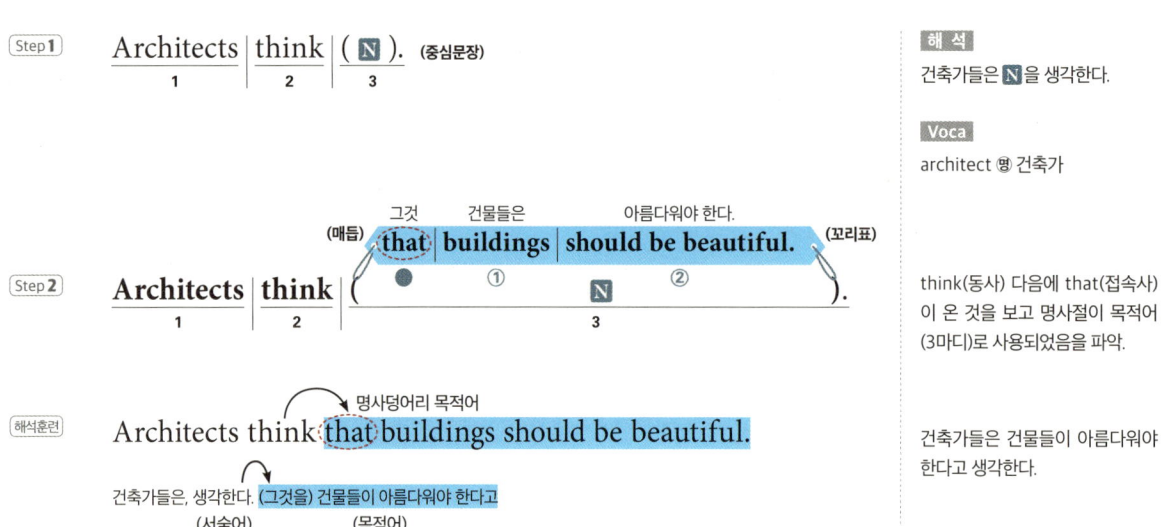

해석
건축가들은 N 을 생각한다.

Voca
architect 명 건축가

think(동사) 다음에 that(접속사)이 온 것을 보고 명사절이 목적어(3마디)로 사용되었음을 파악.

건축가들은 건물들이 아름다워야 한다고 생각한다.

매듭 해설

- 문장을 순차적으로 해석하면서 접속사 that을 '그것'의 의미로 해석해도 직독직해에 도움이 된다.
- ex1)에서 think(생각하다) 다음에 that을 보는 순간 생각하는 대상이 that(그것)이라고 이해하고 난 후에 that(그것)이 무엇인지를 뒤에서 구체적으로 설명해주는 형식으로 볼 수 있다.

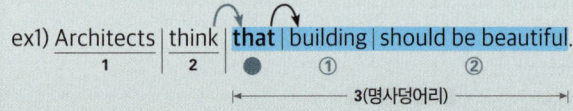 (건축가들은 생각한다 그것(that)을.)

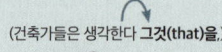 (그것(that)을, (그게 뭐냐면) 건물들이 아름다워야 한다는 것을.)

PART 2 명사자리 매듭 · 꼬리표 훈련   14. 「명 that」절 꼬리표   077

104 It is true that dogs are loyal.

Step 1 (N) is true.

Step 2 It | is true | that | dogs | are loyal.
그것 개는 충성스럽다

- 해석 [Step 1] N은 사실이다. [Step 2] 개가 충성스러운 것은 사실이다.
- Voca loyal ⓗ 충성스러운, 충실한
- 해설 **[첨가형 꼬리표, 명사덩어리]** That dogs are loyal is true.에서 1마디 주어가 that절로 길어져서 뒤로 보내고 그 자리에 가주어 it을 사용하였다. that절이 명사덩어리로 진짜 주어이다.

105 It's surprising that nobody objects.

Step 1 (N) is surprising.

Step 2 It | is surprising | that | nobody | objects.
그것 아무도 ~않다 반대하다

- 해석 [Step 1] N은 놀랍다. [Step 2] 아무도 반대하지 않는 것이 놀랍다.
- Voca surprising ⓗ 놀라운   object ⓥ 반대하다 ⓝ 물체
- 해설 **[첨가형 꼬리표, 명사덩어리]** that nobody objects에서 1마디 주어가 that절로 길어져서 뒤로 보내고 그 자리에 가주어 it을 사용하였다. that절이 명사덩어리로 진짜 주어이다.

106 It is important that you be punctual.

Step 1 (N) is important.

Step 2 It | is important | that | you | be punctual.
그것 당신이 시간을 엄수하다

- 해석 [Step 1] N은 중요하다. [Step 2] 시간을 엄수하는 것이 중요하다. (시간을 엄수해야 한다.)
- Voca punctual ⓗ 시간을 엄수하는
- 해설 **[첨가형 꼬리표, 명사덩어리]** 말하는 이의 요구, 소망을 나타내는 형용사 다음의 that절에는 「(should+)동사원형」을 쓴다. 요구, 소망은 이루어질 수도 있고, 그렇지 않을 수도 있기 때문에 생각을 나타내는 「should+동사원형」을 사용하거나, 동사에 시제가 없는 원형동사를 사용한다. 요구, 소망을 나타내는 형용사에는 necessary, important, essential, vital 등이 있다.

107 It is necessary that we prepare for the worst.

Step 1 (N) is necessary.

Step 2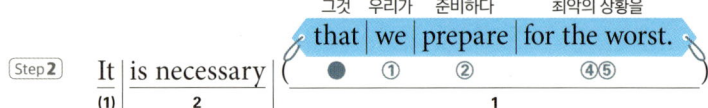

해석 Step 1 N이 필요하다. Step 2 우리는 최악의 상황에 대비하는 것이 필요하다.
Voca necessary 휑 필요한   prepare for ~를 준비하다   worst 몡 최악
해설 [첨가형 꼬리표, 명사덩어리] That we prepare for the worst is necessary.에서 1마디 주어가 that절로 길어져서 뒤로 보내고 그 자리에 가주어 it을 사용하였다. that절이 명사덩어리로 진짜 주어이다.

108 It is strange that Julie didn't mention that.

Step 1 (N) is strange.

Step 2

해석 Step 1 N은 이상하다. Step 2 Julie가 그것을 언급하지 않은 것이 이상하다.
Voca strange 휑 이상한   mention 통 언급하다
해설 [첨가형 꼬리표, 명사덩어리] That Julie didn't mention that is strange.에서 1마디 주어가 that절로 길어져서 뒤로 보내고 그 자리에 가주어 it을 사용하였다. that절이 명사덩어리로 진짜 주어이다.

109 It is an honor that they chose me.

Step 1 (N) is an honor.

Step 2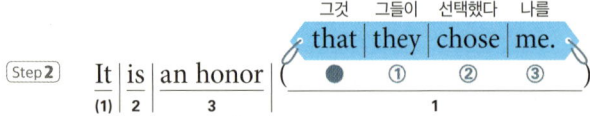

해석 Step 1 N은 영광이다. Step 2 그들이 나를 선택한 것은 영광이다.
Voca honor 몡 영예, 명예
해설 [첨가형 꼬리표, 명사덩어리] That they chose me is an honor.에서 1마디 주어가 that절로 길어져서 뒤로 보내고 그 자리에 가주어 it을 사용하였다. that절이 명사덩어리로 진짜 주어이다.

110 It is no wonder that children love cartoons.

Step 1 (N) is no wonder.

Step 2 It | is | no wonder | (that | children | love | cartoons.)

해석 **Step 1** N은 놀랄 일이 아니다. **Step 2** 아이들이 만화를 사랑하는 것은 놀랄 일이 아니다.
Voca wonder 명 놀라움, 기적   cartoon 명 만화
해설 [첨가형 꼬리표, 명사덩어리] That children love cartoons is no wonder.에서 1마디 주어가 that절로 길어져서 뒤로 보내고 그 자리에 가주어 it을 사용하였다. that절이 명사덩어리로 진짜 주어이다.

111 People don't realize that freedom isn't free.

Step 1 People don't realize (N).

Step 2 People | don't realize | (that | freedom | isn't free.)

해석 **Step 1** 사람들은 N을 깨닫지 못한다. **Step 2** 사람들은 자유가 공짜가 아니라는 것을 깨닫지 못한다.
Voca realize 동 깨닫다   freedom 명 자유   free 형 자유로운, 무료의
해설 [첨가형 꼬리표, 명사덩어리] that절(that ~ free)은 동사 realize를 보충 설명해주는 3마디 목적어이다.

112 I believe we are all God's creatures.

Step 1 I believe (N).

Step 2 I | believe | (we | are all | God's creatures.)

해석 **Step 1** 나는 N을 믿는다. **Step 2** 나는 우리가 모두 신의 창조물이라고 믿는다.
Voca creature 명 창조물, 생명체
해설 [첨가형 꼬리표, 명사덩어리] we ~ creatures는 동사 believe를 보충 설명해주는 3마디 목적어이다. 동사의 목적어 역할을 하는 that절에서 that은 생략할 수 있다.

113 Everybody knows that love goes away. – Jennifer Tilly

Step 1 Everybody knows (N).

Step 2
그것 사랑은 떠나간다
Everybody | knows | (that | love | goes away.)
1　　　　2　　　●　①　②
　　　　　　　　　　3

해석 **Step 1** 모든 사람들은 N을 안다. **Step 2** 모든 사람들은 사랑은 떠나간다는 것을 안다.
Voca go away 떠나가다, 없어지다
해설 **[첨가형 꼬리표, 명사덩어리]** 2마디 다음에는 동사 knows에 대한 대상이 목적어로 온다. 동사의 대상은 단어(명사)가 올 수도 있고 명사구, 명사절이 올 수도 있다.

114 Scars remind us that our past is real. – Kader Attia

Step 1 Scars remind us (N).

Step 2
그것 우리의 과거는 진짜이다
Scars | remind | us | (that | our past | is real.)
1　　　2　　　(3)　●　①　②
　　　　　　　　　　　3

해석 **Step 1** 상처는 우리에게 N을 상기시켜 준다. **Step 2** 상처는 우리에게 우리의 과거가 진짜였다는 것을 상기시켜 준다.
Voca scar 명 상처, 흉터   remind 동 상기시키다   past 명 과거   real 형 실제의
해설 **[첨가형 꼬리표, 명사덩어리]** remind는 4형식동사로 3마디에 2개의 목적어(간접목적어, 직접목적어)를 취할 수 있다. 이때 직접목적어 자리에 that절을 명사덩어리로 사용할 수 있다.

115 Tim confessed to me that he is in love with me.

Step 1 Tim confessed to me (N).

Step 2
그것 그가 사랑에 빠지다 나와
Tim | confessed | to me | (that | he | is | in love | with me.)
1　　　2　　　4/5　●　①　②　④⑤　④⑤
　　　　　　　　　　　　3

해석 **Step 1** Tim은 나에게 N을 고백했다. **Step 2** Tim은 나에게 나를 사랑한다고 고백했다.
Voca confess 동 고백하다   be in love with ~와 사랑에 빠지다
해설 **[첨가형 꼬리표, 명사덩어리]** 3마디 목적어가 that절로 길게 표현될 때 뒤로 보낼 수 있다.

116 The problem is that he wastes too much money.

Step 1 The problem is (N).

Step 2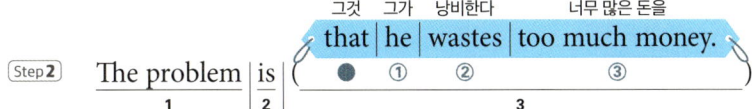

해석 Step1 문제는 N이다.   Step2 문제는 그가 너무 많은 돈을 낭비한다는 것이다.
Voca waste 통 낭비하다
해설 [첨가형 꼬리표, 명사덩어리] be동사 is는 연결동사로 등호(=)의 역할을 한다. 그래서 'The problem = that절'의 관계가 성립한다. that절은 보어 역할을 하는 명사덩어리이다.

▶ Further Study 〈that매듭의 형용사적, 명사적 쓰임〉

- ex1), ex2)에서 'that절 꼬리표'는 명사 뒤 형용사적 용법으로 "~라는, ~한"으로 해석되고, ex3)에서 'that절 꼬리표'는 동사 뒤 명사자리에 사용된 명사적 용법으로 "~한다는 것"으로 해석된다.

  ex1) We | heard | the news | that | they | would get married | soon. (그 소식을, (그게 뭐냐면) 그들이 곧 결혼할 거라는 소식.) 「동격 that절」

  ex2) This | is | the new burger | that | everyone | is talking | about ⓣ. (그 햄버거는, (그게 뭐냐면) 모두가 얘기하고 있는 새 햄버거.) 「관계사 that절」

  ex3) Architects | think | that | building | should be beautiful. (그것을, (그게 뭐냐면) 건물들이 아름다워야 한다는 것을.) 「명 that절」

  * ex1)은 "#01.「동격that절 꼬리표」", ex2)는 "#02.「관계사that절 꼬리표」", ex3)은 "#14.「명 that절 꼬리표」"

  (해석) ex1) 우리는 그들이 곧 결혼할 거라는 소식을 들었다. ex2) 이것이 모두가 얘기하고 있는 새 햄버거이다. ex3) 건축가들은 건물들이 아름다워야 한다고 생각한다.

▶ Further Study 〈that매듭은 전치사 뒤 5마디에 올 수 없다〉

- 명사덩어리를 이끄는 that매듭은 1/3마디 명사자리에는 사용할 수 있으나, 5마디 명사 자리에는 쓸 수 없다. ex4)에서 except는 4마디의 전치사로 사용된 것이 아니라, 'except that'이 하나의 종속접속사로 '~을 제외하고'의 뜻을 갖는다. 'in that'도 하나의 종속접속사로써 '~라는 점에서'의 의미로 사용된다. 다시 말해 that매듭은 전치사 뒤에 사용되지 않는다.

  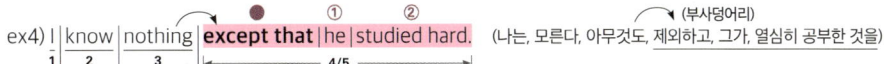

  (나는, 모른다, 아무것도, 제외하고, 그가, 열심히 공부한 것을)

- 전치사 뒤에서 that절을 쓸 수 없기 때문에 the fact를 덧붙여 사용하기도 한다.

  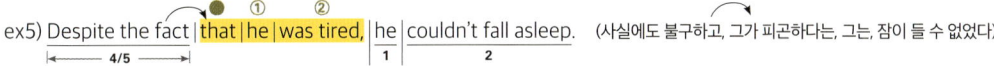

  (사실에도 불구하고, 그가 피곤하다는, 그는, 잠이 들 수 없었다)

15 「판단대상that」절 꼬리표 (확신/지각 형용사 + that절)

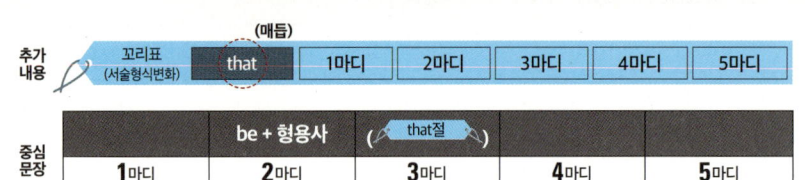

							매듭유형
추가내용	꼬리표(서술형식변화)	that (매듭)	1마디	2마디	3마디	4마디	5마디	첨가형, 시제동사, 마디생략 없음.

		be + 형용사	that절			매듭위치
중심문장	1마디	2마디	3마디	4마디	5마디	중심문장의 3마디만 가능, 1/5마디 불가.

- 「판단대상that」절 꼬리표는 3마디 보충어로써 서술형형용사(확신/지각)의 「판단 대상」을 나타낸다.
- "S + be동사 + 확신/지각 형용사 + 「판단대상that」절"의 주요 형용사들
  - 확신 형용사 : certain(확신하는), sure(확신하는), willing(기꺼이), confident(확신하는), hopeful(희망적인), proud(자랑스러운) 등
  - 지각 형용사 : afraid(두려워하는), careful(조심하는), aware(알고 있는), conscious(깨달은), ignorant(무지한) 등
- 반면, 「#30. 「판단이유that」절 꼬리표」에서 that절 꼬리표는 4/5마디에서 서술형형용사(감정/판단)의 「판단 이유」를 나타낸다. 이 경우는 부사절로써 that을 because로 대체할 수 있다.

117 I am sure that she will agree.

Step 1 I | am sure | (N). (중심문장)
          1 | 2 | 3

Step 2
그것   그녀가   동의할 것이다
(매듭) that   she   will agree. (꼬리표)
I | am sure | (●   ①   ②).
1 | 2 | N
                   3

해석훈련
확신하는 판단의 대상
I am sure that she will agree.
나는, 확신한다, (그것) 그녀가 동의할 것이라고
    (서술어)   (보충어)

해석
나는 N을 확신한다.

Voca
agree 동 동의하다

am sure가 나타내는 확신의 판단에 대한 대상을 that절이 보충 설명하고 있음.

나는 그녀가 동의할 것이라고 확신한다.

매듭 해설

- 「be + 형용사 + that」 구문 중 ex1)에서 that절은 1마디 진주어가 뒤로 이동한 경우이고, ex2)에서 that절은 2마디 서술어를 보충해 주는 '보어'로 사용되었으며, ex3)에서 that절은 4/5마디의 종속절로 that이 because를 대신하여 사용되었다.

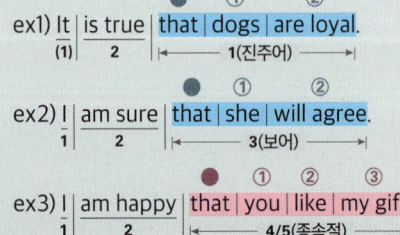

ex1) It | is true | that | dogs | are loyal.   <#14 : 사실이다, (주어)는>   (사실이다, 개가 충성스러운 것은)
     (1)| 2 | 1(진주어)

ex2) I | am sure | that | she | will agree.   <#15 : 나는, 확신한다, (보어)라고>   (나는, 확신한다, 그녀가 동의할 거라)
     1 | 2 | 3(보어)

ex3) I | am happy | that | you | like | my gift.   <#30 : 나는, 행복하다, (because)해서>   (나는, 행복하다, 당신이 내 선물을 좋아해서)
     1 | 2 | 4/5(종속절)

118 I am confident that everything will be fine.

Step 1 I am confident (N).

Step 2
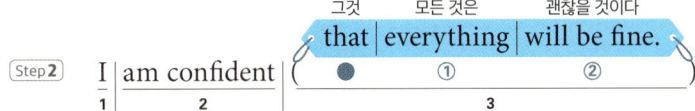

- 해석 **Step 1** 나는 N을 확신한다. **Step 2** 나는 모든 것이 괜찮을 것으로 확신한다.
- Voca confident 형 자신감 있는, 확신하는
- 해설 [첨가형 꼬리표, 명사덩어리] confident와 같은 확신/판단 형용사에 대한 '판단의 대상'으로 that절이 3마디 보충어 역할을 한다.

119 I am so proud that she is my daughter.

Step 1 I am so proud (N).

Step 2

- 해석 **Step 1** 나는 N이 매우 자랑스럽다. **Step 2** 나는 그녀가 내 딸이라는 것이 매우 자랑스럽다.
- Voca proud 형 자랑스러운
- 해설 [첨가형 꼬리표, 명사덩어리] proud와 같은 확신/판단 형용사에 대한 '판단의 대상'으로 that절이 3마디 보충어 역할을 한다.

120 Tim was aware that something was wrong.

Step 1 Tim was aware (N).

Step 2
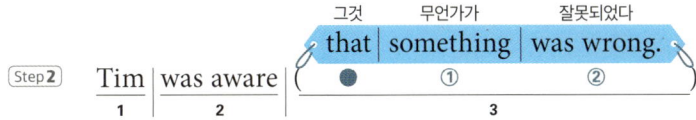

- 해석 **Step 1** Tim은 N을 알고 있었다. **Step 2** Tim은 무언가 잘못되었다는 것을 알고 있었다.
- Voca aware 형 알고 있는
- 해설 [첨가형 꼬리표, 명사덩어리] aware와 같은 지각 형용사에 대한 '판단의 대상'으로 that절이 3마디 보충어 역할을 한다.

16 「whether/if」절 꼬리표

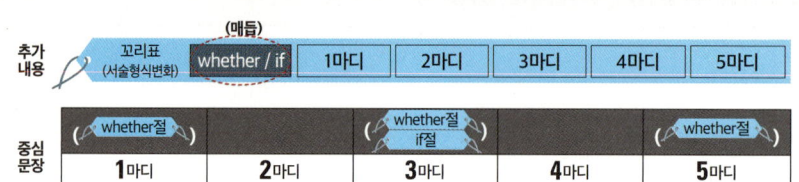

- 「whether/if」절 꼬리표가 3마디에 사용될 경우, 2마디에는 wonder(궁금하다), know(알다), tell(알다; 말하다), ask(묻다), decide(결정하다), doubt(의심하다) 등의 동사가 주로 사용된다.
- 모두 같은 형태의 "whether절 꼬리표"지만 「#16」에서는 명사적 용법이고, 「#33」에서는 부사적 용법이므로 사용된 위치에 맞게 구분하여 해석해야 한다.

121 Whether or not you'll succeed depends on your efforts.

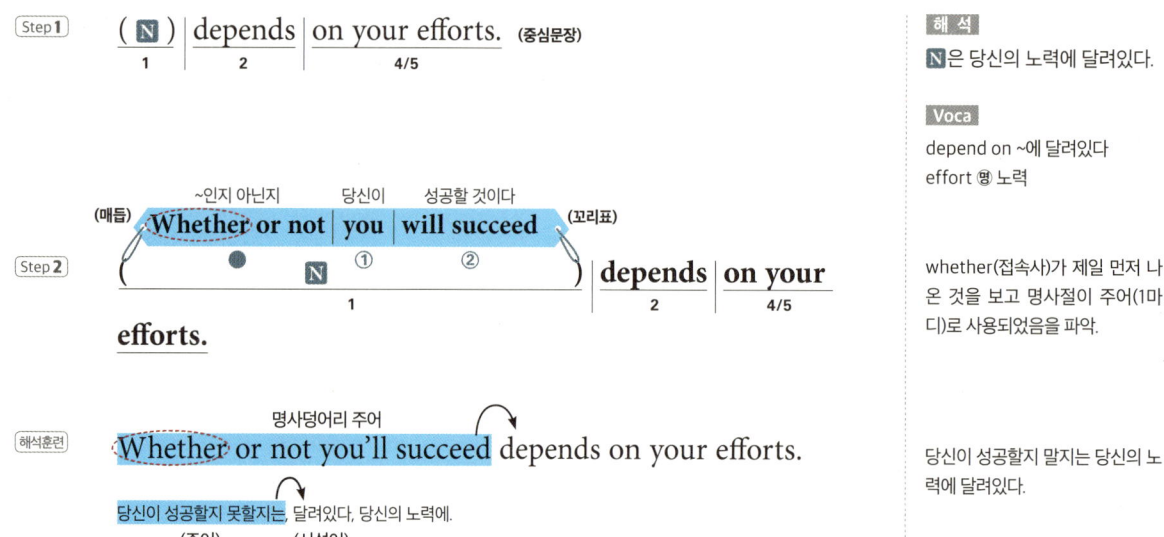

해석
N은 당신의 노력에 달려있다.

Voca
depend on ~에 달려있다
effort 명 노력

whether(접속사)가 제일 먼저 나온 것을 보고 명사절이 주어(1마디)로 사용되었음을 파악.

당신이 성공할지 말지는 당신의 노력에 달려있다.

◀ 매듭 해설

- ex1), ex2), ex3)에서처럼 whether(접속사)는 '단어들의 덩어리'를 만든다. 그러므로 단어들의 덩어리가 사용된 자리에 맞게 해석해야 한다. 특히, 덩어리가 시작되는 곳과 마디가 바뀌는 곳을 인식하고 해석하는 훈련이 필요하다.

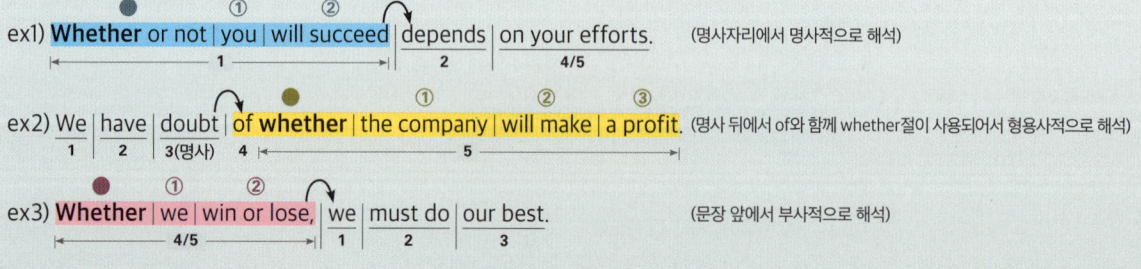

(해석) ex1) 당신이 성공할 말지는 당신의 노력에 달려 있다. ex2) 우리는 그 회사가 이익을 낼지 의심을 갖고 있다. ex3) 이기든 지든, 우리는 최선을 다해야 한다.

122 | It doesn't matter whether we do that today or tomorrow.

Step 1 (N) doesn't matter.

Step 2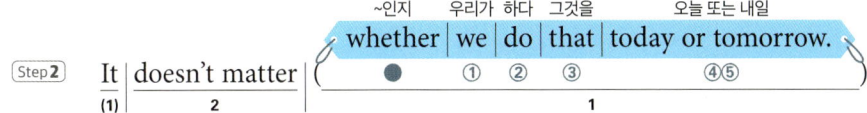

해석 Step1 N은 중요하지 않다. Step2 우리가 그것을 오늘 할지 내일 할지는 중요하지 않다.
Voca matter 통 중요하다
해설 [첨가형 꼬리표, 명사덩어리] that절처럼 whether절도 명사덩어리로 사용된다. matter(중요하다)와 whether(~인지)가 내용적으로 잘 어울린다. It은 구체적인 의미가 없는 가주어이고 whether절(whether ~ tomorrow)이 진주어이다.

123 | It's your decision whether you leave or stay.

Step 1 (N) is your decision.

Step 2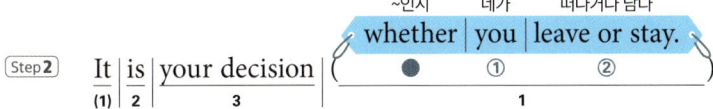

해석 Step1 N은 네가 결정할 일이다. Step2 떠날지 머무를지는 네가 결정할 일이다.
Voca decision 명 결정
해설 [첨가형 꼬리표, 명사덩어리] It은 구체적인 의미가 없는 가주어이고 whether절(whether ~ stay)이 진주어이다. decision(결정)과 whether절이 내용적으로 잘 어울린다.

124 | I wonder whether all tea contains caffeine.

Step 1 I wonder (N).

Step 2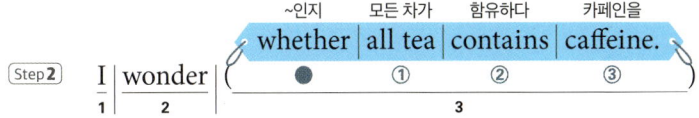

해석 Step1 나는 N이 궁금하다. Step2 나는 모든 차가 카페인을 함유하고 있는지 궁금하다.
Voca contain 통 포함하다 caffeine 명 카페인
해설 [첨가형 꼬리표, 명사덩어리] 3마디 목적어로 쓰인 whether는 if로 대신 쓸 수 있다. '~인지'의 뜻으로 쓰이는 if는 3마디 보어나 1/5마디에서는 쓸 수 없다. wonder(궁금하다)와 whether절이 내용적으로 잘 어울린다.

125 Tim didn't know whether he should laugh or cry.

Step 1 Tim didn't know (N).

Step 2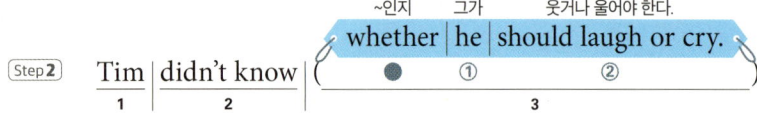

해 석 **Step 1** Tim은 N을 몰랐다. **Step 2** Tim은 웃어야 할지 울어야 할지 몰랐다.
해 설 **[첨가형 꼬리표, 명사덩어리]** 3마디 목적어로 쓰인 whether는 if로 대신할 수 있다. 또한 「whether+주어+조동사+동사원형…」에서 whether절의 주어가 중심문장의 주어와 같을 때, 「whether+to-v…」로 표현할 수 있다. 즉, whether he should laugh or cry는 whether to laugh or cry로 표현할 수 있다. (#20번 매듭 꼬리표 참조)

126 Tim asked me if I wanted a ride.

Step 1 Tim asked me (N).

Step 2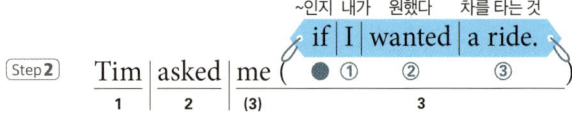

해 석 **Step 1** Tim은 나에게 N을 물었다. **Step 2** Tim은 나에게 내가 차를 타고 싶은지 물었다.
Voca ride 명 (차 등) 태워 주기
해 설 **[첨가형 꼬리표, 명사덩어리]** 명사적 if절은 3마디 목적어에만 쓰이고 whether절은 1/3/5마디 모두에 사용 가능하다. 동사 asked가 수여동사로 목적어를 2개 취한다. 직접목적어 자리에 if절이 명사덩어리로 사용되었다.

127 The problem is whether this approach will bring good results.

Step 1 The problem is (N).

Step 2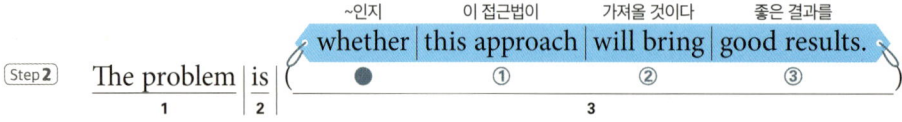

해 석 **Step 1** 문제는 N이다. **Step 2** 문제는 이 접근법이 좋은 결과를 가져올지 여부다.
Voca approach 명 접근법, 처리 방법   bring 동 가져오다   result 명 결과
해 설 **[첨가형 꼬리표, 명사덩어리]** '~인지 (아닌지)'의 뜻인 if는 3마디 목적어로 쓰인 whether와 바꿔 쓸 수 있지만 이 문장처럼 3마디 보어로 쓰인 whether는 if를 대신 쓸 수 없다.

PART 2 명사자리 매듭 · 꼬리표 훈련　　16. 「whether/if」절 꼬리표

128　Our teacher never judges us by whether we score high on the exam.

Step 1　Our teacher never judges us by (N).

Step 2　Our teacher | never judges | us | by (whether | we | score high | on the exam.)
　　　　　　1　　　　　　2　　　3　　4　　　●　　①　　②　　　④⑤
　　　　　　　　　　　　　　　　　　　　　　　　　　　5
　　　　　　　　　　　　　　　　　　　　　~인지　우리가 높은 점수를 얻다　시험에서

해석　Step 1　우리 선생님은 결코 N으로 우리를 평가하지 않는다.
　　　Step 2　우리 선생님은 결코 시험에서 높은 점수를 받는지로 우리를 평가하지 않는다.
Voca　judge ⑧ 판단하다, 평가하다　　score ⑧ 점수를 얻다, 득점하다
해설　[첨가형 꼬리표, 명사덩어리] whether절은 5마디의 전치사 목적어로도 사용된다. 전치사 by는 힘의 영향권을 나타낸다.

129　I'm not sure whether I should turn left or right.

Step 1　I'm not sure (N).

Step 2　I | am not sure | (whether | I | should turn left or right.)
　　　　1　　　2　　　　　●　　①　　　　　②
　　　　　　　　　　　　　　　　　　3
　　　　　　　　　　　　　　~인지　내가　좌회전 또는 우회전을 해야 한다

해석　Step 1　나는 N을 확신하지 못한다.
　　　Step 2　나는 좌회전을 해야 할지 우회전을 해야 할지 모르겠다.
해설　[첨가형 꼬리표, 명사덩어리] 3마디 목적어로 쓰인 whether는 if로 대신할 수 있다. 또한 「whether + 주어 + 조동사 + 동사원형...」에서 whether 절의 주어가 중심문장의 주어와 같을 때, 「whether + to-v...」로 표현할 수 있다. 즉, whether I should turn left or right은 whether to turn left or right으로 표현할 수 있다. (#20번 매듭꼬리표 참조)

▶ Further Study 〈if매듭 꼬리표가 명사적 용법일 때는 3마디에만 올 수 있다〉

- whether절은 명사용법으로 1/3/5마디에 모두 올 수 있는 반면, if절은 명사적 용법시 3마디(목적어)에서만 사용된다. 이 때 해석은 둘다 '~인지 (아닌지)'로 해석된다.

　　　　●　　①　　②
　ex4) If or not | you | will succeed | depends | on your dfforts. (×)　　→ if매듭은 1마디에 사용 불가(whether는 사용가능)
　　　　　　　　1　　　　　　　　　2　　　4/5

　　　　　　　　　　　　　　　　　●　①　　②　　　④⑤
　ex5) Our teacher | never judges | us | by | if | we | score high | on the exam. (×)　→ if매듭은 5마디에 사용 불가(whether는 사용가능)
　　　　　1　　　　2　　　3　4　　　　　　5

　　　●　①　　②
　ex6) If | it | tastes awful, | spit | it | out. (O)　　→ if매듭은 4/5마디에 사용 가능 (if가 4/5마디에서는 '만
　　　　　4/5　　　　　　　2　　3　4/5　　　　　　　　약'으로 해석)

(해석) ex6) 맛이 끔찍하면, 뱉어 내세요.

17 「의문사wh」절 꼬리표 (간접의문문/감탄문)

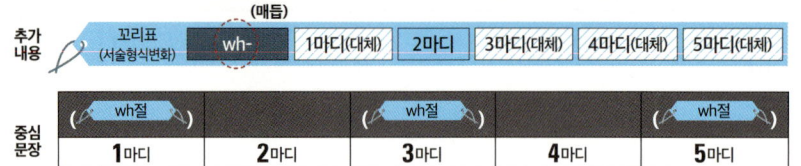

- wh매듭이 있는 꼬리표는 형용사자리에서는 "관계사"로, 명사자리에서는 "의문사"로, 부사자리에서는 "종속접속사"로 다양하게 사용되기 때문에 각각의 차이점과 특징을 구분할 필요가 있다.
- 간접의문문은 의문사를 포함하는 의문문이 문장 구성요소(주어, 목적어, 보어, 수식어) 중 하나로 쓰이는 의문문을 말한다.
- 「의문사wh」절 꼬리표에서 「의문사wh」는 1/3/5마디 또는 4/5마디의 의문 대상을 대신하며 해당되는 대체마디는 생략된다.
- 「의문사wh」절 꼬리표는 명사자리에서 간접의문문으로 「의문의 뜻」을 나타낸다.

구분	의문의 뜻	구분	의문의 뜻
who + S + V	누가(누구를) ~하는지	where + S + V	어디에서 ~하는지
which + S + V	어떤 것이(을) ~하는지	when + S + V	언제 ~하는지
what + S + V	무엇이(을) ~하는지	how + S + V	어떻게(얼마나) ~하는지
whether + S + V	~하는지 (아닌지)	why + S + V	왜 ~하는지

130 I don't know when dinosaurs became extinct.

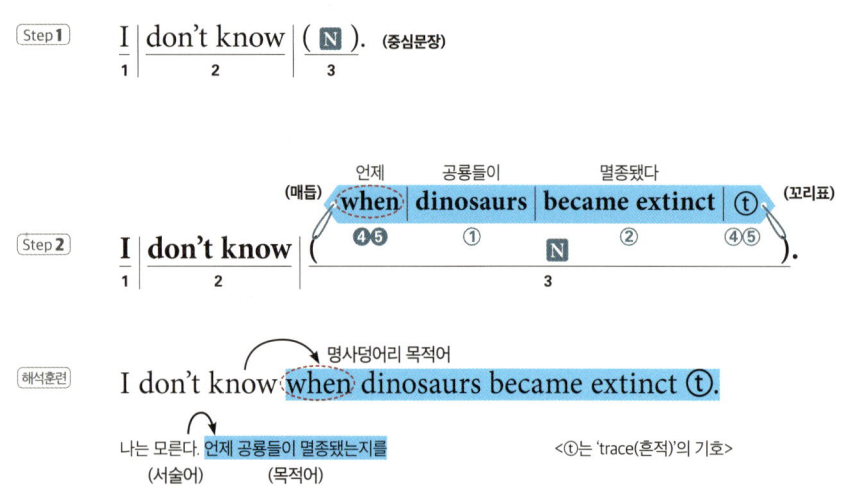

해석
나는 N을 모른다.

Voca
dinosaur 몡 공룡
extinct 혱 멸종된

know(동사) 다음에 when(의문사)이 온 것을 보고 명사절이 목적어(3마디)로 사용되었음을 파악. when은 ① 자리에 대한 의문을 나타냄.

나는 공룡이 언제 멸종됐는지 모른다.

● 매듭 해설

- ex1)에서 의문사 when절은 3마디 명사자리에 목적어를 대신하여 사용되었기 때문에 간접의문문이다. 간접의문문에서는 의문문을 만들 때 보조동사(be, do, 조동사, have)를 사용하지 않는다. ex2)는 의문사가 있는 직접의문문이다.

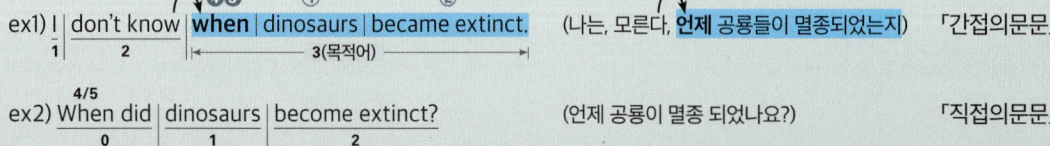

131 | What words you use shows your personality.

Step 1 (N) shows your personality.

Step 2
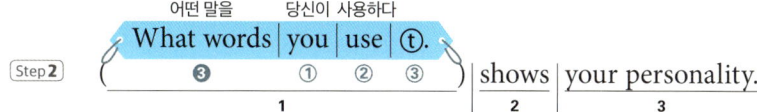

해석 Step 1 N이 당신의 인격을 보여준다. Step 2 어떤 말을 사용하는 지가 당신의 인격을 보여준다.
Voca word 명 단어, 말   personality 명 인격, 성격
해설 [대체형 꼬리표, 명사덩어리] 1마디에 간접의문문(what ~ use)이 명사덩어리 주어로 사용되어 의문의 뜻으로 해석된다. What words는 꼬리표에서 3마디 목적어(ⓣ)를 대신하는 의문의 뜻을 나타낸다.

132 | How you advertise a product affects the sales.

Step 1 (N) affects the sales.

Step 2
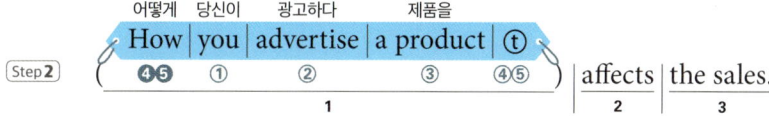

해석 Step 1 N은 매출에 영향을 미친다. Step 2 제품을 어떻게 광고하는지가 매출에 영향을 미친다.
Voca advertise 동 광고하다   product 명 제품   affect 동 영향을 미치다   sales 명 매출
해설 [대체형 꼬리표, 명사덩어리] 1마디에 간접의문문(How ~ product)이 명사덩어리 주어로 사용되어 의문의 뜻으로 해석된다. How는 꼬리표에서 4/5마디의 수식어(ⓣ)를 대신하는 의문의 뜻을 나타낸다.

133 | It is not exactly known why some people develop peanut allergies.

Step 1 (N) is not exactly known.

Step 2
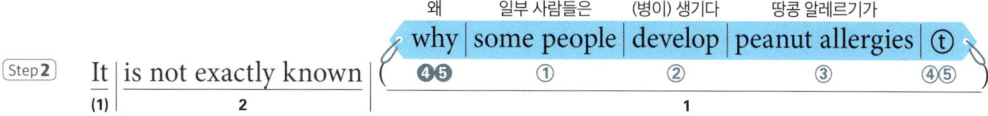

해석 Step 1 N은 정확히 알려져 있지 않다. Step 2 왜 일부 사람들에게 땅콩 알레르기가 생기는지는 정확히 알려져 있지 않다.
Voca exactly 부 정확히   develop 동 (병·문제가) 생기다   peanut 명 땅콩   allergy 명 알레르기
해설 [대체형 꼬리표, 명사덩어리] 1마디에 간접의문문(why ~ allergies)이 명사덩어리 주어로 사용되었으며, 주어가 길어져서 가주어 it을 남기고 뒤로 보냈다. why는 꼬리표에서 4/5마디의 수식어(ⓣ)를 대신하는 의문의 뜻을 나타낸다.

PART 2 명사자리 매듭·꼬리표 훈련   17. 「의문사wh」절 꼬리표   090

134 Which major you should choose is an important decision.

Step 1   (N) is an important decision.

Step 2
어떤 전공을 / 네가 / 선택해야 한다
Which major | you | should choose | ⓣ
③ ① ② ③
1
is | an important decision.
2   3

해석 Step 1 N은 중요한 결정이다. Step 2 어떤 전공을 선택해야 하는지는 중요한 결정이다.
Voca major 몡 전공   decision 몡 결정
해설 [대체형 꼬리표, 명사덩어리] 1마디에 간접의문문(Which ~ choose)이 명사덩어리 주어로 사용되어 의문의 뜻으로 해석된다. Which major는 꼬리표에서 3마디 목적어(ⓣ)를 대신하는 의문의 뜻을 나타낸다.

135 I can't figure out what the problem is.

Step 1   I can't figure out (N).

Step 2
무엇이 / 문제가 / 이다
what | the problem | is | ⓣ.
③ ① ② ③
I | can't figure out |
1   2   3

해석 Step 1 나는 N을 이해할 수 없다. Step 2 나는 무엇이 문제인지 알 수 없다.
Voca figure out 이해하다, 알아내다
해설 [대체형 꼬리표, 명사덩어리] 3마디에 간접의문문(what ~ is)이 명사덩어리 목적어로 사용되어 의문의 뜻으로 해석된다. what은 꼬리표에서 3마디 보어(ⓣ)를 대신하는 의문의 뜻을 나타낸다.

136 We can guess how Tim feels.

Step 1   We can guess (N)

Step 2
어떻게 / Tim이 / 느끼다
how | Tim | feels | ⓣ.
② ① ②
We | can guess |
1   2   3

해석 Step 1 우리는 N을 이해할 수 있다. Step 2 우리는 Tim이 기분이 어떤지 짐작할 수 있다.
Voca guess 통 짐작하다, 추측하다
해설 [대체형 꼬리표, 명사덩어리] 3마디에 간접의문문(how ~ feels)이 명사덩어리 목적어로 사용되어 의문의 뜻으로 해석된다. how는 꼬리표에서 2마디 feels의 형용사 보어(ⓣ)를 대신하는 의문의 뜻을 나타낸다.

137 I can imagine how heartbroken you are.

Step 1 I can imagine (N).

Step 2 I | can imagine | (how heartbroken | you | are (t).)
　　　　　1　　　2　　　　　　❷　　　　　①　　②
　　　　　　　　　　　　　　　　　　　3

해석 Step 1 나는 N이 상상이 간다.　Step 2 나는 네가 얼마나 마음 아픈지 상상이 간다.
Voca imagine 동 상상하다, 짐작하다　heartbroken 형 가슴 아픈, 비통한
해설 [대체형 꼬리표, 명사덩어리] You are very heartbroken.을 간접의문문으로 바꾸면 의문의 대상이 되는 부사 very 대신에 how를 사용하여 「how + 형용사 + 주어 + 동사…」형태로 만들 수 있다. 3마디에 간접의문문이 명사덩어리 목적어로 사용되었다. how heartbroken은 꼬리표에서 2마디 형용사 보어(ⓣ)를 대신하는 의문의 뜻을 나타낸다.

138 Tell me which date you prefer.

Step 1 Tell me (N).

Step 2 Tell | me | (which date | you | prefer | (t).)
　　　　　2　　(3)　　　❸　　　①　　②　　③
　　　　　　　　　　　　　　　3

해석 Step 1 나에게 N을 말해라.　Step 2 나에게 어떤 날짜를 선호하는지 말해라.
Voca date 명 (특정한) 날짜　prefer 동 선호하다, 좋아하다
해설 [대체형 꼬리표, 명사덩어리] Tell은 수여동사로 2개의 목적어를 취한다. 3마디 직접목적어 자리에 간접의문문(which ~)이 명사덩어리로 사용되었다. which date는 꼬리표에서 3마디 목적어(ⓣ)를 대신하는 의문의 뜻을 나타낸다.

139 Nobody is certain when an accident will happen.

Step 1 Nobody is certain (N).

Step 2 Nobody | is certain | (when | an accident | will happen | (t).)
　　　　　1　　　2　　　　　❹❺　　①　　②　　④⑤
　　　　　　　　　　　　　　　　　3

해석 Step 1 아무도 N을 확신하지 못한다.　Step 2 아무도 언제 사고가 일어날지를 확신하지 못한다.
Voca certain 형 확신하는　accident 명 사고
해설 [대체형 꼬리표, 명사덩어리] 2마디의 서술어가 「be+형용사」의 형태이고 3마디 보충어 자리에 간접의문문(when ~ happen)이 명사덩어리(판단의 대상)로 사용되었다. when은 꼬리표에서 4/5마디의 수식어(ⓣ)를 대신하는 의문의 뜻을 나타낸다.

140 | Parents should be aware where their children are.

Step 1 Parents should be aware (N).

Step 2 Parents | should be aware | (where | their children | are | ⓣ.)
　　　　　1　　　　　2　　　　　　　　④⑤　　①　　　②　④⑤
　　　　　　　　　　　　　　　　　　　　　　　　　3

어디에　그들의 아이들이　있다

해석 Step1 부모들은 N을 알아야 한다. Step2 부모들은 자식들이 어디에 있는지 알아야 한다.
Voca aware 형 알고 있는
해설 [대체형 꼬리표, 명사덩어리] 2마디의 서술어가 「be+형용사」의 형태이고 3마디 보충어 자리에 간접의문문(where ~ are)이 명사덩어리 판단의 대상으로 사용되었다. where는 4/5마디의 수식어(ⓣ)를 대신하는 의문의 뜻을 나타낸다.

Further Study 〈wh절의 의문사 용법과 복합관계대명사 용법〉

- wh매듭이 주로 의문사로 사용되지만 간혹 복합관계대명사[what(=the thing which), where(=the place where), when(=the time when), how(=the way how), why(=the reason why)]로 사용될 때가 있다. 이 경우에는 「의문의 뜻」보다는 「명사적 뜻」으로 해석하는 것이 바람직하다. ("#07-B. 「wh복합관계」절 꼬리표 참조)

- ex1)에서 선행사인 The place와 관계사 where가 합쳐져서, ex2)처럼 복합관계대명사 where만 남는 경우가 있다. 이 경우 where는 '어디'라는 의문의 뜻이 아니라, '곳'이라는 명사적 뜻으로 해석된다.

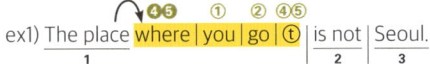

ex1) The place where | you | go | ⓣ | is not | Seoul.

→ where는 관계부사이며 wh절은 형용사 덩어리로 해석
  "네가 가는 그 곳은 서울이 아니다."

ex2) Where you | go | ⓣ | is not | Seoul.

→ where는 복합관계대명사이며 뒤에 오는 you go는 형용사 덩어리로 해석
  "네가 가는 곳은 서울이 아니다."

<wh절의 의문사(의문의 뜻) 용법과 복합관계대명사(명사적 뜻) 용법>

구분	의문의 뜻	명사적 뜻
what + S + V	무엇이(을) ~하는지	~하는 것
where + S + V	어디에서 ~하는지	~하는 곳
when + S + V	언제 ~하는지	~하는 때

구분	의문의 뜻	명사적 뜻
how + S + V	어떻게(얼마나) ~하는지	~하는 방법
why + S + V	왜 ~하는지	~하는 이유

'명사의 뜻'일 때는 #07-B. 「wh복합관계」절 꼬리표에 해당된다.

Further Study 〈「wh」절 꼬리표가 정해진 자리에 따라 해석이 달라진다.〉

- 「wh」절 꼬리표가 ex1)에서는 명사덩어리(간접의문문)로, ex2)에서는 형용사덩어리(관계부사)로, ex3)에서는 부사덩어리(시간종속절)로 사용되었다.

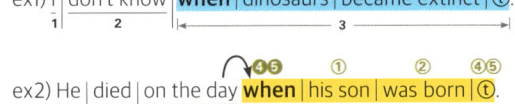

ex1) I | don't know | when | dinosaurs | became extinct | ⓣ.   (명사자리에서 명사적으로 해석)
  (나는 언제 공룡들이 멸종되었는지를 모른다.)

ex2) He | died | on the day when | his son | was born | ⓣ.   (명사 뒤에서 형용사적으로 해석)
  (그는 그의 아들이 태어난 날에 죽었다.)

ex3) When | you | are not practicing, | someone else | is getting better.   (문장 앞에서 부사적으로 해석)
  (여러분이 연습하지 않을 때, 다른 누군가는 더 나아지고 있다.)

Further Study 〈감탄문도 1/3/5마디 명사자리에 올 수 있다.〉

- ex4)와 ex5)는 감탄문이 명사자리에 사용되었다. 추가 문장에 사용된 0마디는 직접의문문, 감탄문을 만들 때 사용되는 문장마디이다.

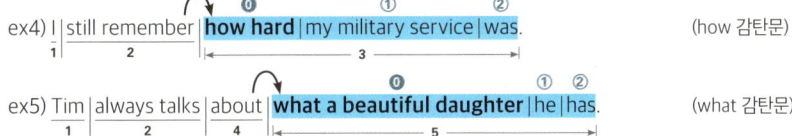

ex4) I | still remember | how hard | my military service | was.   (how 감탄문)

ex5) Tim | always talks | about | what a beautiful daughter | he | has.   (what 감탄문)

(해석) ex4) 나는 나의 군생활이 얼마나 힘들었는지 여전히 기억한다. ex5) 팀은 그가 얼마나 아름다운 딸을 가지고 있는지에 대해서 항상 말한다.

18 「명 to-v」구 꼬리표

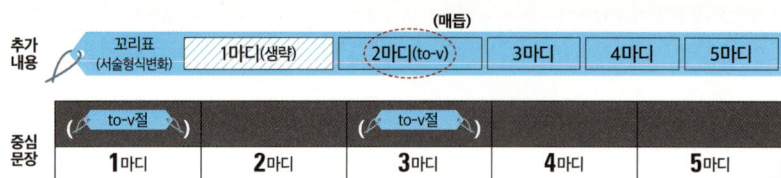

- 중심문장 1마디의 "「명 to-v」구 꼬리표"는 그 자리에 "가주어 it"을 사용하고 진짜 주어인 "「명 to-v」구 꼬리표"를 뒤로 보낼 수 있다.
- 주관성(생각, 미래)과 관련된 '동사/형용사'가 2마디에 올 때 3마디 목적어로 "「명 to-v」구 꼬리표"가 자주 등장한다.
  - 희망, 기대 : hope(희망하다), wish(소망하다), want(원하다), expect(기대하다), ask(요청하다), promise(약속하다), offer(제안하다), swear(맹세하다), would like(원하다), yearn(갈망하다), pretend(~하는 척하다) 등
  - 계획, 결심 : plan(계획하다), decide(결정하다), determine(결정하다), choose(선택하다), attempt(시도하다), help(돕다), mean(의미하다), prepare(준비하다), struggle(노력하다), fail(실패하다), manage(용케 ~한다) 등
  - 동의, 거절 : agree(동의하다), refuse(거절하다), hesitate(망설이다), neglect(무시하다) 등
  - 주요 형용사 : interesting(흥미로운), important(중요한), essential(필수적인), possible(가능한) 등

141 He expected to win the game.

Step 1

He | expected | (N). (중심문장)
1 | 2 | 3

Step 2

이기는 것   경기를
(매듭) to win | the game. (꼬리표)
He | expected | (② N ③).
1 | 2 | 3

해석훈련

He expected to win the game.
         (명사덩어리 목적어)
그는 기대했다. 이길 것을 경기에서
(서술어)   (목적어)

해석
그는 N을 기대했다.

Voca
expect 동 기대하다, 예상하다

expected(동사) 다음에 to부정사가 온 것을 보고 명사구가 목적어 (3마디)로 사용되었음을 파악.

그는 경기에서 이길 것으로 기대했다.

매듭 해설

- ex1)에서 명사 someone 다음에 to-v매듭을 보는 순간 someone을 보충설명 하는 "형용사덩어리"로 이해하듯이, ex2)에서 동사 expected 다음에 오는 to-v매듭을 보는 순간 "명사덩어리"로 인식해야 한다.

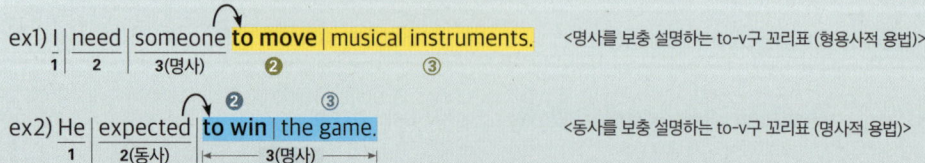

(해석) ex1) 나는 악기를 옮겨줄 누군가가 필요하다. ex2) 그는 경기에서 이길 것으로 기대했다.

142 It is interesting to read my old diary.

Step 1 (N) is interesting.

Step 2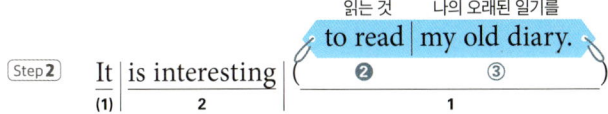

해석 **Step 1** N은 흥미롭다. **Step 2** 나의 오래된 일기를 읽는 것은 흥미롭다.
해설 **[축약형 꼬리표, 명사덩어리]** It은 구체적인 의미가 없는 가주어이고 to-v구(to ~ diary)가 진주어이다. interesting(흥미로운)은 개인의 생각을 나타내는 것으로 주관성(생각, 미래 등)을 나타내는 to-v와 잘 어울린다.

143 It's important not to make the same mistake again.

Step 1 (N) is important.

Step 2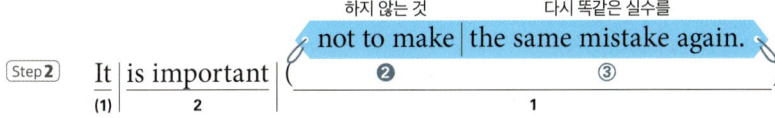

해석 **Step 1** N은 중요하다. **Step 2** 같은 실수를 다시 하지 않는 것이 중요하다.
해설 **[축약형 꼬리표, 명사덩어리]** It은 구체적인 의미가 없는 가주어이고 to-v구(not to ~ again)가 진주어이다. to-v의 부정은 to 앞에 not을 붙인다. important(중요한)는 개인의 생각을 나타내는 것으로 주관성(생각, 미래 등)을 나타내는 to-v와 잘 어울린다.

144 It seems essential to speak fluent English nowadays.

Step 1 (N) seems essential.

Step 2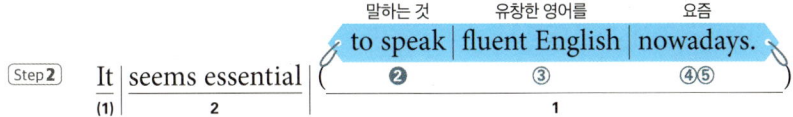

해석 **Step 1** N은 필수적인 것 같다. **Step 2** 요즘은 영어를 유창하게 말하는 것이 필수적인 것 같다.
Voca seem 동 ~하는 것처럼 보이다   essential 형 필수적인   fluent 형 유창한, 능숙한   nowadays 부 요즘에는
해설 **[축약형 꼬리표, 명사덩어리]** It은 구체적인 의미가 없는 가주어이고 to-v구(to ~ nowadays)가 진주어이다. essential(필수적인)은 개인의 생각을 나타내는 것으로 주관성(생각, 미래 등)을 나타내는 to-v와 잘 어울린다.

145 Is it possible to recover the deleted files?

Step 1 Is (N) possible?

Step 2 Is | it | possible | (to recover | the deleted files?)
복구하는 것 / 삭제된 파일들을

해석 Step 1 N이 가능한가요? Step 2 삭제된 파일들을 복구하는 것이 가능한가요?
Voca recover ⑧ 복구하다, 회복하다   delete ⑧ 삭제하다
해설 [축약형 꼬리표, 명사덩어리] It은 구체적인 의미가 없는 가주어이고 to-v구(to ~ files)가 진주어이다. possible(가능한)은 개인의 생각을 나타내는 것으로 주관성(생각, 미래 등)을 나타내는 to-v와 잘 어울린다.

146 It is a good opportunity to work with him.

Step 1 (N) is a good opportunity.

Step 2 It | is | a good opportunity | (to work | with him.)
일하는 것 / 그와 함께

해석 Step 1 N은 좋은 기회이다. Step 2 그와 함께 일할 수 있는 것은 좋은 기회이다.
Voca opportunity ⑲ 기회
해설 [축약형 꼬리표, 명사덩어리] 생각을 나타내는 명사 opportunity와 주관성(생각, 미래 등)을 나타내는 to-v가 잘 어울린다. 꼬리표는 명사 opportunity를 보충 설명하는 것이 아니라, 가주어 it에 대한 진주어로 사용되었다.

147 It takes only several weeks to form bad habits.

Step 1 (N) takes only several weeks.

Step 2 It | takes | only several weeks | (to form | bad habits.)
형성하는 것 / 나쁜 습관을

해석 Step 1 N은 단지 몇 주 걸린다. Step 2 나쁜 습관이 만들어지는 데는 단지 몇 주 걸린다.
Voca take ⑧ (시간이) 걸리다   several ⑲ 몇몇의   form ⑧ 형성되다
해설 [축약형 꼬리표, 명사덩어리] It은 구체적인 의미가 없는 가주어이고 to-v구(to ~ habits)가 진주어이다. only는 개인의 생각을 나타내는 것으로 주관성(생각, 미래 등)을 나타내는 to-v와 잘 어울린다.

148 She decided to become a vegetarian.

Step 1 She decided (N).

Step 2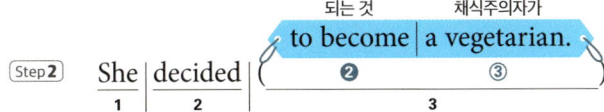

해석 **Step 1** 그녀는 N을 결정했다. **Step 2** 그녀는 채식주의자가 되기로 결정했다.
Voca [축약형 꼬리표, 명사덩어리] decide(결정하다)는 '계획, 결심'과 관련되어서 주관성(생각, 미래 등)을 나타내는 to-v와 잘 어울린다.

149 Everybody wants to go to heaven.

Step 1 Everybody wants (N).

Step 2

해석 **Step 1** 모두가 N을 원한다. **Step 2** 모두가 천국에 가기를 원한다.
Voca heaven 명 천국
해설 [축약형 꼬리표, 명사덩어리] want(원하다)는 '희망, 기대'와 관련되어서 주관성(생각, 미래 등)을 나타내는 to-v와 잘 어울린다.

150 They agreed not to surrender to their enemy.

Step 1 They agreed (N).

Step 2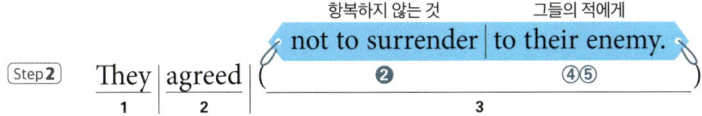

해석 **Step 1** 그들은 N을 동의했다. **Step 2** 그들은 그들의 적에게 항복하지 않기로 동의했다.
Voca agree 동 동의하다, 합의하다   surrender 동 항복하다   enemy 명 적
해설 [축약형 꼬리표, 명사덩어리] agree(동의하다)는 '동의, 거절'과 관련되어서 주관성(생각, 미래 등)을 나타내는 to-v와 잘 어울린다. to-v의 부정은 to 앞에 not을 붙인다.

151 No one asks to be born.

Step 1 No one asks (N).

Step 2 No one | asks | (to be born.)
  　　　　1　　　2　　　　3
  　　　　　　　　　　태어나는 것

해석　**Step 1** 아무도 N을 요청하지 않는다.　**Step 2** 아무도 태어나겠다고 요청하지 않는다.
Voca　be born 태어나다
해설　[축약형 꼬리표, 명사덩어리] ask(요청하다)는 '희망, 기대'와 관련되어서 주관성(생각, 미래 등)을 나타내는 to-v와 잘 어울린다.

152 The student sometimes pretends to be ill.

Step 1 The student sometimes pretends (N).

Step 2 The student sometimes | pretends | (to be ill.)
  　　　　　　　1　　　　　　　　　2　　　　　　3
  　　　　　　　　　　　　　　　　　　아픈 것

해석　**Step 1** 그 학생은 가끔 N인 척한다.　**Step 2** 그 학생은 가끔 아픈 척한다.
Voca　pretend 통 ~인 척하다　ill 형 아픈
해설　[축약형 꼬리표, 명사덩어리] pretend(~하는 척하다)는 '희망, 기대'와 관련되어서 주관성(생각, 미래 등)을 나타내는 to-v와 잘 어울린다.

153 He managed to open the door without the key.

Step 1 He managed (N).

Step 2 He | managed | (to open | the door | without the key.)
  　　　　1　　　2　　　　❷　　　　③　　　　④⑤
  　　　　　　　　　　　여는 것　　문을　　열쇠 없이
  　　　　　　　　　　　　　　　3

해석　**Step 1** 그는 용케 N했다.　**Step 2** 그는 용케 열쇠 없이 문을 열었다.
Voca　manage to 간신히[용케] 해내다
해설　[축약형 꼬리표, 명사덩어리] manage(용케 ~하다)는 '생각, 판단'과 관련되어서 주관성(생각, 미래 등)을 나타내는 to-v와 잘 어울린다.

154. His job is to translate Korean into English.

Step 1 His job is (N).

Step 2 His job | is | to translate | Korean | into English.
1   2   ❷(번역하는 것)   ③(한국어를)   ④⑤(영어로)
                              3

해석 [Step 1] 그의 일은 N이다. [Step 2] 그의 일은 한국어를 영어로 번역하는 것이다.
Voca job 명 일, 직업 translate 동 번역하다
해설 [축약형 꼬리표, 명사덩어리] to-v구(to ~ English)는 3마디 보어로 쓰였다.

● Further Study 〈동사원형에 대한 이해〉

- to부정사가 3마디에서 주격보어로 주어와 동격관계로 사용될 수 있다. 이때 간혹 to가 생략되고 동사원형만 남기도 한다.
- ex)에서 All you have to do는 '당신이 해야하는 모든 것'의 뜻으로 말하는 사람의 개인적인 판단이 포함되어 있다. 개인적인 판단의 경우 불확실성을 포함하고 있기 때문에 이 경우 동사원형과 함께 사용하는 경우가 많다.

    ex) All | you | have to do | is | (to) do | your best. (당신이 해야할 일이라고는 최선을 다하는 것이다.)
        ①   1   2   2   ❷   ③
                                 3

<Tip> '동사원형'은 동사에서 시제변화(과거, 현재, 현재분사, 과거분사)를 제외한 원래의 형태를 말한다. 동사에 시제가 있으면 사실관계를 명확하게 나타내지만 시제가 없는 동사원형을 사용하면 '불확실성'을 나타내게 된다.

  1) 「조동사 + 동사원형」 : 조동사는 생각의 영역을 나타내기 때문에 불확실성을 항상 포함하고 있으므로 동사원형이 뒤에 옴.
    ex1) You | can do | it. (너는 할 수 있어.)
           1   2   3

  2) 명령문 : 명령한 내용을 듣는 사람이 할지, 안 할지 불확실성을 포함하고 있으므로 명령문은 동사원형으로 시작함.
    ex2) Clean | your room. (네 방을 청소해라.)
           2   3

  3) 주장, 제안, 요구, 명령동사 + that + S + V(동사원형) : 주장, 제안, 요구, 명령의 경우 상대방이 그것을 받아들일지 여부에 대한 불확실성이 포함되어 있기 때문에 동사원형이 함께 사용됨. (should + 동사원형에서 should가 생략되고 동사원형만 남음)
    - 주장, 제안, 요구, 명령 동사 : insist(주장하다), suggest(제안하다), propose(제안하다), ask(요청하다), demand(요구하다), command(명령하다), recommend(추천하다) 등
    ex3) I | suggest | that | you | postpone | the meeting. (나는 네가 회의를 연기할 것을 제안한다.)
         1   2   3

  4) 중요성, 필요성의 감정형용사 + that + S + V(동사원형) : 중요성, 필요성을 나타내는 감정형용사의 경우 말하는 사람은 중요하고 필요하다고 생각하지만 듣는 사람은 그와 다를 수 있는 불확실성을 포함하고 있기 때문에 동사원형과 함께 사용됨.
    - 중요성, 필요성의 감정형용사: essential(필수적인), important(중요한), necessary(필요한), urgent(긴급한), vital(필수적인), mandatory(필수적인), reasonable(합리적인), critical(중요한) 등
    ex4) It | is necessary | that | you | see | a dentist. (너는 치과에 갈 필요가 있다.)
       (1)   2   1

19-A 「uS+to-v」구 꼬리표 (1마디 의미상주어: for / of + 목적격)

*의미상 주어 : understood Subject

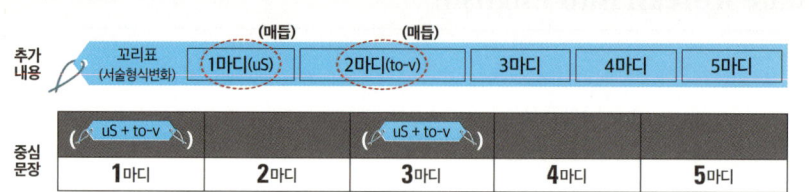

- to-v구 꼬리표의 의미상 주어는 "for+목적격"을 원칙으로 한다.
- 다만, to-v구 꼬리표가 중심문장의 3마디 목적어로 올 때는 "for" 없이 "목적격"만 사용한다.
- 가주어 it구문에서 2마디에 '사람의 성질, 성품, 태도' 등을 나타내는 형용사가 올 때 for 대신 of를 사용한다.
  - 성질, 성품, 태도 형용사 : nice(좋은), kind(친절한), good(좋은), bad(나쁜), smart(똑똑한), stupid(어리석은), generous(관대한), clever(영리한), wise(현명한), careful(조심스러운), careless(부주의한), polite(예절 바른), rude(무례한) 등

155 It is easy for Koreans to learn Japanese.

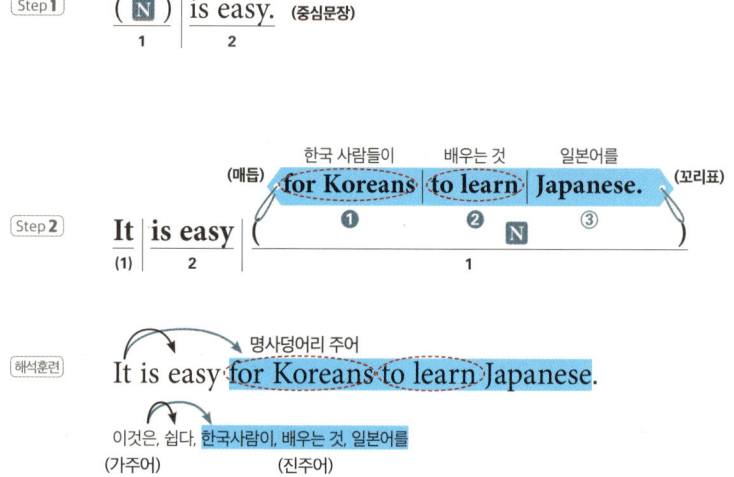

해 석
N은 쉽다.

Voca
Japanese 명 일본어, 일본인 형 일본의

1마디 주어가 길어서 뒤로 보내고 그 자리에 가주어 it을 사용함. Koreans 앞에 사용된 for는 일반적인 전치사용법이 아니라 to learn의 의미상 주어를 나타내기 위해 사용됨.
한국사람이 일본어를 배우는 것은 쉽다.

매듭 해설

- ex1)처럼 「uS + to-v구 꼬리표가 중심문장 1마디(주어)에 쓰일 경우 ex2)처럼 가주어 It을 사용해 「It ~ for... to-v~」로 쓸 수 있다. ex3)은 성질, 성품, 태도 형용사와 함께 of가 사용된 경우이며, ex4)는 중심문장의 3마디에서 for가 생략된 경우이다.

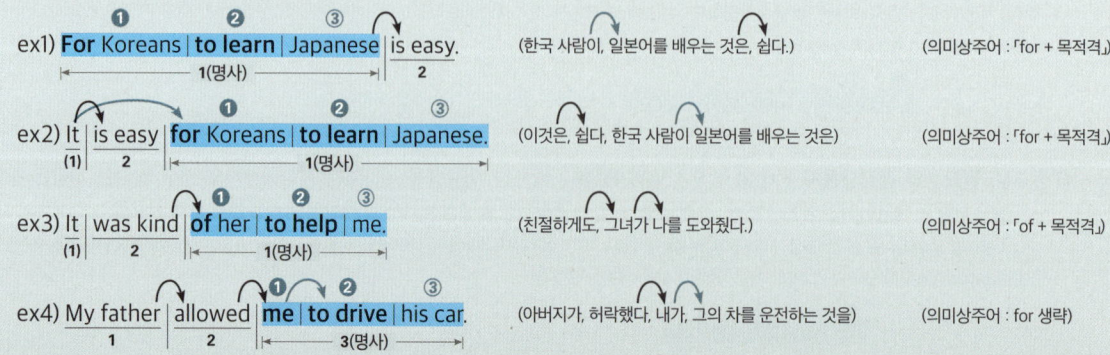

PART 2 명사자리 매듭 · 꼬리표 훈련   19-A. 「uS+to-v」구 꼬리표   101

156 It's wonderful for me to have many siblings.

Step 1 (N) is wonderful.

Step 2 It | is wonderful | (for me | to have | many siblings.)
(1)   2   ❶ 내가   ❷ 가지는 것   ❸ 많은 형제자매들
                              1

해석 **Step 1** N은 멋진 일이다. **Step 2** 나에게 많은 형제자매가 있다는 것은 멋진 일이다.
Voca sibling 명 형제자매
해설 [축약형 꼬리표, 명사덩어리] 1마디 주어가 길어지면 가주어 It을 남기고 진주어를 뒤로 보낸다. 가주어 It이 있는 「It ~ to-v…」 문장에서 to-v의 의미상 주어는 「for + 목적격」의 형태이다. me와 to have는 주어-서술어 관계이다. 생각을 나타내는 wonderful 때문에 to-v가 잘 어울린다.

157 It is necessary for us to attend the lecture.

Step 1 (N) is necessary.

Step 2 It | is necessary | (for us | to attend | the lecture.)
(1)   2   ❶ 우리가   ❷ 참석하는 것 ❸ 그 강연에
                              1

해석 **Step 1** N은 필요하다. **Step 2** 우리는 그 강연에 참석할 필요가 있다.
Voca attend 통 참석하다   lecture 명 강연
해설 [축약형 꼬리표, 명사덩어리] 1마디 주어가 길어지면 가주어 It을 남기고 진주어를 뒤로 보낸다. 가주어 It이 있는 「It ~ to-v…」 문장에서 to-v의 의미상 주어는 「for + 목적격」의 형태이다. us와 to attend는 주어-서술어 관계이다. 생각을 나타내는 necessary 때문에 to-v가 잘 어울린다.

158 It'll take a couple of weeks for the application to be approved.

Step 1 (N) will take a couple of weeks.

Step 2 It | will take | a couple of weeks | (for the application | to be approved.)
(1)   2   3   ❶ 신청이   ❷ 승인되는 것
                                        1

해석 **Step 1** N은 2주 정도 걸릴 것이다. **Step 2** 신청이 승인되는데 2주 정도 걸릴 것이다.
Voca take 통 시간이 걸리다   a couple of 두서너 개의   application 명 신청[지원](서)   approve 통 승인하다   be approved 승인되다
해설 [축약형 꼬리표, 명사덩어리] 1마디 주어가 길어지면 가주어 It을 남기고 진주어를 뒤로 보낸다. 가주어 It이 있는 「It ~ to-v…」 문장에서 to-v의 의미상 주어는 「for + 목적격」의 형태이다. the application과 to be approved는 주어-서술어 관계이다. 미래를 나타내는 will take 때문에 to-v가 잘 어울린다.

PART 2 명사자리 매듭 · 꼬리표 훈련   19-A. 「uS+to-v」구 꼬리표

159   It cost lots of money for the company to build the aquarium.

Step 1   (**N**) cost lots of money.

Step 2   It | cost | lots of money (for the company ❶ | to build ❷ | the aquarium. ❸)
      (1)   2   3   그 회사가   건설하는 것   수족관을
                                 1

해석   **Step 1** **N**은 많은 돈이 들었다.   **Step 2** 그 회사가 수족관을 짓는데 많은 돈이 들었다.
Voca   cost 동 비용이 들다 (cost - cost)   aquarium 명 수족관
해설   [축약형 꼬리표, 명사덩어리] 1마디 주어가 길어지면 가주어 It을 남기고 진주어를 뒤로 보낸다. 가주어 It이 있는 「It ~ to-v…」 문장에서 to-v의 의미상 주어는 「for+목적격」의 형태이다. the company와 to build는 주어-서술어 관계이다. It cost lots of money(많은 돈이 들었다)에 생각, 판단의 뉘앙스가 포함되어 to-v가 잘 어울린다.

160   It's very kind of you to help us.

Step 1   (**N**) is very kind.

Step 2   It | is very kind (of you ❶ | to help ❷ | us. ❸)
      (1)   2   네가   돕는 것   우리를
                          1

해석   **Step 1** **N**은 매우 친절하다.   **Step 2** 우리를 도와주다니 너는 정말 친절하구나.
해설   [축약형 꼬리표, 명사덩어리] 1마디 주어가 길어지면 가주어 It을 남기고 진주어를 뒤로 보낸다. 가주어 It이 있는 「It ~ to-v…」 문장에서 kind와 같이 성질, 성품, 태도 등을 나타내는 형용사 뒤의 to-v는 「of+목적격」의 형태로 의미상 주어를 쓴다. 성질을 나타내는 kind 때문에 to-v가 잘 어울린다.

161   It is careless of her to have left her umbrella on the bus.

Step 1   (**N**) is careless.

Step 2   It | is careless (of her ❶ | to have left ❷ | her umbrella ❸ | on the bus. ❹❺)
      (1)   2   그녀가   놓아둔 것   그녀의 우산을   버스에
                             1

해석   **Step 1** **N**은 부주의하다.   **Step 2** 우산을 버스에 두고 내리다니 그녀는 부주의하다.
Voca   careless 형 부주의한
해설   [축약형 꼬리표, 명사덩어리] 1마디 주어가 길어지면 가주어 It을 남기고 진주어를 뒤로 보낸다. 가주어 It이 있는 「It ~ to-v…」 문장에서 careless와 같이 성질, 성품, 태도 등을 나타내는 형용사 뒤의 to-v는 「of+목적격」의 형태로 의미상 주어를 쓴다. 또한 기본 문장의 시제보다 이전에 일어난 일은 「to have p.p.」로 나타낼 수 있다. to have left로 표현한 것은 중심문장의 시제인 현재보다 이전인 과거에 일어난 일이라는 것을 나타낸다.

19-B 「uS+to-v」구 꼬리표

*의미상 주어 : understood Subject

(3마디 의미상주어: 목적격)

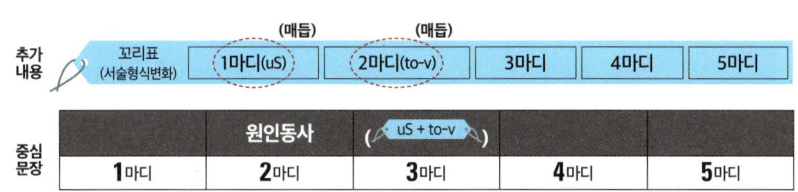

- 원인동사(a causative verb)가 중심문장 2마디에 올 때 3마디 목적어로 「uS+to-v」구 꼬리표」가 자주 등장한다. 3마디에서는 의미상 주어 앞의 for를 생략한다.
  - 원인동사(a causative verb) : 남으로 하여금 어떤 동작을 일으키는 동사
    advise(조언하다), allow(허락하다), **ask**(요청하다), cause(초래하다), **choose**(선택하다), enable(가능케하다), **expect**(기대하다), forbid(금지하다), force(강요하다), **get**(시키다), help(돕다), invite(초대하다), need(필요하다), order(명령하다), permit(허락하다), persuade(설득하다), remind(상기시키다), request(요청하다), require(요구하다), teach(가르치다), tell(말하다), urge(촉구하다), **want**(원하다), warn(경고하다), **wish**(바라다), **would like**(원하다) 등 (*볼드 표시는 의미상 주어가 없이도 자주 사용됨)

162 My father allowed me to drive his car.

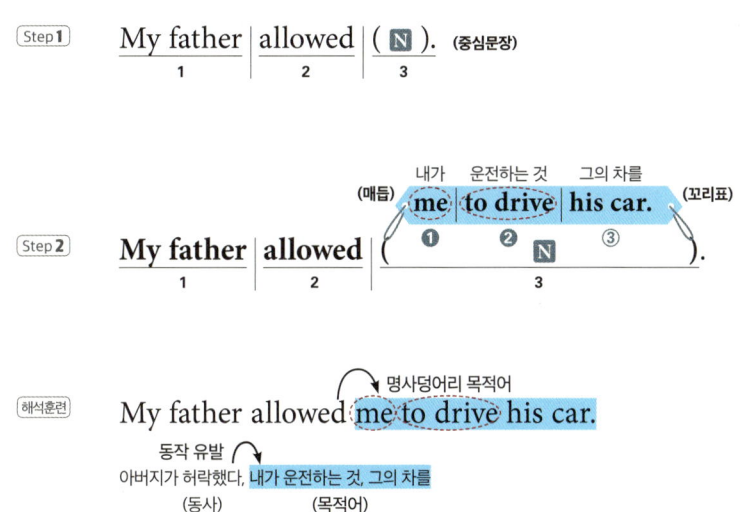

해 석
나의 아버지는 N을 허락했다.

Voca
allow (동) 허락하다

allowed(동사) 다음에 me to drive(uS + to-v)가 온 것을 보고 명사구가 목적어(3마디)로 사용되었음을 파악.

중심문장의 목적어(3마디) 자리에서는 꼬리표의 의미상 주어(me) 앞에 for를 생략함.

아버지는 내가 그의 차를 운전하는 것을 허락했다.

▸ 매듭 해설

- ex1)에서 expected(기대했다)의 주체와 to win(이기는 것)의 주체는 모두 He로 동일하다. ex2)에서 allowed(허락했다)의 주체는 My father인 반면, to drive(운전하는 것)의 주체는 me로 서로 다르다.

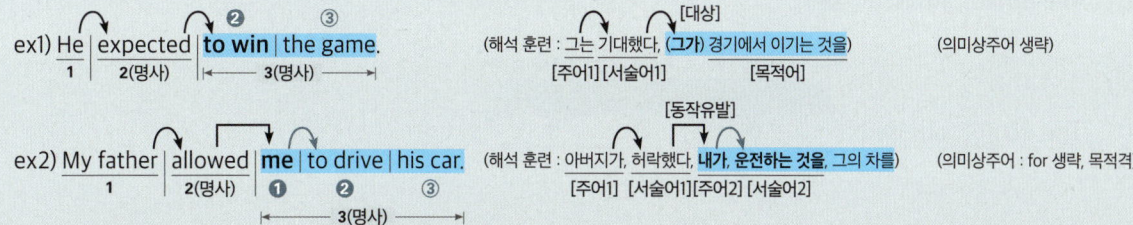

- ex2)에서 '허락했다(allowed)'는 동작은 '누가 ~하는 것을 허락했다'처럼 「원인동사」는 새로운 주체가 새로운 동작을 하게 되는 원인을 제공한다.

163 We didn't expect many clients to make complaints.

Step 1 We didn't expect (N).

Step 2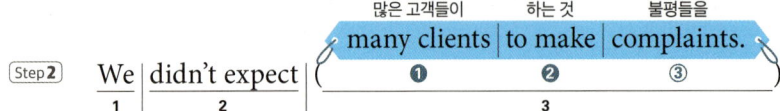

- 해석 **Step 1** 우리는 N을 예상하지 못했다. **Step 2** 우리는 많은 고객들이 불평할 것을 예상하지 못했다.
- Voca expect 통 예상하다, 기대하다   client 명 고객   complaint 명 불평   make complaints 불평하다
- 해설 [축약형 꼬리표, 명사덩어리] 3마디 목적어 자리에서 의미상주어 many clients 앞에 for는 생략한다. many clients와 to make complaints는 주어-서술어 관계이다. 동사 expect는 '예상'을 의미하므로 to-v와 잘 어울린다.

164 I asked Julie to wait for a while.

Step 1 I asked (N).

Step 2

- 해석 **Step 1** 나는 N을 요청했다. **Step 2** 나는 Julie에게 잠시 동안 기다려 달라고 요청했다.
- Voca for a while 잠시 동안
- 해설 [축약형 꼬리표, 명사덩어리] 3마디 목적어 자리에서 의미상주어 Julie 앞에 for는 생략한다. Julie와 to wait는 주어-서술어 관계이다. 동사 asked는 새로운 주체(Julie)가 새로운 동작(to wait)을 하도록 원인을 제공한다.

165 The doctor advised his patient to take a rest.

Step 1 The doctor advised (N).

Step 2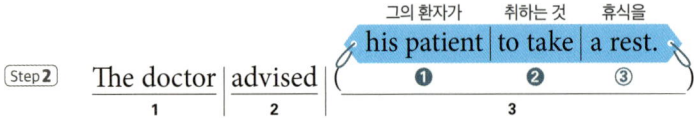

- 해석 **Step 1** 의사는 N을 조언했다. **Step 2** 의사는 그의 환자에게 휴식을 취하라고 조언했다.
- Voca advise 통 조언하다, 충고하다   take a rest 휴식을 취하다
- 해설 [축약형 꼬리표, 명사덩어리] 3마디 목적어 자리에서 의미상주어 his patient 앞에 for는 생략한다. his patient와 to take a rest는 주어-서술어 관계이다. 동사 advised는 새로운 주체(his patient)가 새로운 동작(to take)을 하도록 원인을 제공한다.

PART 2 명사자리 매듭 · 꼬리표 훈련　19-B. 「uS+to-v」구 꼬리표　105

166　The heavy rain caused me to miss the train.

Step 1　The heavy rain caused (N).

Step 2　The heavy rain | caused | (me | to miss | the train.)
　　　　　　　1　　　　　　2　　　①　　②　　　③
　　　　　　　　　　　　　　　　　　내가　놓치는 것　그 열차를
　　　　　　　　　　　　　　　　　　　　　　3

해석　**Step 1** 폭우가 N을 야기했다.　**Step 2** 폭우로 인해 나는 기차를 놓쳤다.
Voca　heavy rain 폭우　cause 동 야기하다　miss 동 놓치다
해설　[축약형 꼬리표, 명사덩어리] 3마디 목적어 자리에서 의미상주어 me 앞에 for는 생략한다. me와 to miss는 주어-서술어 관계이다. 동사 caused는 새로운 주체(me)가 새로운 동작(to miss)을 하도록 원인을 제공한다.

167　I told Tim to be careful.

Step 1　I told (N).

Step 2　I | told | (Tim | to be careful.)
　　　　　1　　2　　　①　　　②
　　　　　　　　　　　팀이　조심하는 것
　　　　　　　　　　　　　　3

해석　**Step 1** 나는 N을 말했다.　**Step 2** 나는 Tim에게 조심하라고 말했다.
Voca　careful 형 조심하는, 주의 깊은
해설　[축약형 꼬리표, 명사덩어리] 3마디 목적어 자리에서 의미상주어 Tim 앞에 for는 생략한다. Tim과 to be careful은 주어-서술어 관계이다. 동사 told는 ordered(명령했다)의 의미로 새로운 주체(Tim)가 새로운 상태(to be careful)를 하도록 원인을 제공한다.

168　I want him to apologize.

Step 1　I want (N).

Step 2　I | want | (him | to apologize.)
　　　　　1　　2　　　①　　　②
　　　　　　　　　　그가　사과하는 것
　　　　　　　　　　　　　3

해석　**Step 1** 나는 N을 원한다.　**Step 2** 나는 그가 사과하기를 원한다.
Voca　apologize 동 사과하다
해설　[축약형 꼬리표, 명사덩어리] 3마디 목적어 자리에서 의미상주어 him 앞에 for는 생략한다. him과 to apologize는 주어-서술어 관계이다. 동사 want는 새로운 주체(him)가 새로운 동작(to apologize)을 하도록 원인을 제공한다.

169 He encourages his students to set high goals.

Step 1 He encourages (N).

Step 2 He | encourages (his students | to set | high goals.)
　　　　　　1　　2　　　　❶　　　　❷　　　　③
　　　　　　　　　　　　　　　　　3
　　　　　　　　　　그의 학생들이　세우는 것　높은 목표를

해석　**Step 1** 그는 N을 격려한다.　**Step 2** 그는 그의 학생들이 높은 목표를 세우도록 격려한다.
Voca　encourage 통 격려하다, 권장하다　set a goal 목표를 세우다
해설　[축약형 꼬리표, 명사덩어리] 3마디 목적어 자리에서 의미상주어 his students 앞에 for는 생략한다. his students와 to set은 주어-서술어 관계이다. 동사 encourages는 새로운 주체(his students)가 새로운 동작(to set)을 하도록 원인을 제공한다.

170 Julie got her son to wash the dishes.

Step 1 Julie got (N).

Step 2 Julie | got (her son | to wash | the dishes.)
　　　　　　1　　2　　❶　　　　❷　　　　③
　　　　　　　　　　　　　　　3
　　　　　　　　그녀의 아들이　씻는 것　접시를

해석　**Step 1** Julie는 N을 시켰다.　**Step 2** Julie는 그녀의 아들에게 설거지를 시켰다.
Voca　get 통 ~하게 하다　wash the dishes 설거지를 하다
해설　[축약형 꼬리표, 명사덩어리] 3마디 목적어 자리에서 의미상주어 her son 앞에 for는 생략한다. her son과 to wash는 주어-서술어 관계이다. 동사 got은 '시켰다'의 의미로 새로운 주체(her son)가 새로운 동작(to wash)을 하도록 원인을 제공한다.

171 The robber forced him to hand over the cash.

Step 1 The robber forced (N).

Step 2 The robber | forced (him | to hand over | the cash.)
　　　　　　　1　　　　2　　　❶　　　　❷　　　　　③
　　　　　　　　　　　　　　　　　　　3
　　　　　　　　　　　　　그가　넘겨주는 것　현금을

해석　**Step 1** 강도는 N을 강요했다.　**Step 2** 강도는 그에게 현금을 내놓으라고 강요했다.
Voca　robber 명 강도　force 통 강요하다　hand over 넘겨주다　cash 명 현금, 돈
해설　[축약형 꼬리표, 명사덩어리] 3마디 목적어 자리에서 의미상주어 him 앞에 for는 생략한다. him과 to hand over는 주어-서술어 관계이다. 동사 force는 새로운 주체(him)가 새로운 동작(to hand over)을 하도록 원인을 제공한다.

172 | Please remind me to shut the door.

Step 1 Please remind (N).

Step 2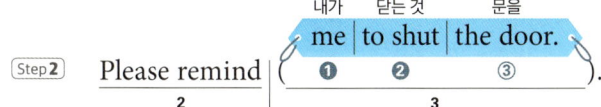

해석 [Step1] N을 꼭 상기시켜줘. [Step2] 나에게 문을 닫으라고 꼭 상기시켜줘.
Voca remind 통 상기시키다   shut 통 (문 등을) 닫다 (shut - shut)
해설 [축약형 꼬리표, 명사덩어리] 3마디 목적어 자리에서 의미상주어 me 앞에 for는 생략한다. me와 to shut은 주어-서술어 관계이다. 동사 remind는 새로운 주체(me)가 새로운 동작(to shut)을 하도록 원인을 제공한다.

173 | I would like you to be quiet.

Step 1 I would like (N).

Step 2 I | would like | (you | to be quiet.).
              1   2   ①   ②
                                    3

해석 [Step1] 나는 N이었으면 좋겠어. [Step2] 나는 네가 조용히 했으면 좋겠어.
해설 [축약형 꼬리표, 명사덩어리] 3마디 목적어 자리에서 의미상주어 you 앞에 for는 생략한다. you 앞에 for와 to be quiet는 주어-서술어 관계이다. 동사 would like는 새로운 주체(you)가 새로운 상태(to be quiet)를 하도록 원인을 제공한다.

20 「의문사wh+to-v」구 꼬리표 (의문사+to부정사)

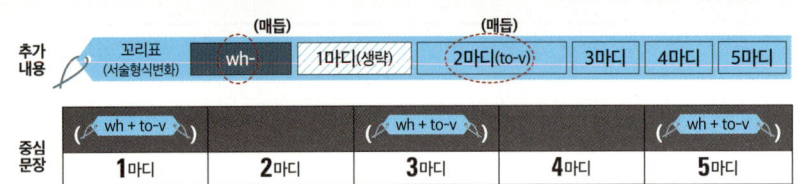

매듭유형
축약형, 무시제동사, 1마디 생략, wh 추가.

매듭위치
중심문장의 1/3/5마디 가능.

- "#17.「의문사wh」절 꼬리표"를 축약하면 "#20.「의문사wh+to-v」구 꼬리표"가 된다.
- 축약 과정에서 일반적으로 접속사는 생략되지만 의문사(wh-)는 의문의 내용을 포함하기 때문에 생략하지 않고 나타낸다.
- "#20.「의문사wh + to-v」구 꼬리표"는 "의문의 뜻"으로 해석된다.

구분	의문의 뜻	구분	의문의 뜻
who+to-v	누가(누구를) ~하는지	where+to-v	어디에서 ~하는지
which+to-v	어떤 것이(을) ~하는지	when+to-v	언제 ~하는지
what+to-v	어떤 것이(을) ~하는지	how+to-v	어떻게(얼마나) ~하는지
whether+to-v	~할지	why+to-v	왜 ~하는지

174 What to order in a French restaurant can be difficult.

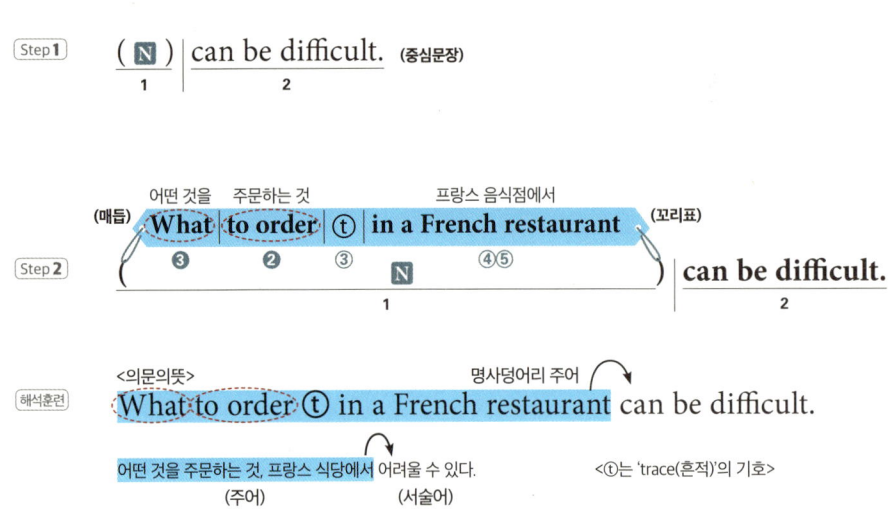

해석
N은 어려울 수 있다.

Voca
order 동 주문하다

what to order가 제일 먼저 나온 것을 보고 명사구가 주어(1마디)로 사용되었음을 파악. what은 order의 목적어(ⓣ)에 대한 의문대명사 역할을 함.

프랑스 식당에서 어떤 것을 주문해야 할지는 어려울 수 있다.

◆ 매듭 해설

- ex1)에서 주어 we를 생략하고, 의문사(what)가 주관성(생각, 불확실성)을 포함하고 있어서 'order'를 'to order'로 전환하여 ex2)로 축약할 수 있다.

ex1) What | we | should order | ⓣ | in a French restaurant | can be difficult. (어떤 것을, 우리가, 주문해야 한다, ~, (그것은) 어려울 수 있다.)

ex2) What | to order | ⓣ | in a French restaurant | can be difficult. (어떤 것을, 주문해야 하는 것, ~, (그것은) 어려울 수 있다.)

175 Good parents know when to say no.

Step 1 Good parents know (N).

Step 2

해 석 **Step 1** 훌륭한 부모는 N을 안다. **Step 2** 훌륭한 부모는 언제 '아니'라고 얘기해야 하는지를 안다.
해 설 [축약형 꼬리표, 명사덩어리] when to say는 간접의문문 when they should say로 바꿔 쓸 수 있으며, when은 ⓣ에 대한 의문의 뜻으로 해석된다.

176 How to spend money is of great importance.

Step 1 (N) is of great importance.

Step 2 어떻게 / 쓰는 것 / 돈을
How | to spend | money | ⓣ   is | of great importance.
❹❺   ❷   ❸   ❹❺   2   4/5
         1

해 석 **Step 1** N은 매우 중요하다. **Step 2** 돈을 어떻게 쓰는지는 매우 중요하다.
Voca of importance 중요한(= important) great 많은, 엄청난
해 설 [축약형 꼬리표, 명사덩어리] How to spend는 간접의문문 How we should spend로 바꿔 쓸 수 있으며, How는 ⓣ에 대한 의문의 뜻으로 해석된다.

177 Which job to have is my biggest concern these days.

Step 1 (N) is my biggest concern these days.

Step 2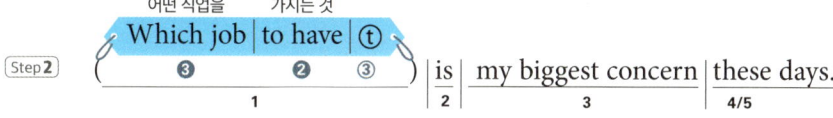

해 석 **Step 1** N은 요즘 나의 가장 큰 걱정거리이다. **Step 2** 어떤 직업을 가져야 하는지가 요즘 나의 가장 큰 걱정거리이다.
Voca concern 명 걱정, 관심사 these days 요즘에는
해 설 [축약형 꼬리표, 명사덩어리] Which job to have는 간접의문문 Which job I should have로 바꿔 쓸 수 있으며, which job은 ⓣ에 대한 의문의 뜻으로 해석된다.

PART 2 명사자리 매듭·꼬리표 훈련   20. 「의문사 wh+to-v」구 꼬리표

178 | I don't know who to ask for help.

Step 1 I don't know (N).

Step 2 I | don't know | (who | to ask | ⓣ | for help.)
         1   2   ❸   ❷   ❸   ❹❺
                                  3

해석 Step 1 나는 N을 모르겠다.   Step 2 나는 누구에게 도움을 요청할지 모르겠다.
Voca ask for ~을 요청하다
해설 [축약형 꼬리표, 명사덩어리] who to ask는 간접의문문 who I should ask로 바꿔 쓸 수 있으며, who는 ⓣ에 대한 의문의 뜻으로 해석된다.

179 | This app shows where to park cars.

Step 1 This app shows (N).

Step 2 This app | shows | (where | to park | cars | ⓣ.)
           1   2   ❹❺   ❷   ❸   ❹❺
                                  3

해석 Step 1 이 앱은 N을 보여준다.   Step 2 이 앱은 어디에 주차해야 하는지를 보여준다.
Voca app 명 앱, 어플리케이션   park 동 주차하다 명 공원
해설 [축약형 꼬리표, 명사덩어리] where to park cars는 간접의문문 where we should park cars로 바꿔쓸 수 있으며, where는 ⓣ에 대한 의문의 뜻으로 해석된다.

180 | Mom taught me how to cook delicious spaghetti.

Step 1 Mom taught me (N).

Step 2 Mom | taught | me | (how | to cook | delicious spaghetti | ⓣ.)
         1   2   (3)   ❹❺   ❷   ❸   ❹❺
                                       3

해석 Step 1 엄마는 나에게 N을 가르쳐 주셨다.   Step 2 엄마는 나에게 어떻게 맛있는 스파게티를 요리하는지를 가르쳐 주셨다.
Voca spaghetti 명 스파게티
해설 [축약형 꼬리표, 명사덩어리] how to cook은 간접의문문 how I can cook으로 바꿔 쓸 수 있으며, how는 ⓣ에 대한 의문의 뜻으로 해석된다.

181 Tim was at a loss for what to say next.

Step 1 Tim was at a loss for (N).

Step 2 Tim | was | at a loss | for | (what | to say | ⓣ | next.)

해 석 **Step 1** Tim은 N에 대해 어쩔 줄 몰랐다. **Step 2** Tim은 다음에 무슨 말을 해야 할지 몰랐다.
Voca at a loss 어쩔 줄 모르는
해 설 [축약형 꼬리표, 명사덩어리] what to say는 간접의문문 what he should say로 바꿔 쓸 수 있으며, what은 ⓣ에 대한 의문의 뜻으로 해석된다.

182 I came up with for how to be an ally to my wife.

Step 1 I came up with for (N).

Step 2 I | came up with | for | (how | to be | an ally | to my wife | ⓣ.)

해 석 **Step 1** 나는 N을 위해 생각해냈다. **Step 2** 나는 어떻게 아내와 같은 편이 될 수 있는지를 생각해냈다.
Voca come up with 생각해내다, 제안하다   ally ⑲ 동맹국, 협력자
해 설 [축약형 꼬리표, 명사덩어리] how to be an ally to my wife는 간접의문문 how I can be an ally to my wife로 바꿔 쓸 수 있으며, how는 ⓣ에 대한 의문의 뜻으로 해석된다.

21-A 「보충술어 to-v」구 꼬리표 (수동태+to부정사)

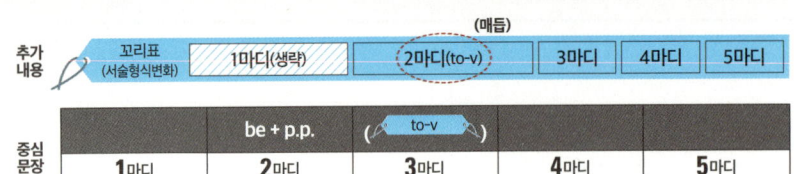

- 3마디에 "#19. 「uS + to-v」구 꼬리표"가 포함한 중심문장을 수동태로 바꾸면, 의미상주어(uS)가 주어로 상승하고 to-v구만 남는다.
- 「S + be p.p. + to-v」구조에서 「to-v」가 p.p.(과거분사)를 꾸며주는 관점으로 보면 "부사적 용법"이 되지만, 잉글맵에서는 "to-v구 꼬리표"가 3마디(보어)에 있는 명사덩어리이면서, 동사적으로 해석되어 "보충술어to-v구"로 부르고자 한다.
- 「S + be p.p. + to-v」구조에서 "S"는 "be + p.p."의 「주어」이면서, 동시에 "to-v구 꼬리표"의 「의미상 주어」 역할을 한다.

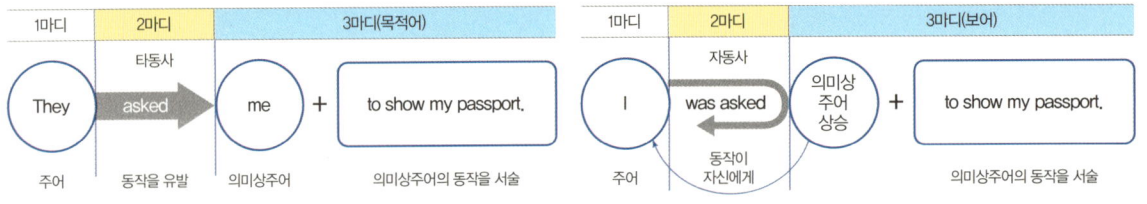

183 Applicants are asked to send their resumes.

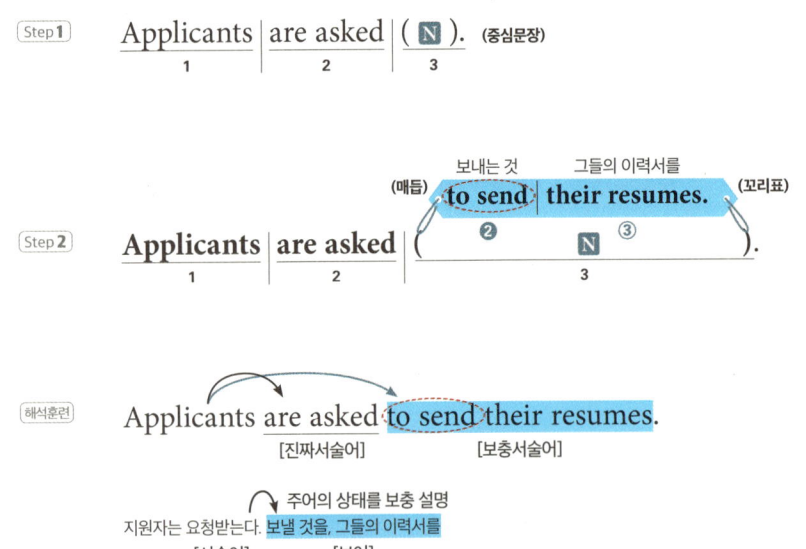

해석
지원자들은 N을 요구받는다.

Voca
applicant 몡 지원자
be asked 요청받다
resume 몡 이력서

수동태인 are asked 다음에 to send가 온 것을 보고 to부정사가 3마디에 보충서술어로 사용되었음을 파악.

지원자들은 그들의 이력서를 보내 줄 것을 요청 받는다.

◀ 매듭 해설

- ex1)에서 수동태가 되면서 to send의 의미상 주어 Applicants가 문장 앞으로 상승하였다. 그래서 결과적으로 Applicants는 2개의 서술어를 가지게 된다.

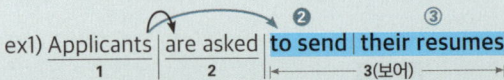 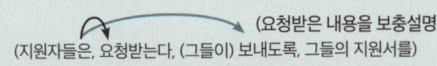

184 He is advised to go on a strict diet.

Step 1 He is advised (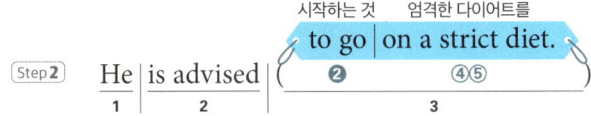).

Step 2 He | is advised | (to go | on a strict diet.)
  1   2   ❷   ④⑤
                          3

해석 **Step 1** 그는 N을 조언받는다. **Step 2** 그는 엄격한 다이어트를 시작하라고 조언받는다.
Voca advise ⑧ 충고하다   be advised 조언받다   go on a diet 다이어트를 시작하다   strict ⑧ 엄격한
해설 [축약형 꼬리표, 보충서술어 꼬리표] He는 to go의 의미상 주어였으나 수동태가 되는 과정에서 주어로 상승하였다. 꼬리표는 '조언받는(is advised)' 내용이 무엇인지를 보충 설명해준다.

185 The kids were told to behave themselves.

Step 1 The kids were told (N).

Step 2 The kids | were told | (to behave | themselves.)
  1   2   ❷   ③
                              3

해석 **Step 1** 아이들은 N하라고 말을 들었다. **Step 2** 아이들은 예절 바르게 행동하라고 말을 들었다.
Voca be told 말을 듣다, 당부받다   behave oneself 예절 바르게 행동하다
해설 [축약형 꼬리표, 보충서술어 꼬리표] The kids는 to behave의 의미상 주어였으나 수동태가 되는 과정에서 주어로 상승하였다. 꼬리표는 '말을 들은(were told)' 내용이 무엇인지를 보충 설명해준다.

186 We are required to wear uniforms at school.

Step 1 We are required ().

Step 2 We | are required | (to wear | uniforms | at school.)
  1   2   ❷   ③   ④⑤
                         3

해석 **Step 1** 우리는 N하도록 요구된다. **Step 2** 우리는 학교에서 교복을 입도록 요구된다. (교복을 입어야 한다)
Voca require ⑧ 요구하다   be required 요구되다   uniform ⑲ 교복, 제복
해설 [축약형 꼬리표, 보충서술어 꼬리표] We는 to wear의 의미상 주어였으나 수동태가 되는 과정에서 주어로 상승하였다. 꼬리표는 '요구되는(are required)' 내용이 무엇인지를 보충 설명해준다.

187 | We are encouraged to use our imagination.

Step 1 We are encouraged (N).

Step 2 We | are encouraged (to use | our imagination.)
　　　　　1　　　2　　　　　❷　　　　　③
　　　　　　　　　　　　　　　　3
　　　　　　　　　　　사용하도록　우리의 상상력을

해석　**Step 1** 우리는 N을 권장받는다.　**Step 2** 우리는 상상력을 발휘하도록 권장받는다.
Voca　encourage ⑧ 권장하다　be encouraged 권장받다　imagination ⑨ 상상력
해설　[축약형 꼬리표, 보충서술어 꼬리표] We는 to use의 의미상 주어였으나 수동태가 되는 과정에서 주어로 상승하였다. 꼬리표는 '권장되는(are encouraged)' 내용이 무엇인지를 보충 설명해준다.

188 | He was persuaded to give up his idea.

Step 1 He was persuaded (N).

Step 2 He | was persuaded (to give up | his idea.)
　　　　　1　　　2　　　　　❷　　　　　③
　　　　　　　　　　　　　　　　3
　　　　　　　　　　　포기하도록　그의 생각을

해석　**Step 1** 그는 N하도록 설득되었다.　**Step 2** 그는 그의 생각을 포기하도록 설득되었다.
Voca　persuade ⑧ 설득하다　be persuaded 설득받다　give up 포기하다
해설　[축약형 꼬리표, 보충서술어 꼬리표] He는 to give up의 의미상 주어였으나 수동태가 되는 과정에서 주어로 상승하였다. 꼬리표는 '설득된(was persuaded)' 내용이 무엇인지를 보충 설명해준다.

189 | She is said to be a good doctor.

Step 1 She is said (N).

Step 2 She | is said (to be | a good doctor.)
　　　　　1　　2　　　　　❷　　　　　③
　　　　　　　　　　　　　　　3
　　　　　　　　　　　~이라고　좋은 의사

해석　**Step 1** 그녀는 N이라고 한다.　**Step 2** 그녀는 좋은 의사라고 한다.
Voca　be said ~라고 한다
해설　[축약형 꼬리표, 보충서술어 꼬리표] She는 to be의 의미상 주어였으나 수동태가 되는 과정에서 주어로 상승하였다. 꼬리표는 '말해지는(is said)' 내용이 무엇인지를 보충 설명해 준다.

PART 2 명사자리 매듭·꼬리표 훈련   21-A. 「보충술어to-v」구 꼬리표

190 He is said to have made a fortune in oil.

Step 1 He is said (N).

Step 2 He | is said (to have made | a fortune | in oil.)
　　　　　　 1　　2　　　❷　　　　　③　　　　　④⑤
　　　　　　　　　　　　　　　　　　3
　　　　　　　　　　벌었다고　　많은 돈을　　석유 산업에서

해 석 [Step 1] 그는 N이라고 한다. [Step 2] 그는 석유 산업에서 많은 돈을 벌었다고 한다.
Voca make a fortune 많은 돈을 벌다   oil 몡 석유
해 설 [축약형 꼬리표, 보충서술어 꼬리표] to부정사(to-v)에서 기본 문장의 시제보다 앞선 시제를 나타낼 때에는 「to have p.p.」로 나타낸다. He는 to have made의 의미상 주어였으나 수동태가 되는 과정에서 주어로 상승하였다. 꼬리표는 '말해지는(is said)' 내용이 무엇인지를 보충 설명해준다.

191 The construction is expected to cause traffic congestion.

Step 1 The construction is expected (N).

Step 2 The construction | is expected (to cause | traffic congestion.)
　　　　　　　1　　　　　　　　2　　　　　❷　　　　　③
　　　　　　　　　　　　　　　　　　　　　　　3
　　　　　　　　　　　　　　　야기할 것으로　　교통 혼잡을

해 석 [Step 1] 그 공사는 N할 것으로 예상된다. [Step 2] 그 공사는 교통 혼잡을 초래할 것으로 예상된다.
Voca be expected 예상되다   construction 몡 건설, 공사   cause 동 야기하다   traffic congestion 교통 혼잡
해 설 [축약형 꼬리표, 보충서술어 꼬리표] The construction은 to cause의 의미상 주어였으나 수동태가 되는 과정에서 주어로 상승하였다. 꼬리표는 '예상되는(is expected)' 내용이 무엇인지를 보충 설명해준다.

192 The planet is believed to have Earth-like conditions.

Step 1 The planet is believed (N).

Step 2 The planet | is believed (to have | Earth-like conditions.)
　　　　　　　1　　　　　2　　　　　❷　　　　③
　　　　　　　　　　　　　　　　　　　　3
　　　　　　　　　　　　가지고 있는 것으로　　지구 같은 환경을

해 석 [Step 1] 그 행성은 N으로 생각된다. [Step 2] 그 행성은 지구와 같은 환경을 가지고 있는 것으로 생각된다.
Voca be believed 생각되다   planet 몡 행성   condition 몡 환경
해 설 [축약형 꼬리표, 보충서술어 꼬리표] The planet은 to have의 의미상 주어였으나 수동태가 되는 과정에서 주어로 상승하였다. 꼬리표는 '생각되는(is believed)' 내용이 무엇인지를 보충 설명해준다.

193　Sea turtles are thought to use Earth's magnetic field for navigation.

Step 1　Sea turtles are thought (N).

Step 2
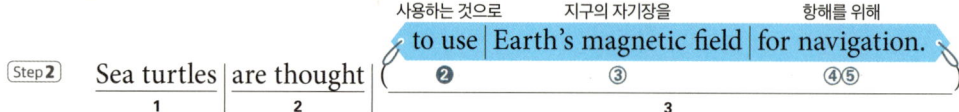

해석　**Step 1** 바다거북은 N하는 것으로 생각된다.　**Step 2** 바다거북은 길을 찾기 위해 지구의 자기장을 이용하는 것으로 생각된다.
Voca　sea turtle 바다거북　magnetic field 자기장　navigation 명 항해
해설　[축약형 꼬리표, 보충서술어 꼬리표] Sea turtles는 to use의 의미상 주어였으나 수동태가 되는 과정에서 주어로 상승하였다. 꼬리표는 '생각되는(are thought)' 내용이 무엇인지를 보충 설명해준다.

194　The zoo is well known to be the largest in the world.

Step 1　The zoo is well known (N).

Step 2
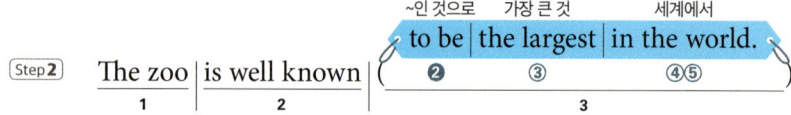

해석　**Step 1** 그 동물원은 N으로 잘 알려져 있다.　**Step 2** 그 동물원은 세계에서 가장 큰 것으로 잘 알려져 있다
해설　[축약형 꼬리표, 보충서술어 꼬리표] The zoo는 to be의 의미상 주어였으나 수동태가 되는 과정에서 주어로 상승하였다. 꼬리표는 '잘 알려진(is well known)' 내용이 무엇인지를 보충 설명해준다.

195　The atmosphere was felt to be calm.

Step 1　The atmosphere was felt (N).

Step 2
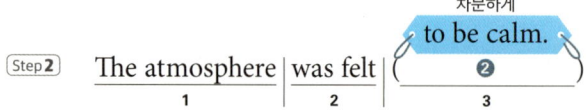

해석　**Step 1** 분위기가 N하게 느껴졌다.　**Step 2** 분위기가 차분하게 느껴졌다.
Voca　atmosphere 명 분위기　calm 형 차분한
해설　[축약형 꼬리표, 보충서술어 꼬리표] feel과 같은 지각동사가 쓰인 문장 「S+지각동사+목적어+목적보어(동사원형)」 구문이 수동의 뜻으로 전환되면 「S(능동형 문장의 목적어)+be p.p.+목적보어」의 형태가 된다. 따라서 동사는 수동형인 be felt로 바뀌며, 이때 목적보어는 생략되었던 to가 살아나서 to-v 형태로 전환된다. 꼬리표는 '느껴진(was felt)' 내용이 무엇인지를 보충 설명해준다.

PART 2 명사자리 매듭 · 꼬리표 훈련   21-A. 「보충술어to-v」구 꼬리표

196 The injured man was made to lie down for treatment.

Step 1) The injured man was made (N).

Step 2) The injured man | was made | to lie down for treatment.
　　　　　　　　1　　　　　2　　　　눕도록　　치료를 위해
　　　　　　　　　　　　　　　　　　❷　　　　　④⑤
　　　　　　　　　　　　　　　　　　　　　3

해석　**Step 1)** 부상당한 남자는 N하도록 되었다.　**Step 2)** 부상당한 남자는 치료를 위해 눕혀졌다.
Voca　injured 휑 다친, 부상을 입은　lie down 눕다　treatment 몡 치료
해설　[축약형 꼬리표, 보충서술어 꼬리표] '~하게 하다'의 뜻인 사역동사 make가 들어간 문장 「S+make+목적어+목적보어(동사원형)」 구문이 수동의 뜻으로 전환되면 「S(능동형 문장의 목적어)+be p.p.+목적보어」의 형태가 된다. 따라서 동사는 수동형인 be made로 바뀌며, 이때 목적보어(동사원형)는 to-v 형태로 전환된다. 꼬리표는 '되어진(was made)' 상태가 무엇인지를 보충 설명해준다.

197 We aren't allowed to take pictures here.

Step 1) We aren't allowed (N).

Step 2) We | aren't allowed | to take pictures here.
　　　　　　1　　　2　　　　　찍는 것이　사진을　여기에서
　　　　　　　　　　　　　　　　❷　　　　③　　　④⑤
　　　　　　　　　　　　　　　　　　　3

해석　**Step 1)** 우리는 N하는 것이 허락되지 않는다.　**Step 2)** 우리는 여기에서 사진을 찍는 것이 허락되지 않는다.
Voca　allow 동 허락하다　be allowed 허락되다　take pictures 사진을 찍다
해설　[축약형 꼬리표, 보충서술어 꼬리표] We는 to take pictures의 의미상 주어였으나 수동태가 되는 과정에서 주어로 상승하였다. 꼬리표는 '허락되지 않는(aren't allowed)' 내용이 무엇인지를 보충 설명해준다.

21-B 「보충술어to-v」구 꼬리표 (자동사+to부정사)

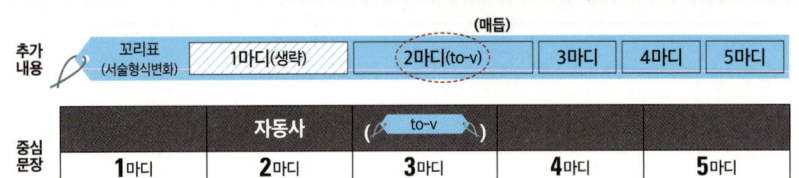

- 「가주어(it)+자동사+진주어(for ~ to-v)」구문에서 의미상 주어가 상승하면 「S + 자동사 + 보어(to-v)」로 전환된다.

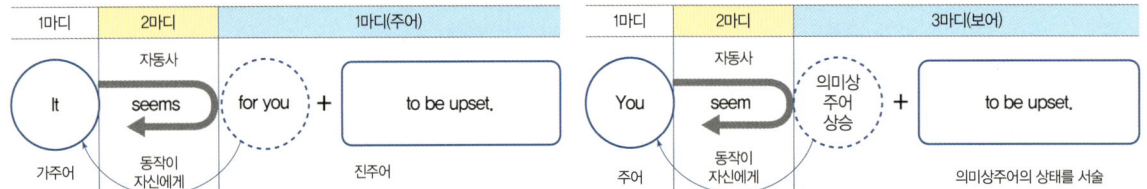

- "S + 자동사 + 「보충술어to-v」구 꼬리표"구문은 자동사 자리에 상태를 나타내는 'Be동사군(유사be동사)'이 올 때 주로 나타난다.
  - 상태를 '유지하다, 지키다' 의미 : be, remain, stay, stand, hold, keep, lie, continue 등
  - 상태를 '인지하여 지속하다' 의미 : seem, look, appear, prove 등
  - 상태가 '변하다' 의미 : become, come, get, fall, go, turn, grow, make 등

「be + to-v」는 예정, 의무, 명령, 의도, 가능, 운명 등의 뜻을 나타낸다.

198 You seem to be upset.

Step 1
You | seem | (N).
 1 | 2 | 3   (중심문장)

Step 2
You | seem | ((매듭) to be upset (꼬리표))
 1 | 2 | 화가 난 것 N²).
           3

[해석훈련]
You seem to be upset.
[진짜서술어] [보충서술어]
주어의 상태를 보충 설명
당신은, ~인 것 같다, 화가 난 것
 (서술어)   (보어)

해석
당신은 N인 것 같다.

Voca
seem 통 ~인 것 같다
upset 형 화난, 속상한

seem(be동사군) 다음에 to-v가 온 것을 보고 주어의 상태를 보충해 주기 위해 3마디에 보충서술어가 사용되었음을 파악.

당신은 화가 난 것 같다.

매듭 해설

- ex1)에서 you는 seem의 주어이면서, 동시에 'to be upset'의 의미상 주어 역할을 한다.

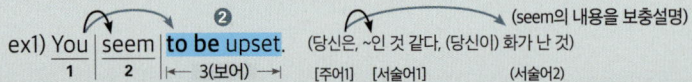

ex1) You seem to be upset. (당신은, ~인 것 같다, (당신이) 화가 난 것)
      1   2   3(보어)   [주어] [서술어] (서술어2)

199 You seem to have gained some weight.

Step 1 You seem (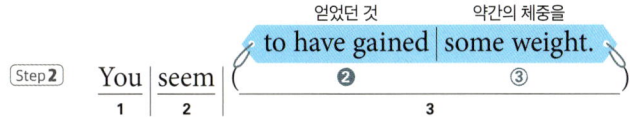).

Step 2
You | seem | (to have gained | some weight.)
1 | 2 | ❷ ③
　　　　　3

얻었던 것 / 약간의 체중을

해석 **Step 1** 너는 N인 것 같다.　**Step 2** 너는 살이 좀 찐 것 같다.
Voca gain 동 얻다　weight 명 체중, 무게
해설 [축약형 꼬리표, 보충서술어 꼬리표] You는 to have gained의 의미상주어였으나 자동사에서 주어 상승으로 인해 중심문장의 주어가 되었다. 완료부정사 「to have p.p.」는 중심문장의 시제보다 한 시제 앞선 것을 나타낸다. 따라서 가주어 It을 사용해 It seems that you gained some weight로 표현할 수 있다.

200 The recent rumor proved to be true.

Step 1 The recent rumor proved (N).

Step 2
The recent rumor | proved | (to be true.)
1 | 2 | ❷
　　　　　3

사실로

해석 **Step 1** 최근의 소문은 N으로 판명되었다.　**Step 2** 최근의 소문은 사실로 판명되었다.
Voca recent 형 최근의　rumor 명 소문　prove 동 증명하다; (~임이) 드러나다
해설 [축약형 꼬리표, 보충서술어 꼬리표] The recent rumor는 to be true의 의미상주어였으나 자동사에서 주어 상승으로 인해 중심문장의 주어가 되었다. 꼬리표는 'proved(판명되었다)'의 내용을 보충 설명한다.

201 The news turned out to be false.

Step 1 The news turned out (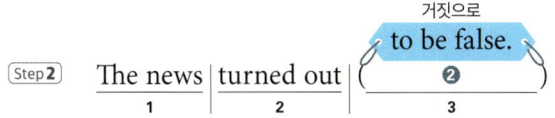).

Step 2
The news | turned out | (to be false.)
1 | 2 | ❷
　　　　　3

거짓으로

해석 **Step 1** 그 소식은 N으로 드러났다.　**Step 2** 그 소식은 거짓으로 밝혀졌다.
Voca turn out (~임이) 드러나다　false 형 거짓의, 틀린
해설 [축약형 꼬리표, 보충서술어 꼬리표] The news는 to be false의 의미상주어였으나 자동사에서 주어 상승으로 인해 중심문장의 주어가 되었다. 꼬리표는 'turned out(판명되었다)'의 내용을 보충 설명한다. 이 문장은 가주어 It을 사용해 It turned out that the news was false.로 표현할 수 있다.

202 | How did you get to know each other?

Step 1 How did you get (N)?

Step 2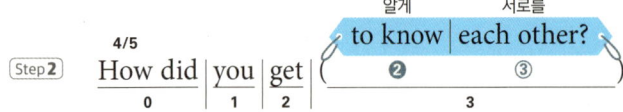

해석 Step 1 너희는 어떻게 N하게 됐니?   Step 2 너희는 어떻게 서로를 알게 됐니?
Voca get to-v: v하게 되다
해설 [축약형 꼬리표, 보충서술어 꼬리표] you는 to know의 의미상 주어였으나 자동사에서 주어 상승으로 인해 중심문장의 주어가 되었다. 꼬리표는 'get(~하게 되다)'의 내용을 보충 설명한다.

203 | We are to meet at the movie theater.

Step 1 We are (N).

Step 2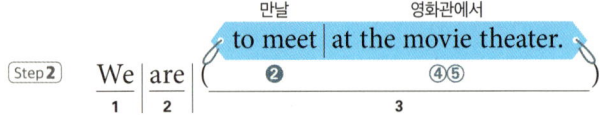

해석 Step 1 우리는 N할 것이다.   Step 2 우리는 영화관에서 만날 예정이다.
해설 [축약형 꼬리표, 보충서술어 꼬리표] We는 to meet의 의미상 주어였으나 자동사에서 주어 상승으로 인해 중심문장의 주어가 되었다. 꼬리표는 'are(~의 상태이다)'의 내용을 보충 설명한다. 「be to-v」는 예정, 의무, 명령, 의도, 가능, 운명 등의 뜻이 있는데 이 문장은 예정의 뜻이다.

204 | You are to finish your homework by 7 p.m.

Step 1 You are (N).

Step 2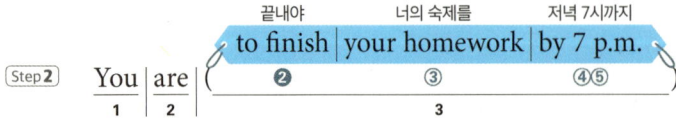

해석 Step 1 너는 N해야 한다.   Step 2 너는 저녁 7시까지 숙제를 끝내야 한다.
해설 [축약형 꼬리표, 보충서술어 꼬리표] You는 to finish의 의미상 주어였으나 자동사에서 주어 상승으로 인해 중심문장의 주어가 되었다. 꼬리표는 'are(~의 상태이다)'의 내용을 보충 설명한다. 「be to-v」는 예정, 의무, 명령, 의도, 가능, 운명 등의 뜻이 있는데 이 문장은 의무의 뜻이다.

21-c 「보충술어to-v」구 꼬리표 (형용사+to부정사)

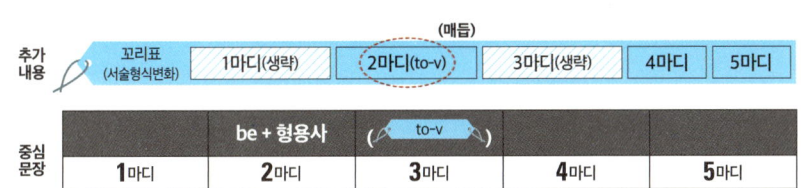

매듭유형	축약형, 무시제동사, 1마디/3마디 생략 가능.
매듭위치	중심문장의 3마디만 가능, 1/5마디 불가.

- 「가주어(it) + be + 난이도/확신 형용사 + 진주어(to-v)」구문에서 to-v의 "목적어(또는 의미상 주어)"가 상승하여 「S + be + 난이도/확신 형용사 + to-v구 꼬리표」으로 전환된다. 이 때 to-v구 꼬리표는 난이도/확신 형용사의 「판단 대상」을 서술해 준다.
  - 난이도 형용사 : "쉽다"(apt, easy, comfortable, safe, possible, natural), "어렵다"(hard, difficult, dangerous, impossible) 등
  - 확신/정도 형용사 : certain, sure, likely, enough, willing 등

<가주어(it) + be + 형용사 + 진주어(#18.「명 to-v구 꼬리표」: 명사적 용법)>

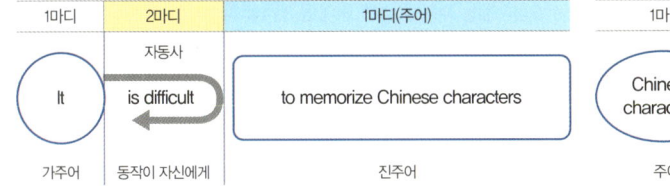

<주어 + be + 형용사 + 보어(#21.「보충술어to-v」구 꼬리표 : 보충서술어 용법)>

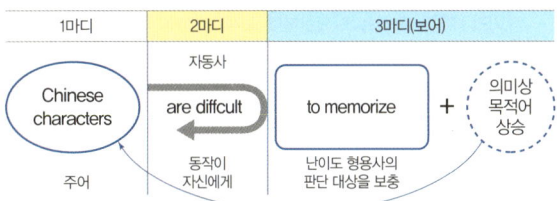

- 위의 예문에서 to memorize가 형용사 difficult를 꾸며 주는 관점으로 보면 "부사적 용법"이 되지만, 잉글맵에서는 "to-v구 꼬리표"가 3마디(보어)에 있는 명사덩어리이면서, 동사적으로 해석되어 "보충서술어"로 부르고자 한다.

205 Our national soccer team is sure to win.

Step 1
Our national soccer team | is sure | (N). (중심문장)
  1   2   3

Step 2
Our national soccer team | is sure | (to win N²).
  1   2   3
                          (매듭) 이기는 것이 (꼬리표)

해석훈련
Our national soccer team is sure to win.
                        [진짜서술어] [보충서술어]

우리 국가대표 축구팀은, 확실하다, 이길 것이
[주어1]   [서술어1] (서술어2)

해 석
우리 축구 국가대표팀은 N이 확실하다.

Voca
national soccer team 국가대표 축구팀

sure 뒤에는 확신에 대한 판단의 대상으로 to win이 3마디에 보충됨. Our national soccer team은 to win의 의미상 주어가 상승하여 앞으로 이동한 것임.

우리 국가대표 축구팀이 이길 것은 확실하다.

매듭 해설

- 'It is sure for our national soccer team to win.'에서 to win의 의미상 주어 for our national soccer team이 상승하여 위의 문장이 되었다. 의미상 주어가 상승될 때 for는 생략된다.

206 Be sure to follow these instructions exactly.

Step 1 Be sure (N).

Step 2

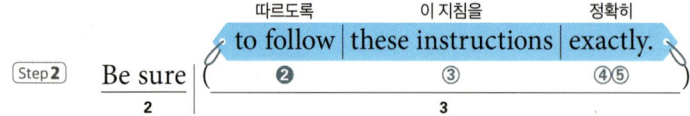

해석 **Step 1** 반드시 N하세요. **Step 2** 반드시 이 지침을 정확히 따르십시오.
Voca be sure to 반드시 ~하다   follow 동 따르다   instruction 명 지시, 지침   exactly 부 정확히
해설 [축약형 꼬리표, 보충서술어 꼬리표] 명령문의 생략된 주어 You는 to follow의 의미상 주어였으나 자동사에서 주어 상승으로 인해 중심문장의 주어가 되었다. 'be sure(확실하다)'는 확신/정도 형용사가 결합된 서술어로 3마디에는 주관성(생각, 미래 등)을 나타내는 to-v(to follow)가 내용을 보충 설명한다.

207 His schedule is likely to change.

Step 1 His schedule is likely (N).

Step 2

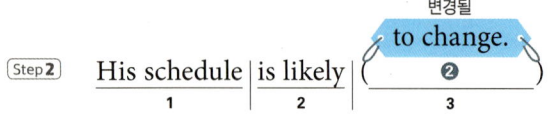

해석 **Step 1** 그의 일정은 N할 가능성이 높다. **Step 2** 그의 일정은 변경될 가능성이 높다.
Voca schedule 명 일정   be likely to ~할 가능성이 높다
해설 [축약형 꼬리표, 보충서술어 꼬리표] His schedule은 to change의 의미상 주어였으나 자동사에서 주어 상승으로 인해 중심문장의 주어가 되었다. 'is likely(~할 가능성이 높다)'는 확신/정도 형용사가 결합된 서술어로 3마디에는 주관성(생각, 미래 등)을 나타내는 to-v(to change)가 내용을 보충 설명한다.

208 The wealthy man is willing to donate to nonprofit organizations.

Step 1 The wealthy man is willing (N).

Step 2

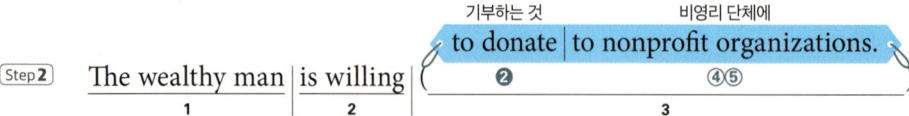

해석 **Step 1** 그 부유한 남자는 N할 의향이 있다. **Step 2** 그 부유한 남자는 비영리 단체에 기부할 의향이 있다.
Voca wealthy 형 부유한   be willing to 기꺼이 ~하다   donate 동 기부하다   nonprofit organization 비영리 단체
해설 [축약형 꼬리표, 보충서술어 꼬리표] The wealthy man은 to donate의 의미상 주어였으나 자동사에서 주어 상승으로 인해 중심문장의 주어가 되었다. 'is willing(기꺼이 ~하다)'은 확신/정도 형용사가 결합된 서술어로 3마디에는 주관성(생각, 미래 등)을 나타내는 to-v(to donate)가 내용을 보충 설명한다.

209 The new vacuum is easy to operate.

Step 1 The new vacuum is easy (N).

Step 2 The new vacuum | is easy (to operate.)
　　　　　　1　　　　　　2　　　　3
　　　　　　　　　　　　　　작동시키는 것

해석　**Step 1** 새 진공청소기는 N하기에 쉽다.　**Step 2** 새 진공청소기는 작동하기 쉽다.
Voca　vacuum 명 진공청소기　operate 동 작동하다
해설　[축약형 꼬리표, 보충서술어 꼬리표] easy에 대한 판단의 대상을 to-v(to operate)가 나타낸다. to operate의 목적어인 the new vaccuum이 중심문장의 주어로 상승하였다. 꼬리표에서 상승현상은 주어뿐만 아니라 목적어도 가능하다. 'is easy(쉽다)'는 난이도 형용사가 포함된 서술어로 3마디에는 주관성(생각, 미래 등)을 나타내는 to-v(to operate)가 내용을 보충 설명한다.

210 English is not difficult to learn.

Step 1 English is not difficult (N).

Step 2 English | is not difficult (to learn.)
　　　　　　1　　　　2　　　　　　3
　　　　　　　　　　　　　　　배우기에

해석　**Step 1** 영어는 N하기에 어렵지 않다.　**Step 2** 영어는 배우기에 어렵지 않다.
해설　[축약형 꼬리표, 보충서술어 꼬리표] difficult에 대한 판단의 대상을 to-v(to learn)가 나타낸다. to learn의 목적어인 English가 중심문장의 주어로 상승하였다. 꼬리표에서 상승현상은 주어뿐만 아니라 목적어도 가능하다. 'is not difficult(어렵지 않다)'는 난이도 형용사가 포함된 서술어로 3마디에는 주관성(생각, 미래 등)을 나타내는 to-v(to learn)가 내용을 보충 설명한다.

22 「명 v-ing」구 꼬리표 (동명사)

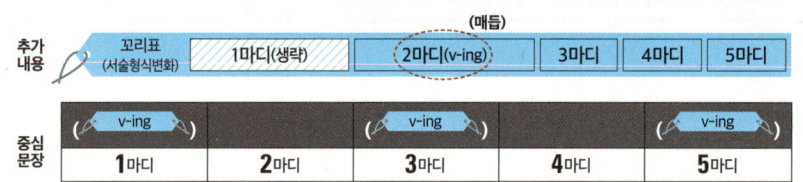

매듭유형
축약형, 무시제동사, 1마디 생략.

매듭위치
중심문장의 1/3/5마디 가능.

- "#14. 「명 that절」 꼬리표"가 축약될 때 "v-ing매듭"은 객관성(사실, 동시성, 전과거)을, "to-v매듭"은 주관성(생각, 미래, 불확실성)을 나타낼 때 사용된다.

- "종료, 연기, 회피, 인정, 부인" 등의 동사들이 올 때 3마디 목적어로 「명 v-ing구 꼬리표」가 자주 등장한다.
  - admit(받아들이다), avoid(피하다), can't help(하는 수 없이 ~하다), consider(고려하다), delay(연기하다), deny(부정하다), enjoy(즐기다), escape(피하다), feel like(마치 ~하다), finish(끝내다), mention(언급하다), mind(꺼리다), postpone(연기하다), keep(계속하다), quit(중단하다), suggest(추천하다), risk(위험을 감수하다) 등

- v-ing구 꼬리표, to-v구 꼬리표를 모두 목적어로 취할 수 있는 동사들은 다음과 같다.
  - **forget**(잊어버리다), **regret**(후회하다), **remember**(기억하다), **try**(시도하다), begin(시작하다), can't stand(견딜 수 없다), continue(지속하다), hate(싫어하다), like(좋아하다), love(사랑하다), **stop**(멈추다), prefer(선호하다), start(시작하다) 등
  (※ 볼드 표시 동사는 목적어가 to-v, v-ing일 때 뜻이 달라짐)

211 | I remember giving her a present.

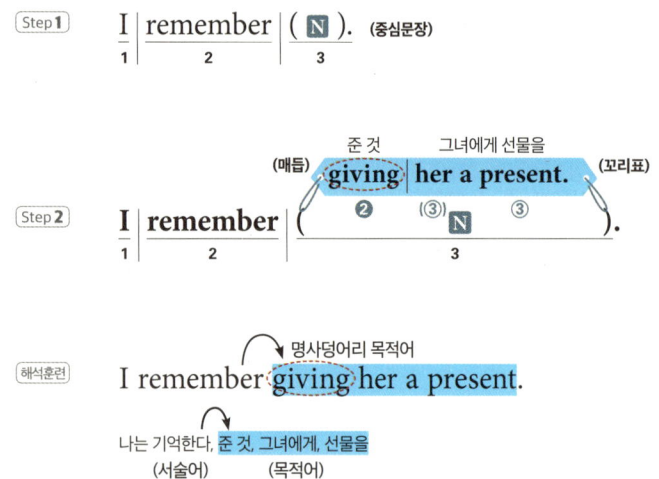

해석
나는 N을 기억한다.

Voca
present ⑲ 선물; 현재 ㉠ 현재의; 참석한

remember(동사) 다음에 giving이 온 것을 보고 명사구가 목적어(3마디)로 사용되었음을 파악.

나는 그녀에게 선물을 준 것을 기억한다.

◆ 매듭 해설

- ex1)에서 명사 The man 다음에 v-ing를 보는 순간 명사 The man을 보충 설명하는 '형용사덩어리'로 이해하듯이, ex2)에서 동사 remember 다음에 오는 v-ing를 보는 순간 '명사덩어리'가 왔음을 인식해야 한다.

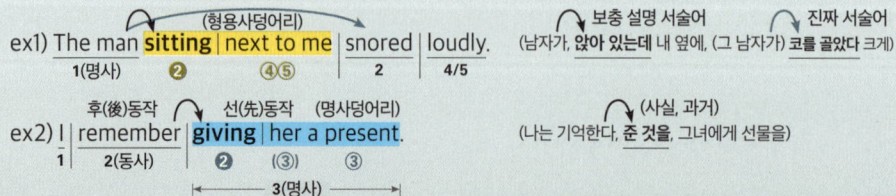

212 | Traveling around the world opens your mind.

Step 1 (N) opens your mind.

Step 2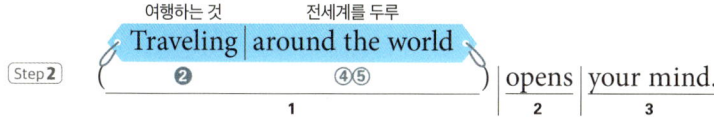

해석 **Step 1** N은 당신의 마음을 열게 한다. **Step 2** 세계를 여행하는 것은 당신의 마음을 열게 한다.
해설 [축약형 꼬리표, 명사덩어리] v-ing는 객관성(사실)에 중점을 둔 표현이다. Traveling around the world(전세계를 두루 여행하는 것)라는 사실적 표현으로 사용했다.

213 | Being loved is the best feeling in the world.

Step 1 (N) is the best feeling in the world.

Step 2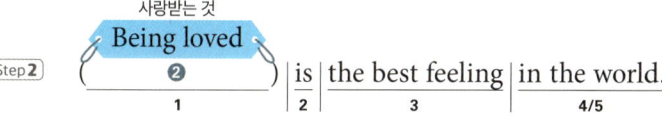

해석 **Step 1** N은 세상에서 가장 좋은 기분이다. **Step 2** 사랑받는 것은 세상에서 가장 좋은 기분이다.
Voca feeling ⑲ 기분, 느낌
해설 [축약형 꼬리표, 명사덩어리] '사랑받다'는 뜻의 서술어 be loved의 동명사 형태는 being loved이다.

214 | It is nice having your own business.

Step 1 (N) is nice.

Step 2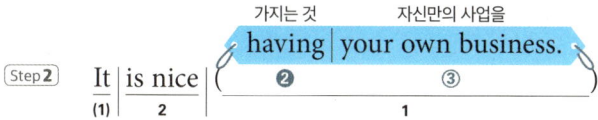

해석 **Step 1** N은 좋은 일이다. **Step 2** 자신의 사업을 하는 것은 좋은 일이다.
해설 [축약형 꼬리표, 명사덩어리] It은 구체적인 의미가 없는 가주어이고 having ~ business가 진주어이다. 동명사를 진주어로 사용하는 「It+be동사 ~ v-ing…」구문은 be동사 뒤에 nice, no use[good], worth 등이 나올 때 사용한다. 「It ~ to-v…」구문은 주관성(생각, 미래 등)이 높은 감정의 판단을 나타낼 때 사용하고 「It ~ v-ing…」구문은 객관성(사실)이 높은 감정의 판단을 나타낸다.

215 It is no use quarreling with fate.

Step 1) (N) is no use.

Step 2) It | is | no use | (quarreling | with fate.)
        (1)   2   3   ❷   ④⑤
                                       1
다투는 것   운명과

해석 Step 1) N은 소용없다.   Step 2) 운명과 싸우는 것은 소용없다.
Voca quarrel with ~와 다투다, 언쟁하다   fate 몡 운명
해설 [축약형 꼬리표, 명사덩어리] It is no use v-ing는 'v하는 것은 소용없다'의 뜻이다. 「It ~ to-v…」 구문에 비해 객관성(사실)이 높은 감정의 판단을 나타낸다.

216 It is worth fighting for future generations.

Step 1) (N) is worth.

Step 2) It | is worth | (fighting | for future generations.)
        (1)   2   ❷   ④⑤
                                    1
싸우는 것   미래 세대를 위해

해석 Step 1) N은 가치 있다.   Step 2) 미래 세대를 위해 싸우는 것은 가치가 있다.
Voca be worth ~의 가치가 있다   generation 몡 세대
해설 [축약형 꼬리표, 명사덩어리] It is worth v-ing는 'v하는 것은 가치 있다'의 뜻이다. 「It ~ to-v…」 구문에 비해 객관성(사실)이 높은 감정의 판단을 나타낸다.

217 I enjoy reading science fiction.

Step 1) I enjoy (N).

Step 2) I | enjoy | (reading | science fiction.)
        1   2   ❷   ③
                               3
읽는 것   공상 과학 소설

해석 Step 1) 나는 N을 즐긴다.   Step 2) 나는 공상 과학 소설 읽는 것을 즐긴다.
Voca science fiction 공상 과학 소설[영화]
해설 [축약형 꼬리표, 명사덩어리] enjoy(즐긴다)는 '경험한 사실'에 기반을 두기 때문에 객관성(사실, 동시성 등)을 나타내는 v-ing(reading)를 사용했다.

218 He gave up taking part in the marathon.

Step 1   He gave up (N).

Step 2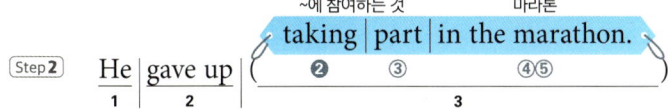

해석   Step 1 그는 N을 포기했다.   Step 2 그는 마라톤에 참가하는 것을 포기했다.
Voca   give up 포기하다   take part in ~에 참가하다   marathon 명 마라톤
해설   [축약형 꼬리표, 명사덩어리] give up(포기하다)은 '경험한 사실'에 기반을 두기 때문에 to take가 아닌 taking을 사용했다.

219 Julie finished writing her email.

Step 1   Julie finished (N).

Step 2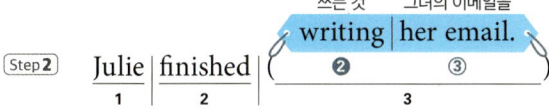

해석   Step 1 Julie는 N을 끝냈다.   Step 2 Julie는 그녀의 이메일을 쓰는 것을 끝냈다.
해설   [축약형 꼬리표, 명사덩어리] finish(끝내다)는 객관성(사실)에 기반을 두기 때문에 to write가 아닌 writing을 사용했다.

220 The boy admitted having broken the plate.

Step 1   The boy admitted (N).

Step 2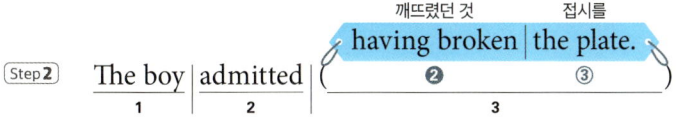

해석   Step 1 그 소년은 N을 인정했다.   Step 2 그 소년은 접시를 깨뜨린 것을 인정했다.
Voca   admit 동 인정하다, 시인하다   break 동 깨뜨리다 (broke - broken)   plate 명 접시
해설   [축약형 꼬리표, 명사덩어리] 동명사의 시제가 중심문장의 시제보다 앞설 때는 「having p.p.」의 형태로 쓴다. 즉 소년이 접시를 깬 것이 그것을 인정한 것보다 먼저 일어난 일이다. '경험한 사실'에 기반을 두기 때문에 to have broken이 아닌 having broken을 사용했다.

221 | Would you mind helping me?

Step 1 Would you mind (N)?

Step 2
돕는 것   나를
Would | you | mind | (helping | me?)
　0　　1　　2　　　❷　　③
　　　　　　　　　　　3

해석 　Step 1 N을 해주시겠어요?　Step 2 저 좀 도와주시겠어요?
Voca　mind 동 꺼리다
해설　[축약형 꼬리표, 명사덩어리] Would you mind ~ing?는 '~해주시겠어요?'라는 뜻의 공손한 표현이다. mind(꺼리다)는 객관성(사실)에 기반을 두기 때문에 to help가 아닌 helping을 사용했다.

222 | Avoid drinking too much water with your meals.

Step 1 Avoid (N).

Step 2
　　　　마시는 것　너무 많은 물을　너의 식사와 함께
Avoid | (drinking | too much water | with your meals.)
　2　　　　❷　　　　　③　　　　　　　④⑤
　　　　　　　　　　　3

해석　Step 1 N을 피하라.　Step 2 식사할 때 너무 많은 물을 마시지 말아라.
Voca　avoid 동 피하다　meal 명 식사
해설　[축약형 꼬리표, 명사덩어리] avoid(피하다)는 객관성(사실)에 기반을 두기 때문에 to drink가 아닌 drinking을 사용했다.

223 | She practices playing the piano regularly.

Step 1 She practices (N).

Step 2
　　　　　　　연주하는 것　피아노를　규칙적으로
She | practices | (playing | the piano | regularly.)
　1　　　2　　　　❷　　　　③　　　　　④⑤
　　　　　　　　　　　3

해석　Step 1 그녀는 N을 연습한다.　Step 2 그녀는 피아노 치는 것을 규칙적으로 연습한다.
Voca　regularly 부 규칙적으로
해설　[축약형 꼬리표, 명사덩어리] practice(연습하다)는 객관성(사실)에 기반을 두기 때문에 to play가 아닌 playing을 사용했다.

PART 2 명사자리 매듭·꼬리표 훈련   22. 「명 v-ing」구 꼬리표

224 | Keep pursuing your dreams.

Step 1   Keep (N).

Step 2
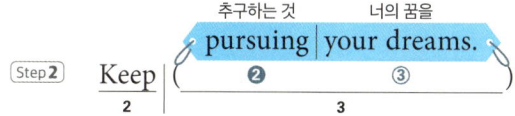

해석 Step 1 N을 유지해라.   Step 2 너의 꿈을 계속 추구해라.
Voca keep ~ing 계속 ~하다   pursue 통 추구하다
해설 [축약형 꼬리표, 명사덩어리] keep(계속 ~하다)은 객관성(사실)에 기반을 두기 때문에 to pursue가 아닌 pursuing을 사용했다.

225 | I suggested establishing a research institute.

Step 1   I suggested (N).

Step 2
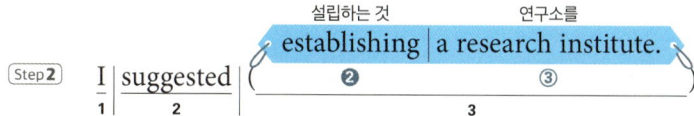

해석 Step 1 나는 N을 제안했다.   Step 2 나는 연구소를 설립할 것을 제안했다.
Voca suggest 통 제안하다   establish 통 설립하다   research institute 연구소
해설 [축약형 꼬리표, 명사덩어리] suggest(제안하다)는 주관성(생각, 미래 등)에 가까운 표현으로 생각하기 쉽다. 하지만 suggest는 '넌지시 말하다', '암시하다'의 뜻에서 발전한 단어로서 소극적 의미의 제안을 나타낸다. 그래서 주관성(생각) 보다는 객관성(사실)에 가까운 표현을 나타내어 establishing이 온다.

226 | We can't imagine living without oxygen.

Step 1   We can't imagine (N).

Step 2

해석 Step 1 우리는 N을 상상할 수 없다.   Step 2 우리는 산소 없이 사는 것을 상상할 수 없다.
Voca imagine 통 상상하다   without 전 ~없이   oxygen 명 산소
해설 [축약형 꼬리표, 명사덩어리] imagine(상상하다)은 객관성(사실)에 기반을 두기 때문에 to live가 아닌 living을 사용했다.

PART 2 명사자리 매듭 · 꼬리표 훈련   22. 「명 v-ing」구 꼬리표   130

227 | I can't endure being teased.

Step 1   I can't endure (N).

Step 2   I | can't endure | being teased.
          1 | 2 | 놀림당하는 것
                              ❷
                              3

해석   Step 1 나는 N을 참을 수 없다.   Step 2 나는 놀림당하는 것을 참을 수 없다.
Voca   endure ⑧ 참다, 견디다   tease ⑧ 놀리다   be teased 놀림당하다
해설   [축약형 꼬리표, 명사덩어리] '놀림당하다'는 뜻의 서술어 be teased의 동명사 형태는 being teased이다. endure(참다, 견디다)는 객관성(사실)에 기반을 두기 때문에 to be teased가 아닌 being teased를 사용했다.

228 | My greatest fear is letting down my parents.

Step 1   My greatest fear is (N).

Step 2   My greatest fear | is | letting down | my parents.
              1 | 2 | 실망시키는 것 | 나의 부모님을
                                      ❷   ③
                                              3

해석   Step 1 나의 가장 큰 두려움은 N이다.   Step 2 나의 가장 큰 두려움은 나의 부모님을 실망시키는 것이다.
Voca   great ⑱ 큰, 많은   fear ⑲ 두려움, 공포   let down 실망시키다
해설   [축약형 꼬리표, 명사덩어리] 동명사구(letting ~ parents)가 문장의 보어로 쓰였다. 「be + to-v」는 '예정, 의무, 명령, 의도, 가능, 운명' 등 주관성(생각, 미래 등)과 관련한 다양한 뜻을 나타내지만 is(~이다)로 객관성(사실)을 나타내기 위해 to let down이 아닌 letting down을 사용했다.

229 | He got a ticket for driving without a license.

Step 1   He got a ticket for (N).

Step 2   He | got | a ticket | for | driving | without a license.
          1 | 2 | 3 | 4 | 운전하는 것 | 면허증 없이
                                        ❷   ④⑤
                                              5

해석   Step 1 그는 N때문에 딱지를 떼었다.   Step 2 그는 무면허 운전으로 딱지를 떼었다.
Voca   ticket ⑲ (교통 법규 위반에 대한 벌금을 부과하는) 딱지   license ⑲ 운전 면허증
해설   [축약형 꼬리표, 명사덩어리] for같은 전치사 뒤에는 to부정사가 올 수 없다. 그래서 동명사 driving이 왔다.

230 We'll enjoy Valentine's Day by giving each other chocolates.

Step 1 We'll enjoy Valentine's Day by (N).

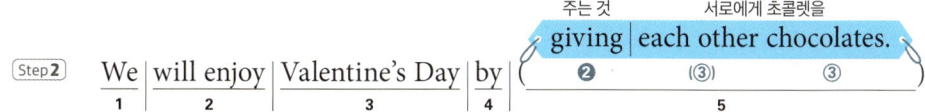

Step 2 We | will enjoy | Valentine's Day | by | (giving | each other chocolates.)
　　　　　1　　　2　　　　　　3　　　　4　　　❷　　　　(③)　　　　　③
　　　　　　　　　　　　　　　　　　　　　　　　　　　　5

해석　**Step 1** 우리는 N함으로써 밸런타인데이를 즐길 거야.　**Step 2** 우리는 서로에게 초콜릿을 주면서 밸런타인데이를 즐길 거야.
Voca　Valentine's Day 밸런타인데이
해설　[축약형 꼬리표, 명사덩어리] by같은 전치사 뒤에는 to부정사가 아닌 동명사가 온다.

231 Sometimes I can't help showing emotions.

Step 1 Sometimes I can't help (N).

Step 2 Sometimes I | can't help | (showing | emotions.)
　　　　　　1　　　　　　2　　　　❷　　　　③
　　　　　　　　　　　　　　　　　　　3

해석　**Step 1** 때때로 나는 N하지 않을 수 없다.　**Step 2** 때때로 나는 감정을 드러내지 않을 수 없다.
Voca　can't help ~ing ~하지 않을 수 없다　emotion 명 감정
해설　[축약형 꼬리표, 명사덩어리] 「can't[cannot] help v-ing」는 'v하지 않을 수 없다'의 뜻이다. 같은 뜻으로 「can't[cannot] help but+동사원형」, 「have no choice but to-v」 등이 있다.

232 She is used to handling this machine.

Step 1 She is used to (N).

Step 2 She | is used | to | (handling | this machine.)
　　　　　1　　　2　　　4　　❷　　　　　③
　　　　　　　　　　　　　　　　　5

해석　**Step 1** 그녀는 N에 익숙하다.　**Step 2** 그녀는 이 기계를 다루는 데 익숙하다.
Voca　be used to ~ing ~하는 데 익숙하다　handle 동 다루다
해설　[축약형 꼬리표, 명사덩어리] be used to(~에 익숙하다)는 '경험한 사실'에 기반을 두기 때문에 to handle이 아닌 handling을 사용했다.

233 | I feel like taking a walk.

Step 1 I feel like (N).

Step 2 I | feel | like (taking | a walk.)
         1   2   4   산책하는 것
                          ❷   ③
                             5

해석 Step 1 나는 N하고 싶다.   Step 2 나는 산책하고 싶다.
Voca feel like ~ing ~하고 싶다   take a walk 산책하다
해설 [축약형 꼬리표, 명사덩어리] like 같은 전치사 뒤에는 to부정사가 아닌 동명사가 된다.

234 | I'm looking forward to possessing a sailboat.

Step 1 I'm looking forward to (N).

Step 2 I | am looking forward | to (possessing | a sailboat.)
         1   2   4   소유하는 것   요트를
                                         ❷   ③
                                             5

해석 Step 1 나는 N을 고대하고 있다.   Step 2 나는 요트를 소유하는 것을 고대하고 있다.
Voca look forward to ~을 기대하다[고대하다]   possess 통 소유하다   sailboat 명 요트
해설 [축약형 꼬리표, 명사덩어리] to같은 전치사 뒤에는 to부정사가 아닌 동명사가 온다.

235 | I never make a presentation without making mistakes.

Step 1 I never make a presentation without (N).

Step 2 I | never make | a presentation | without (making | mistakes.)
         1   2   3   4   실수하는 것
                                                    ❷   ③
                                                        5

해석 Step 1 나는 결코 N하지 않고 발표하지 않는다.   Step 2 나는 발표할 때마다 실수를 한다. (나는 결코 실수하지 않고 발표하지 않는다.)
Voca never ~ without … ~할 때마다 …한다
해설 [축약형 꼬리표, 명사덩어리] without 같은 전치사 뒤에는 to부정사가 아닌 동명사가 온다.

236 A severe cough prevented her from attending the class.

Step 1 A severe cough prevented her from (N).

Step 2
출석하는 것   수업에
A severe cough | prevented | her | from | (attending | the class.)
　　1　　　　　　2　　　　3　　4　　　　❷　　　　③
　　　　　　　　　　　　　　　　　　　　　　　5

해석 [Step1] 심한 기침은 그녀가 N하지 못하게 했다. [Step2] 기침이 심해서 그녀는 수업에 출석하지 못했다.
Voca severe ⑱ 심한   cough ⑲ 기침   prevent ⑳ 막다   prevent A from ~ing A가 ~하지 못하게 하다
해설 [축약형 꼬리표, 명사덩어리] from같은 전치사 뒤에는 to부정사가 아닌 동명사가 온다.

• Further Study 〈3마디 목적어가 to-v, v-ing일 때 뜻이 달라지는 경우〉

• 동사 remember 다음에는 to-v와 v-ing가 모두 목적어로 올 수 있다. ex1)에서 giving은 과거에 일어난 사실을 의미하고, ex2)에서 to give는 미래에 대한 생각을 나타내어 서로 다른 의미로 사용된다.

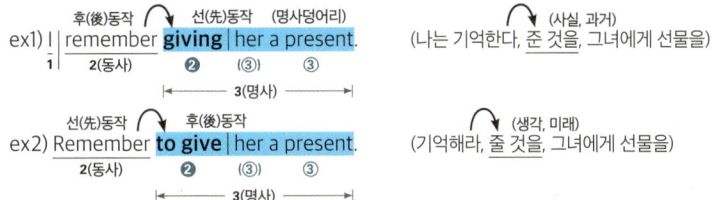

ex1) I remember giving her a present. (사실, 과거) (나는 기억한다, 준 것을, 그녀에게 선물을)

ex2) Remember to give her a present. (생각, 미래) (기억해라, 줄 것을, 그녀에게 선물을)

• Further Study 〈1/3/5마디의 명사덩어리 사용 유형〉

• that절, if절, to부정사는 5마디에 올 수 없다.

1마디(명사자리)	2마디(동사자리)	3마디(명사자리)	4마디(전치사자리)	5마디(명사자리)
that절(가능)	-	that절(가능)	-	that절(불가능)
if절(불가능)	-	if절(가능)	-	if절(불가능)
to부정사(가능)	-	to부정사(가능)	-	to부정사(불가능)
whether절(가능)	-	whether절(가능)	-	whether절(가능)
의문사절(가능)	-	의문사절(가능)	-	의문사절(가능)
복합관계사절(가능)	-	복합관계사절(가능)	-	복합관계사절(가능)
동명사(가능)	-	동명사(가능)	-	동명사(가능)
의문사 + to부정사(가능)	-	의문사 + to부정사(가능)	-	의문사 + to부정사(가능)

23 「uS+v-ing」구 꼬리표 (의미상 주어+동명사)

*의미상 주어 : understood Subject

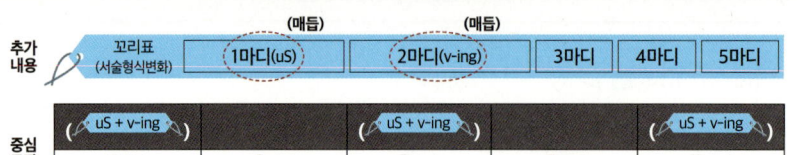

	꼬리표(서술형식변화)	1마디(uS)	2마디(v-ing)	3마디	4마디	5마디

매듭유형: 축약형, 무시제동사, 1마디 의미상 주어.
매듭위치: 중심문장의 1/3/5마디 가능.

- v-ing구에서 의미상 주어는 원칙적으로 "소유격"을 사용하고, 일상체에서는 "목적격"도 사용한다.
- 「명사+v-ing」의 형태는 "#23.「uS+v-ing」구"의 관점과 명사 뒤에 오는 "#11.「형 v-ing」구" 관점 중 하나의 용법으로 쓰인다.

A관점(#23).「명사 + v-ing」 ⇨ 「의미상 주어 + 동명사」	B관점(#11).「명사 + v-ing」 ⇨ 「명사 + 현재분사」
<v-ing를 명사(동명사)로 보는 관점>	<v-ing를 형용사(현재분사)로 보는 관점>
• 명사자리(1/3/5마디)에서 강조하고 싶은 내용이「v-ing」이고 앞에 있는 명사는 단순히 보조적인 의미상 주어로 사용될 경우	• 명사자리(1/3/5마디)에서 강조하고 싶은 내용이「명사」이고 뒤에 있는 v-ing는 단순히 보조적인 진행의 서술어로 사용될 경우

(*A관점, B관점의 판단이 모호한 경우에는 어느 쪽으로 해석하여도 크게 문제되지 않는다.)

237 We celebrated their winning the championship.

해석
나는 N을 축하했다.

Voca
celebrate 동 축하하다
win the championship 우승하다

celebrated(동사) 다음에 'their winning (uS+v-ing)'이 온 것을 보고 명사구가 목적어(3마디)로 사용되었음을 파악. 의미상 주어 (their), 서술어(winning) 관계가 성립하도록 해석

우리는 그들이 우승을 차지한 것을 축하했다.

◀ 매듭 해설

- ex1)에서는 주어 I가 remember의 주어이면서 giving의 의미상 주어 역할을 한다. 반면 ex2)에서는 We는 celebrated의 주어 역할만 하고, winning의 의미상 주어는 their가 한다.

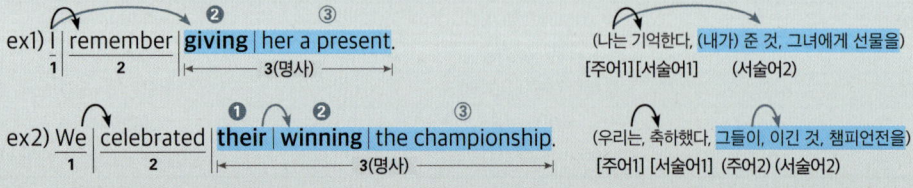

PART 2 명사자리 매듭 · 꼬리표 훈련   23. 「uS+v-ing」구 꼬리표 꼬리표

238 Her succeeding in this industry was not expected.

Step 1 (N) was not expected.

Step 2
그녀가 / 성공한 것 / 이 산업에서
Her | succeeding | in this industry ❶ ❷ ④⑤
1 | was not expected. 2

해석 Step1 N은 예상되지 않았다. Step2 그녀가 이 산업에서 성공한 것은 예상되지 않은 것이었다.
Voca industry 명 산업 expect 동 예상하다, 기대하다 be expected 예상되다, 기대되다
해설 [축약형 꼬리표, 명사덩어리] her와 succeeding은 주어-서술어 관계이다.

239 I remember my friend saying so.

Step 1 I remember (N).

Step 2
나의 친구가 / 그렇게 말한 것
I | remember | my friend | saying so.
1   2   ❶   ❷
                      3

해석 Step1 나는 N을 기억한다. Step2 나는 나의 친구가 그렇게 말한 것을 기억한다.
해설 [축약형 꼬리표, 명사덩어리] my friend와 saying은 주어-서술어 관계이다.

• Further Study 〈명사 뒤에 오는 v-ing의 현재분사, 동명사 구별하기〉

- ex1)에서 2마디 동사 imagine(상상하다)은 cars에 집중하는 것이 아니라 flying에 초점을 두기 때문에 cars flying은 「uS + 동명사」 용법에 가깝고, ex2)에서 동사 bought(샀다)은 facing에 집중하는 것이 아니라 a house에 초점을 두기 때문에 a house facing은 「명사 + 현재분사」 용법에 가깝다.

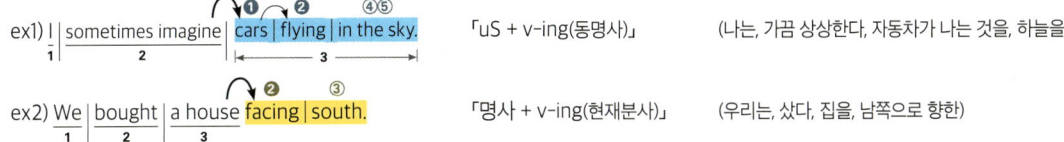

ex1) I | sometimes imagine | cars | flying | in the sky.   「uS + v-ing(동명사)」   (나는, 가끔 상상한다, 자동차가 나는 것을, 하늘을)

ex2) We | bought | a house | facing | south.   「명사 + v-ing(현재분사)」   (우리는, 샀다, 집을, 남쪽으로 향한)

24 「uS+원형」구 꼬리표 (3마디 : 「목적어 + 목적보어(원형)」)

*의미상 주어 : understood Subject

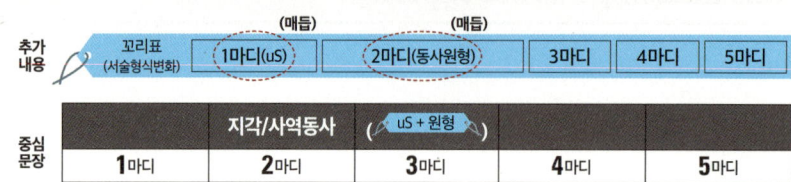

- 중심문장의 '본동사' 동작과 '꼬리표의 동사' 동작 사이에 간격이 필요 없을 때 'to'를 생략한 '동사원형'을 사용한다.
- "지각동사와 사역동사" 뒤의 3마디 목적어 자리에는 to가 생략된 「uS+원형」구 꼬리표」가 주로 온다.
  - 지각동사 : see(보다), watch(보다), look at(보다), feel(느끼다), hear(듣다), listen to(듣다), notice(알아채다), observe(알아채다), catch(알아채다) 등
  - 사역동사 : make(하게 하다), have(시키다), let(하게 두다), help(돕다)
  (※ help가 앞으로 일어날 일을 도울 때는 to를 사용함)

구분	숨은 의미
지각동사	감각을 느끼는 과정이 순식간에 진행 (간격 불필요)
make	현재 존재하는 것을 다른 상태로 만듦 (간격 불필요)
have	현재 존재하는 것을 영향권 안에 둠 (간격 불필요)
let	현재 어떤 것을 그대로 두어 일어남 (간격 불필요)
help	이미 진행되는 것을 도움 (간격 불필요)

240 I saw him wash his vehicle.

[Step 1] I | saw | (N). (중심문장)

[Step 2] I | saw | him wash his vehicle.

[해석훈련] I saw him wash his vehicle.
나는 보았다. 그가, 씻는 것, 그의 차를

해석
나는 N을 보았다.

Voca
vehicle 명 차량, 탈것

saw(동사) 다음에 「him wash (uS + 동사원형)」가 온 것을 보고 to wash에서 to가 생략된 명사구가 목적어(3마디)로 사용되었음을 파악.

나는 그가 그의 차를 씻는 것을 보았다.

◆ 매듭 해설

- ex1)에서 동사 expected와 win은 동작의 선후관계가 성립하여 'to(→)'를 사용하였고, ex2)에서 동사 saw와 wash는 선후의 간격이 필요없어서 'to'를 생략하였다.

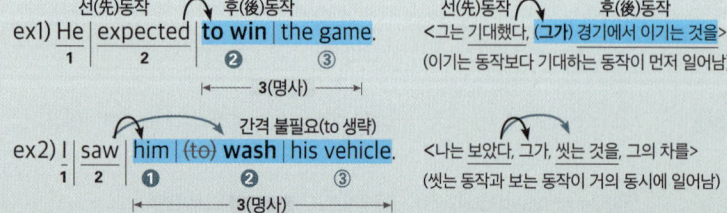

PART 2 명사자리 매듭·꼬리표 훈련   24. 「uS+원형」구 꼬리표   137

241 She heard the doorbell ring.

Step 1 She heard (N).

Step 2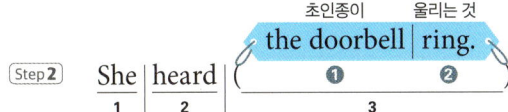

해석 **Step 1** 그녀는 N을 들었다. **Step 2** 그녀는 초인종이 울리는 것을 들었다.
Voca doorbell 명 초인종   ring 동 (종이) 울리다
해설 [생략형 꼬리표, 명사덩어리] 지각동사 heard의 듣는 동작과 벨이 울리는 동작(ring)이 간격없이 순식간에 진행되어서 '나아가다'는 의미를 나타내는 to(→)를 생략하고 동사원형 ring이 온다. the doorbell과 ring은 주어-서술어 관계이다.

242 I felt something touch my feet.

Step 1 I felt (N).

Step 2

해석 **Step 1** 나는 N을 느꼈다. **Step 2** 나는 무언가가 나의 발을 건드리는 것을 느꼈다.
해설 [생략형 꼬리표, 명사덩어리] 지각동사 felt의 느끼는 상태와 만지는 동작(touch)이 간격없이 순식간에 진행되어서 '나아가다'는 의미를 나타내는 to(→)를 생략하고 동사원형 touch가 온다. something과 touch는 주어-서술어 관계이다.

243 This perfume makes me feel fresh.

Step 1 This perfume makes (N).

Step 2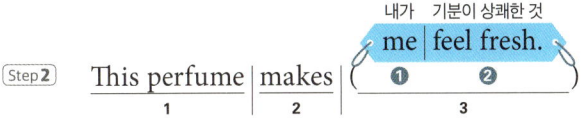

해석 **Step 1** 이 향수는 N하게 한다. **Step 2** 이 향수는 나로 하여금 신선한 기분이 들게 한다.
Voca feel + 형용사: ~하게 느끼다   feel fresh 신선하게 느끼다
해설 [생략형 꼬리표, 명사덩어리] 현재 존재하는 것을 만드는 동작(makes)과 다른 상태(feel fresh) 간에 간격이 필요 없어서 '나아가다'는 의미를 나타내는 to(→)를 생략하고 동사원형 feel이 온다. me와 feel fresh는 주어-서술어 관계이다.

244 | He made the children play outside his house.

Step 1) He made (N).

Step 2)

해석 (Step 1) 그는 N을 하게 했다. (Step 2) 그는 아이들이 그의 집 밖에서 놀게 했다.
해설 [생략형 꼬리표, 명사덩어리] 과거에 존재하는 것을 만드는 동작(made)과 다른 동작의 상태(play) 간에 간격이 필요 없어서 '나아가다'는 의미를 나타내는 to(→)를 생략하고 동사원형 play가 온다. the children과 play는 주어-서술어 관계이다.

245 | She had her secretary make copies.

Step 1) She had (N).

Step 2)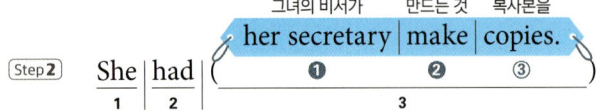

해석 (Step 1) 그녀는 N을 하게 했다. (Step 2) 그녀는 그녀의 비서에게 복사하도록 시켰다.
Voca secretary 영 비서   copy 영 복사(본)   make copies 복사하다
해설 [생략형 꼬리표, 명사덩어리] 과거에 존재하는 것을 만드는 동작(had)과 다른 동작의 상태(make copies) 간에 간격이 필요 없어서 '나아가다'는 의미를 나타내는 to(→)를 생략하고 동사원형 make가 온다. her secretary와 make copies는 주어-서술어 관계이다.

246 | This card lets you visit the art galleries for a discount.

Step 1) This card lets (N).

Step 2)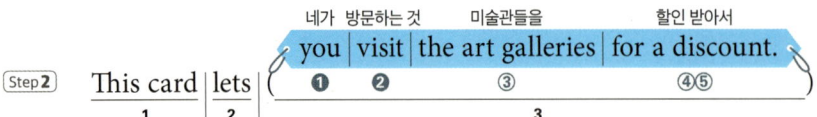

해석 (Step 1) 이 카드는 N을 하게 한다. (Step 2) 이 카드는 네가 미술관들을 더 싼값으로 방문할 수 있게 해준다.
Voca let 동 허락하다, 허용하다   art gallery 미술관, 화랑   discount 영 할인
해설 [생략형 꼬리표, 명사덩어리] 어떤 것을 그대로 두어 일어나게 하는 동작(lets)과 그로 인한 동작의 상태(visit) 간에 간격이 필요 없어서 '나아가다'는 의미를 나타내는 to(→)를 생각하고 동사원형 visit이 온다. you와 visit은 주어-서술어 관계이다.

247 | Yoga helps you stay healthy.

Step 1 Yoga helps (N).

Step 2
```
        네가    건강을 유지하는 것
        you  |  stay healthy.
Yoga | helps ( ❶        ❷    )
  1      2        3
```

해석 [Step1] 요가는 N을 돕는다. [Step2] 요가는 건강을 유지하는데 도움을 준다.
Voca stay + 형용사: ~한 상태를 유지하다   healthy 형 건강한
해설 [생략형 꼬리표, 명사덩어리] 이미 진행되는 것을 돕는 동작(helps)과 그로 인한 동작의 상태(stay) 간에 간격이 필요 없어서 '나아가다'는 의미를 나타내는 to(→)를 생각하고 동사원형 stay가 온다. help가 앞으로 일어날 일을 도울 때는 to-v를 사용할 수 있다.

• Further Study 〈사역동사 + 동사원형〉

• ex1)에서 동사 help 뒤에 동사 maintain이 나와서 얼핏보면 한 문장에 동사가 2개 온 것처럼 느껴질 수도 있다. 하지만 ex2)처럼 사역동사 (help) 뒤 3마디 목적어 자리에 「uS(의미상 주어) + 동사원형」이 온 경우 의미상 주어가 일반적인 주어일 때 간혹 의미상 주어를 생략하여 ex1)처럼 나타내기도 한다.

```
ex1) Sweet potatoes | help | maintain | healthy skin.    ( 고구마는 건강한 피부를 유지하는데 도움을 준다. )
         1            2        ❷         ❸
                               ←――― 3 ―――→

ex2) Sweet potatoes | help | us | maintain | healthy skin.   ( 고구마는 건강한 피부를 유지하는데 도움을 준다. )
         1            2     ❶     ❷         ❸
                            ←―――― 3 ――――→
```

• Further Study 〈원인동사와 사역동사〉

• #19-B에는 '원인동사'가 제시되어 있고, #24에는 '사역동사'가 제시되어 있다.

• 원인동사와 사역동사는 엄밀히 말해 서로 같은 의미를 가지고 있다.
  - 원인동사 : 남으로 하여금 어떤 동작을 일으키는 동사
  - 사역동사 : 원인으로 작용하는 동사, 시킴을 통해 어떤 작업을 하게 하는 동사

• 원인동사와 사역동사가 모두 '동작과 상태를 유발'하는 측면은 동일하나 구문 관점에서 다음과 같이 구별하여 사용한다.
  - 원인동사 : 3마디 명사자리에 「uS(의미상주어) + to부정사」가 목적어로 위치함(to가 있음)
  - 사역동사 : 3마디 명사자리에 「uS(의미상주어) + 동사원형」이 목적어로 위치함(to가 없음)

25-A 「uS+술어」구 꼬리표 (3마디 : 「목적어 + 목적보어(ing/p.p.)」)

*의미상 주어 : understood Subject

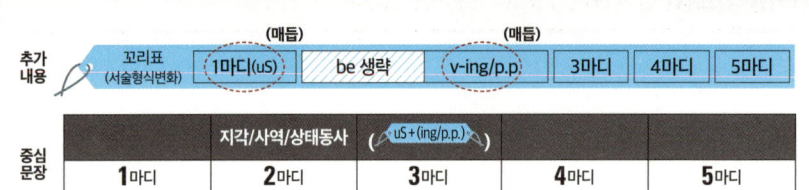

- 진행형(be+ing) 또는 수동태(be+pp)가 포함된 꼬리표가 중심문장에 연결되면서 「be동사 생략」의 서술형식 변화를 보인다.
- "지각동사, 사역동사, 상태동사" 등이 오면, 3마디에 「uS+술어(ing/p.p.)」구 꼬리표」가 자주 보인다.
  - 지각동사 : see, watch, observe, catch, look at, hear, listen to, feel, notice 등
  - 사역동사 : have, get, make, let. (※ make와 get은 「uS+v-ing」만 가능하고, 「uS+p.p.」는 불가능)
  - 상태동사 : leave(남겨두다), find(알게되다), keep(유지하다), want(원하다) 등

248 We heard someone screaming upstairs.

Step 1 We | heard | (N). (중심문장)
         1   2   3

[해석] 우리는 N을 들었다.

[Voca] scream 동 소리치다, 비명을 지르다

Step 2 누군가 소리 지르는 것을 위층에서
(매듭) someone | screaming | upstairs. (꼬리표)
         ❶   ❷ N   ④⑤
We | heard (   ).
 1   2   3

heard(동사) 다음에 someone screaming (uS + v-ing)이 온 것을 보고 명사구가 목적어(3마디)로 사용되었음을 파악.

[해석훈련]   명사덩어리 목적어
We heard someone screaming upstairs.
           (주어)   (서술어)

우리는, 들었다. 누군가, 소리 지르는 것, 위층에서
 (서술어)   (목적어)

우리는 위층에서 누군가 소리 지르는 것을 들었다.

매듭 해설

- 중심문장 2마디에 모두 지각동사가 사용되었는데, ex1)에는 「uS+원형」매듭이, ex2), ex3)에는 「uS+술어」매듭이 사용되었다. ex2)의 screaming은 진행형의 서술어로, ex3)의 carried는 수동태의 서술어로 해석된다.

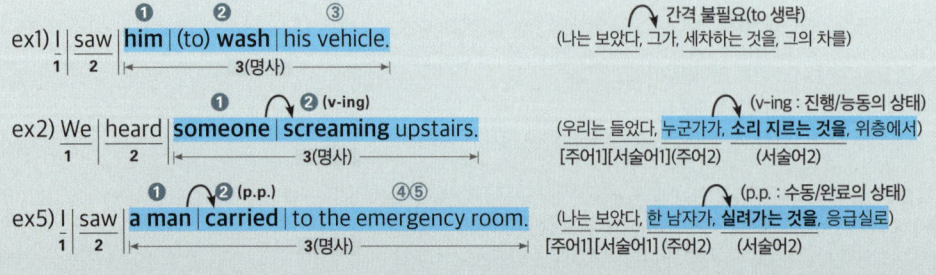

249 I felt the wind blowing hard.

Step 1 I felt (N).

Step 2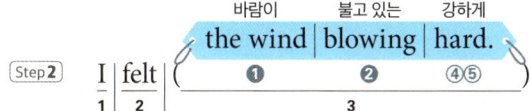

해석 (Step 1) 나는 N을 느꼈다. (Step 2) 나는 바람이 강하게 불고 있는 것을 느꼈다.
Voca blow 동 (바람이) 불다
해설 [축약형 꼬리표, 명사덩어리] 지각동사 felt는 새로운 주체(the wind)가 진행의 상태(blowing)에 있음을 나타낸다. blowing 앞에는 be동사가 생략된 서술형식 변화를 보이며 the wind와 blowing은 주어-서술어 관계이다.

250 I won't have you taking advantage of me.

Step 1 I won't have (N).

Step 2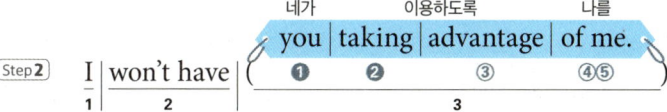

해석 (Step 1) 나는 N하게 하지 않을 것이다. (Step 2) 나는 네가 나를 이용하지 못하게 할 것이다.
Voca take advantage of ~을 이용하다
해설 [축약형 꼬리표, 명사덩어리] 사역동사 have는 새로운 주체(you)가 진행의 상태(taking)에 있음을 나타낸다. taking 앞에는 be동사가 생략된 서술형식 변화를 보이며 you와 taking advantage of는 주어-서술어 관계이다.

251 The repairman couldn't get the old refrigerator working again.

Step 1 The repairman couldn't get (N).

Step 2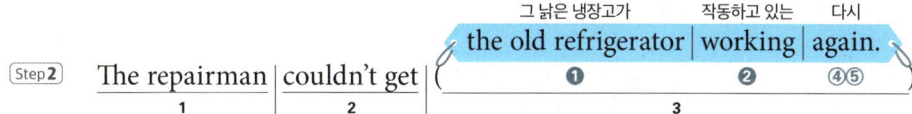

해석 (Step 1) 수리공은 N하게 할 수 없었다. (Step 2) 수리공은 그 오래된 냉장고를 다시 작동하게 할 수 없었다.
Voca repairman 명 수리공   refrigerator 명 냉장고
해설 [축약형 꼬리표, 명사덩어리] 사역동사 get은 새로운 주체(the old refrigerator)가 진행의 상태(working)에 있음을 나타낸다. working 앞에는 be동사가 생략된 서술형식 변화를 보이며 the old refrigerator와 working은 주어-서술어 관계이다.

252 | Coffee leaves you feeling awake.

Step 1   Coffee leaves (N).

Step 2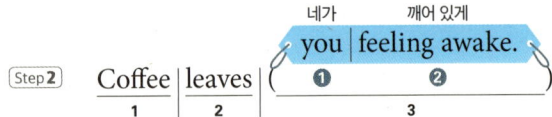

해 석   Step 1 커피는 N인 상태로 남겨둔다.   Step 2 커피는 당신을 깨어 있게 한다.
Voca   leave 동 (~한 상태로) 남겨두다   feel + 형용사: ~하게 느끼다   feel awake 잠이 깨다, 정신이 맑다   awake 형 깨어 있는
해 설   [축약형 꼬리표, 명사덩어리] 상태동사 leaves는 새로운 주체(you)가 진행의 상태(feeling awake)에 있음을 나타낸다. feeling 앞에는 be동사가 생략된 서술형식 변화를 보이며 you와 feeling awake는 주어-서술어 관계이다.

253 | Clear goals keep you working hard.

Step 1   Clear goals keep (N).

Step 2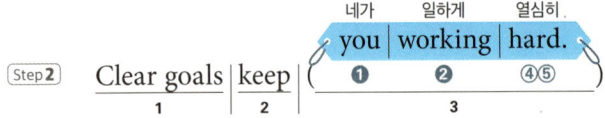

해 석   Step 1 명확한 목표는 N을 유지한다.   Step 2 명확한 목표는 당신이 계속 열심히 일하게 한다.
Voca   clear 형 명확한   goal 명 목표   keep (~한 상태를) 유지하다
해 설   [축약형 꼬리표, 명사덩어리] 상태동사 keep은 새로운 주체(you)가 진행의 상태(working hard)에 있음을 나타낸다. working 앞에는 be동사가 생략된 서술형식 변화를 보이며 you와 working hard는 주어-서술어 관계이다.

254 | I had my car washed.

Step 1   I had (N).

Step 2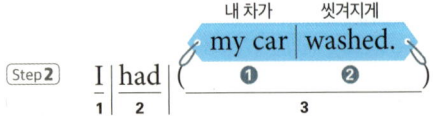

해 석   Step 1 나는 N을 시켰다.   Step 2 나는 나의 차를 세차했다.
해 설   [생략형 꼬리표, 명사덩어리] 사역동사 had는 새로운 주체(my car)가 수동의 상태(washed)에 있음을 나타낸다. washed 앞에는 be동사가 생략된 서술형식 변화를 보이며 my car와 washed는 주어-서술어 관계이다.

255 | I had my wallet stolen at the airport.

Step 1 I had (N).

Step 2
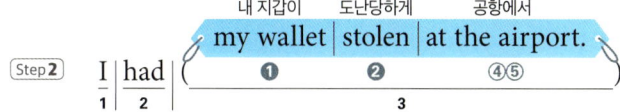

해석 Step 1 나는 N을 경험했다. Step 2 나는 공항에서 나의 지갑을 도난당했다.
Voca have ⑧ 경험하다, 겪다   wallet ⑨ 지갑   steal ⑧ 훔치다 (stole - stolen)
해설 [생략형 꼬리표, 명사덩어리] '경험하다'의 뜻인 사역동사 had는 새로운 주체(my wallet)가 수동의 상태(stolen)에 있음을 나타낸다. stolen 앞에는 be동사가 생략된 서술형식 변화를 보이며, my wallet과 stolen은 주어-서술어 관계이다.

256 | I'll get my report done this evening.

Step 1 I'll get (N).

Step 2
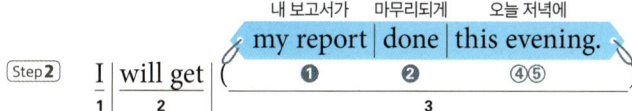

해석 Step 1 나는 N을 하게 할 것이다. Step 2 나는 오늘 저녁에 나의 보고서를 끝낼 것이다.
해설 [생략형 꼬리표, 명사덩어리] 사역동사 get은 새로운 주체(my report)가 수동의 상태(done)에 있음을 나타낸다. done 앞에는 be동사가 생략된 서술형식 변화를 보이며, my report와 done은 주어-서술어 관계이다.

257 | The teacher couldn't make her voice heard to the students.

Step 1 The teacher couldn't make (N).

Step 2
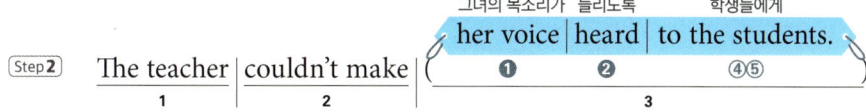

해석 Step 1 그 교사는 N을 하도록 할 수 없었다. Step 2 그 교사는 학생들에게 그녀의 목소리가 들리도록 할 수 없었다.
해설 [생략형 꼬리표, 명사덩어리] 사역동사 make는 새로운 주체(her voice)가 수동의 상태(heard)에 있음을 나타낸다. heard 앞에는 be동사가 생략된 서술형식 변화를 보이며, her voice와 heard는 주어-서술어 관계이다.

258 You will find your English improved after this program.

Step1 You will find (N).

Step2 You | will find | (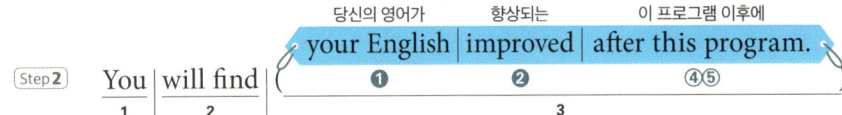)
　　　　1　　2　　　　　　3

해 석　**Step1** 당신은 N을 알게 될 것이다.　**Step2** 당신은 이 프로그램을 끝낸 후 당신의 영어가 향상된 것을 알게 될 것이다.
Voca　find 동 알게 되다, 발견하다　improve 동 향상시키다
해 설　[생략형 꼬리표, 명사덩어리] 상태동사 find는 새로운 주체(your English)가 수동의 상태(improved)에 있음을 나타낸다. improved 앞에는 be동사가 생략된 서술형식 변화를 보이며, your English와 improved는 주어-서술어 관계이다.

259 Don't leave your dog locked inside a hot car.

Step1 Don't leave (N).

Step2 Don't leave | ()
　　　　　2　　　　　　　　3

해 석　**Step1** N인 상태로 두지 마라.　**Step2** 뜨거운 차 안에 당신의 개를 갇힌 채로 두지 마라.
Voca　lock 동 잠그다
해 설　[생략형 꼬리표, 명사덩어리] 상태동사 leave는 새로운 주체(your dog)가 수동의 상태(locked)에 있음을 나타낸다. locked 앞에는 be동사가 생략된 서술형식 변화를 보이며, your dog와 locked는 주어-서술어 관계이다.

25-B 「uS+술어」구 꼬리표

*의미상 주어 : understood Subject

(3마디 : 「목적어 + 목적보어(형/명/전)」)

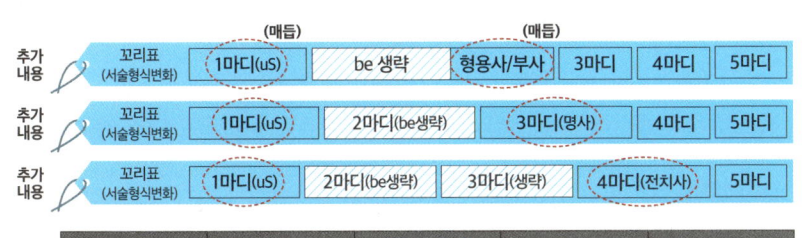

	상태/생각/호칭동사	uS+(형/명/전)		
중심문장				
	1마디	2마디	3마디	4마디	5마디

- 「be+형용사」, 「be+명사」, 「be+전치사구」가 포함된 꼬리표가 중심문장에 연결되면서 「be동사 생략」의 서술형식변화를 보인다.
- "상태동사, 생각동사, 호칭(지명)동사" 등이 오면, 3마디에 "uS+술어(형/명/전)구 꼬리표"가 자주 보인다.
  - 상태동사 : make, get, turn, keep, leave, drive 등
  - 생각동사 : think, believe, find, consider, suppose 등
  - 호칭(지명)동사 : call, name, elect, choose, appoint 등
    (* 호칭동사는 주로 「uS+명사」매듭의 형태를 취함)

260 Wise investment will make you rich.

Step 1 Wise investment | will make | (N). (중심문장)
                1   2   3

Step 2 Wise investment | will make | (you rich).
                1   2   3
                                          당신이 부유하도록
                                          (매듭)   (꼬리표)

해석훈련 Wise investment will make you rich
                                        (주어)(서술어)
                                        명사덩어리 목적어

현명한 투자는 만들어 줄 것이다, 당신이 부유하도록
                (서술어)   (목적어)

해석
현명한 투자는 N을 만들어 줄 것이다.

Voca
wise 형 현명한
investment 명 투자

make(동사) 다음에 you rich가 온 것을 보고 명사구가 목적어(3마디)로 사용되었음을 파악.

현명한 투자는 당신을 부유하도록 만들어 줄 것이다.

▸ 매듭 해설

- ex1)에서는 명사 a hero 앞에서, ex2)에서는 전치사 in 앞에서 be동사가 생략된 서술형식 변화를 보인다. 그래서, 해석할 때는 be동사가 생략되기 전인 '의미상 주어와 서술어'의 관계로 해석할 수 있다.

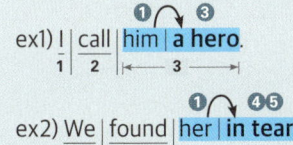

(동격 구조 : 서술적 명사)
(나는 부른다, 그가, 영웅이라고) (He is a hero.)
[주어1][서술어1](주어2)(서술어2)

(동격 구조 : 서술적 전치사)
(우리는, 발견했다, 그녀가, 눈물을 글썽이는 것을) (She is in tears.)
[주어1] [서술어1] (주어2)   (서술어2)

261 | What keeps you awake at night?

Step 1 What keeps (N)?

Step 2 What | keeps | (you | awake | at night?)
　　　　　　1　　2　　　❶　　❷　　　④⑤
　　　　　　　　　　　　　　　3
　　　　　　　　　　네가　깨어있게　밤에

해석　**Step 1** 무엇이 N을 유지하니?　**Step 2** 무엇이 너를 밤에 잠 못 들게 하니?
Voca　keep (~한 상태를) 유지하다　awake 형 깨어 있는
해설　**[생략형 꼬리표, 명사덩어리]** 상태동사 keep은 새로운 주체(you)가 서술형용사의 상태(awake)에 있음을 나타낸다. awake 앞에는 be동사가 생략된 서술형식 변화를 보이며, you와 awake는 주어-서술어 관계이다.

262 | Time turns hair gray.

Step 1 Time turns (N).

Step 2 Time | turns | (hair | gray.)
　　　　　　1　　2　　　❶　　❷
　　　　　　　　　　　　　　3
　　　　　　　　　　머리카락이 희끗희끗하게

해석　**Step 1** 시간은 N으로 변화시킨다.　**Step 2** 시간은 머리를 하얗게 세게 한다.
Voca　turn 동 변화시키다　gray 명 회색 형 회색의
해설　**[생략형 꼬리표, 명사덩어리]** 상태동사 turn은 새로운 주체(hair)가 서술형용사의 상태(gray)에 있음을 나타낸다. gray 앞에는 be동사가 생략된 서술형식 변화를 보이며, hair와 gray는 주어-서술어 관계이다.

263 | They consider him intelligent.

Step 1 They consider (N).

Step 2 They | consider | (him | intelligent.)
　　　　　　1　　　2　　　　❶　　　❷
　　　　　　　　　　　　　　　　3
　　　　　　　　　　　　　　그는　지적이다

해석　**Step 1** 그들은 N이라고 생각한다.　**Step 2** 그들은 그가 지적이라고 생각한다.
Voca　consider 동 ~라고 여기다, 생각하다　intelligent 형 지적인
해설　**[생략형 꼬리표, 명사덩어리]** 생각동사 consider는 새로운 주체(him)가 서술형용사의 상태(intelligent)에 있음을 나타낸다. intelligent 앞에는 be동사가 생략된 서술형식 변화를 보이며, him과 intelligent는 주어-서술어 관계이다.

264 Did you get everything ready for tomorrow?

Step 1 Did you get (N)?

Step 2
모든 것이   준비되게   내일을 위해
Did | you | get (everything | ready | for tomorrow?)
0   1   2   ❶   ❷   ❹❺
                              3

해석 **Step 1** 너는 N하게 했니? **Step 2** 너는 내일을 위해 모든 것을 준비했니?
Voca get 동 ~하게 하다   ready 형 준비된
해설 [생략형 꼬리표, 명사덩어리] 생각동사 get은 새로운 주체(everything)가 서술형용사의 상태(ready)에 있음을 나타낸다. ready 앞에는 be동사가 생략된 서술형식 변화를 보이며, everything과 ready는 주어-서술어 관계이다.

265 A bitter experience makes us a better person. – Saru Singhal

Step 1 A bitter experience makes (N).

Step 2
우리는   더 나은 사람이 되게
A bitter experience | makes (us | a better person.)
        1   2   ❶   ❸
                                3

해석 **Step 1** 쓰라린 경험이 N을 만든다. **Step 2** 쓰라린 경험이 우리를 더 나은 사람으로 만든다.
Voca bitter 형 쓴, 혹독한
해설 [생략형 꼬리표, 명사덩어리] 생각동사 make는 새로운 주체(us)가 존재의 상태(a better person)에 있음을 나타낸다. a better person 앞에는 be동사가 생략된 서술형식 변화를 보이며, us와 a better person은 주어-서술어 관계이다.

266 They consider Julie the best employee.

Step 1 They consider (N).

Step 2
Julie는   최고의 직원이다
They | consider (Julie | the best employee.)
 1   2   ❶   ❸
                      3

해석 **Step 1** 그들은 N을 생각한다. **Step 2** 그들은 Julie가 최고의 직원이라고 생각한다.
Voca consider 동 여기다, 간주하다   employee 명 직원
해설 [생략형 꼬리표, 명사덩어리] 생각동사 consider는 새로운 주체(Julie)가 존재의 상태(the best employee)에 있음을 나타낸다. the best employee 앞에는 be동사가 생략된 서술형식 변화를 보이며, Julie와 the best employee는 주어-서술어 관계이다.

267 | I find my daughter a genius.

Step 1   I find (N).

Step 2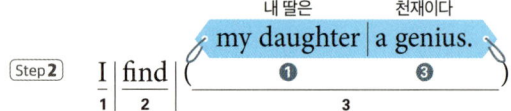

해석   **Step 1** 나는 N이라고 생각한다.   **Step 2** 나는 나의 딸이 천재라고 생각한다.
Voca   find 동 ~라고 여기다, 생각하다 (found - found)   genius 명 천재
해설   [생략형 꼬리표, 명사덩어리] 생각동사 find는 새로운 주체(my daughter)가 존재의 상태(a genius)에 있음을 나타낸다. a genius 앞에는 be동사가 생략된 서술형식 변화를 보이며, my daughter와 a genius는 주어-서술어 관계이다.

268 | We elected Tim class president.

Step 1   We elected (N).

Step 2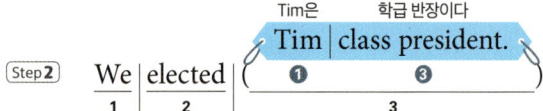

해석   **Step 1** 우리는 N을 선출했다.   **Step 2** 우리는 Tim을 반장으로 뽑았다.
Voca   elect 동 선출하다   class president 반장
해설   [생략형 꼬리표, 명사덩어리] 호칭[지명]동사 elected는 새로운 주체(Tim)가 존재의 상태(class president)에 있음을 나타낸다. class president 앞에는 be동사가 생략된 서술형식 변화를 보이며, Tim과 class president는 주어-서술어 관계이다.

269 | The owner appointed him manager.

Step 1   The owner appointed (N).

Step 2   The owner | appointed | 그는 him | manager. 관리자이다

해석   **Step 1** 주인은 N을 임명했다.   **Step 2** 주인은 그를 관리자로 임명했다.
Voca   owner 명 주인, 소유주   appoint 동 임명하다
해설   [생략형 꼬리표, 명사덩어리] 호칭[지명]동사 appointed는 새로운 주체(him)가 존재의 상태(manager)에 있음을 나타낸다. manager 앞에는 be동사가 생략된 서술형식 변화를 보이며, him과 manager는 주어-서술어 관계이다.

270 | I call him a hero.

Step 1 I call (N).

Step 2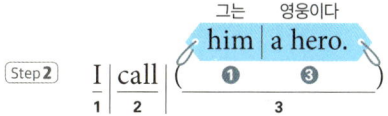
I | call | (him | a hero.)
1 | 2 | ❶ ❸
　　　　　3

해석　Step 1 나는 N을 부른다.　Step 2 나는 그를 영웅이라고 부른다.
Voca　hero 명 영웅
해설　**[생략형 꼬리표, 명사덩어리]** 호칭[지명]동사 call은 새로운 주체(him)가 존재의 상태(a hero)에 있음을 나타낸다. a hero 앞에는 be동사가 생략된 서술형식 변화를 보이며, him과 a hero는 주어-서술어 관계이다.

▶ Further Study 〈사역동사 + 형용사〉

- ex1)에서 동사 made 뒤에 형용사 possible이 나와서 얼핏보면 연결동사가 아닌 서술동사 뒤에 바로 형용사가 오는 낯선 구문처럼 보일 수도 있다. 하지만 ex2)처럼 사역동사(made) 뒤의 「uS(의미상 주어) + 술어」구 꼬리표에서 의미상 주어가 너무 길 경우에는 의미상 주어를 술어매듭 뒤로 보내어 ex1)처럼 나타낸다.

ex1) The Internet | made | possible | the document transfer through email.
　　　　1　　　　　2　　　　❷　　　　❶
　　　　　　　　　　　　　　　　3

전치사구 through email이 명사 transfer를 보충 설명하면서 의미상 주어가 길어짐

ex2) The Internet | made | the document transfer through email | possible.
　　　　1　　　　　2　　　　　　　　❶　　　　　　　　　　　　　❷
　　　　　　　　　　　　　　　　　　3

의미상 주어가 너무 길어서 서술매듭 형용사(possible)를 찾기 어려울 수 있음

해석 : 인터넷은 이메일을 통한 문서 전송을 가능하게 했다.

26-A 「보충술어」구 꼬리표 (3마디 보충서술어 : ing/p.p.)

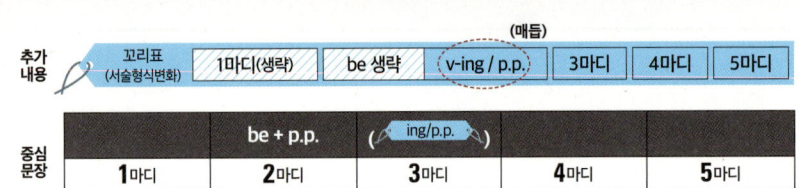

- A유형 → B유형 → C유형으로 구문전환이 가능하다. C유형에서 to be를 복원할 수 있으며, 이 경우는 "#21-A.「보충술어 to-v」구 꼬리표"와 동일한 구조가 된다.

A유형 : #14.「명 that」절 꼬리표

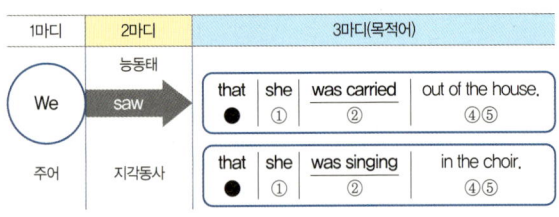

B유형 : #25-A.「uS + 술어」구 꼬리표

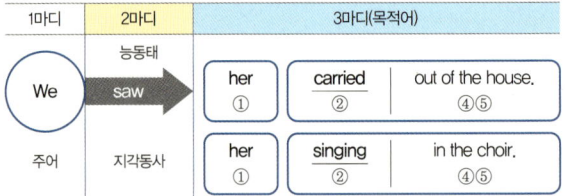

- C유형은 중심문장의 2마디에 지각동사, 사역동사, 상태동사의 수동태가 일어날 때 주로 일어난다.
  - 지각동사 : hear, watch, see, hear 등
  - 사역동사 : have, make 등
  - 상태동사 : leave, keep, find 등

C유형 : #26-A.「보충술어(ing/p.p.)」구 꼬리표

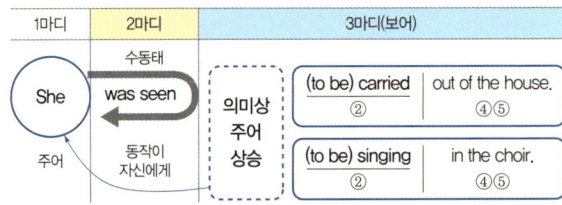

---

271 She was seen carried out of the house.

[Step 1] She | was seen | (N).
　　　　 1 　　 2 　　　 3

[Step 2]

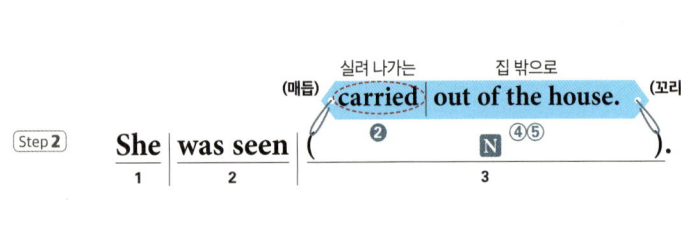

[해석훈련]
　　　　　　　　　p.p.(과거분사) 덩어리
　　　She was seen carried out of the house.
　　　[주어]　[see 수동태]　　[수동태의 내용을 보충]
　　　　　　　　"목격된" 내용을 보충
　　　그녀는 목격되었다. 실려 나가는 것이, 집 밖으로
　　　[주어]　[서술어1]　　(서술어2)

해 석
그녀는 N이 목격되었다.

Voca
be seen 보이다, 목격되다
be carried 옮겨지다, 수송되다

seen(수동태) 다음에 carried가 온 것을 보고 p.p.(과거분사)가 보충매듭(3마디)으로 사용되었음을 파악.

She는 'was seen'의 주어이면서 'carried out of the house'의 의미상 주어로 해석.

그녀는 집밖으로 실려 나가는 것이 목격되었다.

▸ 매듭 해설

- Step 2에서 She는 was seen의 주어이면서, 동시에 carried의 의미상 주어 역할을 한다. carried는 의미상 주어 She와 수동태 관계를 유지한다.

PART 2 명사자리 매듭·꼬리표 훈련   26-A. 「보충술어」구 꼬리표   151

272 | Only a few trees are left standing after the storm.

Step 1 Only a few trees are left (N).

Step 2

해석 Step 1 몇몇 나무만이 N한 상태로 남겨져 있다.   Step 2 몇몇 나무만이 폭풍이 지나간 후 서 있다.
Voca storm 명 폭풍
해설 [축약형 꼬리표, 보충서술어 꼬리표] 「leave+목적어+v-ing(현재분사)」는 '목적어를 ~한 상태로 남겨두다'의 뜻인데, 수동형 문장으로 전환하면 「주어(능동형 문장의 목적어)+be left+v-ing」가 되어 '주어가 ~한 상태로 남겨지다'의 뜻이 된다. Only a few trees는 standing의 의미상 주어이다. standing에서 v-ing는 객관성(사실, 동시성 등)의 뉘앙스로 의미상 주어에 대한 진행의 관계를 나타낸다. standing(현재분사) 앞에는 be동사가 생략된 서술형식 변화를 보인다.

273 | We were kept waiting outside in the freezing cold.

Step 1 We were kept (N).

Step 2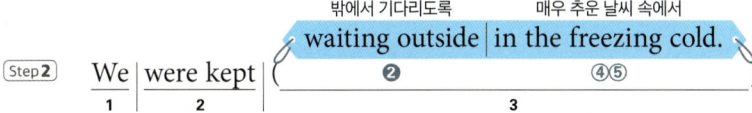

해석 Step 1 우리는 N인 상태로 유지되었다.   Step 2 우리는 매우 추운 날씨에 밖에서 계속 기다리고 있었다.
Voca keep ~ing 계속 ~하다   be kept ~ing 계속 ~되다   freezing 형 너무나 추운
해설 [축약형 꼬리표, 보충서술어 꼬리표] 「keep+목적어+v-ing(현재분사)」는 '목적어를 ~한 상태로 계속 유지하다'의 뜻인데, 수동형 문장으로 전환하면 「주어(능동형 문장의 목적어)+be kept+v-ing」가 되어 '주어가 ~한 상태로 계속 있다'의 뜻이 된다. We는 waiting의 의미상 주어이다. waiting에서 v-ing는 객관성(사실, 동시성 등)의 뉘앙스로 의미상 주어에 대한 진행의 관계를 나타낸다. waiting(현재분사) 앞에는 be동사가 생략된 서술형식 변화를 보인다.

274 | A young bird was watched being fed by a parent.

Step 1 A young bird was watched (N).

Step 2

해석 Step 1 한 어린 새가 N하는 것이 보였다.   Step 2 한 어린 새가 부모로부터 먹이를 받아먹고 있는 것이 보였다.
Voca feed 동 먹이를 주다 (fed - fed)   be fed 받아먹다
해설 [축약형 꼬리표, 보충서술어 꼬리표] 「watch+목적어+v-ing(현재분사)」는 '목적어가 ~하고 있는 것을 보다'의 뜻인데, 수동형 문장으로 전환하면 「주어(능동형 문장의 목적어)+be watched+v-ing」가 되어 '주어가 ~하는 것이 보이다'의 뜻이 된다. A young bird는 being fed의 의미상 주어이다. being에서 v-ing는 객관성(사실, 동시성 등)의 뉘앙스로 의미상 주어에 대한 진행의 관계를 나타낸다.

275 Tim was heard singing in the shower.

Step 1 Tim was heard (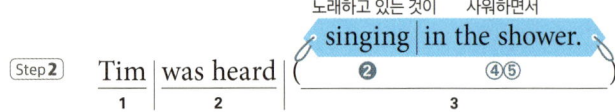).

Step 2 Tim | was heard | (singing | in the shower.)
　　　　1　　　2　　　　❷　　　④⑤
　　　　　　　　　　　　　　3
（노래하고 있는 것이 / 샤워하면서）

해석 **Step 1** Tim은 N하는 것이 들렸다. **Step 2** Tim을 샤워하면서 노래하는 것이 들렸다.
해설 [축약형 꼬리표, 보충서술어 꼬리표] 「주어+hear+목적어+v-ing(현재분사)」는 '주어는 목적어가 ~하고 있는 것을 듣다'의 뜻인데, 수동형 문장으로 전환하면 「주어(능동형 문장의 목적어)+be heard+v-ing」가 되어 '주어가 ~하는 것이 들리다'의 뜻이 된다. Tim은 singing의 의미상 주어이다. singing에서 v-ing는 객관성(사실, 동시성 등)의 뉘앙스로 의미상 주어에 대한 진행의 관계를 나타낸다. singing(현재분사) 앞에는 be동사가 생략된 서술형식 변화를 보인다.

276 Our national anthem was heard played by a military band.

Step 1 Our national anthem was heard (N).

Step 2 Our national anthem | was heard | (played | by a military band.)
　　　　　　1　　　　　　　　　2　　　　❷　　　　④⑤
　　　　　　　　　　　　　　　　　　　　　　3
（연주되는 것이 / 군악대에 의해）

해석 **Step 1** 우리의 국가가 N하는 것이 들렸다. **Step 2** 우리의 국가가 군악대에 의해 연주되는 것이 들렸다.
Voca national anthem 국가　military 명 군대
해설 [생략형 꼬리표, 보충서술어 꼬리표] 「주어+hear+목적어+p.p.(과거분사)」는 '주어는 목적어가 ~되고 있는 것을 듣다'의 뜻인데, 수동형 문장으로 전환하면 「주어(능동형 문장의 목적어)+be heard+p.p.」가 되어 '주어가 ~되는 것이 들리다'의 뜻이 된다. 과거분사는 수동의 의미이므로 '~되다'의 뜻이다. Our national anthem은 played(과거분사)의 의미상 주어이며 수동의 관계를 나타낸다. played 앞에는 be동사가 생략된 서술형식 변화를 보인다.

277 The test papers were found stolen yesterday.

Step 1 The test papers were found (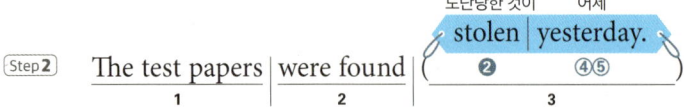).

Step 2 The test papers | were found | (stolen | yesterday.)
　　　　　1　　　　　　2　　　　❷　　　④⑤
　　　　　　　　　　　　　　　　　　3
（도난당한 것이 / 어제）

해석 **Step 1** 시험지들이 N인 상태로 발견되었다. **Step 2** 시험지들이 어제 도난당한 것이 발견되었다.
Voca steal 통 훔치다 (stole - stolen)　be stolen 도난당하다
해설 [생략형 꼬리표, 보충서술어 꼬리표] 「주어+find+목적어+p.p.(과거분사)」는 '주어는 목적어가 ~되고 있는 것을 발견하다'의 뜻인데, 수동형 문장으로 전환하면 「주어(능동형 문장의 목적어)+be found+p.p.」가 되어 '주어가 ~되는 것이 발견되다'의 뜻이 된다. 과거분사는 수동의 의미이므로 '~되다'의 뜻이다. The test papers는 stolen(과거분사)의 의미상 주어이며 수동의 관계를 나타낸다. stolen 앞에는 be동사가 생략된 서술형식 변화를 보인다.

26-B 「보충술어」구 꼬리표 (3마디 보충서술어 : 형/명)

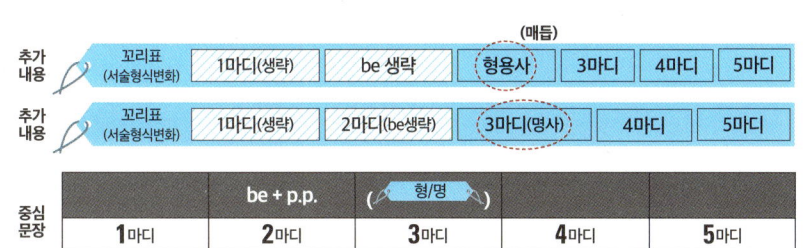

- D유형 → 「E유형/F유형」으로 구문전환이 가능하다. E,F유형에서 형용사 warm과 명사 a supermom 앞에 'to be'가 복원되는 경우도 있지만 대부분 'to be'를 생략한 형태로 사용된다.

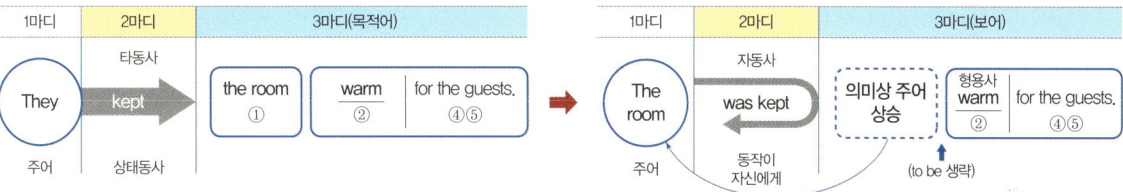

---

278 The room was kept warm for the guests.

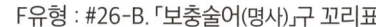

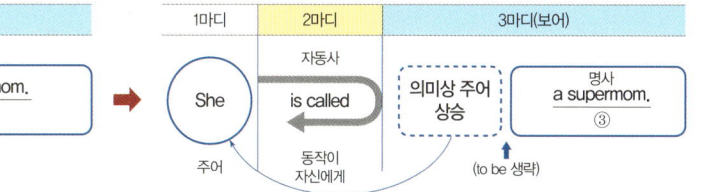

해 석
그 방은 N하게 유지되었다.

Voca
be kept 유지되다
guest 손님, 초대받은 사람

was kept(수동태) 다음에 warm 이 온 것을 보고 3마디에 보충서술어가 사용되었음을 파악.

The room은 was kept의 주어이면서 warm for the guests의 의미상 주어로 해석.

그 방은 손님들을 위해서 따뜻하게 유지되었다.

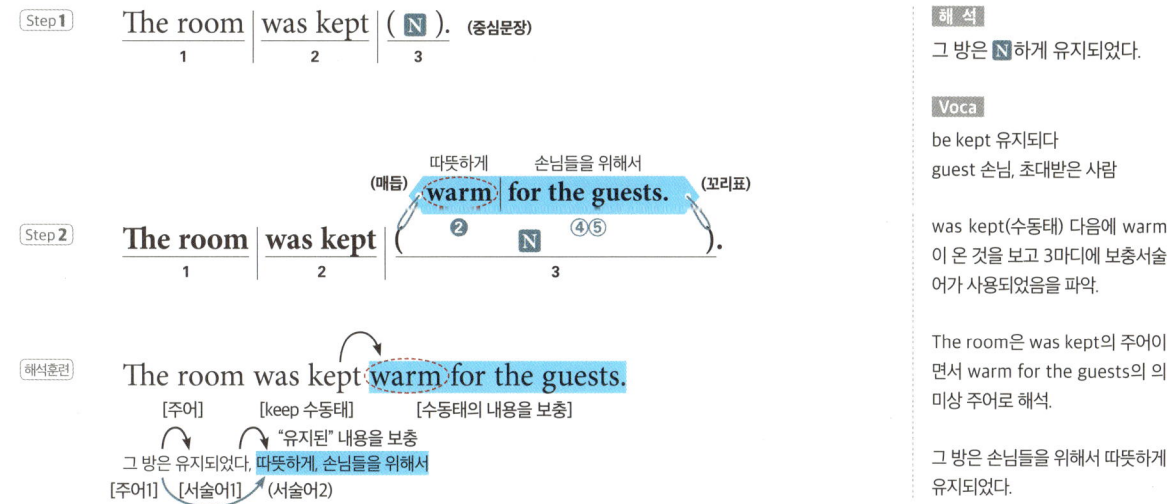

- 매듭 해설

- Step 2에서 The room은 was kept의 주어이면서, 동시에 warm의 의미상 주어 역할을 한다.

279 I am made happy by your happiness.

Step 1 I am made (N).

Step 2 I | am made | (happy | by your happiness.)
          1 | 2 | ❷ | ④⑤
                         행복하게   너의 행복에 의해
                                  3

해석 **Step 1** 나는 N인 상태가 된다.   **Step 2** 나는 너의 행복으로 행복해진다.
Voca make ⑧ ~하게 하다   be made ~하게 되다
해설 [생략형 꼬리표, 보충서술어 꼬리표] 「주어+make+목적어+형용사」는 '주어는 목적어가 ~한 상태가 되도록 하다'의 뜻인데, 수동형 문장으로 전환하면 「주어(능동형 문장의 목적어)+be made+형용사」가 되어 '주어가 ~한 상태가 되다'의 뜻이 된다. I는 happy(형용사)의 의미상 주어 역할을 하고 happy 앞에는 be동사가 생략된 서술형식 변화를 보인다.

280 The work is still left undone.

Step 1 The work is still left (N).

Step 2 The work | is still left | (undone.)
              1 | 2 | ❷
                                     끝나지 않은
                                         3

해석 **Step 1** 그 일이 여전히 N인 상태로 남아 있다.   **Step 2** 그 일은 여전히 끝나지 않은 상태로 남아 있다.
Voca leave ⑧ 남겨 두다   be left 남겨져 있다   undone ⑲ 끝나지 않은
해설 [생략형 꼬리표, 보충서술어 꼬리표] 「주어+leave+목적어+형용사」는 '주어가 목적어를 ~한 상태로 남겨 두다'의 뜻인데, 수동형 문장으로 전환하면 「주어(능동형 문장의 목적어)+be left+형용사」가 되어 '주어가 ~한 상태로 남겨지다'의 뜻이 된다. The work는 undone(형용사)의 의미상 주어 역할을 하고 undone 앞에는 be동사가 생략된 서술형식 변화를 보인다.

281 The sky was turned red by the sinking sun.

Step 1 The sky was turned (N).

Step 2 The sky | was turned | (red | by the sinking sun.)
              1 | 2 | ❷ | ④⑤
                                  붉게   지는 해로 인해
                                            3

해석 **Step 1** 하늘이 N인 상태로 변했다.   **Step 2** 하늘이 지는 해로 인해 붉게 변했다.
Voca turn ⑧ 변화시키다, 바꾸다   be turned 변화되다   sink ⑧ 가라앉다
해설 [생략형 꼬리표, 보충서술어 꼬리표] 「주어+turn+목적어+형용사」는 '주어가 목적어를 ~한 상태로 변화시키다'의 뜻인데, 수동형 문장으로 전환하면 「주어(능동형 문장의 목적어)+be turned+형용사」가 되어 '주어가 ~한 상태로 변경되다'의 뜻이 된다. The sky는 red(형용사)의 의미상 주어 역할을 하고 red 앞에는 be동사가 생략된 서술형식 변화를 보인다.

282 He is considered generous.

Step 1 He is considered (N).

Step 2 He | is considered | (generous.)
　　　　1　　　2　　　　　　3
　　　　　　　　　　　관대하게

해석 Step 1 그는 N으로 여겨진다. Step 2 그는 관대한 사람으로 여겨진다.
Voca consider ⑧ 간주하다, 여기다　be considered 간주되다　generous ⑱ 관대한
해설 [생략형 꼬리표, 보충서술어 꼬리표] 「주어+consider+목적어+형용사」는 '주어가 목적어를 ~하게 여기다'의 뜻인데, 수동형 문장으로 전환하면 「주어(능동형 문장의 목적어)+be considered+형용사」가 되어 '주어가 ~하게 여겨지다'의 뜻이 된다. He는 generous(형용사)의 의미상 주어 역할을 하고 generous 앞에는 be동사가 생략된 서술형식 변화를 보인다.

283 He was elected mayor.

Step 1 He was elected (N).

Step 2 He | was elected | (mayor.)
　　　　1　　　2　　　　　3
　　　　　　　　　　　시장

해석 Step 1 그는 N으로 선출되었다. Step 2 그는 시장으로 선출되었다.
Voca elect ⑧ 선출하다　be elected 선출되다　mayor ⑱ 시장
해설 [생략형 꼬리표, 보충서술어 꼬리표] 「주어+elect+목적어+명사」는 '주어가 목적어를 ~으로 선출하다'의 뜻인데, 수동형 문장으로 전환하면 「주어(능동형 문장의 목적어)+be elected+명사」가 되어 '주어가 ~으로 선출되다'의 뜻이 된다. He는 mayor와 동격 관계로 mayor 앞에는 be동사가 생략된 서술형식 변화를 보인다.

284 Laughter is called the best medicine.

Step 1 Laughter is called (N).

Step 2 Laughter | is called | (the best medicine.)
　　　　　1　　　　2　　　　　　3
　　　　　　　　　　　　　최고의 약

해석 Step 1 웃음은 N으로 불린다. Step 2 웃음은 최고의 약이라고 불린다.
Voca laughter ⑱ 웃음　medicine ⑱ 약
해설 [생략형 꼬리표, 보충서술어 꼬리표] 「주어+call+목적어+명사」는 '주어가 목적어를 ~으로 부르다'의 뜻인데, 수동형 문장으로 전환하면 「주어(능동형 문장의 목적어)+be called+명사」가 되어 '주어가 ~으로 불리다'의 뜻이 된다. Laughter는 the best medicine과 동격 관계로 the best medicine 앞에는 be동사가 생략된 서술형식 변화를 보인다.

PART 3

부사자리
매듭·꼬리표 훈련

27. 「시간」절 꼬리표
28. 「장소」절 꼬리표
29. 「원인」절 꼬리표
30. 「판단이유that」절 꼬리표
31. 「결과」절 꼬리표
32. 「목적」절 꼬리표
33. 「양보/대조」절 꼬리표
34. 「조건」절 꼬리표
35. 「비교」절 꼬리표
36. 「부 to-v」구 꼬리표
37. 「판단to-v」구 꼬리표
38. 「부 v-ing」구 꼬리표
39. 「생략분사」구 꼬리표
40. 「uS+분사」구 꼬리표
41. 「접속사+분사」구 꼬리표
42. 등위접속매듭
43. 특수 구문

부사적 용법 꼬리표 : 꼬리표가 문장 앞/뒤에서 「수식」 구조(분홍색 계열)

	명사	동사	명사	전치사	명사	추가내용(꼬리표)
1 2 3 4 5	1마디	2마디	3마디	4마디	5마디	1 2 3 4 5

중심 문장

구문 마스터키(Syntax Master Key): 부사적 용법

구분		꼬리표 유형		「매듭」+ 꼬리표		주요 특징
부사적 용법	절	첨가형	12. when매듭 꼬리표(부)	#27	「시간」절 꼬리표	when, while, as 등
			13. where매듭 꼬리표(부)	#28	「장소」절 꼬리표	where, wherever 등
			14. why매듭 꼬리표(부)	#29	「원인」절 꼬리표	because, since등
				#30	「판단이유that」절 꼬리표	「감정/판단형용사」+that절(판단의 이유=because), 4/5마디 위치
			15. how매듭 꼬리표(부)	#31	「결과」절 꼬리표	so~that, so that 등
				#32	「목적」절 꼬리표	in order that 등
				#33	「양보/대조」절 꼬리표	though, whereas 등
				#34	「조건」절 꼬리표	if, unless 등
				#35	「비교」절 꼬리표	as ~ as, as if, 비교급 등
	구	축약형	16. to-v매듭 꼬리표(부)	#36	「부 to-v」구 꼬리표	「목적, 원인, 결과」절 등이 축약
				#37	「판단 to-v」구 꼬리표	「감정/판단형용사」+to-v(판단의 이유/결과), 4/5마디 위치
			17. v-ing매듭 꼬리표(부)	#38	「부 v-ing」구 꼬리표	분사구문(ing)
		생략형	18. 생략매듭 꼬리표(부)	#39	「생략분사」구 꼬리표	being생략 분사형(p.p./형/명)
		축약형/생략형	19. 분사매듭응용 꼬리표(부)	#40	「uS+분사」구 꼬리표	의미상주어 + 분사형(ing/p.p./형), 독립분사구문
				#41	「접속사+분사」구 꼬리표	접속사 + 분사형(ing/p.p./형/명/전)
	기타			#42	등위접속매듭	and, but, or, so. for
				#43	특수 구문	도치, 생략, 삽입, 강조

문장마디별 꼬리표

	문장앞	1마디	2마디	3마디	4마디	5마디	문장뒤
절	27. 「시간」절 꼬리표 28. 「장소」절 꼬리표 29. 「원인」절 꼬리표 31. 「결과」절 꼬리표 32. 「목적」절 꼬리표 33. 「양보/대조」절 꼬리표 34. 「조건」절 꼬리표 35. 「비교」절 꼬리표	-	-	-	-	-	27. 「시간」절 꼬리표 28. 「장소」절 꼬리표 29. 「원인」절 꼬리표 30. 「판단이유that」절 꼬리표 31. 「결과」절 꼬리표 32. 「목적」절 꼬리표 33. 「양보/대조」절 꼬리표 34. 「조건」절 꼬리표 35. 「비교」절 꼬리표
구	36. 「부to-v」구 꼬리표 38. 「부v-ing」구 꼬리표 39. 「생략분사」구 꼬리표 40. 「uS+분사」구 꼬리표 41. 「접속사+분사」구 꼬리표	-	-	-	-	-	36. 「부to-v」구 꼬리표 37. 「판단to-v」구 꼬리표 38. 「부v-ing」구 꼬리표 39. 「생략분사」구 꼬리표 40. 「uS+분사」구 꼬리표 41. 「접속사+분사」구 꼬리표

27 「시간」절 꼬리표 (종속절)

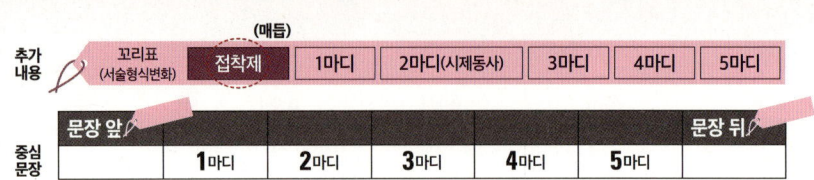

- 「시간」절 꼬리표는 문장 구성의 '인물, 사건, 배경' 중 4/5마디의 '배경'에 해당되며, 중심문장 앞/뒤에 위치한다.
- 자세한 시간 설명은 "접속사"가 포함된 "절 꼬리표"를, 간단한 시간 설명은 "전치사"가 포함된 "구 꼬리표"를 사용한다.

구분	절 꼬리표 : 접속사 + S + V	구 꼬리표 : 전치사 + 명사
시간 (4/5마디)	when/as(~할 때), while(~하는 동안), before(~전에), after(~후에), since(~이후로), untill/till(~할 때까지), as soon as/the moment(~하자마자), every time(~할 때마다), by the time(~할 때까지), the next time(다음에 ~할 때), once(일단 ~하면)	during/for(~동안), after/following(~후에), since/as of(~이후로), on/upon(~하자마자), within(~이내에), throughout(~내내)

285 Tim has lived in Seoul since he entered a college.

Step 1 Tim | has lived | in Seoul | (AD). (중심문장)
　　　　　1　　　2　　　　4/5　　　　4/5

해석
Tim은 서울에 살았다 (AD).

Voca
since ~이래로

Step 2 Tim | has lived | in Seoul | (~이래로 그가 들어갔다 대학을 since | he | entered | a college (꼬리표)).
　　　　　1　　　2　　　　4/5　　　(매듭)　　①　　②　　③
　　　　　　　　　　　　　　　　　　　　AD
　　　　　　　　　　　　　　　　　　　　4/5

'장소'를 나타내는 in Seoul 다음에 since(접속사)로 시작하는 '시간적 배경(상황)'이 사용되었음을 파악.

한 문장에서 '배경/상황'은 여러 개 사용할 수 있음. 장소(where), 시간(when), 방법(how), 이유(why)에 초점을 두고 해석.

Tim은 그가 대학에 들어간 이후부터 서울에 살았다.

[해석훈련]
Tim has lived in Seoul　since he entered a college.
　　　　　　　(where배경)　　　　(when배경)
　　　　　　　　　　　　　배경/상황 (부사 덩어리)

Tim은 살았다. 서울에　그가 대학에 들어간 이후부터
(주된 사건)　　　　　(시간적 상황)

◆ 매듭 해설

- ex1)과 ex2)에서 since는 둘 다 시간적 배경을 나타내고 있지만, ex1)에서 since는 전치사로 뒤에 명사 graduation이 오고 ex2)에서 since는 접속사로 뒤에 문장인 'he entered a college'가 온다.

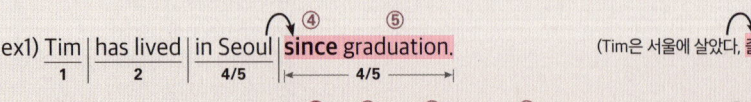

PART 3 부사자리 매듭 · 꼬리표 훈련   27. 「시간」절 꼬리표

286 Happiness adds, as we divide it with others. – A. Nielsen

Step 1 Happiness adds, (AD).

Step 2 Happiness | adds | (as | we | divide | it | with others.)
~할 때 우리가 나누다 그것을 다른 사람들과

해석 **Step 1** 행복은 더해진다, AD. **Step 2** 행복은 우리가 그것을 다른 사람들과 나눌 때 더해진다.
Voca add 통 더하다, 증가하다   divide 통 나누다
해설 [첨가형 꼬리표, 부사덩어리] 접속사 as절은 주절의 주된 사건에 대한 '시간적 배경(when)'을 보충 설명해준다.

287 As we got closer to the city, traffic became heavier.

Step 1 (AD), traffic became heavier.

Step 2 (As | we | got closer | to the city,) | traffic | became heavier.
~할 때 우리가 가까워졌다 도시에

해석 **Step 1** AD, 교통량이 더 많아졌다. **Step 2** 우리가 도시에 가까워지면서, 교통량이 더 많아졌다.
Voca get + 형용사: ~해지다   get close 가까워지다   traffic 명 교통(량)   heavy 형 (양·정도 등이 보통보다) 많은[심한]
해설 [첨가형 꼬리표, 부사덩어리] 접속사 as절을 먼저 쓴 것은 '시간적 배경(when)'을 먼저 얘기한 후에 주절의 주된 사건을 설명하기 위해서이다.

288 My headache returned as soon as I woke up.

Step 1 My headache returned (AD).

Step 2 My headache | returned | (as soon as | I | woke up.)
~하자마자 내가 깨어났다

해석 **Step 1** 나의 두통이 돌아왔다 AD. **Step 2** 내가 깨어나자마자 두통이 다시 시작되었다.
Voca headache 명 두통   return 통 돌아오다, 되살아나다   wake up 잠에서 깨어나다 (woke - woken)
해설 [접착형 꼬리표, 부사덩어리] returned는 3마디의 목적어가 필요 없는 자동사로 쓰였다. as soon as절은 주절인 문장 뒤에서 주절의 주된 사건에 대한 '시간적 배경(when)'을 나타낸다.

PART 3 부사자리 매듭·꼬리표 훈련   27. 「시간」절 꼬리표   160

289 | Tim sprained his ankle while he was playing volleyball.

Step 1   Tim sprained his ankle (AD).

Step 2   Tim | sprained | his ankle | (~하는 동안 그가 ~하고 있었다 배구를
             1   2   3   while | he | was playing | volleyball.
                                                 ●   ①   ②   ③
                                                            4/5   )

해 석 Step 1 Tim은 그의 발목을 삐었다 AD. Step 2 Tim은 배구를 하는 동안에 그의 발목을 삐었다.
Voca sprain 통 삐다   ankle 명 발목
해 설 [첨가형 꼬리표, 부사덩어리] 4/5마디 수식어를 짧게 나타낼 때는 전치사구를 사용하고, 길게 나타낼 때는 종속접속사를 나타낸다. while절은 주절의 주된 사건에 대한 '시간적 배경(when)'을 나타낸다.

290 | Don't shake the soda bottle before you open it.

Step 1   Don't shake the soda bottle (AD).

Step 2   Don't shake | the soda bottle | (~하기 전에 네가 열다 그것을
                 2   3   before | you | open | it.
                                                ●   ①   ②   ③
                                                        4/5   )

해 석 Step 1 탄산음료 병을 흔들지 마라 AD. Step 2 탄산음료 병을 열기 전에 흔들지 마라.
Voca shake 통 흔들다   soda 명 탄산음료   bottle 명 병
해 설 [첨가형 꼬리표, 부사덩어리] before절은 주절의 주된 사건에 대한 '시간적 배경(when)'을 나타낸다.

291 | We'll wait for Tim until he gets here.

Step 1   We'll wait for Tim (AD).

Step 2   We | will wait | for Tim | (~까지 그가 여기에 도착하다
            1   2   4/5   until | he | gets here.
                                          ●   ①   ②
                                                4/5   )

해 석 Step 1 우리는 Tim을 기다릴 것이다 AD. Step 2 우리는 Tim이 여기에 도착할 때까지 그를 기다릴 것이다.
Voca get here 여기에 도착하다
해 설 [첨가형 꼬리표, 부사덩어리] until절은 주절의 주된 사건에 대한 '시간적 배경(when)'을 나타낸다. 때를 나타내는 부사절(until he gets here)에서는 미래의 일이라도 현재시제로 나타낸다.

292 You can't fix the problem until you define it.

Step 1   You can't fix the problem (AD).

Step 2   You | can't fix | the problem | (until | you | define | it.)
　　　　　　 1　　　2　　　　　3　　　　●　　①　　②　　③
　　　　　　　　　　　　　　　　　　　　~까지　네가　정의하다　그것을
　　　　　　　　　　　　　　　　　　　　　　　　4/5

해석　[Step 1] 당신은 문제를 해결할 수 없다 AD.
　　　　 [Step 2] 당신은 **문제를 정의할 때까지** 문제를 풀 수 없다. (당신은 문제를 정의하고 나서야만 문제를 풀 수 있다.)
해설　[첨가형 꼬리표, 부사덩어리] 「주어 + 부정형 동사 ~ + until…」은 'until 이하 하고 나서야, 주어가 ~한다'는 뜻이다. '간신히, 비로소'의 의미를 포함하는 강조 표현으로 사용된다.

293 When you are not practicing, someone else is getting better. – Allen Iverson

Step 1   (AD), someone else is getting better.

Step 2   (When | you | are not practicing,) | someone else | is getting better.
　　　　　　　●　　①　　　　②　　　　　　　　　　1　　　　　　　2
　　　　　　 ~할 때　네가　연습하지 않고 있다
　　　　　　　　　　4/5

해석　[Step 1] AD, 다른 누군가는 더 나아지고 있다　[Step 2] **네가 연습하지 않고 있을 때**, 바로 그때, 다른 누군가는 더 나아지고 있다.
Voca　get + 형용사: ~해지다　get better 더 나아지다
해설　[첨가형 꼬리표, 부사덩어리] 접속사 When은 '원인과 결과'의 인과관계로서 시간적 조건을 나타낸다. 그래서 '바로 그 때'의 의미를 포함한다.

294 Every time fossil fuels are burned, carbon dioxide is produced.

Step 1   (AD), carbon dioxide is produced.

Step 2   (Every time | fossil fuels | are burned,) | carbon dioxide | is produced.
　　　　　　　●　　　　　　①　　　　　　②　　　　　　1　　　　　　　　2
　　　　　　 ~할 때마다　화석 연료가　태워지다
　　　　　　　　　　　4/5

해석　[Step 1] AD, 이산화탄소가 배출된다.　[Step 2] **화석 연료가 연소될 때마다**, 이산화탄소가 발생한다.
Voca　fossil 명 화석　fuel 명 연료　burn 동 태우다　be burned 태워지다　carbon dioxide 이산화탄소　produce 동 생산하다, 배출하다
해설　[첨가형 꼬리표, 부사덩어리] '(At) every time (when) fossil fuels are burned'에서 전치사 at과 관계부사 when이 생략되어 꼬리표가 되었다. 이처럼 종속접속사 역할을 하는 명사구는 the moment(~하는 순간), any time(~할 때면 언제나), each time(~할 때마다), next time(다음에 ~할 때) 등이 있다. 잉글맵에서 이런 명사구를 접속사적으로 취급하여 (●) 기호를 사용한다.

295 By the time she retires, she will have worked for 40 years.

Step 1 (AD), she will have worked for 40 years.

Step 2 (By the time | she | retires,) | she | will have worked | for 40 years.
  ~즈음에 그녀가 은퇴하다

해석 **Step 1** AD, 그녀는 40년 동안 일하게 될 것이다. **Step 2** 그녀가 은퇴할 즈음이면, 그녀는 40년 동안 일하게 될 것이다.
Voca retire 동 은퇴하다
해설 [첨가형 꼬리표, 부사덩어리] 'By the time'을 접속사적 용법으로 취급하여 (●) 기호를 사용하였다. 미래의 어느 시점까지 계속되거나 어느 시점 또는 그 이전에 끝나는 일을 나타낼 때 쓰는 미래완료 시제는 「will have p.p.」의 형태이다. 그리고 때를 나타내는 부사절(By ~ retires)에서는 미래의 일이라도 현재시제로 나타낸다.

296 I won't be here the next time you visit us.

Step 1 I won't be here (AD).

Step 2 I | won't be here | (the next time | you | visit | us.)
  다음에 ~할 때 네가 방문하다 우리를

해석 **Step 1** 나는 여기에 있지 않을 것이다 AD. **Step 2** 네가 다음 번에 우리를 방문할 때 나는 여기에 있지 않을 것이다.
해설 [첨가형 꼬리표, 부사덩어리] 'the next time' 명사구를 접속사적 용법으로 취급하여 (●) 기호를 사용하였다. 때를 나타내는 부사절(the next ~ us)에서는 미래의 일이라도 현재시제로 나타낸다.

297 Once we accept our limits, we go beyond them. – Albert Einstein

Step 1 (AD), we go beyond them.

Step 2 (Once | we | accept | our limits,) | we | go | beyond them.
  일단 ~하면 우리가 받아들이다 우리의 한계를

해석 **Step 1** AD, 우리는 그것들을 넘어서게 된다. **Step 2** 일단 우리가 우리의 한계를 받아들이면, 우리는 그것들을 넘어서게 된다.
Voca accept 동 받아들이다, 수락하다   limit 명 한계   go beyond ~을 넘어서다
해설 [첨가형 꼬리표, 부사덩어리] 'If we once accept our limits'에서 if가 생략되면서 꼬리표의 once절이 만들어졌다. Once절에서는 미래라도 will을 쓰지 않는다.

298 | **No sooner had we entered the cinema than the movie began.**

Step 1 No sooner had we entered the cinema (AD).

Step 2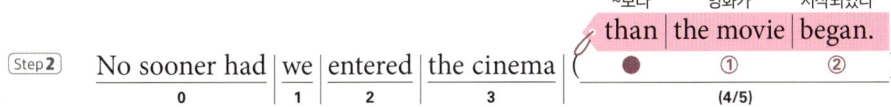
No sooner had | we | entered | the cinema
   0   1   2   3

해석 **Step 1** 우리는 영화관에 더 빨리 들어가지 않았다 AD. **Step 2** 우리가 영화관에 들어가자마자 영화가 시작되었다.

해설 **[접착형 꼬리표, 부사덩어리]** 「No sooner ~ than…」 구문은 '~하자마자 …하다'의 뜻으로, 「Hardly[Scarcely] ~ when[before]…」로 바꿔 쓸 수 있다. 즉 이 문장은 Hardly[Scarcely] had we entered the cinema when[before] the movie began.으로 바꿔 쓸 수 있다. (#43-A 참조)

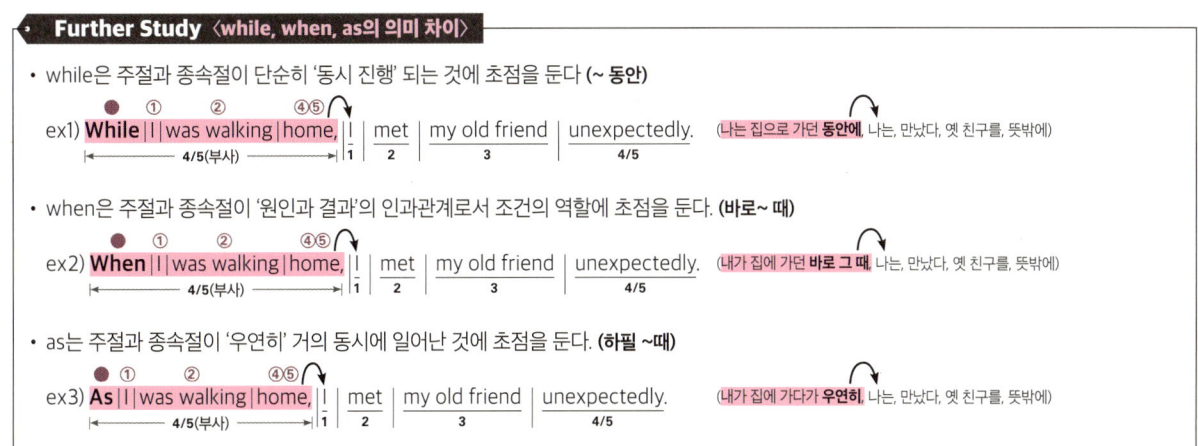

Further Study 〈while, when, as의 의미 차이〉

- while은 주절과 종속절이 단순히 '동시 진행' 되는 것에 초점을 둔다 (~ 동안)
  ex1) While | I | was walking | home, | I | met | my old friend | unexpectedly. (나는 집으로 가던 **동안에**, 나는, 만났다, 옛 친구를, 뜻밖에)

- when은 주절과 종속절이 '원인과 결과'의 인과관계로서 조건의 역할에 초점을 둔다. (바로~ 때)
  ex2) When | I | was walking | home, | I | met | my old friend | unexpectedly. (내가 집에 가던 **바로 그 때**, 나는, 만났다, 옛 친구를, 뜻밖에)

- as는 주절과 종속절이 '우연히' 거의 동시에 일어난 것에 초점을 둔다. (하필 ~때)
  ex3) As | I | was walking | home, | I | met | my old friend | unexpectedly. (내가 집에 가다가 **우연히**, 나는, 만났다, 옛 친구를, 뜻밖에)

28 「장소」절 꼬리표 (종속절)

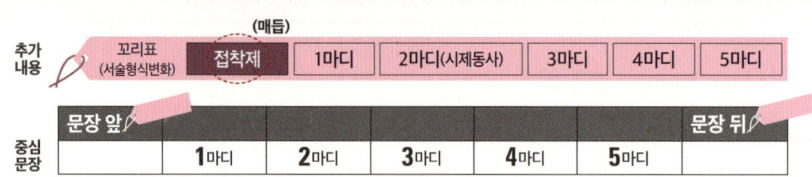

- 「장소」절 꼬리표는 문장 구성의 '인물, 사건, 배경' 중 4/5마디의 '배경'에 해당되며, 중심문장 앞/뒤에 위치한다.
- 자세한 장소 설명은 "접속사"가 포함된 "절 꼬리표"를, 간단한 장소 설명은 "전치사"가 포함된 "구 꼬리표"를 사용한다.

구분	절 꼬리표 : 접속사 + S + V	구 꼬리표 : 전치사 + 명사
장소 (4/5마디)	where(~곳에), wherever(어느 곳에서든지), • 접속사적으로 사용되는 장소 명사구 : anywhere (that), nowhere (that), everywhere (that), anyplace (that), no place (that), every place (that)	in (둘러싸인 장소/상황) on (접한 장소/상황) at (특정 장소/상황)

299 Where there is a will, there is a way.

Step 1 (AD), | there is | a way. (중심문장)
　　　　　　4/5　　　2　　　1

Step 2 (매듭) Where | there is | a will, ~하는 곳에, 있다, 뜻이 (꼬리표)
　　(● AD) there is | a way.
　　　　4/5　　　　　　2　　1

해석훈련 배경/상황 (부사덩어리)
Where there is a will, there is a way.
(where배경)
곳, 뜻이 있는, 있다, 길이
(장소적 상황) (주된 사건)

해석
(AD), 길이 있다.

Voca
will 몡 뜻, 의지

장소(상황)를 나타내는 where(접속사)로 시작하는 4/5마디가 문장 앞에 먼저 사용되었음을 파악. '장소'는 경우에 따라 특정 "상황"으로 해석 할 수 있음.

뜻이 있는 곳에 길이 있다.

• 매듭 해설

- ex1) ~ ex3)에는 모두 where매듭이 사용되었다. 사용된 자리에 따라 용법과 해석이 달라진다.

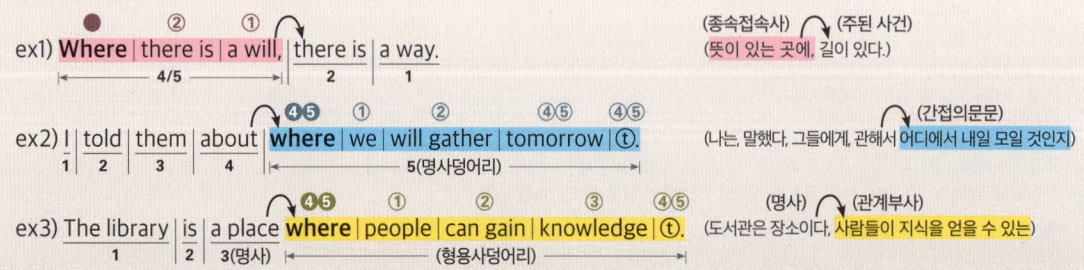

300 Keep cleaning products where children can't see them.

Step 1 Keep cleaning products (AD).

Step 2 Keep | cleaning products | (where | children | can't see | them.)
       2   3   ●   ①   ②   ③
                                              4/5

해석 **Step 1** 세척제들을 보관하세요 AD. **Step 2** 세척제들을 아이들이 볼 수 없는 곳에 보관하세요.
Voca cleaning product 세척제, 청소용품
해설 [첨가형 꼬리표, 부사덩어리] where절은 주절의 주된 사건에 대한 '장소적 배경(where)'을 나타낸다.

301 This bus will take us where we once lived.

Step 1 This bus will take us (AD).

Step 2 This bus | will take | us | (where | we | once lived.)
      1   2   3   ●   ①   ②
                                              4/5

해석 **Step 1** 이 버스는 우리를 데려다 줄 것이다 AD. **Step 2** 이 버스는 우리가 예전에 살았던 곳으로 데려다 줄 것이다.
Voca once 倶 옛날에
해설 [첨가형 꼬리표, 부사덩어리] 4/5마디에 '장소적 배경(where)'을 간단히 나타낼 때는 전치사구를 사용하고 길게 표현하고 싶으면 where절을 사용한다.

302 Don't spare money where you have to spend.

Step 1 Don't spare money (AD).

Step 2 Don't spare | money | (where | you | have to spend.)
       2   3   ●   ①   ②
                                              4/5

해석 **Step 1** 돈을 아끼지 마라 AD. **Step 2** 네가 써야 할 곳에 돈을 아끼지 마라.
Voca spare 통 아끼다 형 여분의
해설 [접착형 꼬리표, 부사덩어리] 장소의 where절은 물리적인 공간의 위치뿐만 아니라 상황을 나타낼 때도 사용된다. have to spend에서 have to는 조동사처럼 사용할 수 있다.

29 「원인」절 꼬리표 (종속절)

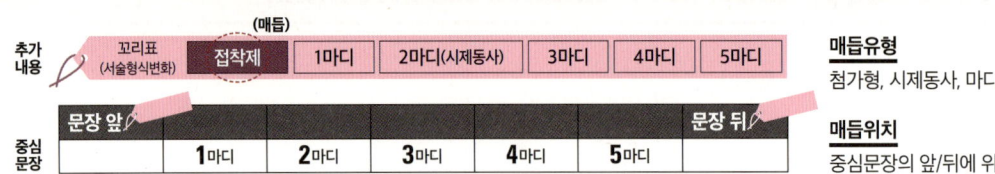

- 「원인」절 꼬리표에 자주 사용되는 원인/이유 접속사는 because > since > as 순으로 의미의 강약을 나타낸다.
  - because : 듣는 사람이 알고 있지 못한 새로운 정보의 원인/이유일 때 주로 사용. (의문문의 대답, it ~ that 강조구문과 함께 사용)
  - since / as : 부수적인 정보로서의 원인/이유로 문장 앞에 위치하는 경우가 많음.
- 자세한 원인/이유는 "접속사"가 포함된 "절 꼬리표"를, 간단한 원인/이유는 "전치사"가 포함된 "구 꼬리표"를 사용한다.

구분	절 꼬리표 : 접속사 + S + V	구 꼬리표 : 전치사 + 명사
원인/이유(4/5마디)	because, since, as, now that(이제~하니까), seeing that(~이므로)	because of, due to, owing to, for, on account of

303 The fire spread very fast because the wind blew hard.

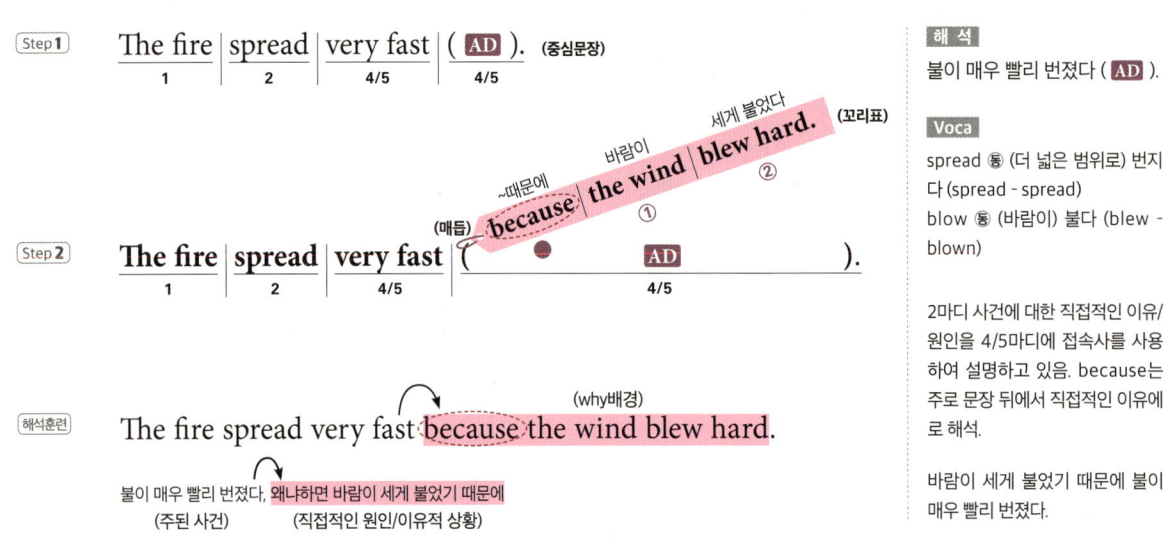

해석
불이 매우 빨리 번졌다 (AD).

Voca
spread 동 (더 넓은 범위로) 번지다 (spread - spread)
blow 동 (바람이) 불다 (blew - blown)

2마디 사건에 대한 직접적인 이유/원인을 4/5마디에 접속사를 사용하여 설명하고 있음. because는 주로 문장 뒤에서 직접적인 이유로 해석.

바람이 세게 불었기 때문에 불이 매우 빨리 번졌다.

▶ 매듭 해설

- ex1) ~ ex3)에 사용된 접속사의 종류에 따라 직접적인 이유인지, 부수적인 이유인지가 결정된다.

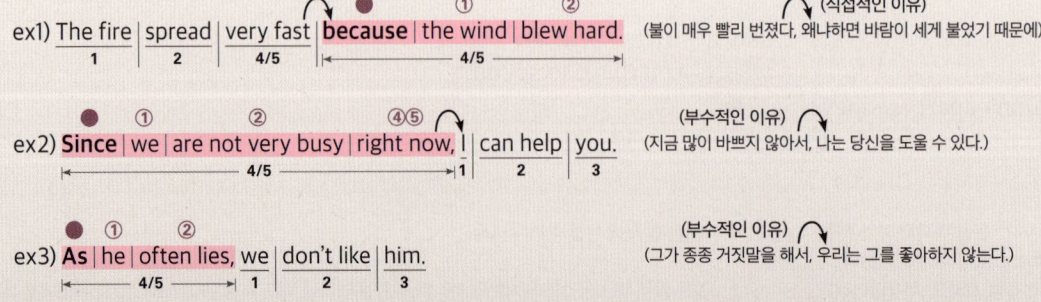

PART 3 부사자리 매듭 · 꼬리표 훈련 29. 「원인」절 꼬리표

304 | The report has many faults as it was written in haste.

Step 1 The report has many faults (AD).

Step 2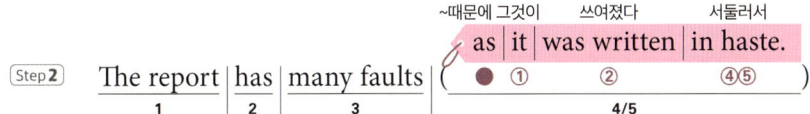

해석 | **Step 1** 그 보고서는 잘못된 것들이 많다 AD. **Step 2** 그 보고서는 성급하게 쓰여져서 잘못된 것들이 많다.
Voca | fault 몡 잘못, 결점   in haste 서둘러서
해설 | [첨가형 꼬리표, 부사덩어리] 4/5마디는 'where/when/how/why'를 나타내는데 원인의 as절은 주절의 주된 사건에 대한 'why배경'을 나타낸다. as절은 because절보다 약한 강도로 이유를 설명한다.

305 | They closed down the ferry service since it was no longer economical.

Step 1 They closed down the ferry service (AD).

Step 2

해석 | **Step 1** 그들은 페리 서비스를 종료했다 AD. **Step 2** 그들은 페리 서비스가 더 이상 경제적이지 않아서 서비스를 종료했다.
Voca | close down 폐쇄하다, 종료하다   ferry 몡 여객선, 페리   no longer 더 이상 ~아닌   economical 몡 경제적인
해설 | [첨가형 꼬리표, 부사덩어리] 원인의 since절은 주절의 주된 사건에 대한 'why배경'을 나타낸다. Since절은 because절보다 약한 강도로 이유를 설명한다. Since는 '부사, 접속사, 전치사'로 모두 사용 가능하며 모두 '과거의 어느 시점에서 현재까지'의 의미이다. 꼬리표에서 '더 이상 경제적이지 않은 상황이 지속되었기 때문에' 페리 서비스가 종료되는 원인을 제공하였다.

306 | Now that you are grown up, be independent.

Step 1 (AD), be independent.

Step 2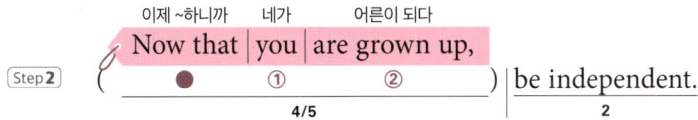

해석 | **Step 1** AD, 자립적인 사람이 되어라. **Step 2** 너도 어른이 되었으니, 자립적인 사람이 되어라.
Voca | grown up 성인이 된   independent 몡 독립적인, 자립적인
해설 | [첨가형 꼬리표, 부사덩어리] Now (that)는 because의 의미로 '새로운 사건이 이유가 될 때' 사용된다. 이 문장은 '어른이 되는 새로운 사건 때문에' 자립하라고 명령하고 있다.

30. 「판단이유that」절 꼬리표 (종속절)

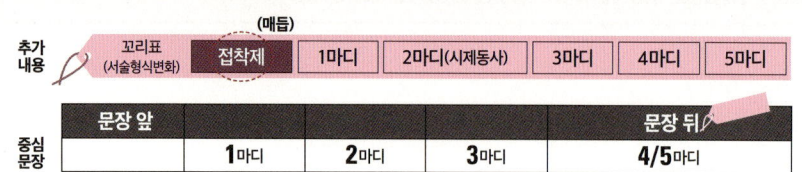

- 「be + 형용사 + that절」은 2가지 관점으로 바라볼 수 있으며, 부사적 용법인 「판단이유」절 꼬리표는 A관점에 해당된다.

A관점(#30) : 부사적 용법 that(=because)절 (판단이유)	B 관점(#15) : 명사적 용법 that절 (판단대상)
<that절이 감정형용사의 '판단의 이유'>	<that절이 확신형용사의 '판단의 대상'>
• "I am happy"는 주된 사건(나는 행복하다)이며, "that she came."은 행복한 「이유」가 무엇 때문인지를 말해 줌.	• "I am sure"는 주된 사건(나는 확신한다)이며, "that she was right."은 확신하는 「대상」이 무엇인지를 보충 설명함.
• happy와 같은 「감정형용사」에 대한 판단의 근거로서 that절(원인/이유 종속절)이 사용됨. Because절로 바꿀 수 있음.	• sure와 같은 「확신/난이도형용사」에 대한 「판단의 대상」으로서 that절이 사용됨. 이 경우는 because절로 바꿀 수 없음. (#15. 「판단대상 that」절 꼬리표 참조)
I am happy that(= because) she came. (나는, 행복하다, (왜냐하면) 그녀가 와서)	I am sure that she was right. (나는, 확신한다, 그녀가 옳았다고)

- 주요 감정형용사 : afraid(두려운), angry(화난), fearful(무서운), glad(반가운), hopeful(기대하는), jealous(질투하는), proud(자랑스러운), sorry(미안한), sad(슬픈) 등

- 분사형 감정형용사 : amazed(놀란), annoyed(언짢은), ashamed(부끄러운), astonished(경악한), concerned(우려하는), disappointed(실망한), shocked(충격을 받은), surprised(놀란), pleased(기뻐하는), worried(걱정하는) 등

---

307 I am happy that you like my gift.

Step 1 I | am happy | (AD). (중심문장)

Step 2 I | am happy (that you like my gift).
~때문에 네가 좋아하다 나의 선물을 (꼬리표)

해석훈련 I am happy that(= because) you like my gift.
(why배경)
나는 기쁘다, (왜냐하면) 네가, 좋아하기(때문)에, 내 선물을
[감정표현] (감정의 판단 근거)

해석
나는 기쁘다 (AD).

Voca
gift 명 선물

감정형용사(happy) 뒤에 that절은 부사적 용법(4/5마디)으로 감정에 대한 판단의 근거(원인과 이유)를 제시해 줌

네가 나의 선물을 좋아해서 나는 기쁘다.

• 매듭 해설

- Step 2에서 that의 의미가 because로 완전히 대체될 때, that매듭을 원인의 종속관계를 나타내는 부사적용법으로도 사용된다.

308 I was sad that my cousins had to leave.

Step 1 I was sad (AD).

Step 2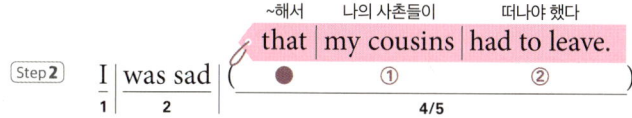

해석 Step 1 나는 슬펐다 AD. Step 2 나는 나의 사촌들이 떠나야 해서 슬펐다.
해설 [첨가형 꼬리표, 부사덩어리] 감정형용사 sad 뒤의 that절(that ~ leave)은 because절로서 감정에 대한 '판단의 원인/이유'를 나타낸다.

309 Julie felt ashamed that she had lied again.

Step 1 Julie felt ashamed (AD).

Step 2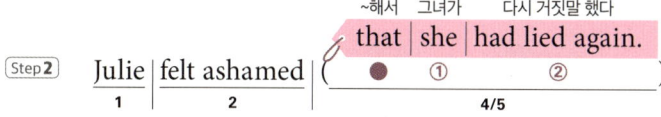

해석 Step 1 Julie는 부끄러웠다 AD. Step 2 Julie는 다시 거짓말을 해서 부끄러웠다.
Voca ashamed 형 부끄러운, 창피한   lie 동 거짓말하다 (lied - lied)
해설 [첨가형 꼬리표, 부사덩어리] 감정형용사 ashamed 뒤의 that절(that ~ again)은 because절로서 감정에 대한 판단의 원인/이유를 나타낸다. 이 문장은 주절의 주어(Julie)와 that절의 주어(she)가 같아 to부정사를 이용해 표현할 수 있는데, that절의 시제가 주절의 시제(과거)보다 앞선 과거완료(had + p.p.)이므로 완료부정사 「to have p.p.」를 사용해야 한다. 즉, 이 문장은 Julie felt ashamed to have lied again.으로도 바꿔 쓸 수 있다.

▶ Further Study 〈「be + 형용사 + that절」의 용법과 해석 방법〉

- 「be + 형용사 + that절」의 경우, that절을 부사적 용법과 명사적 용법 중 하나로만 정확하게 규정하는 기준이 없다. 이 경우 「be + 형용사 + that절」의 구문을 어떤 용법으로 분류하느냐 하는 학문적 논의 보다는, '해석을 할 수 있느냐'하는 관점에서의 접근이 더욱 중요하다. 먼저 모든 문장을 「주어-동사-보충어」 구조의 확장으로 바라볼 때, 「be + 형용사」 뒤의 that절은 동사에 대한 보충어에 해당한다. 형용사에 대한 판단의 근거가 '원인/이유'일 때는 부사자리(4/5마디)로 바라보고, 판단의 근거가 '대상'일 때는 명사자리(3마디)로 바라보고 해석하면 된다.

31 「결과」절 꼬리표 (종속절)

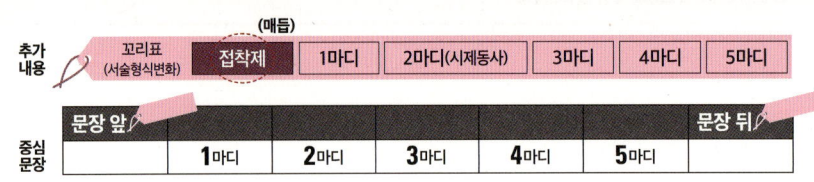

- 중심문장의 "so~, such~"가 "원인"이 되고, 접속사 that이 포함된 꼬리표가 그에 따른 결과를 나타낸다.
- 콤마(,)와 함께 "~, so that~"이 사용되면 결과를 나타낸다.
- 자세한 결과 설명은 "접속사"가 포함된 "절 꼬리표"를, 간단한 결과 설명은 "전치사"가 포함된 "구 꼬리표"를 사용한다.

구분	절 꼬리표 : 접속사 + S + V	구 꼬리표 : 전치사 + 명사
결과 (4/5마디)	so + 형용사/부사 + that (매우 ~해서 …하다) so + 형용사 + a 명사 + that (매우 ~한 …이어서 ~하다) such + a(n) (형용사) 명사 + that (매우 ~한 …이어서 ~하다) ~, so that … (~해서, 그 결과 …이다)	동작/상태의 방향, 결과 to (~으로) into (~으로)

310 My mom is so strict that I feel like a prisoner.

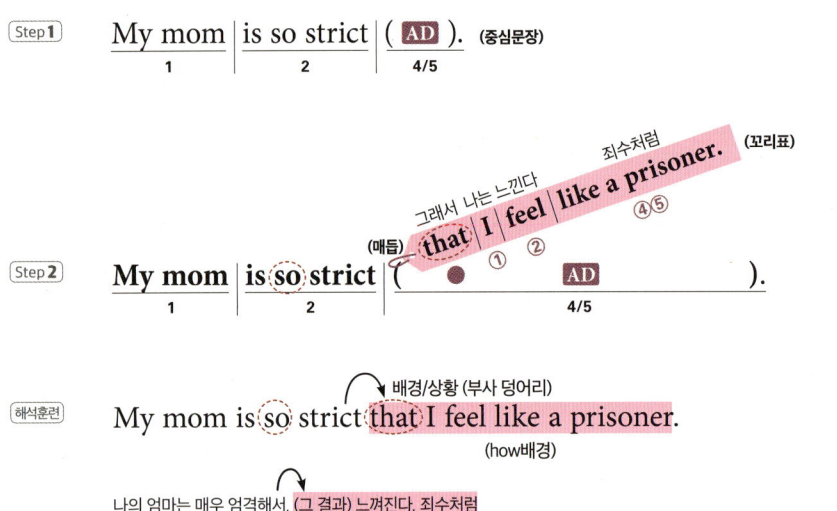

해석
나의 엄마는 매우 엄격하다 (AD).

Voca
strict 형 엄격한
prisoner 명 죄수

형용사 strict 앞에 so를 사용하여 주어의 상태를 부각시킨 후에 그 결과에 대한 궁금증을 that(접속사)을 통해 보충 설명해 줌. '결과'는 상황이 어떻게(how) 되었는지를 말해줌

나의 엄마는 매우 엄격해서 나는 죄수처럼 느껴진다.

매듭 해설

- so that은 앞의 주된 사건을 보충 설명해 주는데 ex1)에서는 목적(~하기 위해서)으로, ex2)에서는 결과(그 결과 ~하다)로 추가 설명하고 있다. 목적, 결과를 구분하는 기준은 문맥이 결정한다.

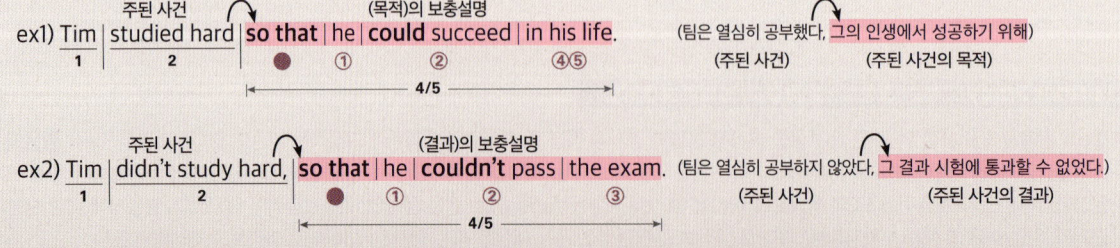

PART 3 부사자리 매듭·꼬리표 훈련   31.「결과」절 꼬리표

311 He spoke so quickly that I couldn't understand him.

Step 1 He spoke so quickly (AD).

Step 2 He | spoke so quickly (that | I | couldn't understand | him.)
          1   2   ●   ①   ②   ③
                                              4/5

그 결과 나는 / 이해할 수 없었다 / 그를

해 석 **Step 1** 그는 매우 빨리 말했다 AD. **Step 2** 그는 매우 빨리 말해서 나는 그의 말을 이해할 수 없었다.
해 설 [첨가형 꼬리표, 부사덩어리] 주절에서 so quickly가 원인이 되고 that절이 그 결과를 나타낸다. 「so ~ that 주어 can't…」는 '매우 ~해서 주어는 ~할 수 없다'의 뜻으로 「too ~ to…」로도 표현할 수 있다. 즉 이 문장은 He spoke too quickly to understand him으로 바꿔 쓸 수 있다.

312 There was so large a crowd that he had to speak up.

Step 1 There was so large a crowd (AD).

Step 2 There was | so large a crowd (that | he | had to speak up.)
              2   1   ●   ①   ②
                                                  4/5

그 결과 그는 / 크게 말해야만 했다

해 석 **Step 1** 사람들이 매우 많았다 AD. **Step 2** 사람들이 매우 많아서 그는 더 큰 소리로 말해야 했다.
Voca   large 혱 (인원수가) 많은   crowd 몡 사람들, 군중   have to ~해야 한다 (유사조동사)   speak up 더 크게 말하다
해 설 [첨가형 꼬리표, 부사덩어리] 주절에서 so large가 원인이 되고 that절이 그 결과를 나타낸다.

313 It was such a boring speech that I fell asleep.

Step 1 It was such a boring speech (AD).

Step 2 It | was | such a boring speech (that | I | fell asleep.)
           1   2   3   ●   ①   ②
                                                    4/5

그 결과 나는 / 잠들었다

해 석 **Step 1** 매우 지루한 연설이었다 AD. **Step 2** 매우 지루한 연설이어서 나는 잠들었다.
Voca   boring 혱 지루한   speech 몡 연설
해 설 [첨가형 꼬리표, 부사덩어리] 주절에서 such a boring speech가 원인이 되고 that절이 그 결과를 나타낸다.

32 「목적」절 꼬리표 (종속절)

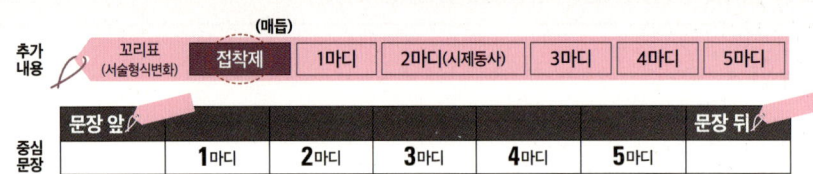

	매듭유형
	첨가형, 시제동사, 마디생략 없음.
	매듭위치
	중심문장의 앞/뒤에 위치.

- "목적"은 "~하기 위해"처럼 주어의 "생각"을 반영하기 때문에 조동사 "may, might, can, could, will, would"가 자주 사용된다.
- 중심문장 뒤에서 콤마(,)없이 so that이 오면 목적의 의미로 나타낸다.
- 자세한 목적 설명은 "접속사"가 포함된 "절 꼬리표"를, 간단한 목적 설명은 "전치사"가 포함된 "구 꼬리표"를 사용한다.

구분	절 꼬리표 : 접속사 + S + V	구 꼬리표 : 전치사 + 명사
목적 (4/5마디)	so that + S + may(can, will) + V(~하기 위하여) in order that(~하기 위해) lest(~하지 않도록) for fear that(~하지 않도록)	for(~위해서)

314 Turn off the light so that you can sleep well.

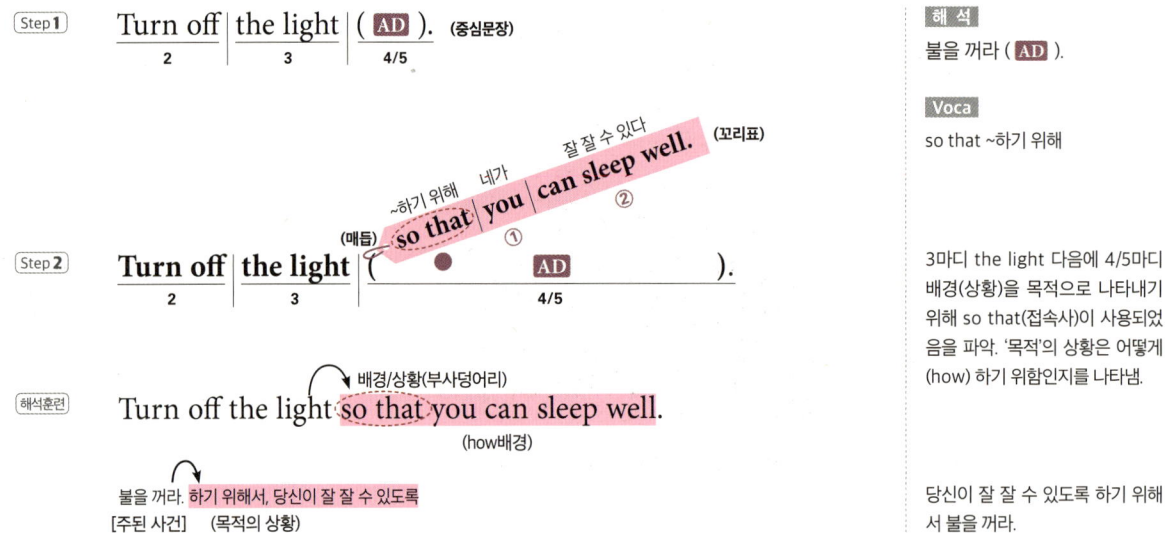

해석
불을 꺼라 (AD).

Voca
so that ~하기 위해

3마디 the light 다음에 4/5마디 배경(상황)을 목적으로 나타내기 위해 so that(접속사)이 사용되었음을 파악. '목적'의 상황은 어떻게(how) 하기 위함인지를 나타냄.

당신이 잘 잘 수 있도록 하기 위해서 불을 꺼라.

◆ 매듭 해설

- ex1) ~ ex3)에는 모두 4/5마디에 '목적'을 나타내는 접속사(so that, that, so)가 사용되었으며, 해석이 동일하다.

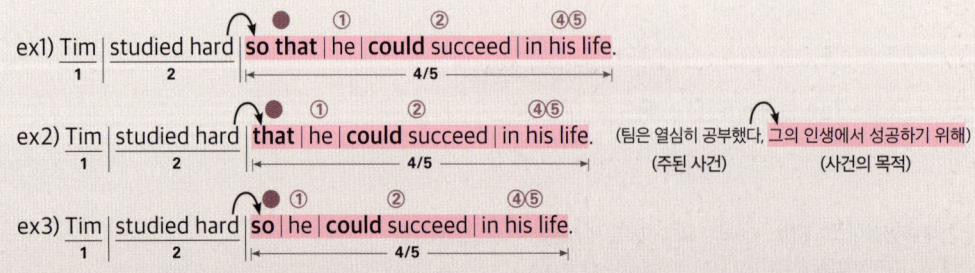

315 We go to war in order that we may have peace. – Aristotle

Step 1 We go to war (AD).

Step 2
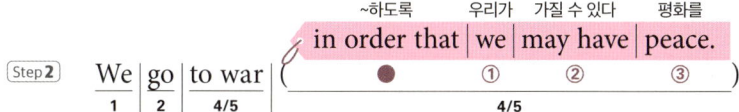

해석 **Step 1** 우리는 전쟁을 한다 AD. **Step 2** 우리는 평화를 얻기 위해 전쟁을 한다.
Voca go to war 전쟁을 하다
해설 [첨가형 꼬리표, 부사덩어리] 「in(전치사)+order(명사)+that절(형용사절)」은 '~이라는 목적 안에서'의 뜻으로 '~을 위해서'의 의미로 사용된다. In order that을 접속사처럼 사용하여 (●) 기호를 사용하였다.

316 Work quietly lest you disturb others.

Step 1 Work quietly (AD).

Step 2
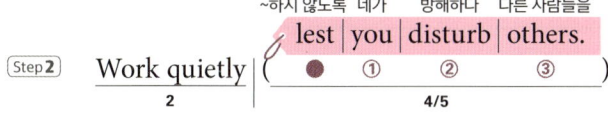

해석 **Step 1** 조용히 일해라 AD. **Step 2** 다른 사람들을 방해하지 않도록 조용히 일해라.
Voca quietly ⑨ 조용히   disturb ⑧ 방해하다
해설 [첨가형 꼬리표, 부사덩어리] lest는 「so that ~ not…」의 뜻이므로 lest you disturb others는 so that you don't disturb others로 바꿔 쓸 수 있다. lest절의 동사 앞에는 should가 생략되었기 때문에 동사는 원형(disturb)을 사용한다.

317 I'll make sacrifices so that my children can have better lives.

Step 1 I'll make sacrifices (AD).

Step 2
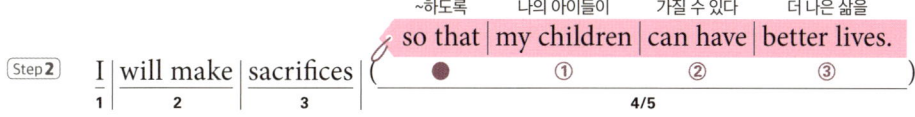

해석 **Step 1** 나는 희생할 것이다 AD. **Step 2** 나는 나의 아이들이 더 나은 삶을 살 수 있도록 희생할 것이다.
Voca make sacrifices 희생하다
해설 [첨가형 꼬리표, 부사덩어리] so that절이 '~하기 위해서'로 사용될 때는 생각을 나타내기 때문에 조동사와 함께 많이 사용된다.

33 「양보/대조」절 꼬리표 (종속절)

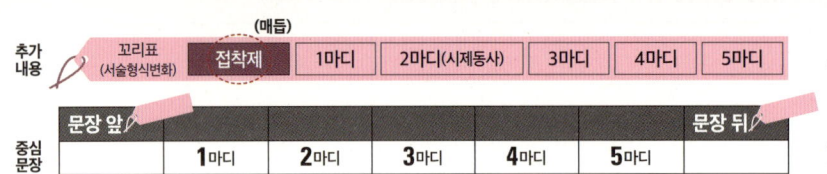

- 「양보/대조」절 꼬리표는 중심문장(주된 사건)과 「일부」 상반된 "양보"와 「완전히」 상반된 "대조"로 구분할 수 있다.
- 자세한 양보 설명은 "접속사"가 포함된 "절 꼬리표"를, 간단한 양보 설명은 "전치사"가 포함된 "구 꼬리표"를 사용한다.

구분	절 꼬리표 (접속사 + S + V)	구 꼬리표 (전치사 + 명사)
양보	though(~에도 불구하고), although(완전히 ~에도 불구하고), even though(비록 ~조차했는데도 불구하고), whether ~ or not(~하든지 아니든지), whoever[no matter who](누가[누구를] ~할지라도), whichever[no matter which](어느 것이[을] ~할지라도), whatever[no matter what](무엇이[무엇을] ~할지라도), whenever[no matter when] (언제 ~하더라도), wherever[no matter where] (어디서 ~하더라도), however[no matter how] (아무리 ~하더라도)	despite/in spite of(~임에도 불구하고)
대조	while/whereas(~인 반면에)	

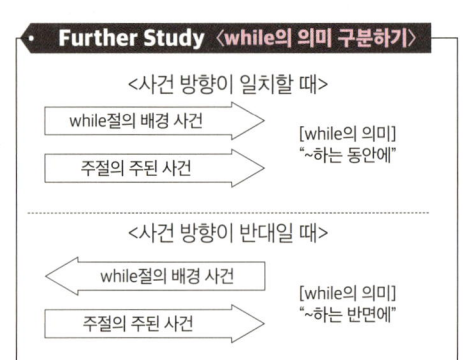

318 Though she is intelligent, she is not a wise person.

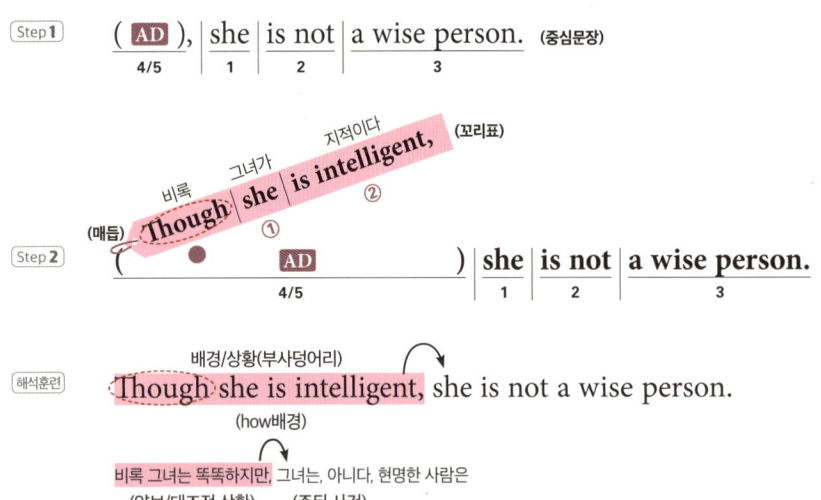

해석
(AD), 그녀는 현명한 사람이 아니다.

Voca
though 웹 비록 ~할지라도

'양보/대조'를 나타내는 though(접속사)로 시작하는 '배경(상황)'이 문장 앞에 먼저 사용되었음을 파악. '양보/대조'의 상황은 대비, 비교되는 상황이 어떠한지(how)를 나타냄.

비록 그녀는 똑똑하지만, 현명한 사람은 아니다.

◀ 매듭 해설

- ex1)과 ex2)는 중심문장(주절)과 꼬리표(종속절)의 상반되는 내용은 같지만, 강도의 차이가 있을 뿐이다.

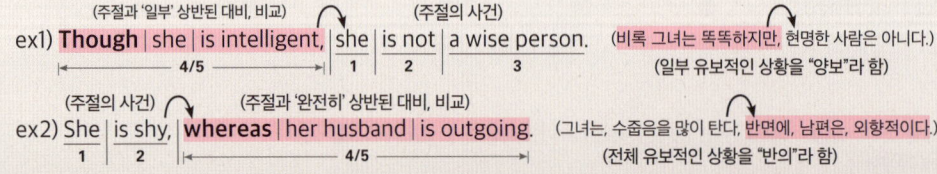

PART 3 부사자리 매듭·꼬리표 훈련   33. 「양보/대조」절 꼬리표

319 Even though Tim has a demanding job, he always makes time for his kids.

Step 1 (AD), he always makes time for his kids.

Step 2
비록 ~할지라도 / Tim이 / 가지고 있다 / 힘든 일
(Even though | Tim | has | a demanding job,) | he | always makes | time | for his kids.
● ① ② ③ | 1 | 2 | 3 | 4/5
4/5

해석 Step 1 AD, 그는 언제나 그의 아이들을 위해 시간을 낸다. Step 2 Tim은 힘든 일을 하지만, 언제나 그의 아이들을 위해 시간을 낸다.
Voca demanding 형 힘든, 요구가 많은
해설 [첨가형 꼬리표, 부사덩어리] Even though절은 상식적 측면에서 주절의 사건과 일부 상반되는 내용을 나타낸다. 일반적으로 '힘든 일을 하는 경우에는 아이들을 위해 시간을 내기 쉽지 않은데, 시간을 냈다'는 뉘앙스를 포함한다.

320 Even if polluted water serves no other purpose, it can put out a fire.

Step 1 (AD), it can put out a fire.

Step 2
비록 ~할지라도 / 오염된 물이 / 역할을 하다 / 다른 아무런 용도로
(Even if | polluted water | serves | no other purpose,) | it | can put out | a fire.
● ① ② ③ | 1 | 2 | 3
4/5

해석 Step 1 AD, 그것은 불을 끌 수 있다. Step 2 비록 오염된 물이 쓸모가 없을지라도, 불을 끌 수는 있다.
Voca polluted 형 오염된 serve 동 도움이 되다, 기여하다 purpose 명 목적, 용도 put out (불 등을) 끄다
해설 [첨가형 꼬리표, 부사덩어리] Even if절과 주절의 주된 사건은 내용적으로 일부 상반된 내용을 나타낸다. polluted는 과거분사 형용사로 명사 (water) 앞에서도 수식을 할 수 있다.

321 Whether it rains or not, I won't change my plan.

Step 1 (AD), I won't change my plan.

Step 2
~하든지 / 비가 오다 또는 오지 않다
(Whether | it | rains or not,) | I | won't change | my plan.
● ① ② | 1 | 2 | 3
4/5

해석 Step 1 AD, 나는 나의 계획을 바꾸지 않을 것이다. Step 2 비가 오든 안 오든, 나는 나의 계획을 바꾸지 않을 것이다.
해설 [첨가형 꼬리표, 부사덩어리] Whether절이 1/3/5마디에 사용될 때는 명사적 용법으로 '~인지 (아닌지)'로 해석되고, 4/5마디에 사용되면 부사적 용법으로 '~이든 (아니든)'으로 해석된다.

322 | While organic cotton is better for baby, it's also expensive.

Step 1 (AD), it's also expensive.

Step 2 (While | organic cotton | is better | for baby,) | it | is also expensive.
~하는 반면에 / 유기농 면이 / 더 좋다 / 아기에게
● / ① / ② / ④⑤ — 4/5 | 1 | 2

해석 Step 1 AD, 그것은 또한 비싸다. Step 2 유기농 면이 아기에게 더 좋지만, 그것은 또한 비싸다.
Voca organic 혱 유기농의 cotton 몡 면직물, 목화 expensive 혱 비싼
해설 [첨가형 꼬리표, 부사덩어리] While은 일정한 시간 간격을 의미한다. 이때 주절의 사건 방향과 while절의 사건 방향이 일치하면 '~하는 동안에'가 되고, 사건 방향이 불일치하면 '~하는 반면에'가 된다.

323 | Cloudy as it was, the ocean view was amazing.

Step 1 (AD), the ocean view was amazing.

Step 2 (Cloudy | as | it | was,) | the ocean view | was amazing.
흐린 / 비록 ~할지라도 / / ~였다
② / ● / ① / ② — 4/5 | 1 | 2

해석 Step 1 AD, 바다 경치는 정말 멋졌다. Step 2 비록 흐렸지만, 바다 경치는 정말 멋졌다.
Voca foggy 혱 안개가 낀 view 몡 전망, 경관 amazing 혱 놀라운
해설 [첨가형 꼬리표, 부사덩어리] 양보절(as)에서 강조를 위해 「as+주어+동사+형/부/명」을 「형/부/명+as+주어+동사」로 도치하여 나타낸다. '주어가 비록 ~할지라도'의 뜻으로 사용된다. #43-A. 도치구문([4/5마디: 양보절(as)] 참조.

324 | Whoever you vote for, there won't be many changes.

Step 1 (AD), there won't be many changes.

Step 2 (Whoever | you | vote | for,) | there won't be | many changes.
누구든지 / 네가 / 투표하다 /
● / ① / ② / ④ — 4/5 | 2 | 1

해석 Step 1 AD, 많은 변화는 없을 것이다. Step 2 네가 누구에게 투표를 하든지, 많은 변화는 없을 것이다.
Voca vote for ~에 투표하다
해설 [첨가형 꼬리표, 부사덩어리] whoever는 '누가(누구를) ~하더라도'의 뜻으로 no matter who로 표현할 수 있다. 즉 Whoever you vote for는 No matter who you vote for로 바꿔 쓸 수 있다.

325 Whatever your challenges may be, hope always follows.

Step 1 (AD), hope always follows.

Step 2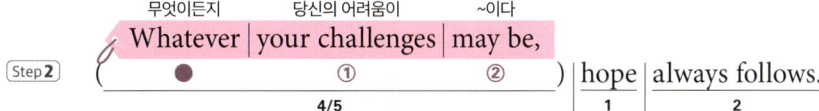

해석 Step1 AD, 희망은 항상 뒤따라온다. Step2 당신의 어려움이 무엇이든, 희망은 항상 뒤따라온다.
Voca challenge 명 어려움, 문제
해설 [첨가형 꼬리표, 부사덩어리] whatever는 '무엇이(무엇을) ~하든지'의 뜻으로 no matter what으로 표현할 수 있다. 즉 Whatever your challenges may be는 No matter what your challenges may be로 바꿔 쓸 수 있다.

326 Whenever you visit Hawaii, you will experience a fabulous weather.

Step 1 (AD), you will experience a fabulous weather.

Step 2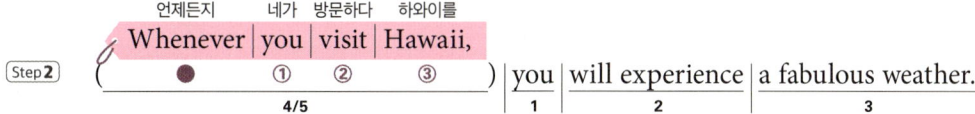

해석 Step1 AD, 너는 환상적인 날씨를 경험할 것이다. Step2 네가 하와이를 언제 방문하든지, 너는 환상적인 날씨를 경험할 것이다.
Voca fabulous 형 기막히게 좋은
해설 [첨가형 꼬리표, 부사덩어리] whenever는 '~할 때는 언제든지'라는 뜻으로 no matter when으로도 표현할 수 있다. 즉 Whenever you visit Hawaii는 No matter when you visit Hawaii로 바꿔 쓸 수 있다.

327 However little they are, all contributions are valuable.

Step 1 (AD), all contributions are valuable.

Step 2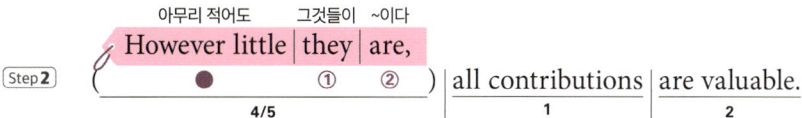

해석 Step1 AD, 모든 기부는 가치 있다. Step2 아무리 적더라도, 모든 기부는 가치 있다.
Voca contribution 명 기부(금), 기여   valuable 형 가치 있는
해설 [첨가형 꼬리표, 부사덩어리] however는 '아무리 ~하더라도'의 뜻으로 however는 no matter how로도 표현할 수 있다. 즉 However little they are는 No matter how little they are로 바꿔 쓸 수 있다.

34 「조건」절 꼬리표 (종속절)

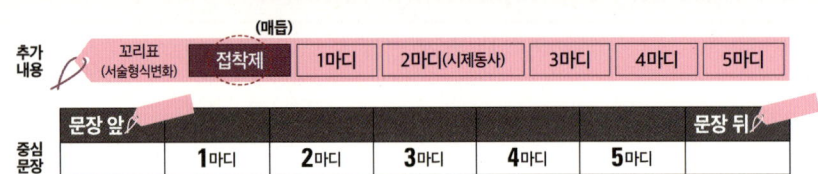

- 중심문장이 실현 가능한 사건이면 조건절을 사용하고, 실현 불가능하거나 불확실하다면 조건절에 가정법의 형식을 사용한다.
- 접속사 'If'의 경우 4/5마디에 사용되면 '만약 ~한다면'으로 해석하고, 3마디에 사용되면 '~인지 (아닌지)'로 해석한다.
- 자세한 조건 설명은 "접속사"가 포함된 "절 꼬리표"를, 간단한 조건 설명은 "전치사"가 포함된 "구 꼬리표"를 사용한다.

구분	절 꼬리표 : 접속사 + S + V	구 꼬리표 : 전치사 + 명사
조건 (4/5마디)	if(만약 ~라면), suppose[supposing] that(~라면), provided[providing] that(~라면), unless(만약 ~하지 않는다면), as long as(~하는 한), in case that(~하는 경우에), in the event that(~하는 경우에)	without(~이 없다면), but for(~이 없다면), in case of (~하는 경우에), in the event of(~하는 경우에)

328 If it tastes awful, spit it out.

Step 1
(AD), | spit | it | out. (중심문장)
   4/5   2   3   4/5

해석
AD, 뱉어내라.

Voca
awful ⑲ 끔찍한
spit out 뱉다

Step 2
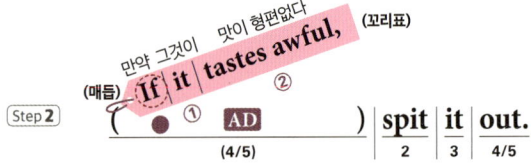

'조건'을 나타내는 if(접속사)로 시작하는 '배경(상황)'이 문장 앞에 나온 후 명령문이 사용되었음을 파악. '조건'의 상황은 특정한 어떤(how) 사실을 가정하여 나타냄.

만약에 맛이 형편 없다면 뱉어 내세요.

해석훈련
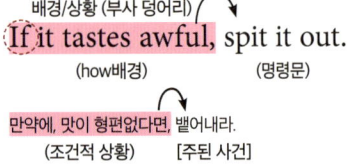
만약에, 맛이 형편없다면, 뱉어내라.
(조건적 상황)   [주된 사건]

매듭 해설

- 접속사 if가 ex1)에서는 4/5마디에 사용되어 조건절로써 '만약에'로 해석되고, ex2)에서는 3마디에 사용되어 명사절로써 '~인지 (아닌지)'로 해석된다.

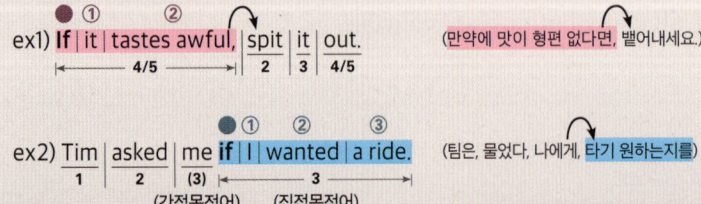

PART 3 부사자리 매듭·꼬리표 훈련   34.「조건」절 꼬리표

329 I won't forgive you unless you apologize sincerely.

Step 1 I won't forgive you (AD).

Step 2 I | won't forgive | you (~하지 않는다면 네가 진심으로 사과하다 unless | you | apologize sincerely.)
         1   2   3   ●   ①   ②
                                              4/5

해석 **Step 1** 나는 너를 용서하지 않을 것이다 AD. **Step 2** 나는 네가 진심으로 사과하지 않는다면 너를 용서하지 않을 것이다.
Voca forgive 동 용서하다   apologize 동 사과하다   sincerely 부 진심으로
해설 [첨가형 꼬리표, 부사덩어리] unless는 if ~ not의 뜻이므로 unless you apologize sincerely는 if you don't apologize sincerely로 바꿔 쓸 수 있다.

330 As long as your heart beats, you are never too old.

Step 1 (AD), you are never too old.

Step 2 (~하는 한 당신의 심장이 뛰다 As long as | your heart | beats,) | you | are never too old.
              ●   ①   ②   1   2
                        4/5

해석 **Step 1** AD, 당신은 결코 그리 늙은 것이 아니다. **Step 2** 당신의 심장이 뛰는 한, 당신은 결코 그리 늙은 것이 아니다.
Voca beat 동 (심장이) 뛰다
해설 [첨가형 꼬리표, 부사덩어리] '당신의 심장이 뛰는 것 만큼(as) 길게(long) 느껴지는 것'과 '당신이 결코 그리 늙은 것이 아니다'는 서로 같은 상태(As)라는 이미지로 표현할 수 있다. 이런 관계를 의역하여 as long as가 '~하는 한'의 조건의 뜻으로 사용된다.

331 In case I can't come, I'll contact you in advance.

Step 1 (AD), I'll contact you in advance.

Step 2 (~경우에 내가 올 수 없다 In case | I | can't come,) | I | wll contact | you | in advance.
              ●   ①   ②   1   2   3   4/5
                    4/5

해석 **Step 1** AD, 너에게 미리 연락할게. **Step 2** 내가 올 수 없을 경우에, 너에게 미리 연락할게.
Voca contact 동 연락하다   in advance 미리
해설 [첨가형 꼬리표, 부사덩어리] In case는 전치사구이고, I can't come은 case를 보충 설명하는 형용사절의 구조이지만 관용적으로 In case를 접속사처럼 사용한다.

35-A 「비교」절 꼬리표 (양태 종속절)

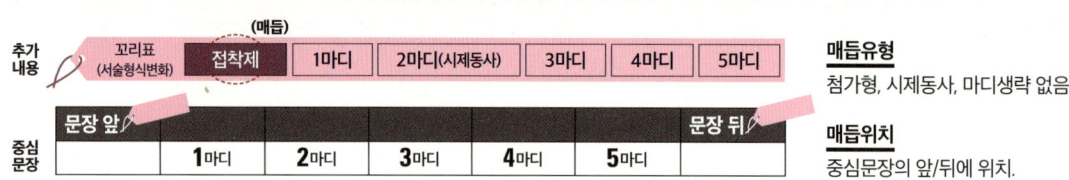

- 양태란 '(모)양, (상)태'에서 온 말로써 양태접속사는 비슷한 모양이나 상태, 방법, 방식의 내용을 서로 비교한다.
- 대표적인 양태접속사 as는 "같다(=)"로 표현된다. 그래서 「A as B」는 'A가 마치 B와 유사하다'는 구조로 해석이 가능하다.
- 자세한 비교 설명은 "접속사"가 포함된 "절 꼬리표"를, 간단한 비교 설명은 "전치사"가 포함된 "구 꼬리표"를 사용한다.

구분	절 꼬리표 : 접속사 + S + V	구 꼬리표 : 전치사 + 명사
(모양/상태)비교 (4/5마디)	as(~처럼), like(~처럼) (just) as ~, so…(마치 ~처럼, 그렇게 …하다) as if[though](마치 ~하는 것처럼) Just the way(~하는 방식으로)	as(~로서, ~처럼) like(~처럼)

332 Make a career choice as you choose a friend.

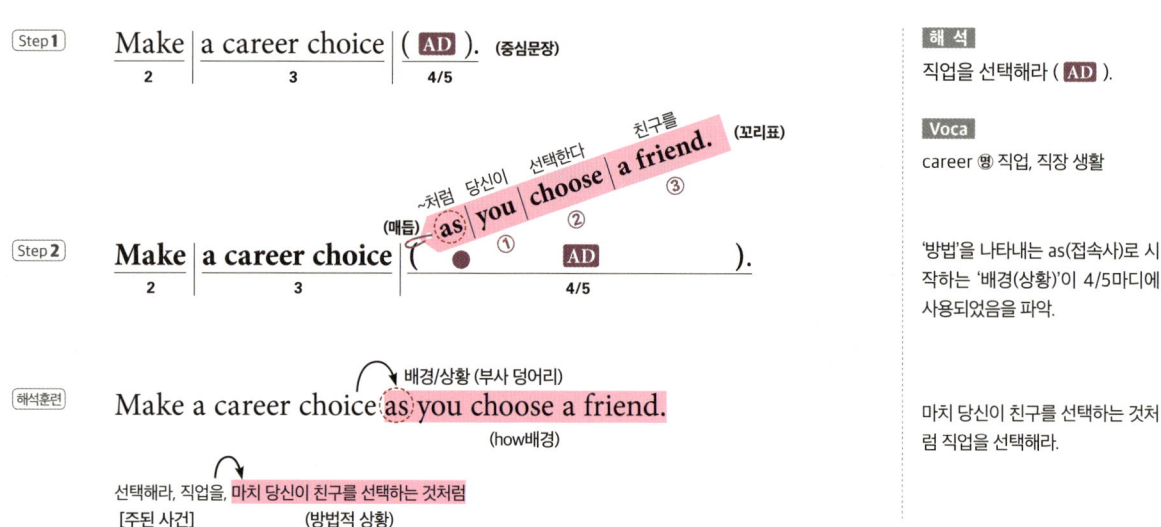

해석
직업을 선택해라 (AD).

Voca
career 몡 직업, 직장 생활

'방법'을 나타내는 as(접속사)로 시작하는 '배경(상황)'이 4/5마디에 사용되었음을 파악.

마치 당신이 친구를 선택하는 것처럼 직업을 선택해라.

매듭 해설

- ex1)에서 Make a career choice와 you choose a friend가 as로 연결될 때 둘은 비슷한 상황임을 알 수 있다.

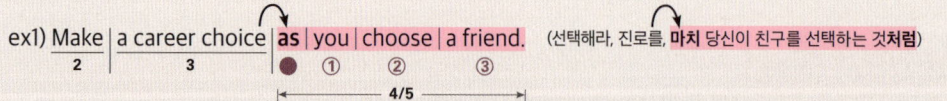

- as는 부사, 접속사, 전치사의 역할을 모두 할 수 있지만, 의미는 모두 '유사(≒)'의 의미를 갖는다. ex2)에서 'as ~ as…' 구문을 해석할 때, 'A as B as C' 관계를 통해 'A는 B와 비슷하고, B는 C와 비슷하다'처럼 순차적인 직역이 가능하다.

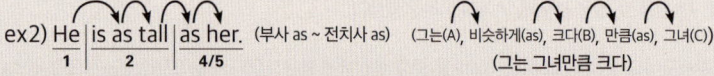

PART 3 부사자리 매듭 · 꼬리표 훈련　35-A. 「비교」절 꼬리표　181

333　Everything happened just the way I thought.

Step 1　Everything happened (AD).

Step 2
~하는대로　나는　생각했다
Everything | happened | (just the way | I | thought.)
　　1　　　　　2　　　　　●　　①　②
　　　　　　　　　　　　　　　4/5

해석　**Step 1** 모든 일이 일어났다 AD.　**Step 2** 모든 일이 내가 생각한대로 일어났다.
해설　[첨가형 꼬리표, 부사덩어리] '(In) the way (how) I thought'에서 전치사 in과 관계부사 how가 생략되어 꼬리표가 되었다. 그래서, 「the way + 주어 + 동사」는 「How + 주어 + 동사」로도 표현할 수 있으므로 이 문장은 Everything happened just how I thought.로 바꿔 쓸 수 있다.

334　Julie talks as if she knows everything.

Step 1　Julie talks (AD).

Step 2
마치 ~하는 것처럼 그녀가　알다　모든 것을
Julie | talks | (as if | she | knows | everything.)
　1　　　2　　　●　　①　　②　　③
　　　　　　　　　　　　4/5

해석　**Step 1** Julie는 말한다 AD.　**Step 2** Julie는 마치 모든 것을 아는 것처럼 말한다.
해설　[첨가형 꼬리표, 부사덩어리] 때때로 as if[though] 대신 like를 쓰기도 한다.

335　As a man sows, so shall he reap.

Step 1　(AD), so shall he reap.

Step 2
~하는대로 사람이　뿌리다
(As | a man | sows,) | so shall | he | reap.
　●　　①　　②　　　　　0　　　1　　2
　　　4/5

해석　**Step 1** AD, 그는 그 정도로 거두어 들일 것이다.　**Step 2** 뿌리는 대로, 거둘 것이다.
Voca　sow 통 뿌리다　shall ~할 것이다　reap 통 거두다, 수확하다
해설　[첨가형 꼬리표, 부사덩어리] 접속사 as에는 등호(=)의 의미가 있어서 '마치 ~처럼'의 의미를 갖는다. 강조를 위해 shall이 도치(#43-A 참조)되어 앞으로 이동하였다.

35-B 「비교」절 꼬리표 (정도 종속절)

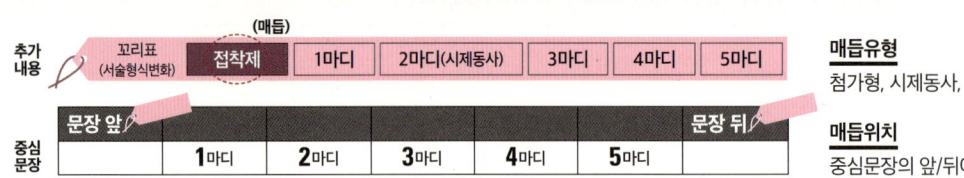

- 정도란 "같거나(원급), 다른 정도(비교급)"를 서로 비교하는 것을 말한다. 정도를 나타내는 「비교」절 꼬리표는 중심문장의 형용사/부사 원급, 비교급과 함께 자주 사용된다.
- Rather than(또는 sooner than)은 비교의 정도를 나타내기 보다 사실과 사실이 아닌 것 사이에서 선택의 의미를 갖는다. 주로 rather than 뒤에는 「주어가 없는 서술어」의 형태가 온다.
- 「the 비교급, the 비교급」에서 앞에 the 비교급은 「정도접속사」의 역할을, 뒤에 the 비교급은 「부사/형용사」의 역할을 한다.

구분	절 꼬리표 : 접속사 + S + V	구 꼬리표 : 전치사 + 명사
(원급, 비교급)비교 (4/5마디)	as/so + 형용사/부사 + as… (…만큼 ~하다) 비교급 + than… (…보다 더 ~하다) rather than, sooner than (~보다) the 비교급, the 비교급 (~할수록, 더~하다)	as(~만큼) than(~보다)

336 The situation was worse than I thought.

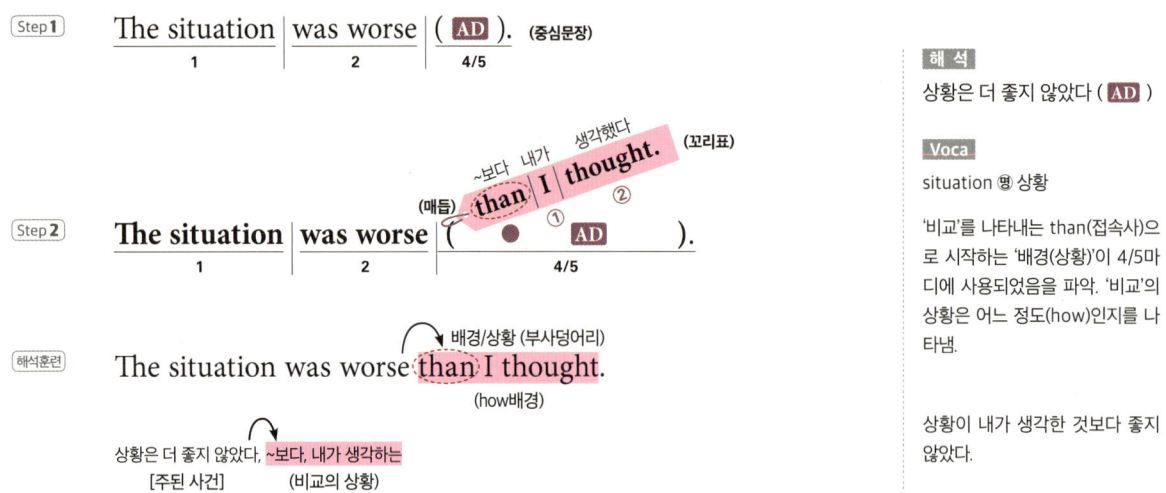

해석
상황은 더 좋지 않았다 (AD)

Voca
situation 명 상황

'비교'를 나타내는 than(접속사)으로 시작하는 '배경(상황)'이 4/5마디에 사용되었음을 파악. '비교'의 상황은 어느 정도(how)인지를 나타냄.

상황이 내가 생각한 것보다 좋지 않았다.

◀ 매듭 해설

- ex1)에서 "Tim은 두려운 것(사실이 아님)이 아니라 화가 난 것(사실)이다."로 해석되며, ex2)와 ex3)은 서로 같은 의미로 해석된다.

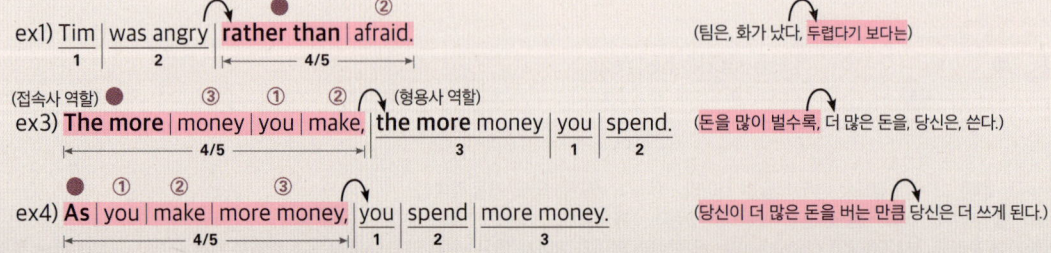

337 My father is not as physically strong as he once was.

Step 1 My father is not as physically strong (AD).

Step 2 My father | is not as physically strong (as | he | once was.)
~처럼 그가 예전에 ~였다

해석 **Step 1** 나의 아버지는 육체적으로 그렇게 강하지 않다 AD. **Step 2** 나의 아버지는 예전만큼 육체적으로 강하지 않다.
Voca physically 🟣 신체[육체]적으로   once 🟣 한때, 예전에
해설 [첨가형 꼬리표, 부사덩어리] 「as+형용사/부사+as ~」는 정도가 같은 것을 비교하는 표현이며 '~만큼 …한'의 뜻이다. 「A as B as C」는 「A = B = C」의 관계가 성립한다. 부정어 not을 고려하면 My father(A)가 육체적으로 강하지 않아(B), 예전만큼(C)의 뜻으로 해석된다.

338 She cooks better than I do.

Step 1 She cooks better (AD).

Step 2 She | cooks better (than | I | do.)
~보다 내가 ~하다

해석 **Step 1** 그녀는 요리를 더 잘 한다 AD. **Step 2** 그녀는 나보다 요리를 잘 한다.
해설 [첨가형 꼬리표, 부사덩어리] '더 좋고, 더 나쁘다'처럼 비교급을 사용할 때는 반드시 비교의 기준이 필요하다. 접속사 than은 비교의 기준을 말해준다.

339 I'd rather go there than stay here.

Step 1 I'd rather go there (AD).

Step 2 I | would rather go | there (than | stay | here.)
~보다 머물다 여기에

해석 **Step 1** 나는 차라리 거기에 가겠다 AD. **Step 2** 나는 여기에 있느니 차라리 거기에 가겠다.
Voca rather 🟣 차라리
해설 [첨가형 꼬리표, 부사덩어리] would rather A than B는 'B하느니 A하겠다'의 뜻이다.

36 「부 to-v」구 꼬리표

추가 내용	꼬리표 (서술형식변화)	1마디(생략)	(매듭) 2마디(to-v)	3마디	4마디	5마디		매듭유형 축약형, 무시제동사, 1마디 생략.
중심 문장	문장 앞	1마디	2마디	3마디	4마디	5마디	문장 뒤	매듭위치 중심문장의 앞/뒤에 위치.

- 원인, 결과, 목적, 조건 등의 "#29.~#34.의 절 꼬리표"는 접속사와 주어를 생략하고 "구 꼬리표"로 전환할 수 있다.
- "절 꼬리표"가 축약될 때 말하는 사람의 「주관성(생각, 미래, 불확실성)」과 관련이 있을 때는 「to-v」구로 전환된다.
- to-v구 꼬리표에는 '원인, 결과, 목적, 조건' 등을 나타내는 접속사가 생략되었기 때문에 외관상 정확한 뜻을 알기 어려울 때가 있다. '~하기 위해서'의 목적이 가장 많이 사용되며, 그 밖에 뜻은 문맥을 통해 파악해야 한다.

340 Tim travels to see the world.

Step 1 Tim | travels | (AD). (중심문장)

Step 2 Tim | travels | (❷ to see | the world ③ AD). (꼬리표) 보기 위해서 / 세상을

해석훈련 Tim travels to see the world. →배경/상황 (부사덩어리)
팀은 여행한다, 보기 위해서, 세상을
[주된 사건] (목적의 상황)

해석
Tim은 여행한다 (AD).

Voca
travel ⑧ 여행하다

travels에 대한 배경(상황)을 나타내기 위해 4/5마디에 to부정사가 사용되었음을 파악. 4/5마디에 사용된 to부정사는 중심문장의 주된 문장에 대한 목적, 결과, 조건, 관용적 의미 등으로 해석

세상을 보기 위해서 Tim은 여행한다.

◀ 매듭 해설

- ex1)에서 「to-v」구 꼬리표는 "조건"을, ex2)에서 「to-v」구 꼬리표는 "결과"를, ex3)에서 「to-v」구 꼬리표는 "원인"과 관련하여 해석된다.

ex1) He | would be mad | ❷to know | ③the truth. (조건) (그는, 매우 화날 것이다, 사실을 알게 되면)

ex2) Tim | grew up | ❷to be | ③a great doctor. (결과) (Tim은 자라서, 되었다, 훌륭한 의사가)

ex3) The boy | rejoiced | ❷to see | ③his father | ④⑤again. (원인) (소년은, 기뻐했다, 만나서, 그의 아버지를 다시)

341 | He works very hard to pay off his debts.

Step 1 He works very hard (AD).

Step 2
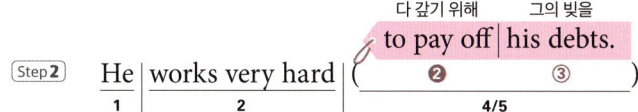
He | works very hard | (to pay off | his debts.)
1   2   ❷   ❸
                          4/5

해석 **Step 1** 그는 매우 열심히 일한다 AD. **Step 2** 그는 그의 빚을 갚기 위해 매우 열심히 일한다.
Voca pay off ~을 다 갚다   debt 명 빚
해설 [축약형 꼬리표, 부사덩어리] He works very hard.는 완전한 문장으로 3마디의 보충어가 필요 없다. 그래서 뒤에 오는 to-v(to pay)가 부사적 용법으로 사용된 것을 알 수 있다.

342 | He went up to the rooftop to enjoy an excellent view.

Step 1 He went up to the rooftop (AD).

Step 2

He | went up | to the rooftop | (to enjoy | an excellent view.)
1   2   4/5   ❷   ❸
                                              4/5

해석 **Step 1** 그는 옥상으로 올라갔다 AD. **Step 2** 그는 멋진 전망을 즐기기 위해 옥상으로 올라갔다.
Voca rooftop 명 (건물의) 옥상   excellent 형 훌륭한, 탁월한   view 명 경관, 전망
해설 [축약형 꼬리표, 부사덩어리] to enjoy는 went up에 대한 '목적'을 나타내는 부사적 용법이다.

343 | To serve you better, your call may be monitored.

Step 1 (AD), you call may be monitored.

Step 2
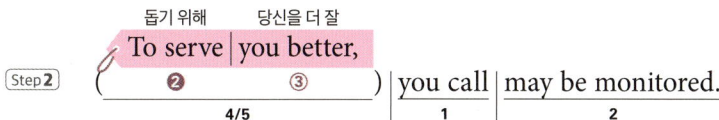
(To serve | you better,) | you call | may be monitored.
     ❷   ❸   1   2
         4/5

해석 **Step 1** AD, 당신의 전화는 모니터링될 수 있습니다. **Step 2** 더 나은 서비스를 제공하기 위해, 당신의 전화는 모니터링될 수 있습니다.
Voca serve 통 도움이 되다   monitor 통 감시하다, 모니터링하다
해설 [접착형 꼬리표, 부사덩어리] 중심문장의 사건을 말하기 전에 to-v는 '목적'의 배경을 먼저 제시하고 있다.

344 You don't have to sound like a native speaker in order to communicate.

Step 1 You don't have to sound like a native speaker (AD).

Step 2 You | don't have to sound | like a native speaker | (*in order to communicate.* 의사소통하기 위해)
　　　　1　　　　　2　　　　　　　4/5　　　　　　　　　❷
　　　　　　　　　　　　　　　　　　　　　　　　　　　　4/5

해석
Step 1 당신은(당신의 말은) 원어민처럼 들릴 필요는 없다 AD.
Step 2 당신은(당신의 말은) 의사소통을 하기 위해 원어민처럼 들릴 필요는 없다.
Voca don't[doesn't] have to ~할 필요 없다　native speaker 원어민　in order to ~하기 위해
해설 [축약형 꼬리표, 부사덩어리] 한 문장에서 4/5마디는 여러 개 올 수 있다. to-v 앞에 in order를 사용하면 목적의 의미가 분명해진다. in order to를 관용적으로 목적의 to-v로 생각하면 된다.

345 Read the newspaper so as to keep pace with the times.

Step 1 Read the newspaper (AD).

Step 2 Read | the newspaper | (*so as to keep* | *pace* | *with the times.*)
　　　　　2　　　　　3　　　　　❷　　　　③　　　　④⑤
　　　　　　　　　　　　　　　　　　　　　4/5

맞추기 위해　보조를　시대와 함께

해석 Step 1 신문을 읽어라 AD.　Step 2 시대에 뒤떨어지지 않기 위해 신문을 읽어라.
Voca keep pace with ~와 보조를 맞추다　time 시대
해설 [축약형 꼬리표, 부사덩어리] 「so as to-v」에서 so as는 '그리하여(그래서) 마치 ~하도록'의 의미를 포함한다. 그래서, '신문을 읽는 것은 결과적으로 시대에 뒤떨어지지 않기 위한 목적을 위함이다'는 전후관계 논리가 성립한다.

346 She grew up to be a surgeon.

Step 1 She grew up (AD).

Step 2 She | grew up | (*to be* | *a surgeon.*)
　　　　　1　　　2　　　　❷　　　③
　　　　　　　　　　　　　　4/5

되었다　외과의사

해석 Step 1 그녀는 자랐다 AD.　Step 2 그녀는 자라서 외과의사가 되었다.
Voca surgeon 외과의사
해설 [축약형 꼬리표, 부사덩어리] to-v는 일반적으로 주관성(생각, 미래, 불확실성)을 나타낼 때 사용되지만, 자신의 의지와 관계없이 일어나는 동작인 '무의지 동사'와 함께 사용되면 사건의 전후관계[A →(to) B]를 나타내는 '결과'의 뜻으로 사용된다. 무의지 동사에는 grow up(성장하다), live(살다), awake(깨다), wake up(일어나다) 등이 있다.

347 He lived to see his grandchildren.

Step 1 He lived (AD).

Step 2 He | lived | (to see | his grandchildren.)
  1   2   ❷   ③
                       4/5

해석 **Step 1** 그는 살았다 AD. **Step 2** 그는 살아서 그의 손주들을 보았다.
Voca grandchild 명 손주
해설 [축약형 꼬리표, 부사덩어리] live는 '무의지 동사'로서 뒤에 오는 to-v는 시간적 전후관계를 나타내어 '결과'의 뜻을 갖는다.

348 He raised our expectations only to disappoint us.

Step 1 He raised our expectations (AD).

Step 2 He | raised | our expectations | (only to disappoint | us.)
  1   2   3   ❷   ③
                                                 4/5

해석 **Step 1** 그는 우리의 기대를 높였다 AD. **Step 2** 그는 우리의 기대를 높였지만 단지 우리를 실망시키기만 했다.
Voca raise 동 올리다, 높이다   expectation 명 기대   disappoint 동 실망시키다
해설 [축약형 꼬리표, 부사덩어리] 의도하지 않은 반전의 결과를 나타낼 때 only, never 등이 to-v 앞에 온다. only to-v(~했지만, 단지 ~하다), never to-v(~했지만, 결국 ~하지 못하다)는 사건의 전후관계가 분명한 '결과'의 뜻이다.

349 To hear his words, you would take him for an Englishman.

Step 1 (AD), you would take him for an Englishman.

Step 2 (To hear | his words,) | you | would take | him | for an Englishman.
            ❷   ③   1   2   3   4/5
               4/5

해석 **Step 1** AD, 너는 그를 영국 남자라고 생각할 것이다.
      Step 2 그의 말을 들으면, 너는 그를 영국 남자라고 생각할 것이다.
Voca take A for B: A를 B라고 생각하다   Englishman 명 영국 남자
해설 [접착형 꼬리표, 부사덩어리] 'To hear his words'를 처음부터 '조건'으로 해석할 수 없다. 뒤에 오는 주절의 내용을 고려할 때 문맥적으로 '조건'의 의미가 된다.

350 To make matters worse, the refugees were left with insufficient heat.

Step 1 (AD), the refugees were left with insufficient heat.

Step 2
만드는 것 | 문제들을 더 나쁘게
To make | matters worse, | the refugees | were left | with insufficient heat.
❷ ←―❸―→ | 1 | 2 | 4/5
4/5

해석 **Step 1** AD , 난민들은 불충분한 난방 속에 남겨졌다. **Step 2** 설상가상으로, 난민들은 불충분한 난방 속에 남겨졌다.
Voca refugee 몡 난민   insufficient 혱 불충분한   heat 몡 열, 난방
해설 [축약형 꼬리표, 부사덩어리] make 뒤에 오는 matters와 worse는 주어-서술어의 관계가 성립한다(#25번 매듭 꼬리표 참조). To make matters worse는 문장 전체를 꾸며주는 독립부정사로 '설상가상으로'의 의미로 사용된다.

351 To tell the truth, I'm sick and tired of violent movies.

Step 1 (AD), I'm sick and tired of violent movies.

Step 2
말하자면 | 사실대로
To tell | the truth, | I | am sick and tired | of violent movies.
❷ | ❸ | 1 | 2 | 4/5
4/5

해석 **Step 1** AD , 나는 폭력적인 영화들에 진절머리 난다. **Step 2** 사실대로 말하자면, 나는 폭력적인 영화들에 진절머리 난다.
Voca sick and tired 매우 싫증난   violent 혱 폭력적인
해설 [축약형 꼬리표, 부사덩어리] To tell the truth는 독립부정사로 '사실대로 말하자면'의 의미로 사용된다.

352 Regular checkup is a good idea, to be sure.

Step 1 Regular checkup is a good idea, (AD).

Step 2
Regular checkup | is | a good idea, | 확실히
1 | 2 | 3 | to be sure.
❷
4/5

해석 **Step 1** 정기적인 건강검진은 좋은 생각이다, AD . **Step 2** 정기적인 건강검진은 확실히 좋은 생각이다.
Voca regular 혱 정기적인   checkup 몡 건강검진
해설 [축약형 꼬리표, 부사덩어리] to be sure는 독립부정사로 '확실히'의 의미로 사용된다.

353 Tim speaks Chinese, not to mention English.

Step 1 Tim speaks Chinese, (AD).

Step 2 Tim | speaks | Chinese, (not to mention | English.)
  1   2   3   ❷   ③
                                       4/5
~는 말할 필요도 없이 / 영어를

해석 **Step1** Tim은 중국어를 할 줄 안다, AD. **Step2** Tim은 영어는 말할 것도 없고 중국어도 할 줄 안다.
Voca mention 통 말하다, 언급하다
해설 [축약형 꼬리표, 부사덩어리] not to mention은 독립부정사로 '~는 말할 것도 없이'의 의미로 사용된다.

354 To put it simply, it's impossible.

Step 1 (AD), it's impossible.

Step 2 (To put | it | simply,) | it | is impossible.
              ❷   ③   ④⑤   1   2
                    4/5
말하면 / 간단히

해석 **Step1** AD, 그것은 불가능하다. **Step2** 간단히 말하면, 그것은 불가능하다.
Voca put 통 표현하다, 말하다
해설 [축약형 꼬리표, 부사덩어리] To put it simply는 독립부정사로 '간단히 말하면'의 의미로 사용된다.

37-A 「판단 to-v」구 꼬리표 (판단의 이유)

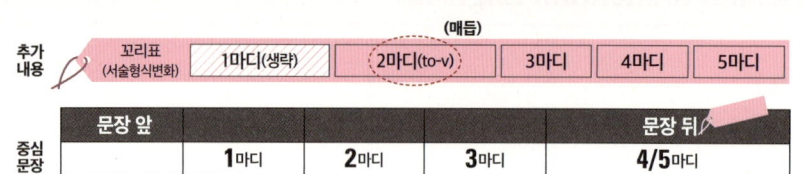

- 중심문장에 '감정/평가 형용사'가 올 때, 4/5마디에는 「판단의 이유」를 나타내는 "「판단 to-v」구 꼬리표"가 온다.
- "#30. 「판단이유 that」절 꼬리표"에서 「be+형용사+that(=because)」이 축약되면서 「be+형용사+to-v」로 전환된 결과이다.
- 감정/평가 형용사는 사람의 생각과 관련 있기 때문에 주관성(생각, 미래, 불확실성)을 나타내는 "to-v구"와 잘 어울린다.
  - 감정형용사 : afraid(두려운), lucky(운이 좋은), happy(행복한), glad(반가운), sorry(안된), sad(슬픈), disappointed(실망한) 등
  - 평가형용사 : nice(친절한), brave(용감한), foolish(어리석은), stupid(어리석은), silly(바보 같은), crazy(미친 듯한) 등
- '감정/평가 형용사' 뒤의 to-v는 「판단의 이유」로 4/5마디의 부사적 용법이고, '난이도/확신 형용사' 뒤의 to-v는 「판단의 대상」으로 3마디의 보충적 용법에 해당된다. ("#21-C. 「보충술어 to-v」구 꼬리표" 참조)

355 I was disappointed to hear the test results.

해석
나는 실망했다 (AD).

Voca
disappointed ⑱ 실망한
result ⑲ 결과

disappointed(감정형용사) 다음에 to hear가 온 것을 보고 to부정사가 4/5마디에 사용되었음을 파악. disappointed(감정형용사) 뒤의 to부정사 덩어리를 감정에 대한 판단의 근거로 해석.

나는 시험 결과를 듣고 실망했다.

매듭 해설

- ex1)의 「be + 형용사 + to-v」는 ex2)의 「be + 형용사 + that절」이 축약되면서 만들어지지만, 모든 to-v구가 반드시 that절로 전환되는 것은 아니므로 주의해야 한다.

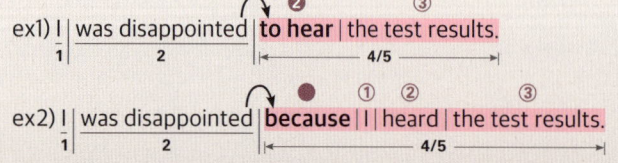

(판단의 근거를 제시)
(나는, 실망했다, **듣고서**, 시험 결과를)

(판단의 근거를 제시)
(나는, 실망했다, **왜냐하면** 나는, 들었다, 시험 결과를)

PART 3 부사자리 매듭·꼬리표 훈련   37-A. 「판단 to-v」구 꼬리표

356 We are sorry to cause inconvenience.

Step 1 We are sorry (AD).

Step 2 We | are sorry | (to cause | inconvenience.)
　　　　　　1　　　2　　　　　❷　　　　　③
　　　　　　　　　　　　　　　　　　4/5
　　　　　　　　　　　　야기하기에　불편을

해석 **Step 1** 우리는 AD 이어서 미안하다. **Step 2** 불편을 끼쳐드려 죄송합니다.
Voca cause 동 야기하다   inconvenience 명 불편
해설 [축약형 꼬리표, 부사덩어리] sorry에 대한 '판단의 이유'를 to-v가 설명해준다. to-v는 because(that)절을 축약한 결과이다.

357 I'm surprised to learn this.

Step 1 I'm surprised (AD).

Step 2 I | am surprised | (to learn | this.)
　　　　　　1　　　2　　　　　❷　　　③
　　　　　　　　　　　　　　　　4/5
　　　　　　　　　　　　알게 되어서　이것을

해석 **Step 1** 나는 AD 이어서 놀랍다. **Step 2** 나는 이것을 알게 되어 놀랍다.
해설 [축약형 꼬리표, 부사덩어리] surprised에 대한 '판단의 이유'를 to-v가 설명해준다. to-v는 because(that)절을 축약한 결과이다.

358 He must be crazy to believe such nonsense.

Step 1 He must be crazy (AD).

Step 2 He | must be crazy | (to believe | such nonsense.)
　　　　　　1　　　2　　　　　　❷　　　　　③
　　　　　　　　　　　　　　　　　　4/5
　　　　　　　　　　　　믿다니　그런 말도 안되는 것을

해석 **Step 1** 그는 AD 하다니 제정신이 아닌 게 틀림없다. **Step 2** 그런 터무니없는 말을 믿다니 그는 제정신이 아닌 게 틀림없다.
Voca must be ~임에 틀림없다   nonsense 명 터무니없는 말[생각]
해설 [동사변형 꼬리표, 부사덩어리] crazy에 대한 '판단의 이유'를 to-v가 설명해준다. to-v는 because(that)절을 축약한 결과이다.

37-B 「판단 to-v」구 꼬리표 (판단의 결과)

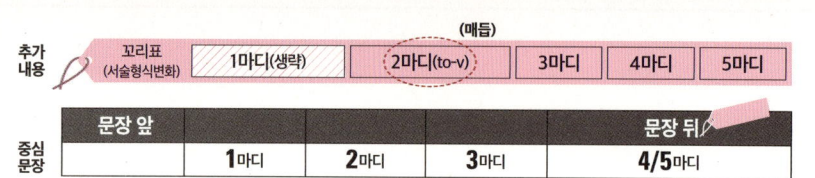

추가 내용	꼬리표 (서술형식변화)	1마디(생략)	(매듭) 2마디(to-v)	3마디	4마디	5마디	매듭유형 축약형, 무시제동사, 1마디 생략.
중심 문장	문장 앞	1마디	2마디	3마디	문장 뒤 4/5마디		매듭위치 중심문장의 뒤에 위치.

- 「so + 형용사/부사 + (that) + S + can't」가 축약되어 「too + 형용사/부사 + to-v」가 된다. [결과의 that절 → to-v(판단의 「부정」 결과)]
- 「so + 형용사/부사 + (that) + S + can」이 축약되어 「형용사/부사 + enough to-v」가 된다. [결과의 that절 → to-v(판단의 「긍정」 결과)]

359 The article is too difficult to understand.

Step 1
The article | is too difficult | (AD). (중심문장)
1   2   4/5

해 석
그 기사는 너무 어렵다 (AD).

Voca
article 명 글, 기사

Step 2
이해하기 힘들 정도로 (꼬리표)
to understand. (매듭)
The article | is too difficult | (AD).
1   2   4/5

too difficult(형용사) 다음에 to understand가 온 것을 보고 to부정사가 4/5마디에 사용되었음을 파악. too difficult(형용사)에 대한 판단의 부정적 결과로 to-v가 사용됨.

해석훈련
too difficult에 대한 판단의 결과
The article is too difficult to understand.
그 기사는, 너무 어렵다. (그 결과) 이해하기 힘들 정도로
[서술어]   [부사적 보충설명]

그 기사는 이해하기 힘들 정도로 너무 어렵다.

◆ 매듭 해설

- 「too + 형/부 + to-v」와 「형/부 + enough + to-v」는 주어의 상태에 대한 판단의 결과(부정, 긍정)로 결과종속절과 서로 어울린다.

ex1) The article | is too difficult | to understand.
1   2   4/5
(그 기사는, 너무 어렵다, (그 결과) 이해하기 어려울 정도로) 판단의 결과(부정)

ex2) The article | is so difficult | that | we | can't understand.
1   2   4/5
(그 기사는, 너무 어렵다, 그래서 우리가, 이해할 수 없다.)

ex3) Tim | is clever enough | to solve | the problem.
1   2   4/5
(Tim은, 충분히 영리하다, (그 결과) 해결할 정도로, 그 문제를) 판단의 결과(긍정)

ex4) Tim | is so clever | that | he | can solve | the problem.
1   2   4/5
(Tim은, 충분히 영리하다, 그래서, 그는, 해결할 수 있다. 그 문제를)

PART 3 부사자리 매듭 · 꼬리표 훈련   37-B. 「판단to-v」구 꼬리표

360 I was too excited to fall asleep.

Step 1 I was too excited (AD).

Step 2 I | was too excited | (to fall asleep.)
  1   2   잠들 수 없다
                                 ❷
                                 4/5

해석 **Step 1** 나는 너무 신이 났다 AD. **Step 2** 나는 너무 신이 나서 잠들 수 없었다.
Voca too ~ to-v: 너무 ~해서 v할 수 없다, v하기에는 너무 ~하다
해설 [축약형 꼬리표, 부사덩어리] 「too ~ to-v」는 「so ~ (that) 주어 + can't」로 바꿔 쓸 수 있다. 즉, I was too excited to fall asleep은 I was so excited (that) I couldn't fall asleep으로 바꿔 쓸 수 있다. too excited에 대한 판단의 결과를 to-v가 나타낸다.

361 Julie is old enough to take care of herself.

Step 1 Julie is old enough (AD).

Step 2 Julie | is old enough | (to take | care | of herself.)
  1   2   돌보다   그녀 자신을
                                    ❷   ③   ④⑤
                                    4/5

해석 **Step 1** Julie는 충분히 나이가 들었다 AD. **Step 2** Julie는 자신을 돌 볼 수 있는 나이가 되었다.
Voca enough ⑼ 충분히 ⑽ 충분한   take care of ~을 돌보다
해설 [축약형 꼬리표, 부사덩어리] 「형용사 + enough to-v」는 'v하기에 충분히 ~한'이라는 뜻으로 「so + 형용사 + (that) 주어 + can」으로 바꿔 쓸 수 있다. 즉 이 문장은 Julie is so old (that) she can take care of herself.로 표현할 수 있다. old enough에 대한 판단의 결과를 to-v가 나타낸다.

38 「부 v-ing」구 꼬리표 (분사구문)

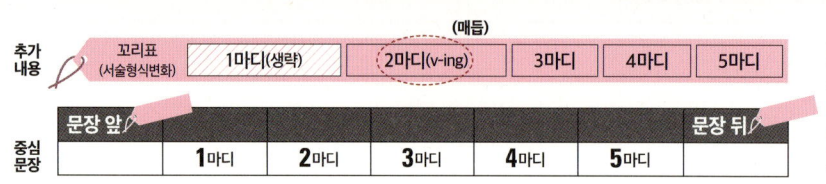

- "절 꼬리표"의 「접속사 + S + V」에서 접속사와 주어를 생략하면 "구 꼬리표"인 "v-ing구 꼬리표"가 된다.
- "절 꼬리표"가 축약될 때 v-ing구는 객관성(사실, 동시성, 전과거)을 to-v구는 주관성(생각, 미래, 불확실성)을 나타낸다.
- 시간, 양보 등의 접속사가 생략되면서 만들어진 "v-ing구 꼬리표"는 접속사가 생략되기 전의 의미를 바로 알 수 없어서 유연하게 해석하는 훈련이 필요하다.
  - 문장 앞에 "v-ing"는 「동명사인지, 분사구문인지」 바로 알 수 없기 때문에, 처음에는 동명사처럼 읽다가, 「동사」가 나타나면 동명사 주어로 해석하고, 「콤마(,) 또는 명사 주어」가 나타나면 부사적 용법인 분사구문으로 해석한다.
  - 문장 앞에 오는 "v-ing구 꼬리표"는 뒤에 오는 중심문장의 주어를 꾸며주는 "형용사"처럼 해석할 수도 있다.
  - 문장 뒤에 오는 "v-ing구 꼬리표"는 앞에 있는 중심문장의 사건과 '동시'에 일어난 '사실' 관계에 중점을 두어 해석한다.

362 Walking home, I met my old friend unexpectedly.

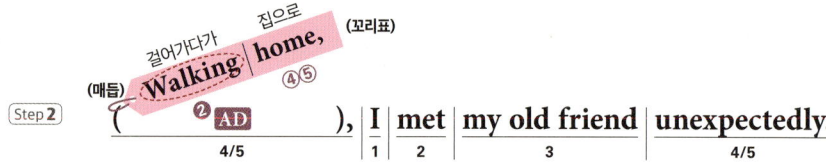

해석
(AD), 나는 뜻밖에 옛 친구를 만났다.

Voca
unexpectedly ⓐ 뜻밖에

Walking으로 시작하되, 뒤에 동사 대신 I가 나온 것으로 보고 v-ing 매듭이 주어가 아닌 부사적(분사구문)으로 사용된 것을 파악. 4/5마디 v-ing(분사구문)가 문장 앞에 올 경우, 주어를 수식하는 방식으로도 해석 가능.

집으로 걸어가다가 나는 뜻밖에 옛 친구를 만났다.

◆ 매듭 해설

- ex1)에서 접속사 while과 주어 I를 생략하면 Being walking home이 되며, being은 주로 생략되기 때문에 ex2)와 같은 문장으로 전환이 된다.

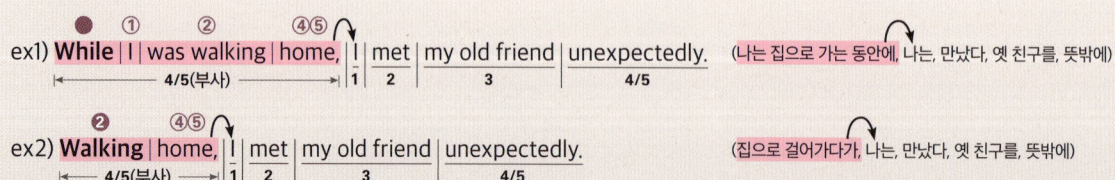

- ex2)에서 분사구문 Walking home을 I를 꾸며주는 형용사처럼 해석해서 '집으로 걸어가던 나는'으로 해석해도 전혀 문제가 되지 않는다. 이처럼 분사구문은 유연하게 받아들이는 훈련이 필요하다.

PART 3 부사자리 매듭 · 꼬리표 훈련   38. 「부 v-ing」구 꼬리표

363 Singing merrily, the teacher entered the classroom.

Step1 (AD), the teacher entered the classroom.

Step2 (**Singing merrily,**) | the teacher | entered | the classroom.
즐겁게 노래부르며
❷ 4/5 ｜ 1 ｜ 2 ｜ 3

해석 Step1 AD, 그 교사는 교실로 들어갔다.   Step2 즐겁게 노래를 부르며, 그 교사는 교실로 들어갔다.
Voca merrily 튀 즐겁게
해설 [축약형 꼬리표, 부사덩어리] 단순히 singing merrily만 보고서 이것이 동명사인지, 분사구문인지 알 수 없다. 뒤에 콤마(,)와 명사 주어가 오는 것을 통해 분사구문임을 알 수 있다.

364 Living in the country, he enjoys all outdoor activities.

Step1 (AD), he enjoys all outdoor activities.

Step2 (**Living** | **in the country,**) | he | enjoys | all outdoor activities.
살면서   시골에
❷   ④⑤
4/5 ｜ 1 ｜ 2 ｜ 3

해석 Step1 AD, 그는 모든 야외 활동을 즐긴다.   Step2 시골에서 살면서, 그는 모든 야외 활동을 즐긴다.
Voca country 명 시골, 전원   outdoor activity 야외 활동
해설 [축약형 꼬리표, 부사덩어리] v-ing는 객관성(사실, 동시성)을 주로 나타낸다. Living in the country는 사실을 나타냄과 동시에 중심문장에 대한 동시성을 함께 나타낸다.

365 A fertilizer plant exploded, killing up to 15 people.

Step1 A fertilizer plant exploded, (AD).

Step2 A fertilizer plant | exploded, | (**killing** | **up to 15 people.**)
          (동시에) 죽음   15명까지
1 ｜ 2 ｜ ❷   ④⑤
             4/5

해석 Step1 비료 공장이 폭발했다, AD.   Step2 비료 공장이 폭발했고, 최대 15명이 사망했다.
Voca fertilizer 명 비료   plant 명 공장   explode 동 폭발하다   up to ~까지
해설 [축약형 꼬리표, 부사덩어리] killing up to 15 people은 사실을 나타내고 중심문장에 대한 동시성을 함께 나타낸다.

366 Not knowing anything about the situation, she remained silent.

Step 1 (AD), she remained silent.

Step 2 (Not knowing | anything | about the situation,) | she | remained silent.
      몰라서   어떤 것도   상황에 관해

해석 **Step 1** AD, 그녀는 조용히 있었다. **Step 2** 그 상황에 대해 아무것도 몰라서, 그녀는 조용히 있었다.
Voca situation 명 상황   remain 동 계속 ~이다, 남아 있다   silent 형 조용한, 침묵의
해설 [축약형 꼬리표, 부사덩어리] Not knowing ~ the situation은 처음 앞에서부터 읽을 때는 동명사처럼 '알지 못함 ~'으로 읽어가다가 뒤에 콤마(,)와 주어 she를 보는 순간 부사덩어리인 분사구문으로 이해하여 해석한다.

367 Listening carefully, you'll understand more.

Step 1 (AD), you'll understand more.

Step 2 (Listening carefully,) | you | wll understand | more.
           주의해서 들으면

해석 **Step 1** AD, 너는 더 많이 이해할 것이다. **Step 2** 주의해서 들으면, 너는 더 많이 이해할 것이다.
해설 [축약형 꼬리표, 부사덩어리] 앞에서부터 읽을 때 Listening carefully를 동명사처럼 '들음, 주의해서'로 이해하다가 콤마(,)와 주어 you를 보는 순간 부사덩어리인 분사구문으로 이해하여 해석한다.

368 He was sitting on a bench playing the guitar.

Step 1 He was sitting on a bench (AD).

Step 2 He | was sitting | on a bench | (playing | the guitar.)
                                          연주하며   기타를

해석 **Step 1** 그는 벤치에 앉아 있었다 AD. **Step 2** 그는 기타를 연주하며 벤치에 앉아 있었다.
해설 [축약형 꼬리표, 부사덩어리] 꼬리표가 a bench를 보충 설명하는 형용사적 용법인지, 동사 또는 문장을 수식하는 부사적 용법인지를 읽으면서 바로 구분해야 한다. 내용적으로 bench와 playing은 주어와 동사의 관계가 성립되지 않는다. 그래서 playing이 부사적 용법임을 알 수 있다.

PART 3 부사자리 매듭 · 꼬리표 훈련   38. 「부 v-ing」구 꼬리표

369 Having eaten so much, we are now full.

Step 1 (AD), we are now full.

Step 2 (Having eaten | so much,) | we | are now full.
        먹어서   너무 많이
           ❷   ④⑤   1   2
          4/5

해석 Step 1 AD, 우리는 지금 배가 부르다. Step 2 너무 많이 먹어서, 우리는 지금 배가 부르다.
Voca full 형 배부른, 가득한
해설 [축약형 꼬리표, 부사덩어리] 중심문장의 시제보다 앞선 때를 나타내는 완료형 분사구문은 「having p.p.」의 형태로 나타낸다. 즉 너무 많이 먹은 것은 지금 배가 부른 상태보다 앞선 과거의 일이다.

370 Having inherited lots of money, he can now buy expensive artworks.

Step 1 (AD), he can now buy expensive artworks.

Step 2 (Having inherited | lots of money,) | he | can now buy | expensive artworks.
          물려받아서   많은 돈을
              ❷   ③   1   2   3
             4/5

해석 Step 1 AD, 그는 이제 값비싼 예술작품들을 살 수 있다. Step 2 많은 돈을 물려받아서, 그는 이제 값비싼 예술작품들을 살 수 있다.
Voca inherit 동 물려받다   artwork 명 예술작품
해설 [축약형 꼬리표, 부사덩어리] 중심문장의 시제보다 앞선 때를 나타내는 완료형 분사구문은 「having p.p.」의 형태로 나타낸다. 즉 많은 돈을 물려받은 것은 지금 비싼 예술작품들을 살 수 있는 상태보다 앞선 과거의 일이다.

371 Never having driven a car before, he drove the car slowly.

Step 1 (AD), he drove the car slowly.

Step 2 (Never having driven | a car | before,) | he | drove | the car | slowly.
          운전해 본 적이 없어서   차를   전에
                ❷   ③   ④⑤   1   2   3   4/5
               4/5

해석 Step 1 AD, 그는 차를 천천히 운전했다. Step 2 전에 차를 운전해 본 적이 없어서, 그는 차를 천천히 운전했다.
Voca drive 동 운전하다 (drove - driven)
해설 [동사변형 꼬리표, 부사덩어리] 분사구문은 결과, 목적, 이유, 조건 등의 종속접속사가 축약되면서 만들어진다. 분사구문에는 중심문장과의 내용적 관계를 나타내는 접속사가 생략되었기 때문에 문맥을 통해 관계를 파악하면 된다.

PART 3 부사자리 매듭 · 꼬리표 훈련   38. 「부 v-ing」구 꼬리표   198

372 | Not having brought my umbrella, I got all wet on the way home.

Step 1 (AD), I got all wet on the way home.

Step 2
가져오지 않아서 / 나의 우산을
(Not having brought | my umbrella,) I | got all wet | on the way home.
❷ ③ 1 2 4/5
4/5 4/5

해석 Step 1 AD, 나는 집에 가는 길에 흠뻑 젖었다. Step 2 우산을 가져오지 않아서, 나는 집에 가는 길에 흠뻑 젖었다.
Voca bring 동 가져오다   get + 형용사: ~해지다   get wet 젖다   on the way home 집으로 오는 길에
해설 [축약형 꼬리표, 부사덩어리] 분사구문 Not having brought umbrella를 주어 I를 꾸며주는 형용사처럼 '우산을 가져오지 않았던 나는'으로 해석할 수도 있다. 분사구문은 종속접속사가 생략되었기 때문에 그만큼 유연하게 해석이 가능하다.

373 | I'll go shopping this weekend.

Step 1 I'll go (AD).

Step 2
쇼핑하러 / 이번 주말에
I | will go | (shopping | this weekend.)
1 2 ❷ ④⑤
4/5

해석 Step 1 나는 갈 것이다 AD. Step 2 나는 이번 주말에 쇼핑하러 갈 것이다.
Voca go ~ing   ~하러 가다
해설 [축약형 꼬리표, 부사덩어리] 관용적으로 사용하는 「go v-ing」는 「동사 + 분사구문」의 형태를 취한다. go 뒤에 오는 v-ing는 목적을 나타낸다.

374 | I'm busy translating this document.

Step 1 I'm busy (AD).

Step 2
번역하느라 / 이 문서를
I | am busy | (translating | this document.)
1 2 ❷ ③
4/5

해석 Step 1 나는 바쁘다 AD. Step 2 나는 이 문서를 번역하느라 바쁘다.
Voca be busy ~ing ~하느라 바쁘다   translate 동 번역하다   document 명 문서
해설 [축약형 꼬리표, 부사덩어리] 「be동사 + 형용사 + v-ing」의 경우 주로 v-ing 앞에 전치사가 생략된 경우이다. I am busy (in) translating this document. 문장에서 in이 생략되어 비격식 형태로 사용되었다. 전치사 생략과 관계없이 translating을 be busy에 대한 동시상황으로 보고 분사구문으로 이해해도 무방하다.

PART 3 부사자리 매듭 · 꼬리표 훈련　　38. 「부 v-ing」구 꼬리표　　199

375　Tim sometimes has trouble understanding other people's motives.

Step 1　Tim sometimes has trouble (AD).

Step 2　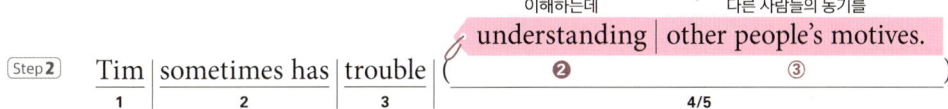

해석　**Step 1** Tim은 때때로 어려움을 겪는다 AD.　**Step 2** Tim은 때때로 다른 사람들의 동기를 이해하는데 어려움을 겪는다.
Voca　have trouble[difficulty] ~ing ~하는데 어려움을 겪다　motive 몡 동기
해설　[축약형 꼬리표, 부사덩어리] understanding이 명사 trouble을 꾸며주는 형용사적 용법인지, 부사적으로 쓰인 분사구문인지를 읽으면서 바로 구분해야 한다. 내용상 trouble과 underststanding이 주어와 동사 관계가 성립하지 않기 때문에 분사구문임을 바로 알 수 있다.

376　I feel comfortable speaking in English.

Step 1　I feel comfortable (AD).

Step 2　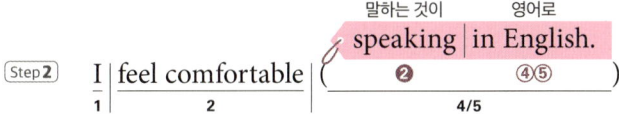

해석　**Step 1** 나는 편하게 느낀다 AD.　**Step 2** 나는 영어로 말하는 것이 편하다.
Voca　feel comfortable ~ing ~하는 것이 편하다
해설　[축약형 꼬리표, 부사덩어리] 「형용사+v-ing」의 경우 v-ing 앞에 전치사가 생략된 경우를 생각할 수 있다. I feel comfortable (in) speaking English. 문장에서 in이 생략되어 비격식의 형태로 사용되었다.

377　Generally speaking, women live longer than men.

Step 1　(AD), women live longer than men.

Step 2　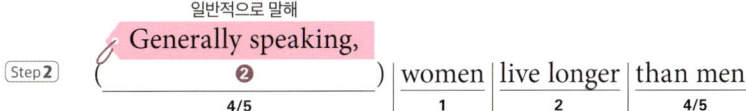

해석　**Step 1** AD, 여자는 남자보다 더 오래 산다.　**Step 2** 일반적으로 말해, 여자는 남자보다 더 오래 산다.
해설　[축약형 꼬리표, 부사덩어리] Generally speaking은 문장 전체를 수식하는 관용적인 분사구문으로 이런 관용 표현에는 Judging from(~로 판단하건대), Strictly speaking(엄밀히 말하자면), Speaking of(~에 관해 말하자면), Frankly speaking(솔직히 말하자면) 등이 있다.

39 「생략분사」구 꼬리표 (p.p./형/명)

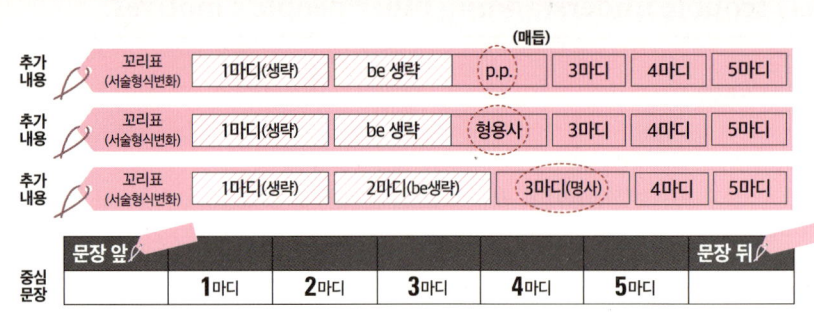

- 사실 관계를 나타내는 「(접속사+S)+be+p.p.」, 「(접속사+S)+be+형용사」, 「(접속사+S)+be+명사」와 같은 "절 꼬리표"에서 접속사와 주어를 생략하고 나면 be동사가 being으로 전환되어 "구 꼬리표"인 분사구문이 된다.
- 이 때 being은 주로 생략이 가능하여 최종적으로 「p.p./형용사/명사」만 남는 분사구문이 된다.
- 문장 앞에 분사구문(p.p./형용사/명사)는 뒤에 오는 중심문장의 주어를 꾸며주는 "형용사"처럼 해석할 수도 있다.
- 문장 뒤에 분사구문(p.p./형용사/명사)는 앞에 있는 중심문장의 사건과 '동시'에 일어난 '사실' 관계에 중점을 두어 해석한다.

378 Left alone in the dark room, the boy was scared.

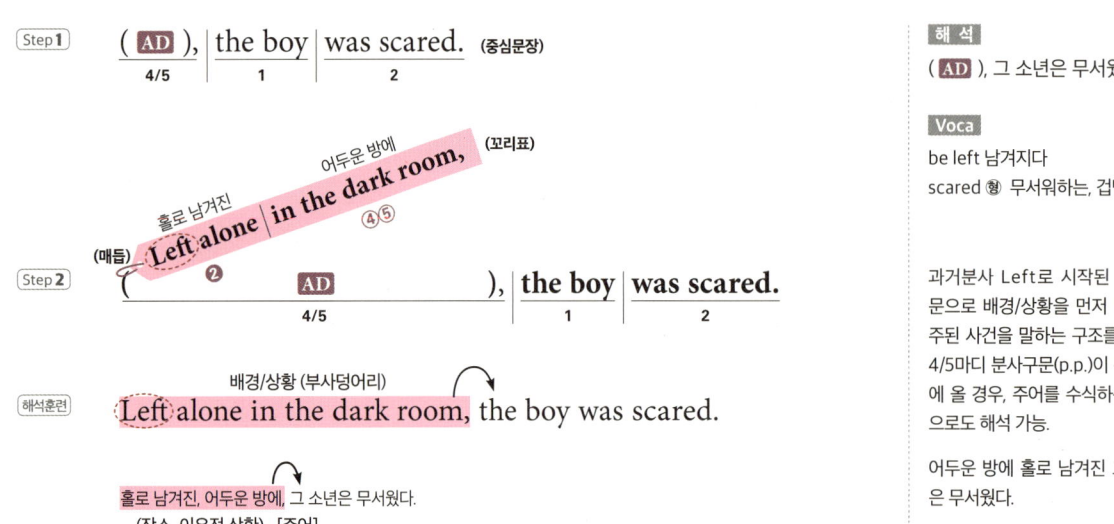

해석
(AD), 그 소년은 무서웠다.

Voca
be left 남겨지다
scared 형 무서워하는, 겁먹은

과거분사 Left로 시작된 분사구문으로 배경/상황을 먼저 말하고, 주된 사건을 말하는 구조를 파악. 4/5마디 분사구문(p.p.)이 문장 앞에 올 경우, 주어를 수식하는 방식으로도 해석 가능.

어두운 방에 홀로 남겨진 그 소년은 무서웠다.

매듭 해설

- ex1) ~ ex3)은 주된 사건에 대해 동시에 일어난 부가적 상황(4/5마디)을 p.p./형용사/명사의 형태로 표현한 문장들이다.

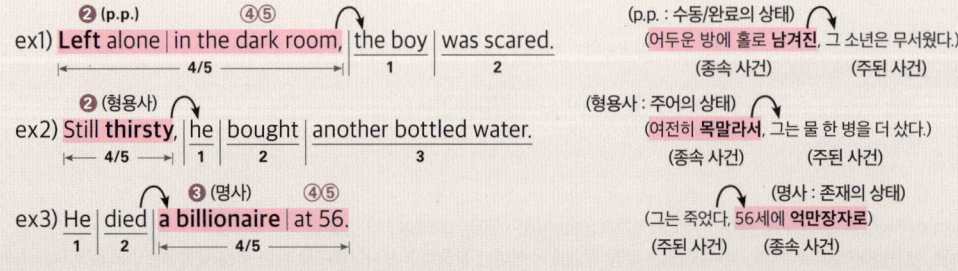

379 Surprised by his rude behavior, we couldn't speak at all.

Step 1 (AD), we couldn't speak at all.

Step 2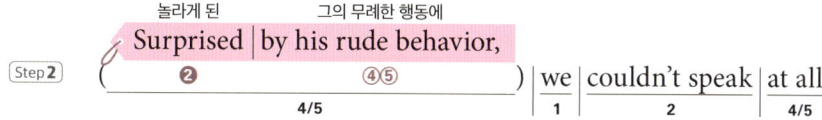

해석 Step 1 AD, 우리는 아무 말도 할 수 없었다. Step 2 그의 무례한 행동에 놀라, 우리는 아무 말도 할 수 없었다.
Voca surprise 동 놀라게 하다   be surprised by ~에 의해 놀라다   rude 형 무례한   behavior 명 행동   not ~ at all 전혀 ~하지 않다
해설 [생략형 꼬리표, 부사덩어리] '수동'의 뜻을 갖는 동사 be surprised가 분사구문으로 전환되면 being surprised의 형태를 취하는데, 이때 being은 대부분 생략한다. 문두에 p.p.가 나오면 '수동, 완료'의 배경적 상황으로 이해하면 된다. '그의 무례한 행동에 놀라, 우리는 ~'으로 꼬리표를 부사적으로 해석하지만 '그의 무례한 행동에 놀란 우리는 ~'으로 형용사적으로 해석도 가능하다. 왜냐하면 생략된 꼬리표의 주어와 we가 같기 때문이다.

380 Badly injured in the explosion, he was transferred to the emergency room.

Step 1 (AD), he was transferred to the emergency room.

Step 2 (다이어그램)

해석 Step 1 AD, 그는 응급실로 이송되었다. Step 2 폭발 사고로 심하게 다쳐, 그는 응급실로 이송되었다.
Voca badly 부 심하게, 몹시   injure 동 부상을 입히다   be injured 부상을 입다   explosion 명 폭발   transfer 동 옮기다, 나르다   be transferred 이송되다   emergency room 응급실
해설 [생략형 꼬리표, 부사덩어리] '수동'의 뜻을 갖는 동사 be injured가 분사구문으로 전환되면 being injured의 형태를 취하는데, 이때 being은 대부분 생략한다. 분사구문은 부사적 용법이지만 꼬리표의 생략된 주어 he와 같기 때문에 형용사처럼 '폭발 사고로 심하게 다친 그는 ~'이라고 해석해도 된다.

381 Deceived by Julie, Tim couldn't trust her any more.

Step 1 (AD), Tim couldn't trust her any more.

Step 2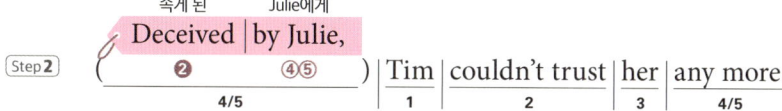

해석 Step 1 AD, Tim은 그녀를 더 이상 신뢰할 수 없었다. Step 2 Julie에게 속아, Tim은 그녀를 더 이상 신뢰할 수 없었다.
Voca deceive 동 속이다   be deceived 속다   trust 동 신뢰하다   not ~ any more 더 이상 ~않다
해설 [생략형 꼬리표, 부사덩어리] '수동'의 뜻을 갖는 동사 be deceived가 분사구문으로 전환되면 being deceived의 형태를 취하는데, 이때 being은 대부분 생략한다. 문두의 p.p.를 '수동/완료'의 뜻으로 해석한 후에 뒤의 주어 Tim을 보는 순간 형용사처럼 주어를 꾸며주는 해석도 가능하다.

PART 3 부사자리 매듭 · 꼬리표 훈련   39. 「생략분사」구 꼬리표   202

382 | Stuck in heavy traffic, I was late for the meeting.

Step 1   (AD), I was late for the meeting.

Step 2
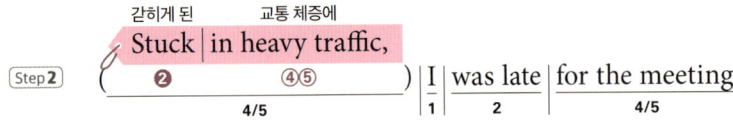

해석   Step 1 AD, 나는 회의에 늦었다.   Step 2 교통 체증에 갇혀, 나는 회의에 늦었다.
Voca   stick ⑧ 붙이다, 갇히게 하다 (stuck - stuck)   be stuck 갇히다, 꼼짝 못하다   heavy traffic 교통 혼잡
해설   [생략형 꼬리표, 부사덩어리] '수동'의 뜻을 갖는 동사 be stuck이 분사구문으로 전환되면 being stuck의 형태를 취하는데, 이때 being은 대부분 생략한다. 문두의 p.p.를 '수동/완료'의 뜻으로 해석한 후에 뒤의 주어 Tim을 보는 순간 형용사처럼 주어를 꾸며주는 해석도 가능하다.

383 | Tim came from work late, tired from overtime work.

Step 1   Tim came from work late, (AD).

Step 2

해석   Step 1 Tim은 직장에서 늦게 돌아왔다, AD.   Step 2 Tim은 야근으로 인해 지친채로 직장에서 늦게 돌아왔다.
Voca   tire ⑧ 피곤하게 하다   be tired 피곤하다   overtime work 시간 외 근무, 야근
해설   [생략형 꼬리표, 부사덩어리] '피곤하다'라는 뜻의 서술어 be tired가 분사구문으로 전환되면 being tired의 형태를 취하는데, 이때 being은 대부분 생략한다. 생략된 v-ing는 객관성(사실, 동시성, 전과거)을 나타낸다. '야근으로 인해 지친 것'은 사실이면서 '직장에서 늦게 돌아올 때'와 동시성을 가지며 이미 이전부터 일어난 전과거의 뉘앙스를 모두 포함한다.

384 | The singer sang her hit songs surrounded by young people.

Step 1   The singer sang her hit songs (AD).

Step 2

해석   Step 1 그 가수는 그녀의 히트곡들을 불렀다 AD.   Step 2 그 가수는 젊은이들에 둘러싸여 그녀의 히트곡들을 불렀다.
Voca   hit song 히트곡   surround ⑧ 둘러싸다   be surrounded 둘러싸이다
해설   [생략형 꼬리표, 부사덩어리] '수동'의 뜻을 갖는 동사 be surrounded가 분사구문으로 전환되면 being surrounded의 형태를 취하는데, 이때 being은 대부분 생략한다. 문두의 분사구문은 노래를 부른 사건과 동시에 일어난 사실관계를 설명해준다.

385 Popular in the region, Tim will win the upcoming election.

Step 1 (AD), Tim will win the upcoming election.

Step 2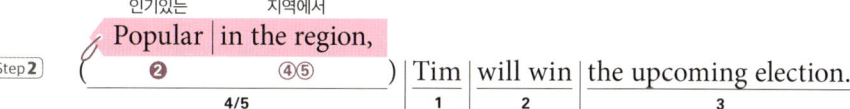

해석 | **Step 1** AD, Tim은 다가오는 선거에서 승리할 것이다. **Step 2** 지역에서 인기가 있어서, Tim은 다가오는 선거에서 승리할 것이다.
Voca | popular ⑱ 인기있는   region ⑲ 지역   upcoming ⑱ 다가오는   election ⑲ 선거
해설 | [생략형 꼬리표, 부사덩어리] '인기있다'라는 뜻의 서술어 be popular가 분사구문으로 전환되면 being popular의 형태를 취하는데, 이때 being은 대부분 생략한다. 문두의 분사구문은 주어 Tim을 꾸며주는 형용사처럼 해석해도 된다.

386 Never happy with his school life, he dropped out of school.

Step 1 (AD), he dropped out of school.

Step 2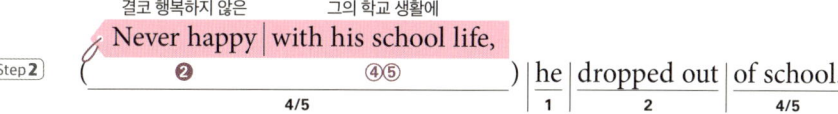

해석 | **Step 1** AD, 그는 학교를 자퇴했다. **Step 2** 학교 생활에 전혀 만족하지 못해, 그는 학교를 자퇴했다.
Voca | drop out of school 학교를 그만두다, 중퇴하다
해설 | [생략형 꼬리표, 부사덩어리] '절대 행복하지 않다'라는 뜻의 서술어 never be happy가 분사구문으로 전환되면 never being happy의 형태를 취하는데, 이때 being은 대부분 생략한다. 문두의 분사구문은 주어 he를 꾸며주는 형용사처럼 해석해도 된다.

387 Still thirsty, he bought another bottled water.

Step 1 (AD), he bought another bottled water.

Step 2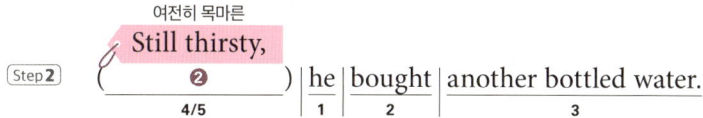

해석 | **Step 1** AD, 그는 생수를 하나 더 샀다. **Step 2** 여전히 목이 말라, 그는 생수를 하나 더 샀다.
Voca | thirsty ⑱ 목이 마른   bottle ⑲ 병   bottled water (용기에 든) 생수
해설 | [생략형 꼬리표, 부사덩어리] '여전히 목마르다'라는 뜻의 서술어 be still thirsty가 분사구문으로 전환되면 being still thirsty의 형태를 취하는데, 이때 being은 대부분 생략한다. 문두의 분사구문은 주어 he를 꾸며주는 형용사처럼 해석해도 된다.

388 | Extremely poor, they are suffering from hunger.

Step 1 (AD), they are suffering from hunger.

Step 2 (Extremely poor, ❷)4/5 | they 1 | are suffering 2 | from hunger. 4/5
극도로 가난해서

해석　**Step 1** AD, 그들은 배고픔으로 고통받고 있다.　**Step 2** 극도로 가난해서, 그들은 배고픔으로 고통받고 있다.
Voca　extremely 📖 극도로　suffer from ~로 고통받다　hunger 📖 배고픔
해설　[생략형 꼬리표, 부사덩어리] '극도로 가난하다'라는 뜻의 서술어 be extremely poor가 분사구문으로 전환되면 being extremely poor의 형태를 취하는데, 이때 being은 대부분 생략한다. 문두의 분사구문은 주어 they를 꾸며주는 형용사처럼 해석해도 된다.

389 | The entrepreneur founded his company young.

Step 1 The entrepreneur founded his company (AD).

Step 2 The entrepreneur 1 | founded 2 | his company 3 | (young. ❷) 4/5
젊어서

해석　**Step 1** 그 기업가는 그의 회사를 설립했다 AD.　**Step 2** 그 기업가는 젊어서 그의 회사를 설립했다.
Voca　entrepreneur 📖 사업가, 기업가　found 📖 설립하다 (founded - founded)
해설　[생략형 꼬리표, 부사덩어리] '젊다'라는 뜻의 서술어 be young이 분사구문으로 전환되면 being young의 형태를 취하는데, 이때 being은 대부분 생략한다. 문미의 분사구문은 '설립하는 사건'과 동시에 일어난 '사실 관계'를 나타낸다. 회사를 설립할 때 그는 젊었다는 것을 의미한다.

390 | Such a generous person, she will be missed greatly by the community.

Step 1 (AD), she will be missed greatly by the community.

Step 2 (Such a generous person, ❸) 4/5 | she 1 | will be missed greatly 2 | by the community. 4/5
매우 관대한 사람인

해석　**Step 1** AD, 그녀는 지역 사회가 많이 그리워할 것이다.　**Step 2** 매우 관대한 사람이어서, 그녀는 지역 사회가 많이 그리워할 것이다.
Voca　generous 📖 관대한　miss 📖 그리워하다　greatly 📖 크게, 대단히　community 📖 지역 사회
해설　[생략형 꼬리표, 부사덩어리] '매우 관대한 사람이다'라는 뜻의 서술어 be such a generous person이 분사구문으로 전환되면 being such a generous person의 형태를 취하는데, 이때 being은 대부분 생략한다. 문두의 분사구문은 주어 she를 꾸며주는 형용사처럼 해석해도 된다.

PART 3 부사자리 매듭 · 꼬리표 훈련   39.「생략분사」구 꼬리표

391 The country's top portal operator, the company leads in online search.

Step 1 (AD), the company leads in online search.

Step 2 (The country's top portal operator, ❸) | the company | leads | in online search.
그 나라의 1위 포털 사업자인
4/5 · 1 · 2 · 4/5

해석 Step 1 AD, 그 회사는 온라인 검색에서 선두를 달리고 있다.
　　　　Step 2 그 나라의 1위 포털 사업자로서, 그 회사는 온라인 검색에서 선두를 달리고 있다.
Voca portal 명 포털(사이트) operator 명 사업자, 운영자 search 명 검색, 찾기
해설 [생략형 꼬리표, 부사덩어리] '그 나라의 1위 포털 사업자이다'라는 뜻의 서술어 be the country's top portal operator가 분사구문으로 전환되면 being the country's top portal operator의 형태를 취하는데, 이때 being은 대부분 생략한다. 문두의 분사구문은 주어 the company를 꾸며주는 형용사처럼 해석해도 된다.

392 Strange to say, the door opened by itself.

Step 1 (AD), the door opened by itself.

Step 2 (Strange | to say,) | the door | opened | by itself.
이상한 얘기지만
❷ ← ❸
4/5 · 1 · 2 · 4/5

해석 Step 1 AD, 문이 저절로 열렸다. Step 2 이상한 얘기지만, 문이 저절로 열렸다.
Voca strange 형 이상한 by oneself 스스로
해설 [생략형 꼬리표, 부사덩어리] Strange to say는 Though it is strange to say에서 접속사와 주어가 생략되고 was가 being으로 변환된 후 생략된 분사구문이다. Needless to say도 같은 유형이다.

393 He died a billionaire at 56.

Step 1 He died (AD).

Step 2 He | died | (a billionaire | at 56.)
　　　　　　　억만장자이다 56세에
　　　　　　　❸   ④⑤
　1 ·　2 ·　4/5

해석 Step 1 그는 죽었다 AD. Step 2 그는 56세에 억만장자로 사망했다.
Voca billionaire 명 억만장자
해설 [생략형 꼬리표, 부사덩어리] '억만장자이다'라는 뜻의 서술어 be a billionaire가 분사구문으로 전환되면 being a billionaire의 형태를 취하는데, 이때 being은 대부분 생략한다. 문미의 분사구문은 '죽은 사실'과 동시에 일어난 '사실 관계'를 나타낸다. 죽었을 때 그는 56세의 억만장자였다는 것을 의미한다.

40 「uS+분사」구 꼬리표 (독립분사구문)

*의미상 주어 : understood Subject

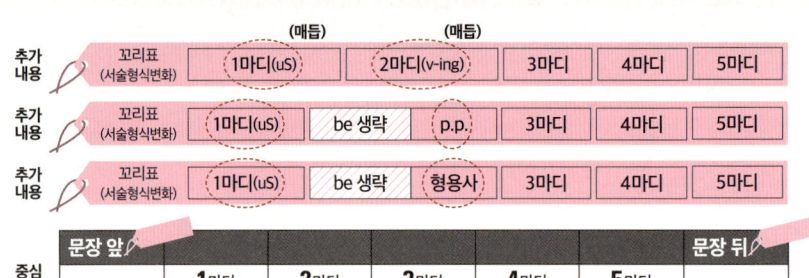

- "절 꼬리표"인 「접속사 + S + V」에서 S가 중심문장의 주어와 다를 때는 접속사만 생략하고 S는 그대로 둔채 축약한다.
- 이 때 S는 "소유격(또는 목적격)"의 의미상 주어가 되고, V는 그 형태에 따라 적당한 분사(ing/p.p./형)로 모양이 바뀐다.
- 「uS(의미상 주어) + v-ing」구 꼬리표는 '원인 또는 결과', '시간'의 종속관계를 나타낼 때 주로 사용된다.
- 의미상 주어(uS)가 있는 분사구문에서 '동시성을 강조'하기 위해 접착제로 'with'를 추가적으로 사용할 수도 있다.

394 His parents being away, the boy felt lonely at home.

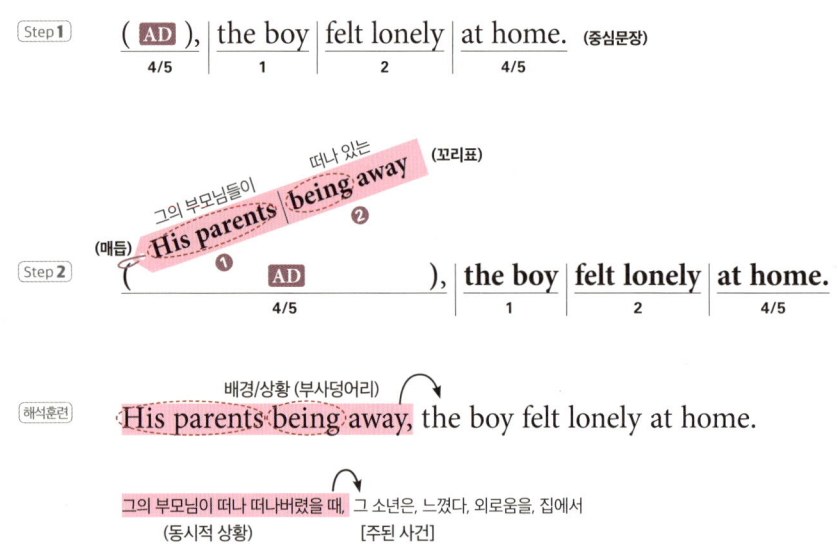

해석
(AD), 그 소년은 집에서 외로움을 느꼈다.

Voca
away 형 ~에서 떨어져 있는, 부재 중의
lonely 형 외로운

문장 앞에 'His parents being away'가 나온 후에 동사가 아닌 주어 the boy가 있는 것으로 볼 때, 동명사가 아닌 분사구문임을 알 수 있음. 문장 앞 4/5마디의 분사구문은 주된 사건에 대한 "동시적 상황"으로 해석 가능.

그의 부모님이 떠나 있어서 소년은 집에서 외로움을 느꼈다.

• 매듭 해설

- ex1)의 생략과정에서 의미상 주어를 생략하면 뜻이 분명하지 않기 때문에 his parents를 생략하지 않고 ex2)처럼 변환한다. ex1)과 ex2)는 뜻이 같다.

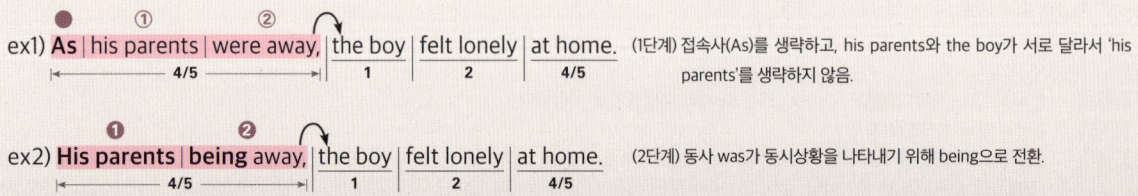

395 It being too cold, we canceled our dinner gathering tonight.

Step 1 (AD), we canceled our dinner gathering tonight.

Step 2 (It | being too cold,) | we | canceled | our dinner gathering | tonight.

해석: **Step 1** AD, 우리는 오늘 저녁 모임을 취소했다. **Step 2** 너무 추워서, 우리는 오늘밤 저녁 모임을 취소했다.
Voca: gathering 명 (특정 목적을 위한) 모임
해설: [축약형 꼬리표, 부사덩어리] 분사구문의 주어(It)와 중심문장의 주어(we)가 다를 경우, 분사구문의 주어를 써 준다. 이 때 분사구문은 주어가 다른 두 사건 간의 인과 관계(원인, 결과)를 주로 나타낸다. 너무 추운 것은 원인이고, 취소한 것은 그 결과이다.

396 There being no subway service, I had to walk home.

Step 1 (AD), I had to walk home.

Step 2 (There being | no subway service,) | I | had to walk | home.

해석: **Step 1** AD, 나는 집으로 걸어가야 했다. **Step 2** 지하철이 끊겨서, 나는 집에 걸어가야 했다.
Voca: subway 명 지하철
해설: [축약형 꼬리표, 부사덩어리] There is 도치구문에서 분사구문의 주어(There)와 중심문장의 주어(I)가 다를 경우, 분사구문의 주어를 써 준다. 이 때 분사구문은 주어가 다른 두 사건 간의 인과 관계(원인, 결과)를 주로 나타낸다. 지하철이 끊긴 것은 원인이고, 걸어가야 했던 것은 그 결과이다.

397 Julie read her mother's will, tears pouring down her cheeks.

Step 1 Julie read her mother's will, (AD).

Step 2 Julie | read | her mother's will, (tears | pouring | down her cheeks.)

해석: **Step 1** Julie는 그녀 어머니의 유서를 읽었다, AD. **Step 2** Julie는 그녀 어머니의 유서를 읽었고, 눈물이 그녀의 뺨을 따라 마구 흘러내렸다.
Voca: will 명 유언   tear 명 눈물   pour 동 마구 흘러나오다   cheek 명 뺨, 볼
해설: [축약형 꼬리표, 부사덩어리] 분사구문의 주어(tears)와 중심문장의 주어(Julie)가 다를 경우, 분사구문의 주어를 써 준다. 이 때 분사구문은 주어가 다른 두 사건 간의 인과 관계(원인, 결과)를 주로 나타낸다. 유서를 읽은 것은 원인이고, 눈물이 흐른 것은 그 결과이다.

398 All things considered, Tim is the best basketball player ever.

Step 1 (AD), Tim is the best basketball player ever.

Step 2 (All things | considered,) | Tim | is | the best basketball player | ever.
   모든 것이   고려될 때
   ❶   ❷
   4/5   1   2   3   4/5

해석 Step 1 AD, Tim은 역대 최고의 농구 선수이다. Step 2 모든 것을 고려해 볼 때, Tim은 역대 최고의 농구 선수이다.
Voca all things considered 모든 것을 고려해 볼 때   ever ⓑ 지금까지
해설 [생략형 꼬리표, 부사덩어리] 분사구문의 주어(All things)와 중심문장의 주어(Tim)가 다를 경우, 분사구문의 주어를 써 준다. 이 때 분사구문은 주어가 다른 두 사건 간의 인과 관계(원인, 결과)를 주로 나타낸다. 모든 것을 고려한 것은 원인이고, 최고의 농구 선수인 것은 그 결과이다. 꼬리표가 축약되는 과정에서 considered 앞에 be동사가 생략되었다.

399 The sun having set, the moon came out in the sky.

Step 1 (AD), the moon came out in the sky.

Step 2 (The sun | having set,) | the moon | came out | in the sky.
   해가   져서
   ❶   ❷
   4/5   1   2   4/5

해석 Step 1 AD, 달이 하늘에 떴다. AD. Step 2 해가 지고 나서, 달이 하늘에 떴다.
Voca set ⓥ (해·달 등이) 지다
해설 [축약형 꼬리표, 부사덩어리] 분사구문의 주어(The sun)와 중심문장의 주어(the moon)가 다를 경우, 분사구문의 주어를 써 준다. 또한, 기본 문장의 시제보다 앞서는 시제인 완료분사구문은 「having p.p.」의 형태로 나타낸다. 이 때 분사구문은 주어가 다른 두 사건 간의 인과 관계(원인, 결과)를 주로 나타낸다. 해가 진 것은 원인이고, 달이 뜬 것은 결과이다.

400 With her friends singing, Julie played the piano.

Step 1 (AD), Julie played the piano.

Step 2 (With | her friends | singing,) | Julie | played | the piano.
   그녀의 친구들이 노래하고
   ●   ①   ②
   4/5   1   2   3

해석 Step 1 AD, Julie는 피아노를 쳤다. Step 2 그녀의 친구들은 노래하고, Julie는 피아노를 쳤다.
해설 [축약형 꼬리표, 부사덩어리] 의미상 주어가 없는 분사구문에서 동시성을 강조하고 싶을 때 전치사 with를 함께 사용할 수 있다. 이 경우 전치사 with는 접착제처럼 사용되어 ● 기호를 사용한다.

401 Julie was sitting on a chair with her arms folded.

Step 1 Julie was sitting on a chair (AD).

Step 2 Julie | was sitting | on a chair | (with | her arms | folded.)
　　　　　 1　　　　2　　　　　4/5　　　　●　　　①　　　②
　　　　　　　　　　　　　　　　　　　　　　　　　4/5

그녀의 팔이　(팔을) 포갠 채

해석　**Step 1** Julie는 의자에 앉아 있었다 AD.　**Step 2** Julie는 팔짱을 낀 채 의자에 앉아 있었다.
Voca　fold ⑧ 접다, (팔짱을) 끼다　be folded 접히다
해설　**[생략형 꼬리표, 부사덩어리]** 의미상 주어가 없는 분사구문에서 동시성을 강조하고 싶을 때 전치사 with를 함께 사용할 수 있다. 이 경우 전치사 with는 접착제처럼 사용되어 ● 기호를 사용한다. 꼬리표가 축약되는 과정에서 folded 앞에 being이 생략되었다.

402 With his smartphone screen broken, he took it to a repair shop.

Step 1 (AD), he took it to a repair shop.

그의 스마트폰 화면이　망가져서

Step 2 (With | his smartphone screen | broken,) | he | took | it | to a repair shop.
　　　　　　●　　　①　　　　　　　　　　②　　　　1　　2　　3　　4/5
　　　　　　　　　　　　　4/5

해석　**Step 1** AD, 그는 그것을 수리점에 가져갔다.　**Step 2** 그의 스마트폰 화면이 망가져서, 그는 그것을 수리점에 가져갔다.
Voca　broken ⑩ 깨진, 고장난　repair ⑲ 수리
해설　**[동사생략형 꼬리표, 부사덩어리]** 의미상 주어가 없는 분사구문에서 동시성을 강조하고 싶을 때 전치사 with를 함께 사용할 수 있다. 이 경우 전치사 with는 접착제처럼 사용되어 ● 기호를 사용한다. 꼬리표가 축약되는 과정에서 broken 앞에 being이 생략되었다.

41 「접속사+분사」구 꼬리표 (접속사 + 분사구문)

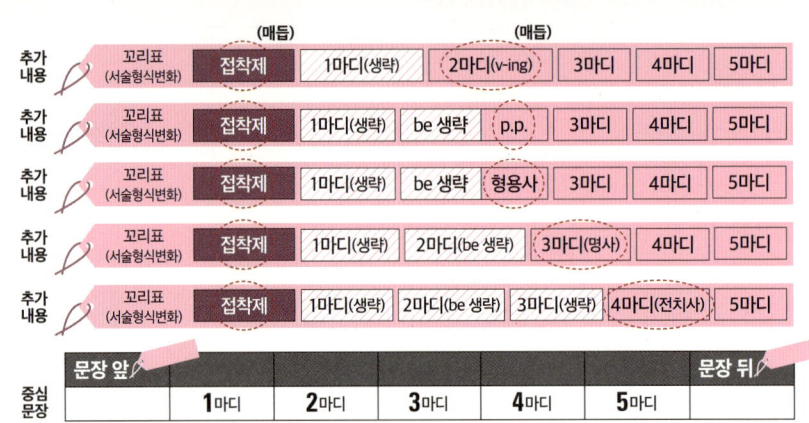

- "절 꼬리표"인 「접속사 + S + V」에서 해석상 접속사가 필요할 경우, 접속사를 생략하지 않고 S만 생략하여 "구 꼬리표"인 분사구문을 만들 수 있다. 이 때「접속사 + (ing/p.p./형용사/명사/전치사구)」의 다양한 매듭 형태가 가능하다.
- 시제동사를 1개 추가 하기 위해서는 반드시 접속사가 1개 추가 되어야 하지만, 접속사가 있다고 해서 뒤에 오는 동사가 반드시 시제동사가 되는 것은 아니다. 분사구문은 모두 무시제동사이거나 동사가 생략된 경우에 해당된다.

403 Since living here, I haven't witnessed any crime.

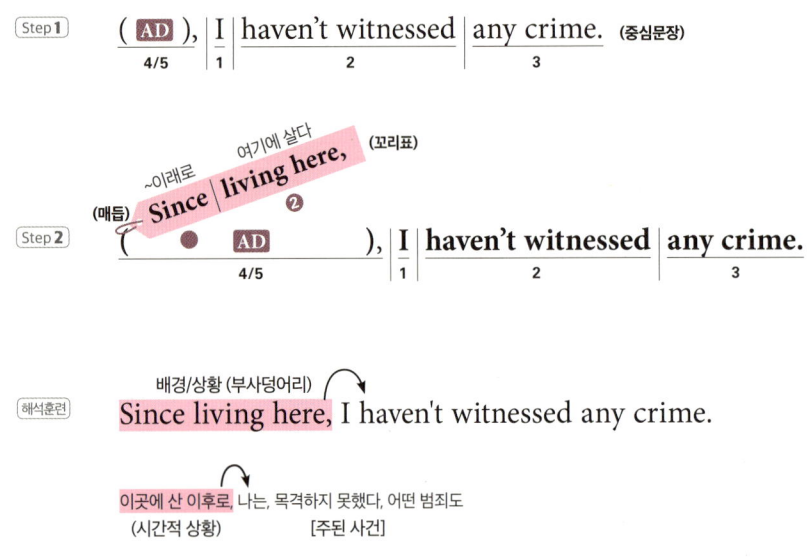

해석
(AD), 나는 어떤 범죄도 목격하지 못했다.

Voca
witness 통 목격하다
crime 명 범죄

Since(접속사) 다음에 living이 온 것을 보고 '접속사 + 분사구문'을 바로 파악. '접속사+분사구문'은 접속사의 의미를 분명하게 살려서 배경/상황을 해석해야 함.

이 곳에 산 이후로 나는 어떤 범죄도 목격하지 못했다.

◀ 매듭 해설

- ex1)에서 Since의 뜻을 분명하기 하기 위해 생략하지 않고 ex2)처럼 분사구문을 만들 수 있다.

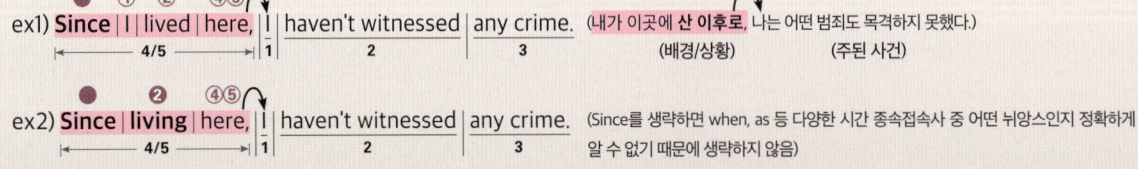

404 Before going to bed, I usually drink some milk.

Step 1 (AD), I usually drink some milk.

Step 2 (Before | going | to bed,) | I | usually drink | some milk.
  ~전에   들기   잠자리에

해석 **Step 1** AD, 나는 주로 우유를 좀 마신다. **Step 2** 잠자리에 들기 전에, 나는 주로 우유를 좀 마신다.
Voca go to bed 잠자리에 들다
해설 [축약형 꼬리표, 부사덩어리] Before는 접속사, 전치사가 모두 가능하기 때문에 이 경우 「접속사+분사구문」의 용법인지, 「전치사+동명사구」의 용법인지 구분하기 어렵다. 하지만 둘 다 4/5마디에서 부사적 덩어리의 역할을 하기 때문에 해석은 별 차이 없이 동일하다.

405 When playing in the orchestra, musicians had better wear earplugs.

Step 1 (AD), musicians had better wear earplugs.

Step 2 (When | playing | in the orchestra,) | musicians | had better wear | earplugs.
  ~할 때   연주하는 것   오케스트라에서

해석 **Step 1** AD, 연주가들은 귀마개를 착용하는 것이 좋다. **Step 2** 오케스트라에서 연주할 때, 연주가들은 귀마개를 착용하는 것이 좋다.
Voca orchestra 명 오케스트라, 관현악단   musician 명 음악가, 연주가   had better ~하는 것이 낫다   earplug 명 귀마개
해설 [축약형 꼬리표, 부사덩어리] 분사구문의 뜻을 명확히 하기 위해 분사구문에 접속사(When)를 쓸 수 있다. 분사구문, 동명사의 용법을 구분하지 않더라도 v-ing가 갖고 있는 의미를 그대로 살려서 해석하면 된다. v-ing의 객관성(사실, 동시성)의 의미를 포함하고 있다.

406 If used carelessly, the tool can be very dangerous.

Step 1 (AD), the tool can be very dangerous.

Step 2 (If | used | carelessly,) | the tool | can be very dangerous.
  만약 ~한다면   부주의하게 사용되는 것

해석 **Step 1** AD, 그 도구는 매우 위험할 수 있다. **Step 2** 부주의하게 사용된다면, 그 도구는 매우 위험할 수 있다.
Voca carelessly 부 부주의하게, 경솔하게   tool 명 도구
해설 [생략형 꼬리표, 부사덩어리] 분사구문의 뜻을 명확히 하기 위해 분사구문에 접속사(If)를 쓸 수 있다. 또한 If 다음에 「주어+be동사」인 「it is」가 생략된 것으로 이해해도 된다.

407 | Unless healthy, you cannot do anything.

Step 1 (AD), you cannot do anything.

Step 2
만약 ~하지 않는다면 건강하지
(Unless | healthy,) | you | cannot do | anything.

해석 **Step 1** AD, 당신은 아무것도 할 수 없다. **Step 2** 건강하지 않으면, 당신은 아무것도 할 수 없다.
Voca healthy 형 건강한
해설 [생략형 꼬리표, 부사덩어리] 분사구문의 뜻을 명확히 하기 위해 분사구문에 접속사(Unless)를 쓸 수 있다. 또한, Unless 다음에 「주어 + be동사」인 「you are」가 생략된 것으로 이해해도 된다.

408 | Though a teenager, she behaves responsibly.

Step 1 (AD), she behaves responsibly.

Step 2
비록 ~할지라도 십대
(Though | a teenager,) | she | behaves responsibly.

해석 **Step 1** AD, 그녀는 책임감 있게 행동한다. **Step 2** 비록 십대이지만, 그녀는 책임감 있게 행동한다.
Voca teenager 명 십대 behave 동 행동하다 responsibly 부 책임감 있게
해설 [생략형 꼬리표, 부사덩어리] 분사구문의 뜻을 명확히 하기 위해 분사구문에 접속사(Though)를 쓸 수 있다. 또한 Though 다음에 「주어 + be동사」인 「she is」가 생략된 것으로 이해해도 된다.

409 | Though in pain, he focused more on his mission.

Step 1 (AD), he focused more on his mission.

Step 2
비록 ~할지라도 고통 안에
(Though | in pain,) | he | focused more | on his mission.

해석 **Step 1** AD, 그는 그의 임무에 더 집중했다. **Step 2** 비록 고통스러웠지만, 그는 그의 임무에 더 집중했다.
Voca focus on ~에 집중하다 mission 명 임무
해설 [생략형 꼬리표, 부사덩어리] 분사구문의 뜻을 명확히 하기 위해 분사구문에 접속사(Though)를 쓸 수 있다. 또한 Though 다음에 「주어 + be동사」인 「he was」가 생략된 것으로 이해해도 된다.

410 I fell asleep while listening to music.

Step 1 I fell asleep (AD).

Step 2
I | fell asleep | (while | listening | to music.)
1 | 2 | ● | ❷ | ④⑤
　　　　　　　　　4/5

해석 **Step 1** 나는 잠이 들었다 AD. **Step 2** 나는 음악을 듣다가 잠이 들었다.
Voca fall asleep 잠이 들다
해설 [축약형 꼬리표, 부사덩어리] 분사구문의 뜻을 명확히 하기 위해 분사구문에 접속사(while)를 쓸 수 있다. 또한 while 다음에 「주어 + be동사」인 「I was」가 생략된 것으로 이해해도 된다.

411 After graduating from college, Tim worked briefly as a salesperson.

Step 1 (AD), Tim worked briefly as a salesperson.

Step 2 (After | graduating | from college,) Tim | worked briefly | as a salesperson.
　　　　　　●　　❷　　　④⑤　　　　　1　　2　　　　4/5
　　　　　　　　4/5

해석 **Step 1** AD, Tim은 잠시 판매원으로 일했다. **Step 2** 대학을 졸업한 후, Tim은 잠시 판매원으로 일했다.
Voca graduate from ~를 졸업하다   briefly 🇫 잠시   salesperson 🇫 판매원
해설 [축약형 꼬리표, 부사덩어리] 분사구문의 뜻을 명확히 하기 위해 분사구문에 접속사(After)를 쓸 수 있다. 분사구문, 동명사의 용법을 구분하지 않더라도 v-ing가 갖고 있는 의미를 그대로 살려서 해석하면 된다. v-ing의 객관성(사실, 동시성)의 의미를 포함하고 있다.

42. 등위접속매듭 (등위접속사)

412 A candle lights others and consumes itself.

Step 1
A candle | lights | others.   A candle | consumes | itself.
   1   2   3   1   2   3

Step 2
         ┌─── and ───┐
A candle | lights | others   consumes | itself.
   1   2   3   2   3

해석
촛불은 남을 밝힌다.
촛불은 자신을 태운다.

Voca
candle 명 양초
light 동 비추다, 밝게 하다
consume 동 소비하다, 소멸시키다

등위접속사 and가 lights(동사)와 consumes(동사)를 대등하게 연결해 줌.

촛불은 남을 밝히고 자신을 태운다.

해석훈련
A candle lights others **and** consumes itself.
촛불은, 밝힌다, 다른 사람을, 그리고, 태운다, 자신을
[대등하게 연결]

매듭 해설

- 등위접속사(and, or, but, yet, so, for)는 단어, 구, 절을 문법적으로 동등한 구조로 연결하며, 연결된 단위는 주어, 서술어, 목적어, 수식어 등의 거의 모든 역할을 수행한다.

- and, or은 단어, 구, 절 거의 모든 단위를 연결한다. 그에 비해 but, yet은 단어, 구를 연결할 수 없는 것은 아니지만 많이 사용되지는 않는다. 주로 절을 연결할 때 많이 사용된다.

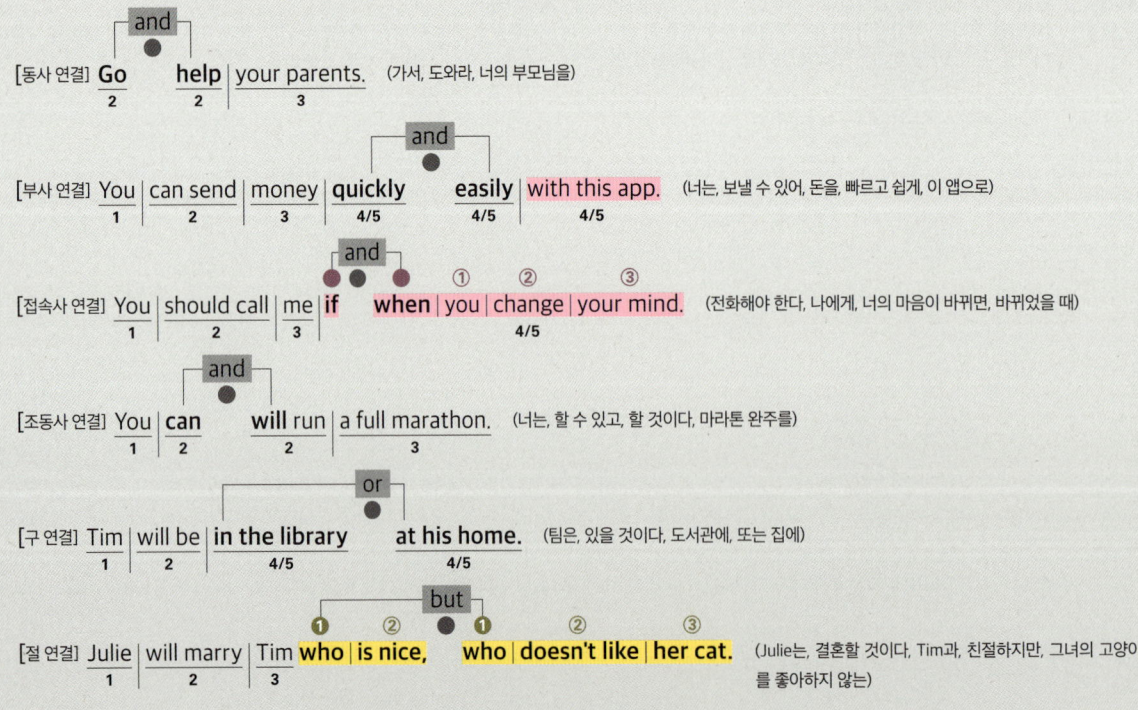

42. 등위접속매듭

- but과 yet은 기본적으로 상호 대체 가능하다. Yet은 단독으로도 사용되고 and yet으로도 사용된다.

  [but 연결] She is attractive **but** talkative. (그녀는, 매력적이지만, 수다스럽다.)

  [but 연결] Nobody helped me, **but** I didn't complain. (아무도, 돕지 않았지만, 나를, 나는 불평하지 않았다.)

  [(and) yet 연결] My house is small **yet** it is spacious enough. (나의 집은, 작지만, 충분히 넓다.)

  [but 전치사] No one **but my parents** will understand my situation. (부모님 외에는, 아무도, 이해하지 못할 것이다, 내 상황을.)

- 「so, for」는 '절'을 연결할 때 사용된다. 「for, because」는 의미적으로 동의어이지만 for는 등위접속사이고 because는 종속접속사(원인)이다. because는 원인과 결과의 직접적인 인과관계를 나타내지만 for는 인과관계보다 약하게 보충적으로 이유를 설명하는 느낌에 가깝다. 이 때 for는 원인, 결과의 관계로 종속되지 않아서 등위접속사에 포함된다.

  [because 종속접속] **Because** he stole money, he was arrested. (그가 돈을 훔쳤기 때문에, 그는, 체포되었다.)

  [for 등위접속] I didn't blame them, **for** they did their best. (나는, 비난하지 않았다, 그들을, 이유는, 그들이, 최선을 다해서)

- so that은 종속접속사(목적, 결과)이고 so는 등위접속사로 쓰인다. for처럼 so도 보충적인 이유로 설명하는 느낌에 가깝다.

  [so that 종속접속] We should hurry so (that) we can catch the plane. (우리는, 서둘러야 한다, ~하도록, 탈 수 있도록, 비행기를)

  [so 등위접속] Tim had a cold, **so** he took some medicine. (팀은, 걸렸다, 감기에, 그래서, 그는, 먹었다, 조금의 약을)

- 등위접속사의 의미를 강화시키기 위해 특정 단어와 짝을 이룰 때 이것을 '상관접속사'라고 한다.
  - both A and B (A와 B 둘 다), either A or B (A, B 둘 중 하나), neither A nor B (A도 B도 아닌), not A but B (A가 아니라 B), not only A but also B (A 뿐만 아니라 B도), A as well as B (B뿐만 아니라 A도), such A as B (B와 같은 A),

---

▶ Further Study 〈유사 등위접속사〉

「not, than, rather than」의 경우 등위접속사는 아니지만 의미상 병렬구조가 필요하여 등위접속사처럼 사용된다.

- That was my fault, not yours. (그것은, 나의 잘못이었다, 너의 잘못이 아니었다)

- He is more an actor than a singer. more A than B: B라기보다는 A (그는, 배우이다, 가수라기보다는)

- I would stay home rather than go on a trip in summer. would ~ rather than …: …하느니 ~하겠다
  (나는, 집에 있겠다, 여행을 가느니, 여름에)

413 City life has both advantages and disadvantages.

City life | has | both advantages (and ●) disadvantages.
　1　　　2　　　　3　　　　　　　　　　3

해석 도시 생활에는 장단점이 있다.
Voca both A and B: A, B 둘 다　advantage ⑲ 장점, 이점　disadvantage ⑲ 단점, 불리한 점
해설 and가 명사(advantages)와 명사(disadvantages)를 대등하게 저울질하며 연결한다.

414 Tim applied for the position, but he didn't get it.

Tim | applied | for the position, (but ●) he | didn't get | it.
 1　　　2　　　　4/5　　　　　　　　　1　　　2　　　3

해석 Tim은 그 일자리에 지원했지만, 합격하지 못했다.
Voca apply for ~에 지원하다　position ⑲ 일자리, 직위
해설 but은 대조를 나타내는 등위접속사이다. but은 동사(applied)와 동사(didn't get)를 저울질하며 연결한다.

415 Love is not in our choice but in our fate. – John Dryden

Love | is not | in our choice (but ●) in our fate.
 1　　　2　　　　4/5　　　　　　　　　　4/5

해석 사랑은 우리의 선택이 아니라 우리의 운명에 있다.
Voca not A but B: A가 아닌 B　fate (명) 운명
해설 but은 대조를 나타내는 등위접속사이다. but은 전치사구(in our choice)와 전치사구(in our fate)를 저울질하며 연결한다.

416 The Olympic gold medalist is strong not only physically but also mentally.

The Olympic gold medalist | is strong | not only physically (but ●) also mentally.
　　　　1　　　　　　　　　2　　　　　　4/5　　　　　　　　　　　4/5

해석 그 금메달리스트는 신체적으로 뿐만 아니라 정신적으로도 강하다.
Voca gold medalist 금메달 수상자　not only A but also B: A뿐만 아니라 B도　physically ⑨ 신체적으로　mentally ⑨ 정신적으로
해설 'A뿐만 아니라 B도'라는 뜻의 not only A but (also) B는 B as well as A로도 표현할 수 있다. 즉 이 문장은 The Olympic gold medalist is strong mentally as well as physically.로 바꿔 쓸 수 있다. but은 부사(physically)와 부사(mentally)를 저울질하며 연결한다.

417 I'll watch movies or play computer games this weekend.

I | will watch | movies (or ●) play | computer games | this weekend.
1　　　2　　　　　3　　　　　　　　2　　　　　3　　　　　　4/5

해석 나는 이번 주말에 영화를 보거나 컴퓨터 게임을 할 것이다.
해설 or는 선택을 나타내는 등위접속사이다. or는 동사(watch)와 동사(play)를 저울질하며 연결한다.

418 Either your user name or password is incorrect.

Either your user name (or ●) password | is incorrect.
　　　　　1　　　　　　　　　　　　1　　　　　2

해석 사용자 이름 또는 비밀번호가 정확하지 않다.
Voca either A or B: A 또는 B　user ⑲ 사용자　password ⑲ 비밀번호　incorrect ⑱ 부정확한
해설 or는 명사(user name)와 명사(password)를 저울질하며 연결한다.

419 Neither happiness nor misery lasts forever.

Neither happiness (nor) misery | lasts | forever.
　　　　1　　　　　　　　1　　　　2　　　4/5

해석 행복도 불행도 영원히 지속되지 않는다.
Voca neither A nor B: A도 아니고 B도 아닌   misery ⑲ 불행, 고통   last ⑧ 지속되다
해설 nor는 명사(happpiness)와 명사(misery)를 저울질하며 연결한다.

420 The weather cleared up, so I went out for a walk.

The weather | cleared up, (so) I | went out | for a walk.
　　1　　　　　　　2　　　　　　　1　　　2　　　　4/5

해석 날씨가 개어서, 나는 산책 나갔다.
Voca clear up (날씨가) 개다   go out for a walk 산책 나가다
해설 or는 앞문장과 뒷문장을 저울질하며 연결한다.

421 Watch your thoughts, for they become words. – Margaret Thatcher

Watch | your thoughts, (for) they | become | words.
　2　　　　　3　　　　　　　　　1　　　2　　　3

해석 당신의 생각에 유의해라, 왜냐하면 그것은 말이 되기 때문이다.
Voca thought ⑲ 생각, 사고
해설 for는 앞문장과 뒷문장을 저울질하며 연결한다.

422 This restaurant has nice food, and yet it's not expensive.

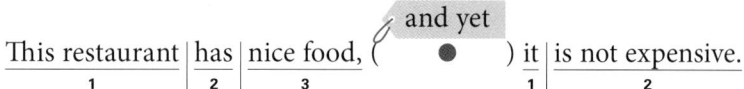

해석 이 식당은 음식도 맛있고, 비싸지도 않다.
Voca expensive 형 비싼
해설 and yet은 서술어(is has)와 서술어(is not expensive)를 저울질하며 연결한다.

423 Hurry up, and you won't be late.

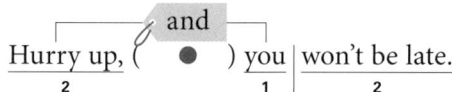

해석 서둘러라, 그러면 늦지 않을 것이다.
해설 and가 명령문 다음에 나오면 '~해라, 그러면…'의 의미를 갖는다.

43-A 특수구문[도치]

424 On the island stands a lighthouse.

Step 1
A lighthouse | stands | on the island.
　1　　　　　　2　　　　4/5

Step 2
On the island | stands | a lighthouse.
　4/5　　　　　　2　　　　1

해석훈련
On the island stands a lighthouse.
(장소)　　　　(사건)　　(주체)

그 섬에, 서 있다, 등대가
[장소를 강조하기 위한 표현]

해 석
등대가 서 있다, 섬에

Voca
lighthouse 명 등대

전치사구 On the island 뒤에 동사 stands가 온 것을 보고 장소를 강조하기 위해 도치되었음을 파악. stand가 자동사 이기 때문에 뒤에 나오는 a lighthous를 목적어가 아닌 주어로 인식할 수 있음.

그 섬에 등대가 서 있다.

매듭 해설

· 도치란, 강조를 위해 정해진 어순을 바꾸는 것을 의미한다.

유형	내용
의문문, 감탄문, 기원문	'wh-'를 문장 앞으로 보내어 강조하고, 이 때 보조동사(do, be동사, 조동사, have)가 함께 이동.
부정어구	'부정어구'를 문장 앞으로 보내어 강조하고, 이 때 보조동사(do, be동사, 조동사, have)가 함께 이동.
술어 형용사	주어의 상태를 강조하기 위해 「S + be동사 + 형용사(v-ing/p.p. 포함)」의 어순을 「형용사(v-ing/p.p. 포함) + be동사 + S」로 변경.
자동사 부사(구)	부사구 강조를 위해 「S(명) + V(동) + AD(부)」의 어순을 「AD(부) + V(동) + S(명)」로 변경.
here, there	「S(명) + 자동사 + here」를 「here + 자동사 + S(명)」로 변경(주어가 대명사일 때 「here + S(대) + 자동사」)
타동사 목적어	목적어 강조를 위해 「S(명) + V(동) + O(명)」의 어순을 바꿔 「O(명) + S(명) + V(동)」로 어순을 변경.

'가정법, 비교급, 비교절, 양보절' 등 내용상 듣는 사람의 관심을 집중시킬 필요가 있는 구문에서 도치가 일어남.

· **[0마디 도치 : 의문문]** 의문사 의문문의 경우, 의문사가 문장 앞으로 이동하고, 보조동사(do, be, 조동사, have)가 앞으로 이동.

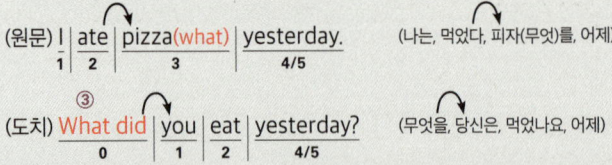

(원문) I | ate | pizza(what) | yesterday.
　　　1　　2　　3　　　　　　4/5
(나는, 먹었다, 피자(무엇)를, 어제)

(도치) What did | you | eat | yesterday?
　　　　③　　0　　　1　　　2　　4/5
(무엇을, 당신은, 먹었나요, 어제)

· **[0마디 도치 : 감탄문]** 감탄 대상(형용사/부사, 명사)을 how, what과 함께 문장 앞으로 이동.

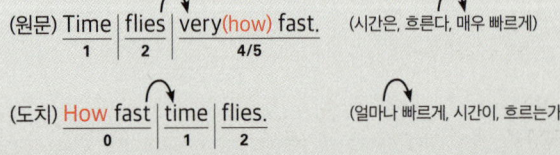

(원문) Time | flies | very(how) fast.
　　　　1　　　2　　　　4/5
(시간은, 흐른다, 매우 빠르게)

(도치) How fast | time | flies.
　　　　0　　　　1　　　2
(얼마나 빠르게, 시간이, 흐르는가)

- **[0마디 : 기원문]** 마음의 상태를 나타내는 조동사를 문장 앞으로 이동.

(원문) You | may live | a healthy life. (해석 훈련 : 당신은, 살 것이다, 건강한 삶을)
   1   2   3

(도치) May | you | live | a healthy life. (해석 훈련 : 바란다, 당신이, 살 길, 건강한 삶을)
   0   1   2   3

- **[0마디 : 부정어구]** 부정어구가 문장 앞으로 이동할 때, 의문문처럼 보조동사(do, be동사, 조동사, have)가 함께 이동.

(원문) I | have never eaten | such delicious food. (해석 훈련 : 나는, 결코 먹어본 적이 없다, 그렇게 맛있는 음식을)
   1   2   3

(도치) Never have | I | eaten | such delicious food. (해석 훈련 : 결코 없다, 나는, 먹어본 적이, 그렇게 맛있는 음식을)
   0   1   2   3

- **[0마디 : 부정어구(only)]** only는 부정어구로 취급하여 부사(구)가 도치될 때 보조동사(do, be, 조동사, have)가 앞으로 이동.

(원문) We | bought | our house | only recently. (해석 훈련 : 우리는, 샀다, 우리 집을, 최근에서야)
   1   2   3   4/5   (예전에 우리는 우리 집이 없었다.)

(도치) Only recently did | we | buy | our house. (해석 훈련 : 최근에서야, 우리는, 샀다, 우리 집을)
   0   1   2   3

- **[0마디 : 부정어구(only+절)]** 「Only + 절」도 부정어구로 취급하여 「S + V + only + 절」을 「Only + 절 + 보조동사 + S + V」로 변경. (*only if, only when, only because, only before, only after, only until 등)

(원문) You | can stay | here | only if | you | keep quiet. (해석 훈련 : 당신은, 머물 수 있다, 여기에, 오직 조용히 있을 때)
   1   2   4/5   ①   ②   (소란스러우면 여기에 머물 수 없다)

(도치) Only if | you | keep quiet can | you | stay | here. (해석 훈련 : 오직 조용히 있을 때, 당신은, 머물 수 있다, 여기에)
   ●   ①   ②   1   2   4/5
           0

- **[1마디 : 가주어/진주어]** 주어가 구/절로 길어지면 문장 뒤로 보내고 그 자리에 가주어 it을 남김.

(원문) To please everyone | is difficult. (해석 훈련 : 모두를 기쁘게 하는 것은, 어렵다)
   1   2

(도치) It | is difficult | to please everyone. (해석 훈련 : 그것은, 어렵다, 모두를 기쁘게 하는 것)
   1   2   1

- **[2마디 : 형용사 보어]** 주어의 상태(성질)를 강조하기 위해 「S + be + 형용사」 어순을 「형용사 + be + S」로 변경.

(원문) Julie | is | so greatful | for everything. (해석 훈련 : Julie는, 매우 고마워한다, 모든 것에 대해)
   1   2   2   4/5

(도치) So greatful | for everything | is | Julie. (해석 훈련 : 매우 고마워, 모든 것에 대해, 합니다, Julie는)
   2   4/5   2   1

기타　43-A. 특수구문[도치]　222

- **[2마디 : 현재분사 보어]** 주어의 상태(진행)를 강조하기 위해 「S + be + v-ing」 어순을 「v-ing + be + S」로 변경.

(원문) My aunt | is standing | at the bus stop.　(해석 훈련 : 나의 이모[고모]가, 서 있다, 버스정류장에)
　　　　1　　　2　　　　　3

(도치) Standing | at the bus stop | is | my aunt.　(해석 훈련 : 서 있다, 버스정류장에, ~이다, 나의 이모[고모]가)
　　　　2　　　　4/5　　　　　　2　　1

- **[2마디 : 과거분사 보어]** 주어의 상태(완료)를 강조하기 위해 「S + be + p.p.」 어순을 「p.p. + be + S」로 변경.

(원문) The new bus schedule | is attached.　(해석 훈련 : 새 버스 시간표가, 첨부되어 있다)
　　　　　1　　　　　　　　　2

(도치) Attached is | the new bus schedule.　(해석 훈련 : 첨부되어 있다, 새 버스 시간표가)
　　　2　　　　　1

- **[2마디 : 자동사 + 부사(구)]** 부사(well, only, down, away, slowly 등) 수식을 강조하기 위해 「S + 자동사 + 부사」 어순을 「부사 + 자동사 + S」로 변경.

(원문) Many trees | fell down.　(해석 훈련 : 많은 나무들이, 쓰러졌다)
　　　　1　　　　2

(도치) Down fell | many trees.　(해석 훈련 : 쓰러졌다, 많은 나무들이)
　　　2　　　　1

- **[3마디 : 타동사 + 목적어]** 타동사 목적어를 강조하기 위해 「S + 타동사 + 목적어」 어순을 「목적어 + S + 타동사」로 변경.

(원문) I | will never forget | your kindness.　(해석 훈련 : 나는, 결코 잊을 수 없을 것이다, 너의 친절을)
　　1　　　　2　　　　　　3

(도치) Your kindness | I | will never forget.　(해석 훈련 : 너의 친절을, 나는, 결코 잊을 수 없을 것이다)
　　　　3　　　　　1　　　　2

- **[3마디 : 타동사 + 인용부]** 인용부를 강조하기 위해 「S + 타동사 + 인용부」 어순을 「인용부 + 타동사 + S」로 변경.

(원문) Julie | said, "Life | is not easy."　(해석 훈련 : Julie가, 말했다, "인생은, 쉽지 않다."고)
　　1　　　2　　①　　②　3

(도치) "Life | is not easy," | said | Julie.　(해석 훈련 : "인생은, 쉽지 않다."고, 말했다, Julie는)
　　①　　②　　3　　　　2　　1

- **[4/5마디 : 가정법]** 가정법에서 if접속사가 생략되면서 보조동사(have)가 앞으로 이동.

(원문) If | I | had done | my best, | I | would have gotten | better results.　(해석 훈련 : 만약에, 내가, 최선을 다했다면, 나는, 얻었을 것이다, 더 좋은 결과를)
　　● ①　　②　　　③　　　　　　1　　　　2　　　　　　2
　　←――― 4/5 ―――→

(도치) Had | I | done | my best, | I | would have gotten | better results.　(해석 훈련 : 다했다면, 내가, 최선을, 나는, 얻었을 것이다, 더 좋은 결과를)
　　(0) ①　②　　③　　　　　　1　　　　2　　　　　　3
　　←――― 4/5 ―――→

- **[4/5마디 : 비교급(than)]** 술어가 반복되는 비교급에서 「than + S(명) + V(do)」 어순을 「than + V(do) + S(명)」로 변경. (대명사는 불가)

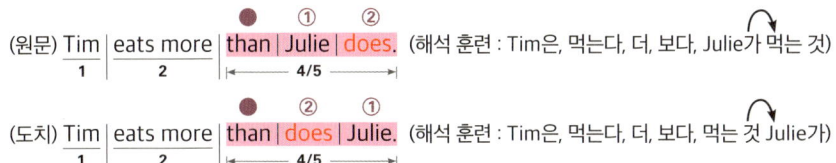

- **[4/5마디 : 비교절(as)]** 술어가 반복되는 비교절에서 「as + S(명) + V(do)」 어순을 「as + V(do) + S(명)」로 변경. (대명사는 불가)

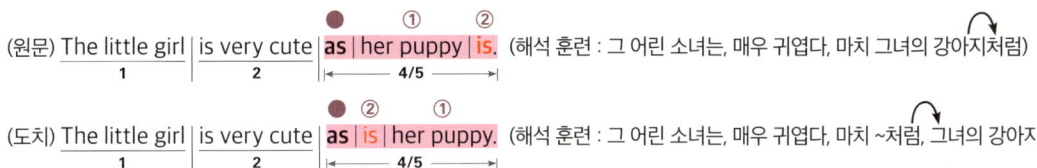

- **[4/5마디 : 양보절(as)]** 양보절의 술어를 강조하기 위해 「as + S + 동사 + 형용사/부사/명사」를 「형용사/부사/명사 + as + S + 동사」로 변경.

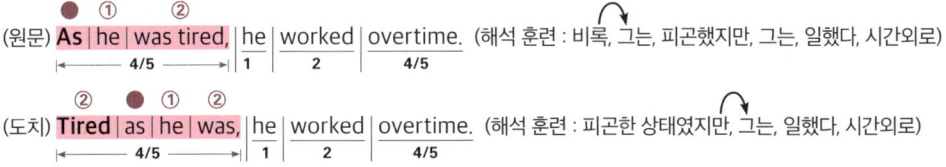

- **[4/5마디 : 결과절(so/such)]** 결과절인 「S + be + so + 형용사 + that절」을 「so + 형용사 + be + S + that절」로 변경.

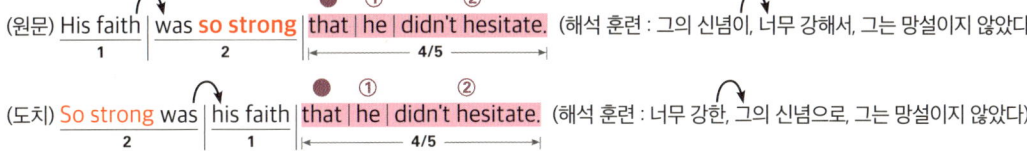

425 | Here comes the bus.

Step 1 The bus | comes here.
　　　　　　1　　　　2

Step 2 Here comes | the bus.
　　　　　　　2　　　　　1

해석　여기 버스가 온다.
해설　[2마디, 자동사 + 부사(구)] 장소를 나타내는 부사 here가 문장 맨 앞에 와 주어(the bus)와 동사(comes)가 도치되었다.

426 | There goes his new luxurious car.

Step 1 His new luxurious car | goes there.
　　　　　　　　　1　　　　　　　　　　2

Step 2 There goes | his new luxurious car.
　　　　　　　2　　　　　　　　1

해석　저기 그의 새 고급차가 간다.
해설　[2마디, 자동사 + 부사(구)] 장소를 나타내는 부사 there가 문장 맨 앞에 와 주어(his new luxurious car)와 동사(goes)가 도치되었다.

427 | Only in a free atmosphere can society flourish.

Step 1 Society | can flourish | only in a free atmosphere.
　　　　　　1　　　　　2　　　　　　　　　4/5

Step 2 Only in a free atmosphere can | society | flourish.
　　　　　　　　　　4/5
　　　　　　　　　　0　　　　　　　　　　　1　　　　2

해석　오직 자유로운 분위기에서만 사회가 번영할 수 있다.
Voca　atmosphere ⑲ 분위기　flourish ⑧ 번영하다, 번창하다
해설　[0마디, 부정어구] 부정의 의미를 갖는 only가 문장 앞으로 도치되어 주어(society)와 동사(can flourish)의 어순이 바뀌었다.

기타 | 43-A. 특수구문[도치] | 225

428 Never have I seen such a beautiful rainbow.

Step 1 I | have never seen | such a beautiful rainbow.
         1 | 2 | 3

Step 2 Never have | I | seen | such a beautiful rainbow.
              0 | 1 | 2 | 3

해석 나는 결코 그렇게 아름다운 무지개를 본 적이 없다.
Voca such a + 형용사 + 명사: 매우 ~한 명사
해설 [0마디, 부정어구] 부정어 never가 문장 앞으로 도치되어 주어와 동사의 어순이 바뀌었다. 「have[has] p.p.」는 현재완료 시제로 과거의 일이 현재에도 의미를 갖는 상황을 나타낸다.

429 The world is constantly changing. So are we.

Step 1 The world | is constantly changing. | We | are constantly changing, too.
              1 | 2 | 1 | 2

Step 2 The world | is constantly changing. | So are | we.
              1 | 2 | 0 | 1

해석 세상은 계속해서 변하고 있다. 우리도 또한 그렇다.
Voca constantly 🖣 계속해서
해설 [2마디, 자동사 + 부사(구)] 「So + 동사 + 주어」는 앞에서 한 말에 대해 '~도 또한 그렇다'라고 표현하는 말이다. 앞의 동사가 일반동사이면 「So + do[does/did] + 주어」, be동사이면 「So + be동사 + 주어」, 조동사이면 「So + 조동사 + 주어」의 형태이다.

430 Tim didn't go there. Neither did I.

Step 1 Tim | didn't go there. | I | didn't go there either.
             1 | 2 | 1 | 2

Step 2 Tim | didn't go there. | Neither did | I.
             1 | 2 | 0 | 1

해석 Tim은 거기에 가지 않았다. 나도 가지 않았다.
해설 [2마디, 자동사 + 부사(구)] 「Neither[Nor] + 동사 + 주어」는 앞에서 한 말이 부정의 의미일 경우 '~도 또한 그렇지 않다'라고 표현하는 말이다. 앞의 동사가 일반동사이면 「Neither + do[does/did] + 주어」, be동사이면 「Neither + be동사 + 주어」, 조동사이면 「Neither + 조동사 + 주어」의 형태이다.

기타　43-A. 특수구문[도치]

431　He is very intelligent, as is his brother.

Step 1　He | is very intelligent, (as | his brother | is.)

Step 2　He | is very intelligent, (as | is | his brother.)
　　　　　　　　　　　　　　　　　　~처럼 ~이다 그의 형[남동생]이

- 해석: 그는 그의 형[남동생]처럼 매우 지적이다.
- Voca: intelligent 〔형〕 지적인
- 해설: [4/5마디, 비교절] 접속사 as(~처럼, ~하듯이) 뒤에서 도치가 일어나 주어와 동사의 어순이 바뀌는 경우가 있다.

432　"You all did a good job," wrote the teacher on the board.

Step 1　The teacher | wrote | ("You all | did | a good job,") | on the board.

Step 2　("You all | did | a good job,") | wrote | the teacher | on the board.
　　　　　너희 모두는　　잘했다

- 해석: "너희 모두 잘했어"라고 교사가 칠판에 썼다.
- 해설: [3마디, 타동사 + 인용부] 인용구가 문장 앞으로 나와 주어(the teacher)와 동사(wrote)의 어순이 바뀐 경우이다.

433　Were I you, I wouldn't buy that laptop.

Step 1　(If | I | were | you,) | I | wouldn't buy | that laptop.

Step 2　(Were | I | you,) | I | wouldn't buy | that laptop.
　　　　　~이다 내가 너

- 해석: 내가 너라면, 나는 그 노트북 컴퓨터를 사지 않겠다.
- 해설: [4/5마디, 가정법] 가정법 문장의 동사가 were, should, had+p.p.인 경우 if가 생략되고 주어와 동사가 도치될 수 있다.

기타   43-A. 특수구문[도치]

434 Rarely do I watch TV.

Step 1 I | rarely watch | TV.
　　　　　 1 　　 2 　　　　 3

Step 2 Rarely do | I | watch | TV.
　　　　　　 0 　　　 1 　　 2 　　 3

해석 나는 거의 TV를 보지 않는다.
Voca rarely ⓐ 좀처럼[거의] ~않다
해설 [0마디, 부정어구] 부정의 뜻을 가진 부사 rarely가 문장 앞으로 도치된 경우이다.

435 So successful was her coffee shop that Julie opened another one.

Step 1 Her coffee shop | was so successful | (that | Julie | opened | another one.
　　　　　　　 1 　　　　　　　　 2 　　　　　　　 ●　　 ① 　　 ② 　　　 ③
　　　　　　　　　　　　　　　　　　　　　　　　　　　　　　 4/5

　　　　　　　　　　　　　　　　　　　　　　　　　　　 Julie는   열었다   또 하나를
Step 2 So successful was | her coffee shop | (that | Julie | opened | another one.)
　　　　　　　　 2 　　　　　　　　 1 　　　　　　　 ●　　 ① 　　 ② 　　　 ③
　　　　　　　　　　　　　　　　　　　　　　　　　　　　　　　 4/5

해석 그녀의 커피숍이 매우 성공적이어서 그녀는 또 하나의 가게를 열었다.
해설 [2마디, 자동사+부사(구)] 형용사 보어가 도치되어 「So 형용사 + V + S + that…」 형태의 구문으로 자주 쓰인다.

43-B 특수구문[생략, 삽입, 강조]

436 Give me a call when you can.

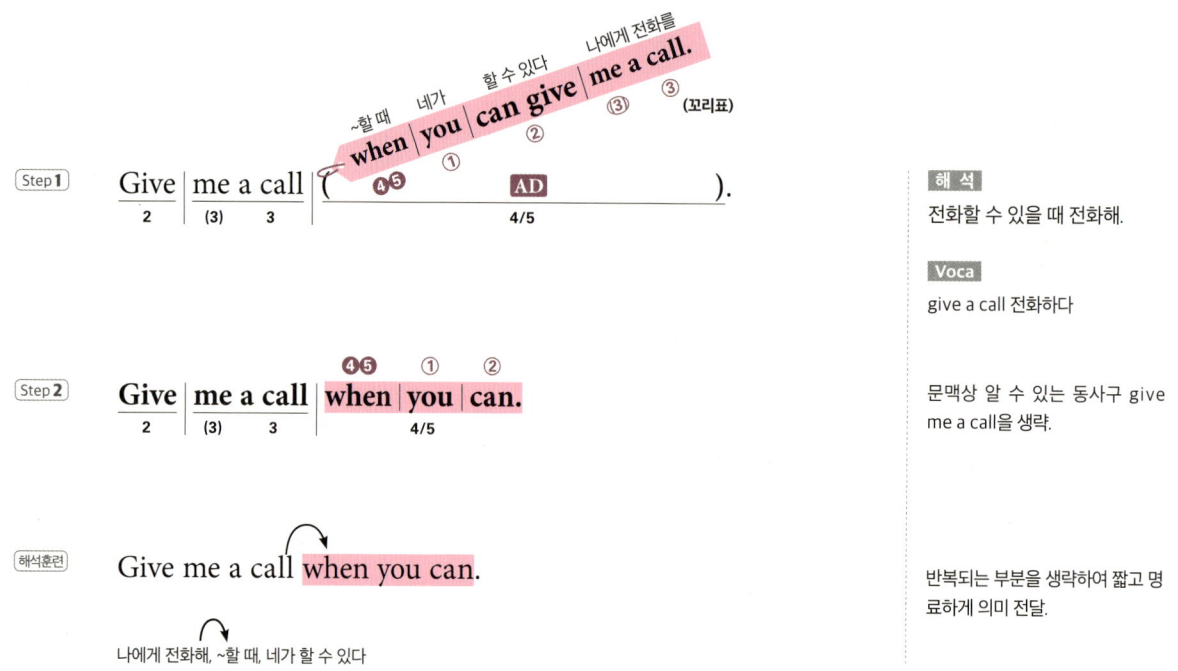

해석
전화할 수 있을 때 전화해.

Voca
give a call 전화하다

문맥상 알 수 있는 동사구 give me a call을 생략.

반복되는 부분을 생략하여 짧고 명료하게 의미 전달.

◆ 매듭 해설

- **[생략: 단어]** 문맥상 알 수 있는 반복되는 단어를 생략. (반복되는 부분을 생략하여 짧고 명료하게 의미를 전달)

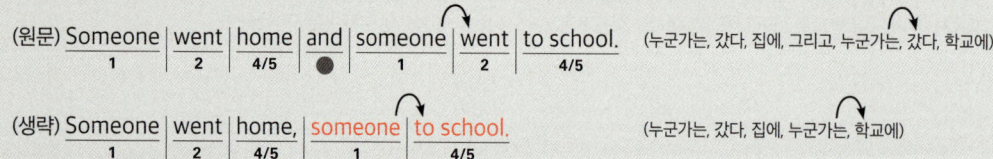

- **[삽입: 독립적]** 구, 절 형태의 문장 내 삽입과, 설명, 주석 등의 삽입. (완곡한 표현법이나 강조의 말투에서 특정 어구를 넣음)

  (원문) Ms. Allen is the best teacher in our school.   (Allen 선생님은, ~이다, 최고의 교사, 우리 학교에서)

  (삽입) Ms. Allen is, I think, the best teacher in our school.   (Allen 선생님은, ~이다, 내 생각에, 최고의 교사, 우리 학교에서)

- **[강조: do에 의한 동사 강조]** do[does/did]를 써 문장의 내용이 사실이라는 것을 강조.

  (원문) I love you.   (나는, 사랑한다, 너를)

  (강조) I do love you.   (나는, 정말 사랑한다, 너를)

437 I'm sorry to bother you, but I didn't mean to.

Step 1 I'm sorry to bother you, but I didn't mean to (bother you).

Step 2 I | am sorry (to bother | you,) (but) I | didn't mean (to.)

해석 너를 귀찮게 해서 미안한데, 그럴 의도는 아니었어.
Voca bother ⑧ 귀찮게 하다   mean ⑧ 의도하다
해설 같은 동사가 반복되지 않도록 to부정사(구)에서 to만 남고 나머지는 생략된 경우이다.

438 Tim is smarter than I.

Step 1 Tim is smarter than I (am).

Step 2 Tim | is smarter | than I.

해석 Tim은 나보다 더 똑똑하다.
Voca smart ⑱ 똑똑한
해설 비교 구문에서 반복되는 동사가 생략된 경우이다. 일상체에서는 than뒤의 대명사를 주로 목적격으로 쓴다. 즉 일상체에서는 Tim is smarter than me.로 흔히 쓴다.

439 The more you get mad, the worse.

Step 1 The more you get mad, the worse (it gets).

Step 2 (The more | you | get mad,) the worse.

해석 네가 더 화낼수록, 상황은 더 악화된다.
Voca get mad 화내다   get worse 악화되다
해설 '~하면 할수록, 더 ~하다'의 뜻인 「The+비교급…, the+비교급…」 구문에서 의미상 혼동이 없을 경우 생략되는 경우이다.

440 What if my father loses his job?

Step 1 What (will happen) if my father loses his job?

Step 2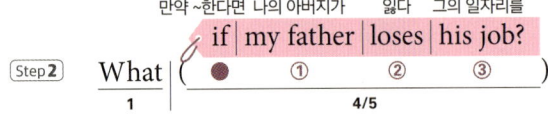

해석 **Step 1** 나의 아버지가 직업을 잃으면 어쩌지?
해설 「What if ~?」는 '~하면 어쩌지?'의 뜻으로 what과 if사이에 will happen 등이 생략된 것으로 볼 수 있다.

441 I walk to and from work every day.

Step 1 I walk to (work) and from work every day.

Step 2

해석 나는 매일 걸어서 출퇴근한다.
해설 to의 목적어가 from의 목적어인 work와 동일하므로 생략된 경우이다.

442 Soil temperature is, I think, most important for seed growth.

Step 1 Soil temperature is most important for seed growth.

Step 2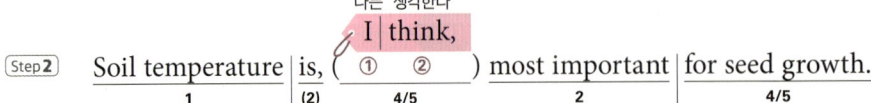

해석 **Step 1** 흙의 온도가 씨앗의 성장에 가장 중요하다. **Step 2** 내 생각에, 흙의 온도가 씨앗의 성장에 가장 중요하다.
Voca soil 명 흙, 토양   temperature 명 온도, 기온   seed 명 씨앗   growth 명 성장
해설 I think가 삽입된 경우이다.

443 | There are few, if any, typos in this book.

Step 1 There are few typos in this book.

Step 2
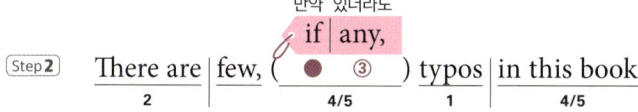
There are | few, (● ③) typos | in this book.

해석 **Step 1** 이 책에는 오타가 거의 없다. **Step 2** 이 책에는 오타가 있다 해도 거의 없다.
Voca few ⓗ 많지 않은, 적은   typo ⓝ 오타
해설 '있다 하더라도'라는 뜻의 if any가 삽입된 경우이다.

444 | He seldom, if ever, breaks his promises.

Step 1 He seldom breaks his promises.

Step 2
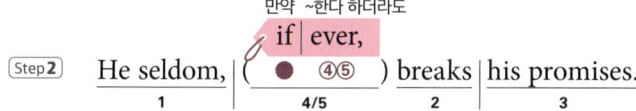
He seldom, | (● ④⑤) breaks | his promises.

해석 **Step 1** 그는 좀처럼 약속을 어기지 않는다. **Step 2** 그는 어기는 경우가 있을지라도 좀처럼 약속을 어기지 않는다.
Voca seldom ⓐ 좀처럼[거의] ~않는   break one's promise 약속을 어기다, 깨뜨리다
해설 '~한다 하더라도'라는 뜻의 if ever가 삽입된 경우이다.

PART 4

영어구문지도 실전 훈련

The Final Speech of the Great Dictator, 1940
Charles Chaplin.

(위대한 독재자의 마지막 연설, 1940 찰리 채플린)

「영어구문지도」 가이드

꼬리표 번호 표시

노란색 : 형용사자리 꼬리표

노란색 꼬리표안에 파란색 꼬리표가 안김

32 You, the people, have the power to make this life free and beautiful, to make this life a wonderful adventure.

	그 사람들 같은				인생을	자유롭게	그리고 and	아름답게		인생을	멋진 모험으로
당신은	the people,	가지고 있다	그 힘을	만들 수 있는 to make	this life ①	free ②	○	beautiful, ②	만들 수 있는 to make	this life ①	a wonderful adventure. ③
You,	①	have	the power	②	③				②	③	
1		2	3								

Voca adventure 명 모험
해 석 그 사람들 같은 당신은 인생을 자유롭고 아름답게 만들 수 있고, 멋진 모험으로 만들 수 있는 힘을 가지고 있습니다.
해 설 to make는 모두 the power와 동격의 to-v 관계이다. 파란색 꼬리표 안에서 this life(①)와 free(②), beautiful(②), a wonderful adventure(③)는 주어-서술어 관계이다. (*this life is free. this life is beautiful. this life is a wonderful adventure.)

33 Then, In the name of democracy, let us use that power! Let us all unite!

			민주주의의		우리가	사용하도록	그 힘을		우리 모두가	하나가 되도록
	그러니 이름 안에서		of democracy,	두어라	us	use	that power!	두어라	us all	unite!
→	Then, in the name		④⑤	let	①	②	③	Let	①	②
	4/5			2		3		2		3

Voca democracy 명 민주주의 unite 동 연합하다
해 석 그러니, 민주주의 이름 안에서, 그 힘을 사용하십시오! 우리 모두 하나가 됩시다!
해 설 let은 사역동사로 3마디 목적어 자리에 「us(의미상주어) + 원형동사」가 올 수 있다. 파란색 꼬리표에서 us와 use, unite는 주어-서술어 관계이다.

문장이 연결되는 위치

파란색 : 명사자리 꼬리표

The Final Speech of the Great Dictator, 1940

① I'm sorry, but I don't want to be an emperor. ② That's not my business. ③ I don't want to rule or conquer anyone. ④ I should like to help everyone, if possible, Jew, gentile, black man, white. ⑤ We all want to help one another. Human beings are like that. ⑥ We want to live by each other's happiness — not by each other's misery. ⑦ We don't want to hate and despise one another. ⑧ In this world there is room for everyone. And the good earth is rich and can provide for everyone. ⑨ The way of life can be free and beautiful, but we have lost the way. ⑩ Greed has poisoned men's souls, has barricaded the world with hate, has goose-stepped us into misery and bloodshed. ⑪ We have developed speed, but we have shut ourselves in. ⑫ Machinery that gives abundance has left us in want. ⑬ Our knowledge has made us cynical. Our cleverness, hard and unkind. ⑭ We think too much and feel too little. ⑮ More than machinery we need humanity. More than cleverness we need kindness and gentleness. ⑯ Without these qualities, life will be violent and all will be lost. ⑰ The aeroplane and the radio have brought us closer together. ⑱ The very nature of these inventions cries out for the goodness in men, cries out for universal brotherhood, for the unity of us all. ⑲ Even now my voice is reaching millions throughout the world millions of despairing men, women and little children victims of a system that makes men torture and imprison innocent people. ⑳ To those who can hear me, I say — do not despair. ㉑ The misery that is now upon us is but the passing of greed — the bitterness of men who fear the way of human progress. ㉒ The hate of men will pass, and dictators die, and the power they took from the people will return to the people and so long as men die, liberty will never perish.

위대한 독재자의 마지막 연설, 1940

① 미안합니다. 하지만, 나는 황제가 되는 것을 원하지 않습니다. ② 그것은 나의 일이 아닙니다. ③ 나는 누군가를 다스리거나 정복하는 것을 원하지 않습니다. ④ 가능하다면, 유대인, 비유대인, 흑인, 백인이든지 간에, 모든 이들을 돕고 싶습니다. ⑤ 우리 모두는 서로 돕기를 원합니다. 인류가 그렇듯 말입니다. ⑥ 우리는 서로 다른 사람들의 불행이 아닌, 행복에 의해 살기를 원합니다. ⑦ 우리는 서로를 미워하거나 경멸하는 것을 원하지 않습니다. ⑧ 세상에는 모두를 위한 공간이 있습니다. 그리고 대지는 풍요롭고 모두를 위해 공급할 수 있습니다. ⑨ 인생의 방법은 자유롭고 아름다울 수 있지만, 우리는 그 방법을 잃어버렸습니다. ⑩ 탐욕이 사람들의 영혼을 독살시켰고, 증오로 세계를 가로 막았으며, 불행과 죽음으로 우리를 몰아넣었습니다. ⑪ 우리는 급속도로 발전했지만, 우리 자신을 가둬버렸습니다. ⑫ 풍요를 주는 기계들은 우리를 결핍 안에 남겨두었습니다. ⑬ 우리의 지식은 우리를 냉소적으로 만들었습니다. 우리의 영리함은, 딱딱하고 불친절하게 (만들었습니다.) ⑭ 우리는 생각은 너무 많이 하지만, 느끼는 것은 거의 없습니다. ⑮ 기계보다는 인간성이 필요합니다. 영리함보다는 친절과 관용이 필요합니다. ⑯ 이러한 질적인 것들이 없으면, 인생은 폭력적이 될 것이고 모든 것은 잃게 될 것입니다. ⑰ 비행기와 라디오는 우리가 더욱 가깝게 하나가 되도록 이끌어 주었습니다. ⑱ 이런 발명의 진짜 본질은 인간의 선함을 호소하기 위함이며, 우리 모두의 하나됨과 전 지구적인 형제애를 호소하기 위함입니다. ⑲ 지금도 내 목소리는 전 세계 방방곡곡의 수백만 사람들에게 도달하고 있습니다. 절망하고 있는 남녀노소의 수백만 사람들에게 죄없는 사람들을 인간이 고문하고 감옥에 가두도록 만드는 제도의 희생자들에게. ⑳ 내 말을 들을 수 있는 사람들에게, 나는 말합니다. - 절망하지 마십시오. ㉑ 지금 우리와 함께 있는 불행은 단지 탐욕이 지나가는 것에 불과합니다. 인류 발전의 길을 두려워하는 사람들의 쓰라림에 불과합니다. ㉒ 인간의 증오는 지나갈 것이고, 독재자들은 죽을 것이며, 사람들로부터 빼앗아간 힘은 사람들에게 다시 돌아갈 것입니다. 그리고 인간이 죽는 한, 자유는 결코 멸망하지 않을 것입니다.

[23] Soldiers! Don't give yourselves to brutes — men who despise you — enslave you who regiment your lives — tell you what to do — what to think or what to feel!. [24] Who drill you, diet you, treat you like cattle, use you as cannon fodder. [25] Don't give yourselves to these unnatural men — machine men with machine minds and machine hearts! [26] You are not machines! You are not cattle! You are men! [27] You have the love of humanity in your hearts. [28] You don't hate! Only the unloved hate — the unloved and the unnatural! [29] Soldiers! Don't fight for slavery! Fight for liberty! [30] In the 17th Chapter of St. Luke it is written: "the Kingdom of God is within man" — not one man nor a group of men, but in all men! In you! [31] You, the people have the power — the power to create machines. The power to create happiness! [32] You, the people, have the power to make this life free and beautiful, to make this life a wonderful adventure. [33] Then, in the name of democracy, let us use that power! Let us all unite! [34] Let us fight for a new world, a decent world that will give men a chance to work, that will give youth the future and old age a security. [35] By the promise of these things, brutes have risen to power, but they lie! [36] They do not fulfill their promise; they never will. [37] Dictators free themselves, but they enslave the people! Now, let us fight to fulfill that promise! [38] Let us fight to free the world, to do away with national barriers, to do away with greed, with hate and intolerance. [39] Let us fight for a world of reason, a world where science and progress will lead to all men's happiness. [40] Soldiers! In the name of democracy, let us all unite!

Charles Chaplin.

[23] 군인들이여! 잔인한 자들에게 당신을 굴복하지 마십시오. - 당신을 경멸하고 - 당신을 노예로 만드는 그 사람들에게 당신의 삶을 통제하고, - 당신에게 어떤 것을 하라고 - 어떤 것을 생각하고 어떤 것을 느끼라고 말하는 사람들에게. [24] 당신을 훈련시키고, 적게 먹게 하는 누군가는 당신을 마치 가축처럼 다루고, 마치 총알받이로 이용합니다. [25] 이런 비인간적인 자들에게 굴복하지 마십시오! - 기계의 지성과 마음을 가진 기계 인간들에게. [26] 당신은 기계가 아닙니다! 당신은 가축이 아닙니다! 당신은 사람입니다! [27] 당신의 마음속에는 인류에 대한 사랑이 있습니다. [28] 증오하지 마십시오! 오직 사랑 받지 못한 사람들이 증오합니다. - 사랑받지 못한 자들과 비정상적인 자들이 (증오합니다)! [29] 군인들이여! 노예제도를 위해 싸우지 마십시오! 자유를 위해 싸우십시오! [30] 누가복음 17장에는 이렇게 써 있습니다. "하나님의 나라는 사람 안에 있다" - 한 사람이나 한 무리가 아닌, 모든 사람들 안에! 바로 당신 안에! [31] 당신들은 그 힘을 가지고 있습니다. - 기계들을 만들 수 있는 그 힘. 행복을 만들 수 있는 그 힘! [32] 당신들은 인생을 자유롭고 아름답게 만들 수 있고, 멋진 모험으로 만들 수 있는 힘을 가지고 있습니다. [33] 그러니, 민주주의의 이름 안에서, 그 힘을 사용하십시오! 모두 하나가 되십시오! [34] 새로운 세상, 괜찮은 세상을 위해 싸우십시오! (그 세상은) 사람들에게 일을 할 수 있는 기회를 줄 것입니다. (그 세상은) 젊은이들에게 미래를 주고 노인들에게는 안전을 줄 것입니다. [35] 이런 것들에 대한 약속을 가지고, 짐승같은 무리들은 힘을 키우지만, 그러나 그들의 말은 거짓말입니다! [36] 그들은 그들의 약속을 지키지 않습니다; 그들은 결코 지키지 않을 것입니다. [37] 독재자들은 스스로는 자유롭게 합니다. 하지만 그들은 사람들을 노예로 만듭니다! 이제 그 약속을 지키도록 싸웁시다. [38] 세상을 자유롭게 하기 위해 싸웁시다, 나라간의 경계를 없애기 위해 (싸웁시다), 탐욕과 증오와 배척을 멀리하기 위해 (싸웁시다) [39] 이성의 세상을 위해 싸웁시다, 과학과 발전이 모두에게 인간의 행복을 가져다 줄 수 있는 그 세상을 위해. [40] 군인들이여! 민주주의의 이름 안에서 우리 모두 하나가 됩시다!

찰리 채플린

PART 4 실전훈련 — 연설문

1. I'm sorry, but I don't want to be an emperor.

나는	미안하다	하지만	나는	원하지 않는다	되는 것	황제가
I	am sorry,	but	I	don't want	to be	an emperor.
1	2		1	2	②	③
					3	

- **Voca** emperor 명 황제
- **해석** 미안합니다. 하지만, 나는 황제가 되는 것을 원하지 않습니다.
- **해설** am은 연결동사로 「be + 형용사」의 형태로 서술어가 된다. want가 to-v를 목적어로 취하였다.

2. That's not my business.

그것은	~아니다	나의 일
That	is not	my business.
1	2	3

- **Voca** business 명 일, 사업
- **해석** 그것은 나의 일이 아닙니다
- **해설** That's는 That is의 축약형이다. is는 연결동사로 등호(=)의 역할을 한다. 여기서는 not과 함께 사용되어 'That ≠ my business'의 관계를 보여준다.

3. I don't want to rule or conquer anyone.

나는	원하지 않는다	다스리는 것	또는	정복하는 것	누군가를
I	don't want	to rule	or	conquer	anyone.
1	2	②		②	③
		3			

- **Voca** rule 통 통치하다, 다스리다   conquer 통 정복하다
- **해석** 나는 누군가를 다스리거나 정복하는 것을 원하지 않습니다.
- **해설** 등위접속사 or가 동사원형 rule과 conquer를 대등하게 연결한다. 그래서 anyone은 rule과 conquer 모두의 목적어가 된다.

4. I should like to help everyone, if possible, Jew, gentile, black man, white.

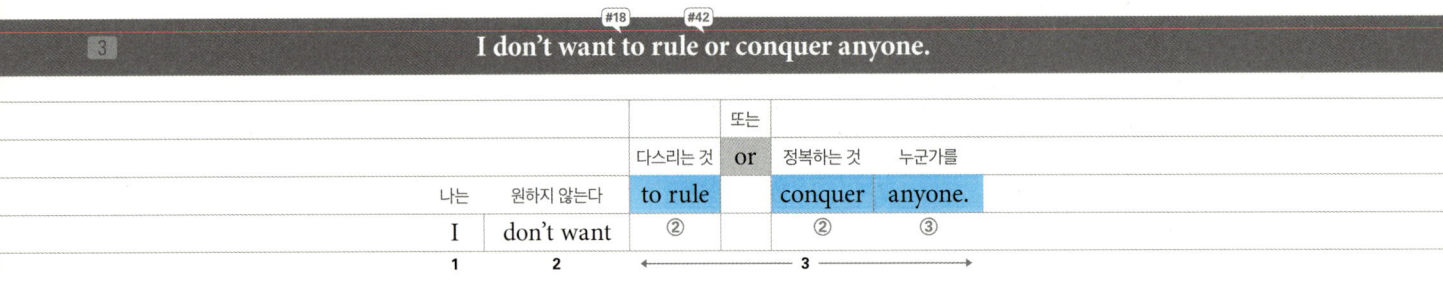

- **Voca** should like to ~하고 싶다   Jew 명 유대인   gentile 명 비유대인
- **해석** 가능하다면, 유대인, 비유대인, 흑인, 백인이든지 간에, 모든 이들을 돕고 싶습니다.
- **해설** if possible은 if you are possible에서 S+V가 생략된 「접속사 + 분사구문」이다. Jew, gentile, black man, white는 everyone과 동격이다.

5

We all want to help one another. Human beings are like that.

		돕는 것을	서로		인류가	~이다	마치 그렇듯
우리 모두는	원한다	to help	one another.		Human beings	are	like that.
We all	want	②	③				
1	2	3			1	2	4/5

Voca one another ⓓ 서로   human being ⓝ 사람, 인간
해석 우리 모두는 서로 돕기를 원합니다. 인류가 그렇듯 말입니다.
해설 to-v는 주관성(생각, 미래 등)과 잘 어울린다. 그래서 희망, 바램을 나타내는 want 뒤에 to help가 왔다.

6

We want to live by each other's happiness — not by each other's misery.

		사는 것을	서로의 행복에 의해	—	서로의 불행에 의해서가 아닌
우리는	원한다	to live	by each other's happiness		not by each other's misery.
We	want	②	④⑤		④⑤
1	2	3			

Voca each other ⓓ 서로   misery ⓝ 불행, 고통
해석 우리는 서로의 불행이 아닌, 행복에 의해 살기를 원합니다.
해설 not by 앞에 있는 '—'는 등위접속사 역할을 하여, 앞에 있는 by each other's happiness와 대등한 관계로 연결된다.

7

We don't want to hate and despise one another.

		증오하는 것을	그리고 and	경멸하는 것을	서로에 대해
우리는	원하지 않는다	to hate		despise	one another.
We	don't want	②		②	③
1	2	3			

Voca hate ⓥ 증오하다 ⓝ 증오   despise ⓥ 경멸하다
해석 우리는 서로를 증오하거나 경멸하는 것을 원하지 않습니다.
해설 want 뒤에서 to hate와 to despise가 등위접속사 and로 대등하게 연결되었다. one another는 hate와 despise 모두의 목적어이다, each other가 2명일 때 '서로'를 나타내고, one another는 3명 이상에서 '서로'를 나타낸다.

8

In this world there is room for everyone. And the good earth is rich and can provide for everyone.

세상에는	있다	공간이	모두를 위한	그리고 And	좋은 대지는	풍요롭다	그리고 and	공급할 수 있다	모두를 위해
In this world	there is	room	for everyone.	○	the good earth	is rich	○	can provide	for everyone.
4/5	3	1	4/5		1	2		2	4/5

Voca earth ⓝ 땅, 흙, 지구   provide ⓥ 공급하다
해석 세상에는 모두를 위한 공간이 있습니다. 그리고 좋은 대지는 풍요롭고 모두를 위해 공급할 수 있습니다.
해설 전치사구 In this world를 문장 앞에 두어서 '배경'을 먼저 설명하였다. there is는 도치구문이다. 등위접속사 and가 2마디의 서술어 is rich와 can provide를 대등하게 연결하고 있다.

PART 4 실전훈련 연설문 238

9

The way of life can be free and beautiful, but we have lost the way.

방법	인생의	자유로울 수 있다	그리고	아름다울 수 있다	그러나	우리는	잃었다	길을
The way	of life ④⑤	can be free	and ○	beautiful,	but ○	we	have lost	the way.
1	2	2		2		1	2	3

Voca lose ⑧ 잃다 (lost - lost)
해석 인생의 방법은 자유롭고 아름다울 수 있지만, 우리는 그 방법을 잃어버렸습니다.
해설 전치사구 of life가 형용사적으로 사용되어 명사 the way를 보충 설명한다. 등위접속사 and는 형용사 free와 beautiful을 대등하게 연결하여 2마디에서 「be + 형용사」의 서술어 역할을 한다. have lost는 현재완료시제이다.

10

Greed has poisoned men's souls, has barricaded the world with hate,

탐욕이	독살시켰다	사람들의 영혼을		가로막았다	세상을	증오로	
Greed	has poisoned	men's souls,	○	has barricaded	the world	with hate,	▶A
1	2	3		2	3	4/5	

Voca greed ⑱ 탐욕 poison ⑧ 독살하다 soul ⑱ 영혼 barricade ⑧ 방어벽[바리케이드]을 치다 hate ⑧ 증오
해석 탐욕이 사람들의 영혼을 독살시켰고, 증오로 세상을 가로막았으며,
해설 has barricaded 앞에 등위접속사 and가 생략되었다. 그래서 Greed는 has poisoned와 has barricaded 모두의 주어다.

has goose-stepped us into misery and bloodshed.

	몰아넣었다	우리를	불행 안으로	그리고	죽음
A▶ ○	has goose-stepped	us	into misery	and ○	bloodshed.
	2	3	4/5		5

Voca goose-step ⑧ 몰아넣다 bloodshed ⑱ 유혈 사태, 학살
해석 (탐욕이) 불행과 죽음으로 우리를 몰아넣었습니다.
해설 has goose-stepped 앞에 등위접속사 and가 생략되었으므로 Greed가 주어다. 전치사구에서 명사 miser와 bloodshed가 and로 연결되었다.

11

We have developed speed, but we have shut ourselves in.

우리는	발전 시켰다	속도를	하지만	우리는	닫아 버렸다	우리 자신을	안에
We	have developed	speed,	but	we	have shut	ourselves	in.
1	2	3		1	2	3	4

Voca develop ⑧ 개발하다, 발전시키다 shut ⑧ 가두다 (shut-shut)
해석 우리는 급속도로 발전했지만, 우리 자신을 가둬버렸습니다.
해설 have developed와 have shut은 모두 현재완료시제가 사용되었다. 현재완료시제는 단순 과거와 달리 '사실' 관계만 전달하는데 그치지 않고, '그래서 ~하다'는 문맥상의 의미를 포함한다. 내용상 '급속도로 발전했지만 우리 자신을 가두게 되었다' 그래서 그 결과로 인해 여러 가지 문제가 생겼다는 의미를 말하고 있다.

PART 4 실전훈련　연설문

12. Machinery that gives abundance has left us in want.

기계는	그것은	준다	풍요를	남겨 두었다	우리를	결핍안에
Machinery	that	gives	abundance	has left	us	in want.
1	①	②	③	2	3	4/5

Voca　machinery 명 기계(류)　abundance 명 풍요　want 명 결핍, 부족
해석　풍요를 주는 기계는 우리를 결핍 안에 남겨 두었습니다.
해설　관계대명사 that절이 명사 Machinery를 보충 설명한다. 관계대명사절은 명사를 수식하는 형용사적 용법이다.

13. Our knowledge has made us cynical. Our cleverness, hard and unkind.

우리의 지식은	만들었다	우리를	냉소적으로	우리의 영리함은	딱딱하게	그리고 and	불친절하게
Our knowledge	has made	us	cynical.	Our cleverness,	hard	○	unkind.
1	2	③	③	1	②		②

Voca　cynical 형 냉소적인　cleverness 명 영리함
해석　우리의 지식은 우리를 냉소적으로 만들었습니다. 우리의 영리함은, 딱딱하고 불친절하게 (우리를 만들었습니다.)
해설　꼬리표에서 대명사 us와 형용사 cynical은 주어-서술어 관계(we are cynical.)가 성립한다. Our cleverness 뒤에 has made us가 생략되었다. 그래서 hard와 unkind는 꼬리표에서 서술어 역할을 한다.

14. We think too much and feel too little.

우리는	너무 많이 생각한다	그리고 and	느끼는 것은 거의 없다
We	think too much		feel too little.
1	2		2

Voca　little 부 거의 ~않다
해석　우리는 너무 많이 생각하지만, 느끼는 것은 거의 없습니다.
해설　'지나치게'의 의미가 있는 too가 등위접속사 and와 만나서 but의 의미로 사용되었다.

15. More than machinery we need humanity. More than cleverness we need kindness and gentleness.

기계보다 더	우리는	필요하다	인간성이	영리함보다 더	우리는	필요하다	친절	그리고 and	관용
More than machinery	we	need	humanity.	More than cleverness	we	need	kindness	○	gentleness.
4/5	1	2	3	4/5	1	2	3		3

Voca　humanity 명 인간성, 인류　gentleness 명 관용, 상냥함
해석　기계보다 더 인간성이 필요합니다. 영리함보다 더 친절과 관용이 필요합니다.
해설　전치사구 More than machinery를 문장 앞에 사용하여 강조의 효과를 나타낸다. 등위접속사 and 는 명사 kindness와 gentleness를 대등하게 연결한다.

PART 4 실전훈련   연설문   240

16

Without these qualities, life will be violent and all will be lost. #42

Without these qualities,	life	will be violent	and (그리고)	all	will be lost.
이런 우수한 자질들이 없다면	인생은	폭력적이 될 것이다	그리고	모든 것은	잃게 될 것이다
4/5	1	2	○	1	2

Voca quality 명 양질, 우수함 violent 형 폭력적인
해석 이런 우수한 자질들이 없으면, 인생은 폭력적으로 변할 것이고 모든 것을 잃게 될 것입니다.
해설 If we are without these qualities에서 If we are가 생략되고 전치사구 Without these qualities만 남았다. these qualities는 앞 문장에 있는 humanity, kindness, gentleness를 말한다.

17

The aeroplane and the radio have brought us closer together. #25

The aeroplane	and	the radio	have brought	us	closer together.
비행기	그리고	라디오는	가져다 주었다	우리가	더 가까워지도록
1	○	1	2	①	②
				← 3 →	

Voca aeroplane 명 비행기
해석 비행기와 라디오는 우리가 더 가까워지도록 이끌어 주었습니다.
해설 꼬리표에서 us와 closer together는 주어-서술어 관계(we are closer together)이다.

18

The very nature of these inventions cries out for the goodness in men, #13 #13

The very nature	of these inventions	cries out	for the goodness	in men,
본질은	이런 발명의	외치다	선함을 위해	인간의
1	④⑤	2	4/5	④⑤	▶B

Voca nature 명 본질 invention 명 발명(품) cry out (아픔 등으로) 비명을 지르다 goodness 명 선량함
해석 이런 발명의 본질은 인간의 선함을 위한 외침이며,
해설 전치사구는 형용사적, 명사적, 부사적으로 사용이 가능하다. of these inventions와 in men은 모두 앞에 명사를 보충 설명하는 형용사적 용법으로 사용되었다.

cries out for universal brotherhood, for the unity of us all. #42 #42 #13

	cries out	for universal brotherhood,	for the unity	of us all.
	외치다	지구적인 형제애를 위해	하나됨을 위해	우리 모두의
B▶	cries out	for universal brotherhood,	for the unity	④⑤
	2	4/5	4/5	

Voca universal 형 전 세계적인, 보편적인 brotherhood 명 인류애, 형제애 unity 명 통합, 단결
해석 우리 모두의 하나됨과 전 지구적인 형제애를 위한 외침입니다.
해설 cries out과 for the unity 앞에는 등위접속사 and가 생략된 구조다. of us all은 앞에 명사 unity를 보충 설명한다.

PART 4 실전훈련　연설문

19 Even now my voice is reaching millions throughout the world

지금도 내 목소리는	전달되고 있다	수백만 사람들에게	전 세계 곳곳의
Even now my voice	is reaching	millions	throughout the world
1	2	3	4/5

Voca reach 통 ~에 이르다　throughout 전 도처에
해석 지금도 내 목소리는 전 세계 방방곡곡의 수백만 사람들에게 전달되고 있습니다.
해설 Even now는 시간부사로 사용되었다. 전치사 throughout은 '완전히 관통하다'의 뜻으로 '방방곡곡'의 의미로 사용되었다.

— millions of despairing men, women and little children

	수백만에게	절망하고 있는 남녀들	그리고 and	어린 아이들
—	millions	of despairing men, women		little children
	3	④⑤		⑤

Voca despairing 형 절망한, 자포자기의
해석 절망하고 있는 남녀노소의 수백만 사람들에게
해설 '—'는 등위접속사 and의 역할로 위에 있는 is reaching millions와 대등하게 연결된다.

— victims of a system that makes men torture and imprison innocent people.

	희생자들에게	제도의	그것은	만든다	사람이	고문하도록	그리고 and	감옥에 가두도록	죄없는 사람들을
—	victims	of a system	that	makes	men	torture		imprison	innocent people.
	3	④⑤	①	②	①	②		②	③

Voca victim 명 희생자　torture 통 고문하다　imprison 통 감옥에 가두다　innocent 형 무죄인, 결백한
해석 죄없는 사람들을 고문하고 감옥에 가두게 만드는 제도의 희생자들에게
해설 '—'는 등위접속사 and의 역할로 위에 있는 is reaching millions와 대등하게 연결된다. 관계대명사 that절이 명사 system을 보충 설명한다. 파란색 꼬리표에서 men과 torture, men과 imprison은 주어-서술어 관계이다. innocent people은 torture와 imprision 모두의 목적어다.

20 To those who can hear me, I say — do not despair.

사람들에게	그들은	들을 수 있다	내 말을	나는	말한다	절망하지 마라
To those	who	can hear	me,	I	say	— do not despair.
4/5	①	②	③	1	2	② ③

Voca those who ~하는 사람들　despair 통 절망하다
해석 내 말을 들을 수 있는 사람들에게, 나는 말합니다. - 절망하지 마십시오.
해설 관계대명사 who는 those를 보충 설명한다. '- do not despair'는 3마디 명사자리에 that절이 포함된 것과 같은 유형의 구문이다.

PART 4 실전훈련 연설문

21. The misery that is now upon us is but the passing of greed

불행은	그것은	지금 ~있다	우리에게 접해서	단지~이다	지나가는 것	탐욕의
	that	is now	upon us			of greed
The misery	①	②	④⑤	is but	the passing	④⑤
1				2	3	

Voca upon 전 ~(위)에로 but 부 단지 passing 명 (시간/세월의) 경과, 통과
해석 지금 우리에게 닥친 불행은 단지 탐욕이 지나가는 것에 불과합니다.
해설 관계대명사 that절은 명사 misery를 보충 설명한다. But은 접속사가 아니라 부사로 사용되었다.

— the bitterness of men who fear the way of human progress.

	쓰라림	사람들의	그들은	두려워한다	길을	인류 발전의
		of men	who	fear	the way	of human progress.
—	the bitterness	④⑤	①	②	③	④⑤
	3					

Voca bitterness 명 쓰라림, 비통 fear 동 두려워하다
해석 인류 발전의 길을 두려워하는 사람들의 쓰라림에 (불과합니다.)
해설 '—'는 등위접속사 and의 역할로 위 문장의 the passing과 대등하게 연결된다. 관계대명사 who절은 명사 men을 보충 설명한다.

22. The hate of men will pass, and dictators die,

증오는	인간의	지나갈 것이다	그리고	독재자들은	죽는다
	of men		and		
The hate	④⑤	will pass,	○	dictators	die,
1		2		1	2

Voca dictator 명 독재자
해석 인간의 증오는 지나갈 것이고, 독재자들은 죽는다,
해설 전치사구 of men은 명사 hate를 보충 설명하는 형용사적 용법이다. 등위접속사 and는 앞뒤 문장을 대등하게 연결한다.

and the power they took from the people will return to the people

그리고	그 힘은	그들이	빼앗아갔다	사람들로부터	돌아갈 것이다	사람들에게
and		they	took	from the people		
○	the power	①	②	④⑤	will return	to the people
	1				2	4/5

Voca return 동 돌아가다
해석 사람들로부터 빼앗아간 그 힘은 사람들에게 다시 돌아갈 것입니다.
해설 the power 뒤에는 관계대명사 which(또는 that)가 생략되었다. the power는 노란색 꼬리표에서 took의 목적어 역할을 한다.

PART 4 실전훈련 — 연설문

and so long as men die, liberty will never perish.

	그리고 and	~하는 한 so long as	인간이 men	죽는다 die,	자유는 liberty	결코 멸망하지 않을 것이다 will never perish.

Voca liberty 명 자유 perish 동 멸망하다
해석 그리고 인간이 죽는 한, 자유는 결코 멸망하지 않을 것입니다.
해설 so long as는 조건의 종속접속사 역할을 한다. 'so long as ~'를 직역하면 so long은 '아주 긴'이고 as는 등호(=)의 의미를 갖는다. 그래서 'so long as ~'는 '이 만큼 길다고 가정할 때' 여기에 맞춰 주절의 사건이 어떤지를 설명하는 구조이다.

---

23. Soldiers! Don't give yourselves to brutes — men who despise you — enslave you

군인들이여 Soldiers!	굴복하지 마라 Don't give	당신 자신을 yourselves	잔인한 자들에게 to brutes	— men	그들은 who	경멸한다 despise	당신을 you	—	노예로 만든다 enslave	당신을 you

Voca brute 명 짐승 (같은 자) enslave 동 노예로 만들다
해석 군인들이여! 잔인한 자들에게 당신 자신을 굴복하지 마십시오. - 당신을 경멸하고 - 당신을 노예로 만드는 그 사람들에게
해설 '— men'은 brutes와 동격 관계이다. 관계대명사 who는 men을 보충 설명한다. despise you와 enslave you 사이의 '—'는 등위접속사 and의 역할을 한다.

— who regiment your lives — tell you what to do — what to think or what to feel!

—	그들은 who	통제한다 regiment	당신의 삶을 your lives	—	말한다 tell	당신에게 you	어떤 것을 what	하라고 to do	—	어떤 것을 what	생각하고 to think	또는 or	어떤 것을 what	느끼라고 to feel!

Voca regiment 동 조직화하다, 관리하다
해석 당신의 삶을 통제하고, - 당신에게 무엇을 하라고 - 무엇을 생각하고 무엇을 느끼라고 말하는 사람들에게
해설 who regiment는 '—'가 등위접속사 역할을 하여 위에 who despise와 대등하게 연결된다. tell은 앞에 '—'가 등위접속사 역할을 하며 regiment와 대등하게 연결된다. what to do, what to think, what to feel은 모두 tell의 직접목적어에 해당된다.

---

24. Who drill you, diet you, treat you like cattle, use you as cannon fodder.

누군가는 Who	훈련시킨다 drill	당신을 you,	먹인다 diet	당신을 you,	다룬다 treat	당신을 you	소 떼처럼 like cattle,	이용한다 use	당신을 you	총알받이로 as cannon fodder.

Voca drill 동 훈련시키다 diet 동 음식을 주다 treat 동 다루다 cattle 명 (집합적으로) 소 cannon fodder 총알받이
해석 소 떼처럼 당신을 훈련시키고, 당신을 먹이고, 당신을 다루는 누군가는 당신을 총알받이로 이용합니다.
해설 파란색 꼬리표는 간접의문문으로 1마디 주어로 사용되었다. 간접의문문에서 who(①)는 drill(②), diet(②), treat(②)의 의미상 주어 역할을 한다.

PART 4 실전훈련   연설문   244

25 Don't give yourselves to these unnatural men — machine men with machine minds and machine hearts!

굴복하지 마라	당신 자신을	이런 비이성적인 자들에게	—	기계 인간들에게	기계의 지성을 가진 with machine minds	그리고 and	기계의 마음 machine hearts!
Don't give	yourselves	to these unnatural men		machine men	④⑤	○	⑤
2	3	4/5		5			

Voca unnatural 형 비정상적인, 잔혹한 mind 명 마음, 지성 heart 명 마음, 심장
해석 이런 비인간적인 자들에게 당신 자신을 굴복하지 마십시오! - 기계의 지성과 마음을 가진 기계 인간들에게
해설 1마디 주어 없이 동사로 시작하면 명령문이다. '—'는 등위접속사 and 역할로 unnatural men과 machine men을 대등하게 연결한다.

26 You are not machines! You are not cattle! You are men!

당신은	아니다	기계가	당신은	아니다	가축이	당신은	~이다	사람
You	are not	machines!	You	are not	cattle!	You	are	men!
1	2	3	1	2	3	1	2	3

해석 당신은 기계가 아닙니다! 당신은 가축이 아닙니다! 당신은 사람입니다!
해설 be동사는 연결동사로 등호(=)의 뜻이다. 'You ≠ machines', 'You ≠ cattle', 'You = men'의 관계가 성립한다.

27 You have the love of humanity in your hearts.

당신은	가지고 있다	사랑을	인류에 대한 of humanity	당신의 마음속에
You	have	the love	④⑤	in your hearts.
1	2	3		4/5

Voca humanity 명 인류, 인간애
해석 당신의 마음속에는 인류에 대한 사랑이 있습니다.
해설 전치사구 of humanity는 명사 love를 보충 설명하는 형용사적 용법으로 사용되었다.

28 You don't hate! Only the unloved hate — the unloved and the unnatural!

당신은	증오하지 마라	오직 사랑받지 못한 자들만	증오한다	—	사랑받지 못한 자	그리고 and	비정상적인 자
You	don't hate!	Only the unloved	hate		the unloved	○	the unnatural!
1	2	1	2		1		1

Voca unloved (형) 사랑받지 못하는
해석 증오하지 마십시오! 오직 사랑 받지 못한 자들만 증오합니다. - 사랑받지 못한 자들과 비정상적인 자들이 (증오합니다)!
해설 「the + 형용사」는 사람을 나타낸다. '—'가 등위접속사 and 역할을 한다. the unloved and the unnatural 뒤에는 동사 hate가 생략되었다.

29

Soldiers! Don't fight for slavery! Fight for liberty!

군인들이여!	싸우지 마라	노예제도를 위해	싸워라	자유를 위해
Soldiers!	Don't fight	for slavery!	Fight	for liberty!
1	2	4/5	2	4/5

Voca slavery 명 노예제도
해석 군인들이여! 노예제도를 위해 싸우지 마십시오! 자유를 위해 싸우십시오!
해설 전치사 for는 '목표로 한다'는 뜻이 포함되어 있다. 그래서 '~위하여'의 의미로 사용된다.

30

In the 17th Chapter of St. Luke it is written: #13

17장에는		누가복음의 of St. Luke	이것은	써 있다
In the 17th Chapter		④⑤	it	is written:
4/5			1	2

Voca chapter 명 (책의) 장
해석 누가복음 17장에는 이렇게 써 있습니다.
해설 전치사구 in은 문장 전체를 꾸며주는 부사적 용법으로 전치사구 of St. Luke는 명사 Chapter를 꾸며주는 형용사적 용법으로 사용되었다.

"the Kingdom of God is within man" — not one man nor a group of men, but in all men! In you!
#14 #13 #12 #42 #42

나라는	하나님의 of God	있다	사람 안에	어떤 한 사람이 아닌 — not one man	nor	한 무리가 아닌 a group of men,	but	모든 사람들 안에 in all men!	당신 안에 In you!
"the Kingdom	④⑤	is	within man"	⑤		⑤		④⑤	④⑤
①		②	④⑤						

1

Voca kingdom 명 왕국
해석 "하나님의 나라는 사람 안에 있다" - 어떤 한 사람이나 한 무리가 아닌, 모든 사람들 안에! 바로 당신 안에!
해설 "the Kingdom ~ within man"은 위 문장의 가주어 it에 대한 진주어에 해당된다. '— not one man ~'은 within man에 대한 동격구조로 사용되었다. a group of는 명사 앞에서 단위를 나타내는 형용사적 용법으로 사용할 수 있다.

31

You, the people, have the power — the power to create machines. The power to create happiness!
#12 #12 #09 #09

당신은	그 사람들 the people,	가지고 있다	힘을	그 힘 — the power	만들 수 있는 to create	기계를 machines.		그 힘 The power	만들 수 있는 to create	행복을 happiness!
You,	①	have	the power	③	②	③		The power	②	③
1		2	3					1		

Voca create 동 창조하다, 만들다
해석 그 사람들과 같은 당신은 그 힘을 가지고 있습니다 - 기계들을 만들 수 있는 그 힘. 행복을 만들 수 있는 그 힘!
해설 the people은 you와 동격 관계이다. 추상명사 the power를 to부정사 동격 용법(형용사적 용법)으로 보충 설명하고 있다.

PART 4 실전훈련   연설문   246

32. You, the people, have the power to make this life free and beautiful, to make this life a wonderful adventure.

| You, | 그 사람들 같은 the people, | 가지고 있다 have | 그 힘을 the power | 만들 수 있는 to make | 인생을 this life | 자유롭게 free | 그리고 and | 아름답게 beautiful, | 만들 수 있는 to make | 인생을 this life | 멋진 모험으로 a wonderful adventure. |

Voca adventure 명 모험
해석 그 사람들 같은 당신은 인생을 자유롭고 아름답게 만들 수 있고, 멋진 모험으로 만들 수 있는 힘을 가지고 있습니다.
해설 to make는 모두 the power와 동격의 to-v 관계이다. 파란색 꼬리표 안에서 this life(①)와 free(②), beautiful(②), a wonderful adventure(③)는 주어-서술어 관계이다. (*this life is free. this life is beautiful. this life is a wonderful adventure.)

33. Then, in the name of democracy, let us use that power! Let us all unite!

| Then, in the name | 민주주의의 of democracy, | 두어라 let | 우리가 us | 사용하도록 use | 그 힘을 that power! | 두어라 Let | 우리 모두가 us all | 하나가 되도록 unite! |

Voca democracy 명 민주주의   unite 동 연합하다
해석 그러니, 민주주의 이름 안에서, 그 힘을 사용하십시오! 우리 모두 하나가 됩시다!
해설 let은 사역동사로 3마디 목적어 자리에 「us(의미상주어) + 원형동사」가 올 수 있다. 파란색 꼬리표에서 us와 use, unite는 주어-서술어 관계이다.

34. Let us fight for a new world, a decent world that will give men a chance to work,

| 두어라 Let | 우리가 us | 싸우도록 fight | 새로운 세상을 위해 for a new world, | 괜찮은 세상을 위해 a decent world | 그것은 that | 줄 것이다 will give | 사람에게 men | 기회를 a chance | 일할 수 있는 to work, |

Voca decent 형 괜찮은, 제대로 된
해석 새로운 세상, 사람들에게 일할 수 있는 기회를 줄 수 있는 괜찮은 세상을 위해 싸우십시오!
해설 a new world와 a decent world는 동격 관계이다. 관계대명사 that절은 a decent world를 보충 설명한다. give는 수여동사로 3마디에 2개의 목적어(간접목적어, 직접목적어)를 취한다. to work는 a chance와 동격의 to-v 관계이다.

that will give youth the future and old age a security.

| 그것은 that | 줄 것이다 will give | 젊은이에게 youth | 미래를 the future | 그리고 and | 노인들에게 old age | 안전을 a security. |

Voca youth 명 젊음, 젊은이   old age 노령, 노년   security 명 안전
해석 젊은이들에게 미래를 주고 노인들에게는 안전을 줄 수 있는 (괜찮은 세상을 위해 싸우십시오!)
해설 관계대명사 that절은 a decent world를 보충 설명한다. 등위접속사 and는 youth the future와 old age a security를 대응하게 연결한다.

PART 4 실전훈련 연설문

35. By the promise of these things, brutes have risen to power, but they lie!

약속에 의해서	이런 것들에 대한	짐승같은 자들은	올랐다	힘에 이르기까지	그러나	그들은	거짓말한다
By the promise	of these things,	brutes	have risen	to power,	but	they	lie!
4/5	④⑤	1	2	4/5	○	1	2

Voca rise ⑧ (높은 위치·수준 등으로) 오르다 (rose-risen) rise to power 권세를 얻다
해 석 이런 것들에 대한 약속을 가지고, 짐승같은 무리들은 권세를 얻었지만, 그들의 말은 거짓말입니다!
해 설 전치사구를 문장 앞에 사용하여 강조의 효과를 얻을 수 있다.

36. They do not fulfill their promise; they never will.

그들은	이행하지 않는다	그들의 약속을	그들은	결코 하지 않을 것이다.
They	do not fulfill	their promise;	they	never will.
1	2	3	1	2

Voca fulfill ⑧ 이행하다, 수행하다
해 석 그들은 그들의 약속을 지키지 않습니다; 그들은 결코 지키지 않을 것입니다.
해 설 문장부호 중 세미콜론(;)은 의미가 밀접한 독립절을 연결할 때 사용한다. 대개 등위접속사(and, but, so, for 등)와 같은 역할을 하기 때문에 세미콜론 뒤에는 등위접속사가 따로 나오지 않는다.

37. Dictators free themselves, but they enslave the people! Now, let us fight to fulfill that promise!

독재자들은	자유롭게 한다	스스로를	하지만 but	그들은	노예로 만든다	사람들을	이제 두어라 Now, let	우리가 싸우도록 us fight	지키기 위해 to fulfill	그 약속을 that promise!
Dictators	free	themselves,	○	they	enslave	the people!	Now, let	us fight	②	③
1	2	3		1	2	3	2 3	① ②		4/5

Voca free ⑧ 자유롭게 하다, 풀어주다
해 석 독재자들은 스스로에게는 자유롭게 합니다. 하지만 그들은 사람들을 노예로 만듭니다! 이제 그 약속을 지키도록 하기 위해 싸웁시다.
해 설 사역동사 let은 「us + 원형동사」를 목적어로 갖는다. 파란색 꼬리표에서 us와 fight는 주어-서술어 관계이다.

38. Let us fight to free the world, to do away with national barriers,

두어라	우리가 싸우도록	자유롭게 하기 위해	세상을	없애기 위해	나라간의 경계를
Let	us fight	to free	the world,	to do away	with national barriers,
2	① ②	②	③	②	④⑤
			4/5		

Voca do away with ~을 없애다
해 석 세상을 자유롭게 하기 위해 싸웁시다, 나라간의 경계를 없애기 위해 (싸웁시다).
해 설 to do 앞에 콤마(,)는 등위접속사 and를 대신하는 효과가 있다.

to do away with greed, with hate and intolerance.

	없애기 위해	탐욕을	증오와	그리고 and	배척을
→	to do away	with greed,	with hate	○	intolerance.
	②	④⑤	④⑤		⑤

Voca intolerance 명 편협, 배척
해석 탐욕과 증오와 배척을 멀리하기 위해 (싸웁시다)
해설 do away with는 구동사로써 '~을 없애다'의 뜻을 갖는다. 이 때 구동사라는 사실을 모를 경우에는 직역을 통해 최대한 근접한 의미를 파악해야 한다. 직역으로 do away의 경우 '멀리하다'의 의미가 되고 'with + 명사'는 '그 때 함께 하는 것은'의 의미이다.

39 Let us fight for a world of reason,

		우리가	싸우도록	세상을 위해	이성의 of reason,
	두어라	us	fight	for a world	④⑤
	Let	①	②	④⑤	
	1	←———— 3 ————→			

Voca reason 명 이성, 분별
해석 이성의 세상을 위해 싸웁시다,
해설 전치사구 of reason은 명사 world를 보충 설명하는 형용사적 용법이다.

a world where science and progress will lead to all men's happiness.

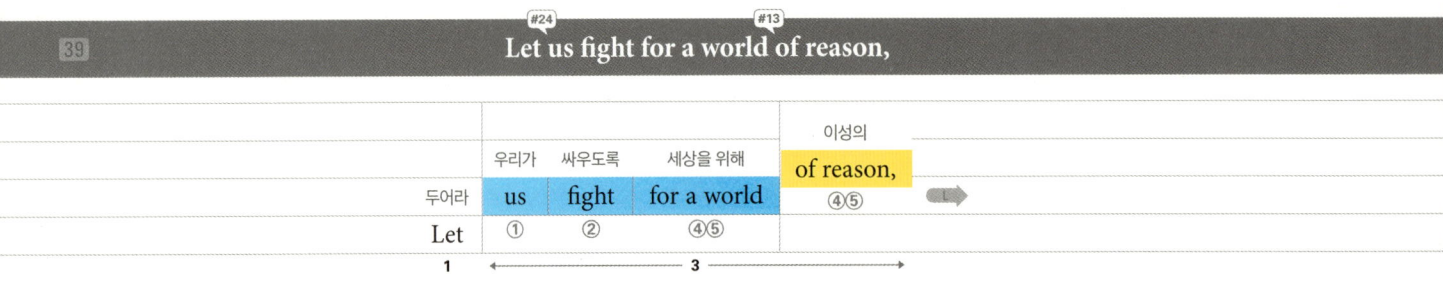

		그곳은	과학	그리고 and	발전이	이어질 것이다	모든 사람의 행복으로
	세상을 위해	where	science	○	progress	will lead	to all men's happiness.
→	a world	④⑤	①		①	②	④⑤
	⑤						
		←———————————— 3 ————————————→					

Voca lead to ~로 이어지다
해석 과학과 발전이 모두에게 행복을 가져다 줄 수 있는 그 세상을 위해.
해설 a world는 위 문장에서 for a world와 대등하게 연결된다. 관계부사 where는 명사 a world를 보충 설명하는 형용사적 용법이다.

40 Soldiers! In the name of democracy, let us all unite!

	군인들이여	이름 안에서	민주주의의 of democracy,	두어라	우리 모두 us all	하나가 되도록 unite!
	Soldiers!	In the name	④⑤	let	①	②
	1	4/5		2	←—— 3 ——→	

해석 군인들이여! 민주주의의 이름 안에서 우리 모두 하나가 됩시다!

APPENDIX
부록

구문학습 필요성

문장마디

영어가 어려운 이유

의미단위 끊어 읽기

잉글맵의 「영어문법지도」

구문학습 필요성 " 구문이 영어 학습의 기본이다."

Q1
영어의 모든 것을 다 알 수 없다면, 무엇을 먼저 공부해야 할까요?

Answer

구문 학습을 가장 먼저 하는 것이 좋습니다.

단기간에 영어에 능숙해지는 것은 불가능하다. 반드시 단계적으로 접근해야 한다. 이 과정은 크게 '이해' 단계와 '기억&훈련'의 단계로 구분될 수 있다. 중요한 점은 두 영역 간의 비중이다. 당연히 영어 공부에 있어서는 '기억&훈련' 영역 비중이 압도적으로 높아야 한다. 언어 학습의 목적이 '읽고, 쓰고, 듣고, 말하기'를 목표로 두기 때문이다.

하지만 이런 비중에만 초점을 두어 무작정 '기억&훈련' 단계로 뛰어드는 것은 바람직하지 않다. 간혹 영어를 잘 하는 고수들이 구문을 몰라도 '그냥' 많이 하다보면 '저절로' 알게 되고 '직관적'으로 언어를 사용하게 된다고 말하는데, 이는 지친 학습자를 다시금 고문하는 말이다. 영어 고수가 아닌 사람들에게 '그냥', '저절로', '직관적'으로라는 말은 너무나도 불친절한 표현이다. 구체적인 학습 방법에 대한 가이드 없이 학습자의 열정만 부추기는 것은 포기의 지름길을 알려주는 것과 다름없다.

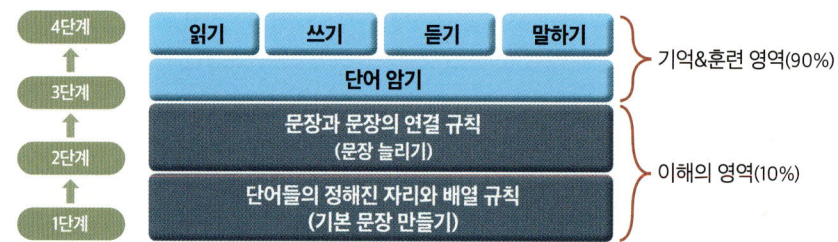

영어 학습에 있어서 가장 중요한 단계는 구문(Syntax)을 '이해'하는 단계이다. '구문'이라는 말이 생소할 수도 있겠지만 사실 영어를 배워 본 사람은 이미 구문을 배워왔다. "한국어 어순과 영어 어순은 다르다", "영어는 「주어(S) + 동사(V)」의 구조를 갖는 다양한 문장형식을 취한다", "영어는 의미단위로 끊어 읽는 게 중요하다" 등의 설명들이 모두 구문에 기초를 둔 가르침이었던 것이다.

옥스퍼드 영어 사전에 수록된 단어 수는 약 75만개라고 한다. 지금 이 순간에도 새로운 단어들이 생겨나고 사라지고 있다. 평생을 노력해도 그 많은 단어들을 암기할 수 없고, 암기할 필요도 없다. 무턱대고 단어를 암기하기 전에, 먼저 영어의 핵심을 이해하는 게 관건이다. 영어 단어들의 연결 방법, 배열 규칙, 문장이 늘어나는 법칙 등을 한 번만 제대로 이해하고 나면, 이후로는 다양한 단어로 연습하고 훈련하는 과정을 반복하면 된다.

이제 구문을 패턴으로 무작정 암기하지 말고 구문의 원리를 '이해' 해보자. 영어 단어들이 어떻게 논리적으로 연결되고 문장이 어떻게 늘어나는지 이해하고 나면 비로소 영어를 '쉽다'고 말하게 될 날이 올 것이다.

> "구문론(syntax)은 원래 희랍어의 'syntassein'에서 파생된 용어로, 단어를 체계적으로 배열하여 의미있는 하나의 문장으로 만들어 내는 법칙을 말하는 것이다. 즉, 구문론은 문장의 형식(form)에 관한 연구로서, 문장의 틀을 형성하는 원리를 구명하는 것을 목적으로 한다. 구문론은 단어가 결합하여 문장을 생성하는 원리와 어떤 조건에서 비문이 되는가를 밝혀주는 법칙으로서, 현대 언어학의 핵심을 이루고 있다고 할 만하다." (문학비평용어사전, 2006. 1. 30., 한국문학평론가협회)

문장마디

"단어들을 규칙에 맞게 담을 수 있는 문장의 「정해진 자리」를 말한다."

Q2
문장 5형식만 배우면 복잡한 문장도 모두 적용할 수 있나요?

Answer

아니요.

문장 5형식 학습의 한계

기존의 많은 영어 교재나 강의들은 문장의 5형식을 문장구조의 근본 형식인 것처럼 가르쳐왔다. 하지만 그렇지 않다. '영어 문장 형식 중 가장 비중이 큰 구조' 정도로는 받아들일 수 있지만 마치 5가지 형식이 영어 문장의 기본 구조인 것처럼 인식하면 오산이다. 문장 5형식에 따라 학습하게 되면 5가지 형식으로는 설명하기 어려운 문장을 만날 경우 당황할 수밖에 없다. 실제로 그런 이유 탓에 문장형식에 따른 학습론은 많은 불신을 받기에 이르렀다.

사실 문장 형식에는 5가지만 있는 것이 아니다. 7형식, 25형식, 심지어 80형식까지 존재한다. 7형식 정도라면 5형식과 조금의 차이만 있어서 받아 들일만 하겠지만 25형식이나 80형식과 마주하게 되면 당장 영어가 싫어질 것이다. 더 큰 문제는 이처럼 다양한 문장형식들이 기본적인 공통 형식에 부수적인 형식을 추가하는 식으로 확장시킨 구조가 아니라는 점이다. 즉 문장 5형식에서의 4형식(S+V+IO+DO), 문장 7형식에서의 4형식(S+V+O), 문장 80형식에서의 4형식(S+BE+adverbial adjunct)은 각기 다른 형식이라는 말이다. 이런 사실들을 알고 나면 문장형식을 통한 구문 학습을 어디서부터 어떻게 해야 할지 막막해질 수밖에 없다.

그래서일까? 영어 초보단계에서 그토록 문장 5형식을 열심히 공부했건만, 조금만 문장이 길어지거나 복잡해지면 형식론은 온데간데없고 개별 단어의 뜻과 경험에만 의존한 '퍼즐 맞추기식' 해석을 하기 일쑤인 학습자들이 많다. 문장형식론의 한계를 뛰어넘을 수 있는 보다 근원적이고 논리적인 구문 학습 방법이 절실한 이유이다.

" 문장 5형식으로는
모든 형태의 영어문장 구조를 나타내는데 한계가 있다. "

문장 5형식

1형식 : S + V
2형식 : S + V + C
3형식 : S + V + O
4형식 : S + V + IO + DO
5형식 : S + V + O + OC

C.T.Onion

문장 7형식

1형식 : S + V
2형식 : S + V + A
3형식 : S + V + C
4형식 : S + V + O
5형식 : S + V + O + A
6형식 : S + V + IO + DO
7형식 : S + V + O + OC

Greenbaum&Quirk

문장 80형식

1형식 : S + BE + noun/pronoun
2형식 : S + BE + adjective (phrase)
3형식 : S + BE + prepositional group
4형식 : S + BE + adverbial adjunct
5형식 : there + BE + S
6형식 : there + BE + S + adverbial adjunct
7형식 : it + BE + adjective/noun + to-infinitive (phrase)
8형식 : how/what + adjective/noun + (it + BE) + to-infinitive (phrase)
9형식 : it + BE + adjective.noun + gerund (phrase)
10형식 : S + BE + clause
11형식 : it + BE + noun/adjective + clause
12형식 : S + BE + to-infinitive (phrase)
...

A.S.Honby

Q3 "문장형식"을 대체할 만한 효과적인 구문 학습이 있나요?

Answer

있습니다. "문장마디"를 이용한 구문학습 방법입니다.

「문장마디」와 「문장마디틀」

'문장마디'는 "문장을 만들기 위해 문장의 구성요소들을 어순 원리 및 규칙에 맞게 구분하고 배열할 수 있도록 만드는 「정해진 자리」"를 말한다. 이러한 문장마디들이 모여 만들어지는 패턴을 '문장마디틀'이라 부르며, 이 개념은 "잉글맵"만의 독창적인 개념이다.

문장의 「절대적」 틀

'문장형식'이라는 틀로 문장을 바라보면 문장 구성요소를 어떤 형식인지에 따라 상대적으로 일일이 이해해야 한다. 반면 문장을 분석하여 1/2/3/4/5마디 별로 정해진 구성요소를 이해하고 나면 영어의 모든 문장을 「문장마디틀」이라는 절대적 틀 안에서 이해할 수 있게 된다.

문장형식 ⇨ 문장의 「상대적」 틀

- **5형식** : C. T. Onion
- **7형식** : Greenbaum&Quirk
- **25형식** : A. S. Honby
- **80형식** : A. S. Honby

문장마디틀 : 문장의 「절대적」 틀

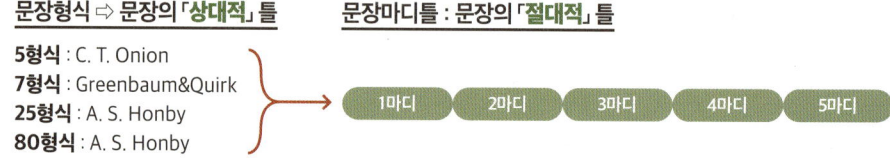

문장마디 분석 도구

문장은 가장 간단하게는 "주부와 술부"로 구성되며, 술부를 좀 더 세분화하면 "주어+서술어+보충어(목적어, 보어)+수식어"로 구분할 수 있다. 문장마디는 이러한 문장 구성요소를 경계 짓는 기준이다.

문장 구성요소를 구분하는 방법으로 흔히 단어들의 품사를 이용하는 방법만 있다고 알고 있다. 하지만 잉글맵에서는 품사를 이용한 방법(①대표품사, ②품사덩어리) 외에도 문장의 이야기 전개 방식(③이야기 구성, ④6하 원칙, ⑤힘의 이동)으로 문장 구성요소를 식별하는 방법도 함께 제시한다. 학습자는 이 과정을 순차적으로 훈련하면서 영어를 읽고 쓰는 모든 활동이 실은 문장 구성요소에 맞게 단어를 배열하는 과정임을 인식하게 되고, 나아가 영어 고유의 어순 감각을 자연스럽게 익히게 된다.

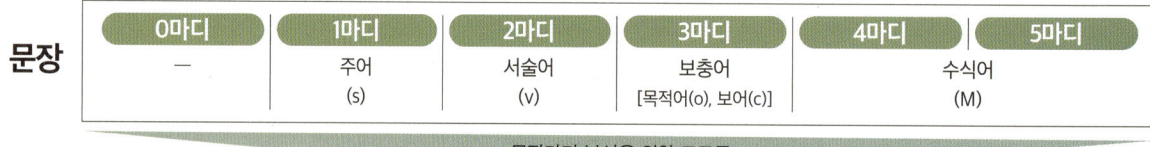

문장	0마디	1마디	2마디	3마디	4마디	5마디
	—	주어 (s)	서술어 (v)	보충어 [목적어(o), 보어(c)]	수식어 (M)	

문장마디 분석을 위한 도구들

	0마디	1마디	2마디	3마디	4마디	5마디
① 대표품사	의문사, 보조동사, 부사, 감탄사	명사	동사	명사	전치사	명사
					부사(구)	
② 품사덩어리	보조덩어리	명사덩어리 (형+명+형)	동사덩어리 [동사 + (형/명/부/전)]	명사덩어리 [(명사)+ 명사]	전치사	명사덩어리
					전치사덩어리 / 부사덩어리	
③ 이야기 구성	-	인물 (사물)	사건 (동작/상태)	사건 (대상)	배경, 상황, 환경 (장소/시간/원인/결과/목적/양보/조건/비교 등)	
④ 6하 원칙	-	who	(V)	what	where, when, how, why	
⑤ 힘의 이동	-	주체	동작/상태의 힘(大)	객체(힘의 대상)	공간/관계의 힘(小)	객체(힘의 대상)

* 구문 학습을 위해 반드시 "문장마디 분석 도구"를 암기하길 권합니다.

Q4 문장마디와 문장 5형식은 어떤 차이가 있나요?

Answer

2형식, 4형식, 5형식 문장을 문장마디로 나누는 방법을 살펴보면 그 차이를 알 수 있습니다.

「힘의 이동」 원리에 의해 만들어진 대표품사와 문장마디

Q2에서 살펴본 영어 어순의 특징에는 아래 표와 같은 '힘의 이동' 원리가 작동된다. "주체 → 동작/상태의 힘 → 객체(힘의 대상) → 공간/관계의 힘 → 객체(힘의 대상)"와 같이 가까운 곳에서 먼 곳으로 사물을 관찰하는 순서대로 어순이 진행됨을 알 수 있다. 이 원리에 맞게 단어들의 품사를 배열하면 "명사 → 동사(+형용사) → 명사 → 전치사 → 명사"의 순서가 된다. 이것이 문장마디를 구분하는 기초이다. 여기에 의문문, 감탄문 등을 만들기 위한 0마디를 추가하고 '이야기 구성', '6하 원칙' 등의 전개 방식을 매핑해가면 문장마디가 완성된다.

이런 원리에 따를 경우 유의 깊게 보아야 할 점은 기존의 문장 5형식 중, 2형식/4형식/5형식이 문장마디로 표현되는 방식이다.

2형식 S + V + C(명사) : 「1마디(S) + 2마디(V) + 3마디(C)」 (명사보어는 3마디)
2형식 S + V + C(형용사) : 「1마디(S) + 2마디(V + C)」 (형용사보어는 2마디)
4형식 S + V + IO + DO : 「1마디(S) + 2마디(V) + 3마디(IO + DO)」 (목적어 2개는 모두 3마디)
5형식 S + V + O + OC : 「1마디(S) + 2마디(V) + 3마디(O + OC)」 「목적어+목적보어」는 3마디)

5형식의 경우 3마디의 「O(목적어) + OC(목적보어)」는 목적어 자리에 안긴문장이 오면서 생긴 문장형식인데, 여기서 목적어와 목적보어 사이의 관계만 놓고 보면 「주어 + 서술어」의 관계가 성립되고 있음을 알 수 있다. 이것을 문장마디로 표현하면 3마디 자리에 "1마디 + 2마디" 구조가 내포된 것으로 나타낼 수 있다. (*이와 관련된 내용은 <잉글맵 고급편(매듭훈련)>에서 상세하게 다룬다.)

His silence | made | ❶ her ↱ ❷ angry. (She was angry.) (서술적 형용사)
1 | 2 | ← 3 →

<그의 침묵이, 만들었다, 그녀가, 화나도록>
[주어] [서술어] (주어2) (서술어2)

문장 마디	1마디	2마디	3마디	4/5마디	
힘의 이동	주체	동작/상태의 힘	객체(힘의 대상)	공간/관계의 힘	객체(힘의 대상)
대표 품사	명사	동사 + 형용사	명사	전치사	명사
1형식 : S + V	Spring (명사)	came. (동사)	-	-	-
2형식 : S + V + C(명사)	We (대명사)	became (동사)	best friends. (명사)	-	-
2형식 : S + V + C(형용사)	I (대명사)	am happy. (동사) (형용사)		-	-
3형식 : S + V + O(명사)	Tim (명사)	likes (동사)	baseball. (명사)	-	-
4형식 : S + V + IO + DO	She (대명사)	gave (명사)	me a cake. (명사덩어리)	-	-
5형식 : S + V + O + OC	His silence (명사)	made (동사)	her angry. (명사덩어리)	-	-
기타 : S + V + A	I (대명사)	live (동사)		in (전치사)	an apartment. (명사)
기타 : S + V + O + A	I (대명사)	exercise (동사)	my dog (명사)	in (전치사)	the park. (명사)

부록

영어가 어려운 이유

"영어 문장을 만드는 원리를 모르면 어려워진다."

Q5
구문관점에서 볼 때 **'영어가 어려워지는 이유(1)'**에는 어떤 것이 있을까요?

Answer
구문으로 인해 문장이 길어져서 어렵습니다.

1/2/3/4/5마디에 한두 단어로 구성된 짧은 영어 문장은 단어 뜻만 알면 쉽게 이해할 수 있다. 하지만 "절, 구"가 추가되면 문장이 길어져서 어려워진다. 뿐만 아니라, "절, 구"의 모양이 같아도 명사 뒤에서는 형용사적으로, 명사자리에서는 명사적으로, 문장 앞뒤에서는 부사적으로 해석이 되기 때문에 사용된 자리를 모르면 영어가 어려워진다.

형용사자리 매듭
명사 뒤 자리에 수식하는 꼬리표(절/구)가 와서 길어진다.

1마디	2마디	3마디
I	don't have	money.

1마디	2마디	3마디
I	don't have	money that I can buy a laptop.
I	don't have	money to buy a laptop.

나는 돈이 없다.
나는 노트북을 살 수 있는 돈이 없다.
나는 노트북을 살[살 수 있는] 돈이 없다.

명사자리 매듭
명사자리에 명사 단어 대신 안긴 꼬리표(절/구)가 와서 길어진다.

1마디	2마디	3마디
Tim	likes	soccer.

1마디	2마디	3마디
Tim	likes	that he plays soccer with his friends.
Tim	likes	playing soccer with his friends.

Tim은 축구를 좋아한다.
Tim은 그의 친구들과 축구하는 것을 좋아한다.
Tim은 그의 친구들과 축구하는 것을 좋아한다.

부사자리 매듭

문장 앞뒤 자리에 수식하는 꼬리표(절/구)가 와서 길어진다.

1마디	2마디
I	fell asleep.

1마디	2마디	4/5마디
I	fell asleep	while I was watching TV.
I	fell asleep	watching TV.

나는 잠이 들었다.
나는 TV를 보는 동안에 잠이 들었다.
나는 TV를 보면서[보는 동안에] 잠이 들었다.

Q6

구문관점에서 볼 때 **'영어가 어려워지는 이유(2)'** 에는 어떤 것이 있을까요?

Answer

매듭의 모양은 같은데, 놓이는 자리에 따라 해석이 달라지기 때문입니다.

우리말은 모양이 같으면 의미도 같다. 하지만 영어는 모양이 같아도 어떤 자리에 놓이느냐에 따라 그 의미가 달라진다. 아래의 문장에서 to travel과 walking은 「형용사자리, 명사자리, 부사자리」에 따라 모두 다른 의미로 해석된다.

형용사자리 "to travel"

명사 way 뒤에서 수식하므로 to travel를 형용사처럼 '~하는'으로 해석

1마디	2마디	3마디
The train	is	the best way to travel in Europe.
기차는	입니다	유럽을 여행하는 가장 좋은 방법

명사자리 "to travel"

3마디 목적어 자리에 to travel이 놓여서 명사처럼 '~것'으로 해석

1마디	2마디	3마디
I	like	to travel alone.
나는	좋아한다	혼자 여행하는 것을

부사자리 "to travel"

1/2/3마디로 끝난 문장 뒤에 to travel이 놓여서 부사처럼 '위해서'로 해석

1마디	2마디	3마디	4/5마디
I	am learning	English	to travel around the world.
나는	배우는 중이다	영어를	전세계를 여행하기 위해서

형용사자리 "walking"
명사 puppy 뒤에서 수식하므로 walking를 형용사처럼 '~있는'으로 해석

1마디	2마디	3마디
This puppy walking with me	is	my new pet dog.
나와 함께 걷고 있는 이 강아지는	입니다	나의 새로운 애완견

명사자리 "walking"
1마디 주어 자리에 walking이 놓여서 명사처럼 '~것'으로 해석

1마디	2마디
Walking with my dog	is fun.
내 개와 함께 걷는 것은	즐겁다

부사자리 "walking"
1/2/3마디로 끝난 문장 뒤에 walking이 놓여서 부사처럼 '~하다가'로 해석

1마디	2마디	3마디	4/5마디
I	met	my high school friend,	walking at the park.
나는	만났다	나의 고등학교 친구를	공원을 걷다가

---

1) He read the book.   그는 그 책을 읽었다.
2) The blind read with their fingers.   맹인은 손가락으로 읽는다.
3) The book was read by many people.   그 책은 많은 사람에 의해 읽혔다.
4) He wrote a book read by many people.   그는 많은 사람들이 읽은 책을 썼다.

영어는 동사가 굴절되는 언어이다. 동사의 '현재-과거-과거분사' 형태는 동사마다 다양해서 별도로 그 변화 형태를 암기해야 한다. 그런데 1)~4)에 나오는 'read'와 같은 동사의 경우 「read(현재) - read(과거) - read(과거분사)」와 같이 변화된 동사 형태가 모두 같다. 이 경우 read가 어떤 형태로 사용되고 있는지 알기 위해서는 기본적인 문법에 대한 이해가 필요하다. 구문 관점에서 영어가 어렵게 느껴지는 것도 이런 점에서 비롯된다.

구분	용법	문법 해설
예문 1)	read (과거형)	3인칭 단수(He)가 주어일 때, 현재형은 '-s'를 붙여서 'reads'로 나타내는데 '-s'가 없기 때문임.
예문 2)	read (현재형)	'the + 형용사(blind)'는 복수명사(맹인들)를 나타냄. 복수명사가 주어일 때는 동사 현재형에 '-s'를 붙이지 않기 때문에 read가 현재형인지, 과거형인지 구분하기 어려움. 이 경우는 일반적인 사실('맹인은 손가락으로 읽는다')을 나타내기 때문에 현재형에 해당됨
예문 3)	read (과거분사)	수동태(be + 과거분사 + by)의 형태를 취하고 있음
예문 4)	read (과거분사)	'read by many people'이 명사 a book를 꾸며주는 형용사구로 사용됨

Q7 구문관점에서 볼 때 '영어가 어려워지는 이유(3)'에는 어떤 것이 있을까요?

Answer

구문을 설명하는 문법 용어가 너무 어렵기 때문입니다.

문법 용어 또한 구문 관점에서 영어를 이해하기 어렵게 만드는 장애물이다. 영어 구문의 법칙 및 원리 관련 용어의 이름을 짓는 문제는 생각보다 중요하다. 용어 자체가 법칙과 원리에 대한 이해를 도울 수 있기 때문이다. 하지만 안타깝게도 학교에서 가르치는 문법 용어들은 학습자들이 용어의 뜻만으로 유추할 수 있는 직관적인 내용을 담고 있지 못한 경우가 많고 심지어 혼란을 야기하기도 한다.

	구분	학교문법 용어		구문 新용어
1	The train is the best way **to travel** in Europe.	To부정사	형용사적용법	to-V매듭(형)
2	I like **to travel** alone.	To부정사	명사적용법	to-V매듭(형)
3	I am learning English **to travel** around the world.	To부정사	부사적용법	to-V매듭(형)
4	This puppy **walking** with me is my new pet dog.	현재분사	(동형사?)	V-ing매듭(형)
5	**Walking** with my dog is fun.	동명사		V-ing매듭(명)
6	I met my high school friend, **walking** at the park.	분사구문	(동부사?)	V-ing매듭(부)
7	He left on the day **when** he heard the news.	관계부사	(관계사)	wh매듭(형)
8	I don't know **when** dinosaurs became extinct.	간접의문문	(의문사)	wh매듭(명)
9	**When** you are not practicing, someone is getting better.	종속접속사	(접속사)	wh매듭(부)

동사변형 관련 용어들

1~3 예문은 'V'형태의 동사를 모두 'to-v'로 변형하면서 'to부정사'라고 부르고 그 용법에 따라 '형용사적용법', '명사적용법', '부사적용법'이라는 용어를 덧붙이고 있다. 그런데 4~6예문은 마찬가지로 'V'형태의 동사를 모두 'v-ing'로 변형하였음에도 'to부정사'처럼 같은 이름으로 부르지 않는다. 형태가 같음에도 세 가지 용법에 따라 각기 '현재분사', '동명사', '분사구문'이라는 별도의 이름으로 명명하고 있다. 그나마 '동명사'의 경우에는 그 이름을 통해 '동사적 용법과 명사적 용법'의 쓰임이 공존하는 것이라고 유추할 수 있는 반면, '현재분사', '분사구문'은 전혀 그렇지 못하다. 차라리 같은 의도에서 '현재분사'를 '동형사', '분사구문'을 '동부사'라고 칭했다면 동명사처럼 훨씬 그 문법적 기능과 역할을 받아들이기 쉬웠을지 모른다.

'wh-' 관련 용어들

7~9 예문의 'wh-' 관련 단어들 역시 다양한 문법 용어로 부르는 사례이다. 7에서 'when'은 관계부사로, 8에서 'when'은 간접의문문을 나타내는 의문사로, 9에서 'when'은 종속접속사로 불리고 있다. 같은 단어인 when을 부르는 이름 속에서 공통점을 전혀 발견할 수 없다. 물론 각각의 문법 용어들이 내포한 학문적 이유 등이 있을 수도 있다. 하지만 구문 관점에서 바라 볼 때 이런 용어들은 학습자들에게 적지 않은 혼란을 준다.

매듭구문 新용어들

8품사 이외의 품사 같은 이름을 갖는 문법용어들(to부정사, 동명사, 분사구문, 관계사, 의문사 등)은 대부분 중심문장에 추가문장을 연결할 때 발생하는 현상들을 설명하기 위한 문법 용어이다. 이 점을 고려하여 <잉글맵>에서는 보다 직관적인 구문용어를 사용하고 있다.

의미단위 끊어 읽기

"영어를 제2외국어로 배우고 훈련하기 위한 최고의 방법"

Q8
문장마디와 문장매듭으로 **의미단위 끊어 읽기 훈련**이 가능한가요?

Answer

네. 그렇습니다.

의미단위 끊어 읽기 훈련에 최적화

영어 교육현장에서 교사들이 가장 선호하는 읽기 방법은 "의미단위 끊어읽기" 방식이다. 의미단위 끊어 읽기 방식이 가능하기 위해서는 '구문분석' 능력이 뒷받침 되어야 한다. 특히 의미단위 끊어 읽기에서 문장마디와 문장매듭은 내용의 연결고리를 만들어 줄 것이며, 해석이 어려운 곳의 위치와 이유를 선명하게 보여주는 훌륭한 도구가 될 것이다.

어디를, 어떻게 끊어 읽을 것인가?

You, the people, have the power to make this life free and beautiful, to make this life a wondeful adventure.

잉글맵을 이용하면 의미단위 끊어 읽기가 선명해 진다.

*「Part 4. 실전훈련」에서 상세히 설명

<의미단위 끊어 읽기 학습 효과의 이론적 배경>

"의미단위 끊어 읽기 능력은 문장을 통사적으로 분석(syntactic parsing)할 수 있는 능력으로, 단어들을 문장 구성 요소(constituents)로 나누고, 통사적으로 분류하며, 위계 구조적으로 서로 관련시키는 것이다."(Snow, 2002).

"의미단위 끊어 읽기를 가능하게 하는 통사 구조 인지능력은 제2언어 읽기 능력을 결정하는 가장 중요한 요소 중 하나이다."(Shiotsu, 2010).

"의미단위 끊어 읽기란, 문장을 단순히 보다 작은 단위로 나누는 것이 아닌, 의미적으로 긴밀하게 연결되어 있는 어군 단위 즉, 절(clause)이나 구(phrase)로 나누어 읽고 이해하는 것이다."(Kim, D. K., 2003).

"의미단위 끊어 읽기는 통사 구조 인지능력이 원어민 학습자보다 비원어민 학습자의 읽기 활동에 더 큰 영향을 준다."(Dussias, 2003)

"원어민 학습자와는 다르게 비원어민 학습자는 의미 단위로 끊어 읽어야 하는 위치를 직관적으로 알지 못하며, 통사 지식이 있어도 실제 읽기 활동에 이것을 자동적으로 사용하는 것이 힘들기 때문이다."(Warschauer, Park & Walker, 2012).

(출처 : 텍스트의 구문 시각화를 이용한 영어 읽기학습이 중학생의 독해력에 미치는 영향, 오로사, 박영민, 이희경, 2016)

잉글맵의 「영어문법지도」

문장 마디와 마디별 문법 규칙

추가내용이 중심문장에 연결되면 다양한 문장매듭의 꼬리표(절/구)가 생긴다. 꼬리표(절/구)는 유형상 4가지 유형(첨가형, 대체형, 축약형, 생략형)밖에 없지만 중심문장에 연결되는 자리(형용사자리, 명사자리, 부사자리)에 따라 43개의 꼬리표로 세분화된다. 아무리 복잡한 구문이라도 이 원리의 조합으로 구성이 가능하다. <잉글맵 고급편(매듭훈련)>을 충분히 연습했다면 어떤 문장이든 아래의 영어문법지도를 참고하여 전체를 구성해보라. 영어의 모든 구문과 문법은 파편적으로 존재하는 것이 아니라 문장마디를 중심으로 긴밀하게 연결되어 있다는 사실을 깨닫게 될 것이다. 문장마디를 중심으로 영어문법지도를 이해할 수 있다면 영어 구문과 문법의 핵심을 관통했다고 자신해도 좋다.

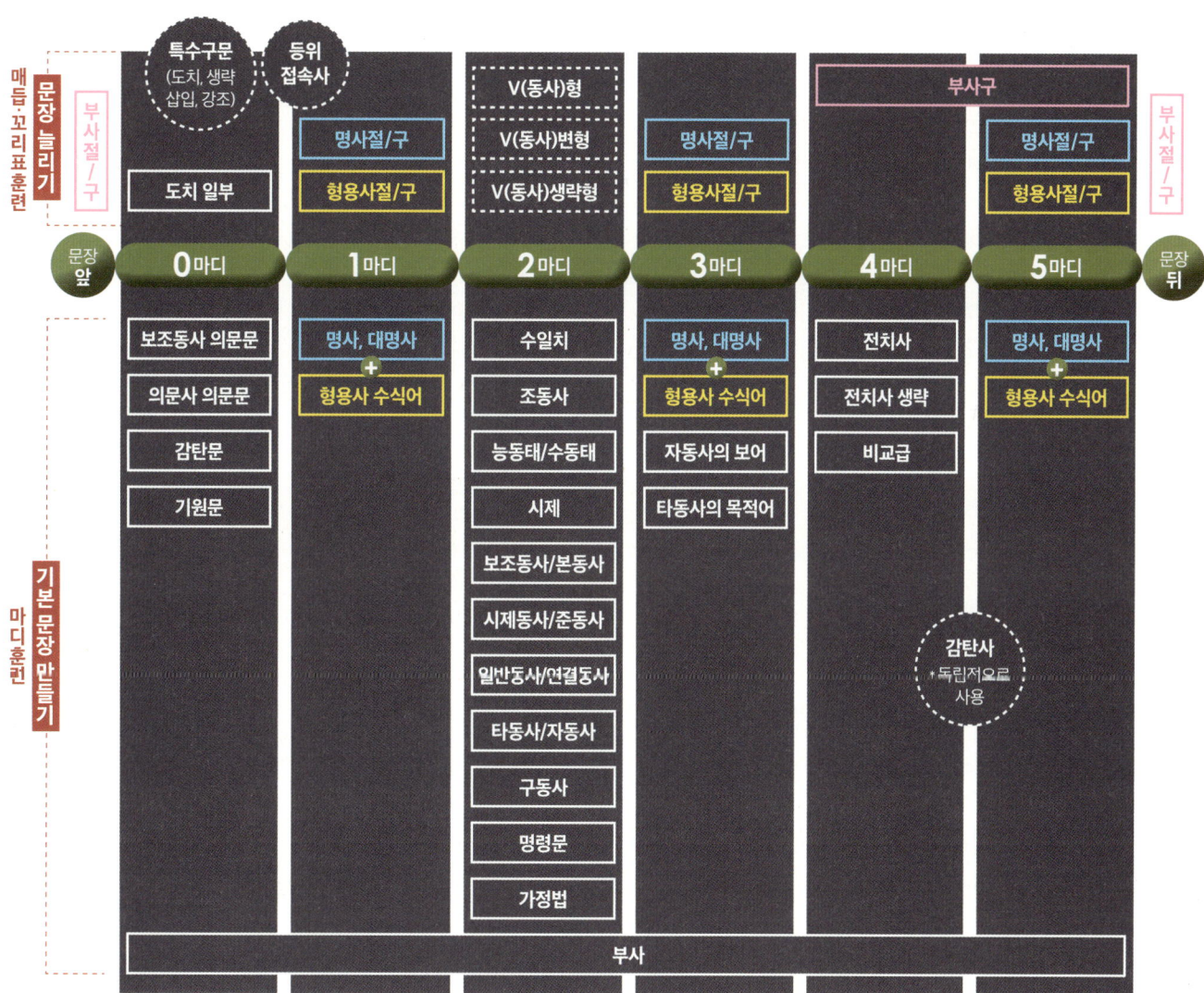

* 기본 문장 만들기 문법영역 : 8품사(명사, 대명사, 동사, 형용사, 전치사, 부사, 접속사, 감탄사)와 관련된 문법 영역
* 문장 늘리기 문법영역 : 주로 8품사 외(to부정사, 동명사, 분사, 관계사, 분사구문 등)의 이름을 갖는 문법 영역
* 매듭유형 : V(동사)형 → 대체형/첨가형 매듭, V(동사)변형 → 축약형 매듭, V(동사)생략형 → 생략형 매듭

Sources

이 책의 영어 예문들 중 일부는 Tatoeba의 자료를 이용하였습니다. Tatoeba의 자료는 "CC-BY(저작자표시)" 라이선스로 공개되고 있습니다.

Tatoeba 웹사이트: https://tatoeba.org

인터넷 강의: www.englemap.com

유튜브 채널: 잉글맵TV

보이는 영어구문 잉글맵
고급편 매듭 · 꼬리표 훈련

펴 낸 이	고광철
펴 낸 곳	㈜제네시스에듀 / 서울시 노원구 공릉로 232, 서울과학기술대학교 31동 403호
발 행 일	2020년 1월 3일 초판 제1쇄
저 자	고광철
감 수	김두식
책임편집	오용준
편 집	박상민
맵 편 집	박상후, 유승렬, 김해린
맵디자인	곽정명
교 정	김영신
디 자 인	design Vita
조 판	헤드기획
일러스트	나수은, 강건우
영문교열	Katarina I. Acosta, David S. Kim
내용 문의	www.englemap.com, englemap114@gmail.com
구입 문의	02-977-0879
등록번호	제 25100-2019-000044호

ISBN 979-11-968459-1-9

Copyright © 2020 by Genesis Edu, Inc.
All rights reserved. No part of this publication may be reproduced, stored in a retrieval system, or transmitted in any form or by any means, electronic, mechanical, photocopying, recording, or otherwise, without the prior permission of the copyright owner.

본 책은 특허법과 저작권법에 의해 보호받는 저작물입니다. 본 책의 독창적인 내용에 대한 무단 전재 · 모방은 법률로 금지되어 있습니다. 파본은 구매처에서 교환 가능합니다.